LES RÉVOLTES PAYSANNES EN EUROPE

HUGUES NEVEUX

LES RÉVOLTES PAYSANNES EN EUROPE

(XIVe-XVIIe siècle)

Préface de Jean-Claude Perrot

Albin Michel

Collection « *L'Évolution de l'Humanité* »
fondée par Henri Berr,
dirigée par Jean-Claude Perrot et Philippe Boutry

© Éditions Albin Michel, S.A., 1997
22, rue Huyghens, 75014 Paris

ISBN 2-226-09286-2
ISNN 0755-1843

A la mémoire de Bernard Lepetit

Préface

Longtemps dans notre siècle l'histoire sociale dominante a privilégié les études de grandes masses humaines disposées selon des hiérarchies d'ordres, de classes, de professions ou de groupes confessionnels. En dépit de leur éloignement thématique, ces démarches ne pouvaient éviter de croiser l'imprévisible : les troubles populaires, les révoltes ou les révolutions. Est-il vrai, comme on l'a pensé plus tard, que de tels événements ont fait alors l'objet d'enquêtes peu inventives ? L'origine du chaos était rapportée à quelque strate définie de la population ; des causes "réalistes" étaient identifiées : les désastres de telle ou telle guerre, la misère économique conjoncturelle ou la lourdeur fiscale, les dissidences religieuses et les persécutions, etc. Ce savoir positif venait ensuite s'insérer à titre de preuve ou d'illustration dans les problématiques de long terme les plus diverses, politiques : la dislocation des équilibres féodaux à l'avènement des grandes monarchies, démo-économiques : la croissance des masses paysannes et la pénurie des terres, etc.

Que l'événement brutal ou la révolte fugitive aient été traités comme faits subsidiaires dans des travaux qui poursuivent par ailleurs des objectifs statistiques ingénieux, bien sûr ; mais voici tout de même, si les archives s'y prêtent, une pesée générale des soulèvements ; voici, on peut l'espérer, leurs origines et leurs acteurs identifiés ; qu'il s'agisse, par exemple, de tâcherons, de saisonniers, de pauvres métayers ou de petits propriétaires, que les premiers à s'armer de bâtons et de faux soient laboureurs, bergers ou bûcherons, la rudesse et l'issue des violences s'en trouveront affectées. Et s'il est possible de dresser des cartes, de repérer des itinéraires de jacquerie, ce n'est pas la trivialité des informations qu'il faudra regretter, mais bien leur excessive rareté.

Même disponibles, ces savoirs préliminaires n'ont pourtant jamais suffi à clore une enquête. Ont-ils d'ailleurs résisté à la critique ? Jadis on critiquait leur imprécision numérique ; les lecteurs de la revue *Histoire et mesure* connaissent mieux maintenant l'incertitude des statistiques sociales dans leur ensemble et les méthodes qui permettent d'établir, malgré tout, quelque intervalle de confiance. Les perplexités actuelles sont bien plus radicales ; elles concernent la nature des phénomènes observés.

Comment fonder en effet le moindre commentaire en partant de notions si vite substantivées qu'elles ont réponse à tout ? Qu'est-ce que la "misère des campagnes" et qu'est-ce qu'un "mouvement paysan" lorsque chacun de ces deux phénomènes apparaît tour à tour comme indice de l'autre ? Que sont au juste les troubles qui se lèvent au passage d'une cohorte d'errants : une révolte paysanne ? Comment aborder d'aventure une conjuration de rustres emmenée par quelque don Quichotte famélique ? Le réalisme apparent du vocabulaire a cautionné durablement des énoncés emplis d'idéalités historiques et d'abstractions du sens commun.

Un changement intéressant s'affirme lorsque les révoltes, qu'elles fussent nobiliaires, citadines ou paysannes – parfois les trois ensemble – paraissent mériter enfin des enquêtes pour elles-mêmes. L'historiographie, demain, rapprochera peut-être de cet engouement intellectuel quelques grands événements du milieu de ce siècle qui incitèrent à réfléchir : les maquis des campagnes durant la dernière guerre, la longue marche des paysans chinois, une référence mythique vue d'Europe, la naissance des premières guérillas rurales vietnamiennes ou sud-américaines, sans parler enfin d'une floraison de brûlots théoriques sur l'encerclement révolutionnaire des villes par leur plat-pays.

Observons simplement que le glissement du thème produit une révolution des méthodes. Placer dorénavant la rébellion au centre de l'histoire, c'est devoir identifier l'expérience vécue des protagonistes, même s'il faut, pour y parvenir, traverser l'épaisseur de grossiers témoignages et s'armer de patience devant les cris des victimes ou le moralisme sentencieux des juges, des clercs comme des puissants d'autrefois.

Ce retour vers la narration, quand il est possible, singularise chaque révolte paysanne et il relate le détail d'une histoire qui n'eut lieu qu'une fois ; l'empirisme du récit conjure ainsi les inductions prématurées et les classifications hâtives ; il interdit de tenir d'emblée les mots et les concepts pour des réalités. Peut-on parler de révolte paysanne ? se demande prudemment Hugues Neveux jusque dans sa conclusion. Dans ce moderne débat sur les universaux, ce n'est donc pas faire violence à la pensée de l'auteur que de lui prêter mille sympathies nominalistes. Celles-ci font merveille s'il s'agit d'entrecroiser simultanément ce qu'on sait des révoltes et ce qui permet de savoir ce qu'on en sait. C'est bien là son propos.

Est-il besoin d'insister sur les renforts que cette démarche a reçus de l'épistémologie historique récente, celle d'Arthur Danto (*Analytical Philosophy of History*, New York, 1965), de Paul Ricœur (*Temps et récit*, Paris, 1983, t. I), de David Carr (*Time, Narrative and History*, Indiana University Press, 1986) ? Ajoutons encore la remarquable confluence de récentes traditions historiographiques européennes presque simultanées. Après les fortes révisions que l'histoire sociale britannique avait proposées aux chercheurs continentaux, la *microstoria* italienne et l'*Alltagsgeschichte* allemande ont mis en œuvre des méthodes narratives voisines pour rendre raison des logiques propres aux individus ou aux petits groupes. Les révoltes paysannes relèvent bien d'une telle occurrence. Toute bouffée de violence collective s'interpréterait dans cette vision comme une intrigue shakespearienne avec sa genèse, son parcours, son dénouement ; c'est une histoire de bruit et de fureur en attente de *re-présentation*, une remémoration dont la force et la véracité supposent récit fidèle, mise en scène habile, rhétorique maîtrisée.

Chemin faisant, nous voici parvenus au terme du renversement des méthodes. L'exploration analytique propre aux sciences sociales a disparu, cédant la place au travail de l'écrivain-historien, nourri d'archives considérées elles-mêmes comme la première trace scripturaire des événements. De ce fait la tâche requiert maintenant le concours de l'histoire textuelle et langagière, ne serait-ce que dans l'exploration du vocabulaire des rebelles ; puis une bonne familiarité avec la démarche herméneutique, pour traiter par exemple de la mémoire insurgée dans la genèse de nouvelles révoltes ; et plus généralement la mobilisation de tous les outils d'investigation qui ont pu appartenir dans les années 1980 au *"linguistic turn"* des historiens américains (cf. D. LaCapra et S. Kaplan, éd., *Modern European Intellectual History. Reappraisals and New Perspectives*, Ithaca et Londres, 1982).

Dont acte : l'histoire narrative, l'analyse textuelle ne peuvent plus aller l'une sans l'autre et elles s'identifient désormais à l'appréhension intellectuelle de n'importe quel événement historique. A peine énoncé toutefois, ce monopole a été discuté et parfois critiqué ; il l'est toujours aujourd'hui (exemple, G. Noiriel, *Sur la crise de l'histoire*, Paris, 1996, ou dans un autre contexte, J. Revel, éd., *Jeux d'échelles, la micro-analyse à l'expérience*, Paris, 1996). Les arguments de cette nouvelle controverse sont instructifs ; ils intéressent l'histoire des révoltes paysannes.

On voudrait par exemple que soit précisé comment le *récit* d'une rébellion peut tenir lieu d'*explication.* Pour ce faire, il faudrait disposer au moins d'une chaîne continue de petits faits attestés, nécessairement liés les uns aux autres. En brisant cet ordre causal et temporel, la moindre lacune documentaire suspendra la validité du raisonnement narratif. Dira-t-on que la défaillance du témoignage des rebelles se compense ailleurs par le recours au réquisitoire de tel ou tel procureur ? Ce serait résoudre d'un trait de plume la discordance des points de vue au risque de bâtir une fiction nouvelle. Sur ces confins, la frontière ténue qui sépare l'historien du romancier ne saurait être légitimement franchie.

Ainsi la réduction – inévitable avec cette méthode – de l'histoire à un récit par le truchement des textes sources véhicule-t-elle des implications cognitives fortes. Avant d'aboutir à ces traces d'archives élimées, les événements dont nous parlons à notre tour par le truchement de l'écriture ont été gestes, cris, désolations, blessures ou tortures, ils ont imprimé dans les yeux des contemporains des images de flamme et de sang. C'est la magie signifiante des mots qui, seule, restitue hier et aujourd'hui un tel chaos. Mais comment soumettre à contrôle tous ces textes originaires s'ils sont en même temps nos seuls passeports pour le passé ? Et comment conclure à la coïncidence avec le réel du récit historique, même s'il est extrait contradictoirement des archives, sans admettre réciproquement que le réel est aussi structuré à la manière d'un récit ? Cette dernière hypothèse est bien forte pour aller de soi. La pure histoire narrative comme restitution du temps révolu atteint ici ses limites et nul auteur ne peut négliger l'espace intellectuel qui sépare ses interprétations des premiers textes gardiens des événements. L'histoire n'a pas pour tâche de combler cet espace, ni de faire "revivre" le passé ou l'"ailleurs". C'est l'inverse. Comme toute autre science humaine, elle brise les connivences du sens commun et les proximités illusoires, elle dépayse, en un sens elle nous arrache du passé familier pour l'établir au loin comme objet de savoir critique ; à cet égard le récit historique est un élixir dangereux pour l'historien.

Hugues Neveux n'a pas eu le dessein d'écrire un ouvrage d'épisté-mologie historique, mais son livre porte en filigrane la trace de tous les débats précédents et lorsqu'il se peint lui-même en explorateur des révoltes, l'auteur nous convie simultanément à l'examen de nos propres pratiques ; le compte rendu de ce long voyage en rébellion paysanne remplit donc parfaitement son rôle de vigie intellectuelle.

D'ordinaire les premières pages d'un livre concernent l'énoncé du sujet et l'intérêt cognitif des directions empruntées. Si tout semble s'organiser ici selon ce schéma, c'est pure apparence. A l'issue du premier chapitre « Qu'entendre par révoltes paysannes ? » – auquel répondra symétriquement la conclusion : « Peut-on parler de révoltes paysannes ? » –, l'existence même de la recherche s'est faite problé-matique, elle a perdu limites et contenu. L'auteur va multiplier inlas-sablement les bilans pour redonner substance à son enquête, examiner ce qui put passer pour révolte paysanne auprès des contemporains ou dans la tradition historique ; en un mot ce qu'une longue mémoire collective a homogénéisé tôt ou tard en guerre de paysans.

Les frontières de la recherche se redessinent alors de loin, bornant l'ensemble des points de vue économiques, politiques, religieux, culturels d'où l'on peut regarder la rébellion. Pour faire revenir à la lumière ces faisceaux chaotiques d'événements, il faut construire ensemble sujet et connaissance du sujet sans la moindre antécédence de l'un à l'autre ; ce traitement historique inhabituel s'avère fructueux.

La méthode adoptée ne l'est pas moins. De l'analyse structurelle et de la subjectivité narrative qui nous ont paru plus haut s'exclure mutuellement, Hugues Neveux n'a rien rejeté. En quatre siècles (XIVᵉ-XVIIᵉ) des dizaines et des dizaines de mouvements paysans sont iden-tifiables en Europe. Pour faire un seul livre de tous ces tumultes, la méthode comparative s'avérait la seule qui autorisât l'auteur à suspendre son jugement jusqu'à l'issue de l'enquête. Imaginons *a contrario* l'arbitraire qu'aurait introduit ici un idéal-type wébérien de la révolte !

La comparaison au contraire s'adapte alternativement à l'analyse des structures macrosociales et au récit idiosyncrasique du soulèvement. On placera, si c'est possible, en parallèle des volumes d'insurgés, la durée, l'intensité, les ravages, le nombre des victimes, mais aussi bien les contenus langagiers ou juridiques des revendications, les couleurs de l'émotion ou du ressentiment, comme la remémoration légendaire des désastres et des succès. La méthode s'applique aux sources primitives comme aux travaux de la synthèse historique parce qu'elle circule précisément avec aisance entre représentation et interprétation.

Pour détruire les illusions de la subjectivité narrative, pour déstabiliser la bonne conscience conceptuelle des sciences sociales, Hugues Neveux nous entraîne du Nord au Midi de l'Europe, des grands féodaux flamboyants du Moyen Age aux temps des Stuarts ou des Bourbons et nous fait douter que la révolte paysanne ait une "nature". L'auteur analyse des processus dynamiques, des tactiques et des stratégies d'insurrection, des moments de mémoire, des empilements herméneutiques d'interprétations. Pour creuser une telle place à la critique comparative, on conçoit bien rétrospectivement qu'il ait été nécessaire d'abolir provisoirement les frontières initiales du sujet et de nous convier au terme de la lecture à poursuivre en solitaire sur les mêmes confins.

L'enrichissement du savoir obtenu par l'apposition des schémas de révoltes est en effet immédiatement perceptible ; chaque parallèle engendre des relectures bibliographiques et la quête de sources nouvelles.

C'est ainsi que les rébellions retrouvent d'abord leur imprévisibilité au confluent d'intérêts longtemps méprisés, de calamités saisonnières, d'orgueil de clocher, de colères inopinées. Il n'est jamais certain en effet que les paysans parviendront à se construire le présent et le passé dont ils auraient besoin pour agir légitimement à leurs yeux. Il y faut des sentiments partagés, une solidarité horizontale au sein de strates rurales homogènes ; simultanément l'étincelle initiale suppose quelques porte-parole : curé, prédicateur, petit marchand, modeste écuyer, capables de dire les menaces qui pèsent sur de vieux droits, sur les libertés coutumières ou les normes minimales du bien individuel : un toit, une pitance.

La plupart du temps rien n'est donc moins "révolutionnaire" que ces révoltes perçues du dehors comme rupture inouïe et criminelle, mais pensées de l'intérieur comme la restauration de l'ordre éternel de la nature voulu de Dieu.

L'événement lui-même légitime ainsi l'usage croisé du récit et de l'analyse structurelle. Les révoltes populaires ne sont en effet que le moment incandescent de la vie paysanne et cet éclair aveugle autant qu'il instruit. Pour bien voir, il faut retrouver les travaux et les jours de la vie ordinaire et dire comment le combustible s'est accumulé : les rancœurs journalières, les disputes interminables avec le collecteur des deniers publics, les requêtes avortées en justice seigneuriale, les colères muettes devant le prêcheur de religion. Et puis, tout soudain, l'éclat, lorsque les autres issues se sont fermées ou qu'une occasion surgit : quelque seigneur cherche des hommes de main, le roi lève des soldats pour une chevauchée trop lointaine, les milices urbaines réclament des sacs de grains, le toscin a sonné dans les alentours, etc.

Des événements tout compte fait probables de temps à autre : ils ont touché peu ou prou l'espace européen dans son ensemble ; des événements tout de même imprévisibles : le départ du feu a toujours pris de court les pouvoirs. En serrant puissamment trame et chaîne, structure et récit, Hugues Neveux recrée à chaque page l'opacité essentielle du temps historique. C'est la force du livre qu'il nous offre ici.

Jean-Claude PERROT

INTRODUCTION

Pour la réouverture d'un dossier

> *Nel mezzo del camina di nostra vita*
> *mi ritrovai per una selva oscura,*
> *ché la diritta via era smaritta.*
>
> Dante, *Inferno*, I, 1-3.

Les révoltes paysannes ne constituent pas, à proprement parler, une *terra incognita.* Leur étude s'inscrit dans une tradition qui remonte presque toujours aux événements eux-mêmes ; mieux, elle fut récemment l'occasion d'un débat où s'élaborèrent des visions, certes globales et cohérentes, mais aussi fâcheusement contradictoires. Ces révoltes retinrent donc de tout temps l'attention des historiens. Malheureusement, malgré l'intérêt qu'ils leur portèrent, ils n'en firent pas en général la principale finalité de leurs recherches ; ils eurent beau donner à leurs travaux des titres qui semblaient les placer au cœur même de leurs enquêtes, leurs préoccupations se situaient manifestement ailleurs. Tantôt envisagées comme des éléments dans une chaîne de faits et d'actions mémorables, tantôt considérées comme des preuves ou des épreuves d'un jugement portant sur une tout autre matière, elles furent presque uniquement traitées comme des signes ; on les fit servir, ici, à confirmer ou à infirmer des interprétations, là, à entretenir et à fortifier une conscience collective. En dépit quelquefois des apparences, voire des proclamations d'intention, elles ne sont donc pas, en réalité, le thème central, et encore moins premier, de la plupart des discours auxquels on les incorporait. Cette affirmation a besoin, bien entendu, d'être fondée.

Historiens et révoltes paysannes

De cet usage instrumental des révoltes paysannes, à la fois général et constant, les années soixante et soixante-dix de ce siècle offrent déjà un exemple, un exemple d'autant plus frappant qu'il demeure encore vivace dans la plupart des mémoires. Durant ces décennies, les révoltes n'intéressèrent guère les historiens que comme manifestations de la "nature" de la société européenne des XVIᵉ et XVIIᵉ siècles. Par le biais d'analyses pointues, il s'agissait moins de les connaître que de déterminer si elles témoignaient d'une société de classes ou d'une société d'ordres ; étaient-elles l'expression la plus haute d'"antagonismes de classes" ou la plus parfaite des "solidarités entre les ordres" ? On les transformait ainsi en pierres de touche qui permettraient, du moins l'espérait-on, de trancher définitivement en faveur de l'une ou l'autre des deux propositions rivales ; il en résulta qu'elles remplirent avant tout une fonction expérimentale dans la mesure où elles fournirent des armes à un affrontement dont l'enjeu se situait ailleurs. Elargissant la question en ne la limitant plus à une alternative entre deux types de société, et la restreignant en même temps au seul phénomène révolutionnaire, Perez Zagorin affirmait encore en 1982 que trois raisons poussaient à comparer les révolutions : le désir de les accomplir, celui de les prévenir et le fait que leur « compréhension était une condition indispensable à une connaissance et à une compréhension complètes de la société[1] ». Il serait cependant erroné de croire que cette manière d'aborder les révoltes, de les appréhender et finalement de les utiliser comme des preuves ou des arguments à l'appui d'une démonstration, ait représenté une innovation de nos immédiats prédécesseurs, dans l'atmosphère de compétition idéologique de l'immédiate après-guerre ; elle perpétuait en fait une pratique qui, dans certains cas, remontait jusqu'aux événements et leur était contemporaine. A vrai dire, seule sa modalité était originale et nouvelle, dans la mesure où l'on s'efforçait de tester, au moyen d'une analyse des révoltes paysannes, des hypothèses sur la "nature" de la société européenne des XVIᵉ et XVIIᵉ siècles, et de justifier ainsi des formes contemporaines de société et de gouvernement inconciliables et irréconciliables.

Même en ne s'en tenant qu'à ses grandes lignes, l'historiographie de la guerre des Paysans allemands de 1525 suffit pour se persuader de l'ancienneté d'un tel usage et de sa possible pérennité sous des avatars sans cesse recommencés. En effet, cette guerre devint, avant même qu'elle se fût achevée, un enjeu des controverses et des rivalités religieuses. Les papistes y virent une séquelle de la prédication luthérienne ; ils l'exprimèrent dans l'adage : « Si Luther n'avait jamais écrit de livres, l'Allemagne entière aurait vécu en paix » (*Het Luther nye kein buch geschriben, teutschland wer wol zu frid beliben*). S'appuyant sur la condamnation que ce même Luther porta sur elle, les protestants rétorquèrent qu'elle découlait d'une interprétation selon la chair (*fleisclich*) (partant fautive) de ce qui ne devait être entendu que selon l'esprit (*geistlich*). Elle ne retenait donc l'attention des uns et des autres que pour décider si elle fut une démoniaque perversion du luthéranisme, ou au contraire son inéluctable et très répréhensible conséquence. Le but visé se situait au-delà d'elle, puisqu'à travers elle il était apologétique. Car, comme cette guerre était l'objet d'une large réprobation et d'une condamnation presque unanimes (au moins dans les milieux où évoluaient les polémistes), il fallait que pour les défendeurs elle fût étrangère aux choix luthériens, et que pour les accusateurs, elle en constituât l'inévitable prolongement. Néanmoins, dans un cas comme dans l'autre, elle se réduisait à un moyen, parfois même à un simple procédé, pour condamner ou absoudre les thèses évangéliques et plus largement réformées. A aucun moment du débat, elle n'était appréhendée et examinée pour elle-même ; elle était subordonnée à une controverse, dans laquelle elle servait uniquement d'argument[2].

Dans un contexte sensiblement différent, cette insertion instrumentale de la guerre des Paysans allemands dans une démonstration imprègne également les grandes études parues dans les années 1830-1850. Toutefois, elle n'alimentait plus désormais une polémique religieuse, mais un affrontement politique et social. Les uns y virent en effet une phase du combat des hommes contre l'oppression et un épisode de leur lutte pour la Liberté et la refondation de la nation germanique (Ferdinand Oechsel, Wilhelm Zimmermann) ; d'autres y décelèrent, au contraire, un désordre qui avait mis en péril le lent cheminement vers l'Etat idéal, où le prince grâce à une *Gute Polizei* assurerait le bonheur à ses sujets (et dont la Prusse aurait alors constitué la plus proche incarnation) (Leopold von Ranke) ; d'autres encore y repérèrent un moment particulièrement fécond de l'évolution de l'humanité, parce qu'il aurait manifesté clairement les antagonismes de classes au sein du féodalisme et qu'il offrait ainsi une leçon aux révolutionnaires (Friedrich Engels). Cependant là encore, les événements de 1525 ne retenaient l'attention qu'en fonction de préoccupations contemporaines qui leur étaient extérieures (avènement de l'ère de la Liberté, réunification allemande, établissement de l'Etat parfait ou élaboration d'une société sans classes), ce qui incitait plus à scruter leurs caractères qu'à décrypter leur déclenchement et leur fonctionnement, et les réduisait ainsi au rôle de simples signifiants. Il faut cependant noter au passage que cette attitude provoqua un enrichissement réel de leur connaissance, puisqu'elle mit l'accent sur un enracinement sociopolitique qui avait été auparavant délaissé et le plus souvent oublié. A l'inverse, la Réforme, d'élément fondamental, se trouva reléguée au rôle de détonateur. Comme l'écrivit Wilhelm Zimmermann, « le combustible était depuis longtemps amassé ; la Réforme vint là-dessus comme l'étincelle électrique qui, d'un coup, enflamma le tout ». Mais si importants que fussent le changement de perspective et l'élargissement du champ visuel, la guerre des Paysans n'était abordée et examinée là encore que comme signe d'une évolution historique ou comme justification d'une conception et d'une espérance politiques[3].

Dans tous ces travaux classiques qui visaient à rendre intelligible le passé pour mieux maîtriser le présent, l'historien sélectionnait donc les faits qui lui paraissaient utiles, non pour comprendre le fonctionnement des révoltes, mais pour éclairer des centres d'intérêt qui les transcendaient, que ce fût pour bâtir une société plus humaine, pour élaborer une philosophie de l'histoire, pour défendre ou attaquer une croyance religieuse ou pour définir la nature et les mécanismes d'une organisation sociale d'autrefois. Il hiérarchisait les données dont il disposait, il s'évertuait à découvrir celles qui lui convenaient, il les manipulait, les triait, les ordonnait, en fonction d'une cible qui n'était pas ces révoltes, même s'il estimait que, pour l'atteindre plus commodément, elles constituaient des projectiles bien adaptés.

Cependant, toutes les études ne répondent manifestement pas à de si hautes ambitions. Des travaux d'érudits et des sommes héritières des vieilles chroniques (viviers dans lesquels les historiens patentés ne s'interdisaient d'ailleurs pas de pêcher abondamment) se préoccupaient uniquement, au moins en première analyse, de conter une prise d'armes locale ou une héroïque participation à une célèbre insurrection. S'appuyant sur une multitude d'observations ponctuelles, fouillées, ils se présentent humblement comme la narration d'événements du temps jadis dignes d'être portés à la connaissance de leurs concitoyens. Dans son célèbre livre sur la guerre des Paysans allemands, et singulièrement dans le chapitre sur les mouvements qui l'ont précédée[4], Günther Franz emploie un volume imposant de publications de ce genre, d'ailleurs souvent fort savantes. Tantôt, il se réfère à des articles parus dans des revues provinciales, telles que les *Archiv des Historischen Vereins von Unterfranken und Aschaffenburg*, ou les *Württembergische Vierteljahrshefte für Landesgeschichte* ; tantôt, il consulte des histoires régionales, quelquefois au sens le plus étroit du terme, comme la *Geschichte des Allgäus* de F.L. Baumann, voire la « Geschichte des Hochstifts Kempten » de J. Rottenkolber[5]. Néanmoins, sous une ostensible revendication de neutralité et une concentration ostentatoire sur le narratif, tous ces récits, y compris les plus érudits et les plus solides, répondent, le plus souvent inconsciemment, à au moins une finalité, sinon à plusieurs, qui se situent toutes à nouveau hors des révoltes et orientent la manière de les dire et de les présenter. En effet, qu'ils constituent les seuls sujets scrupuleusement auscultés d'une plaquette ou d'un article de revue, ou qu'ils s'intègrent à la vaste fresque d'une geste glorieuse et millénaire, ils se consacrent tous à peu près uniquement à l'exaltation d'un passé local, provincial, au mieux national ; de ce passé, les révoltes paysannes deviennent une des composantes, et c'est uniquement en raison de cette appartenance qu'elles sont appréhendées, retenues et minutieusement examinées.

Dans une telle perspective, ce qui fait que l'historien retient un soulèvement paysan et qu'il en élimine un autre, ce qui préside à la narration qu'il en donne une fois qu'il l'a élu, ce qui détermine qu'il s'appesantit sur tel de ses épisodes et passe rapidement sur le suivant, quand il ne l'occulte pas complètement, dépend en définitive du but qu'il fixe à la relation d'un passé local, provincial ou national. Or la finalité la plus courante en ce domaine consiste à prouver que ce passé possède une cohérence et une continuité suffisantes pour justifier une individualité locale, provinciale ou nationale, que celle-ci relève d'un événement fondateur ou qu'elle se perde dans la nuit des temps. Il offre ainsi à des individus la possibilité de s'enraciner dans une communauté qui les transcende par sa seule extension dans la longue durée ; par la même occasion, il contraint l'étranger à se sentir réellement un étranger, en l'obligeant à reconnaître à cette communauté une identité qui l'exclut. En bref, si l'on veut absolument qualifier la finalité (ou la finalité principale) de ces travaux, on peut prétendre qu'elle est "patriotique". En basse Bretagne, les révoltes de Plouvé et du Porzay en 1490, et la prise de Quimper qui les accompagna, fournirent deux chants recueillis plus tard dans le *Barzaz Breiz*. Cette honorable inscription les intégrait à une épopée qui les dépassait ; elles devenaient alors une composante de l'héritage breton ; bien commun aux habitants du duché, elles formèrent un élément parmi ceux qui leur prouvaient la pérennité et la transcendance de leur province. Aussi n'est-il pas étonnant que leur récit figura en bonne place dans les histoires de la Bretagne écrites au XIXᵉ siècle, à commencer par la plus célèbre d'entre elles, celle d'Arthur de la Borderie[6].

Il n'est pas sûr qu'un tel sentiment patriotique ne s'immisce pas également dans des écrits dont la finalité, sinon première, du moins hautement proclamée, est manifestement tout autre et participe d'ambitions beaucoup plus relevées, à savoir celles propres aux historiens patentés. Dans son livre sur *Jean Hus et les traditions hussites*, Joseph Macek se plaint dans son introduction que « l'histoire tchèque ne soit pas encore suffisamment entrée dans la conscience européenne et que, même dans les considérations générales sur l'histoire européenne, les chapitres consacrés à l'histoire tchèque ne se présentent pas sous une forme appropriée à l'évolution historique ». Mieux, quelques lignes plus loin, il ajoute que la Réforme tchèque « devançait sur le plan chronologique la Réforme allemande (...). Bien qu'elle n'ait pas obtenu les résultats et les succès des Réformes allemande et suisse, la Réforme tchèque représente un moment capital de l'histoire européenne, au passage du Moyen Age à l'âge nouveau (...). Il est presque impossible de comprendre la Réforme européenne dans toute son ampleur sans connaître l'histoire de la Réforme tchèque ». Cette double insistance sur une meilleure intégration de l'histoire tchèque dans l'histoire européenne, et sur l'antériorité de la Réforme tchèque sur la Réforme allemande, bien sûr en grande partie justifiée, pourrait bien comporter, à côté d'une revendication typiquement marxiste d'une évolution globale de la société européenne, la fierté d'appartenir à un pays qui aurait alors joué un rôle décisif et même précurseur, en montrant la voie de la révolution religieuse, voire sociale, aux voisins en général et au grand voisin germanique en particulier. Ce que semble d'ailleurs confirmer cette incidente affirmant que la Réforme tchèque « s'adressait aux pays germaniques et aux régions autrichiennes » et « trouvait des adhérents en Pologne, en Hongrie et dans d'autres pays européens[7] ». Il n'est donc nullement impossible que la sélection et l'ordonnancement des événements par l'historien s'effectue de temps à autre en rapport avec deux finalités qui ne coïncident pas à tout coup parfaitement, en l'occurrence ici, l'une marxiste et l'autre nationale, au risque de provoquer des choix et des classements concurrents, donc au prix d'un discours moins cohérent que l'on serait porté à le croire en première analyse. C'est que toute disposition "patriotique" recèle une contradiction interne, presque inéluctable, puisqu'elle tend *de facto* à orienter les récits dans deux directions qui ne s'avèrent pas toujours pleinement compatibles. En effet, d'un côté, elle pousse à découvrir ce qui est propre au pays, à la région ou à la nation, donc ce qui les distingue irrémédiablement de ceux qui les entourent ou se prétendent leurs rivaux. De l'autre, elle essaie non moins de prouver qu'ils ne sont pas restés à l'écart des événements majeurs (ou supposés tels) qui fournissent la trame de l'histoire européenne, donc elle se doit de mettre également en relief ce qui est commun. Aussi conduit-elle l'auteur à insister tout à la fois sur les traits qui fondent une originalité et sur ceux qui affirment une normalité. Cependant cette contradiction n'importe que médiocrement à notre propos, car derrière les difficultés et les ambiguïtés dans lesquelles ne manque pas de se débattre le narrateur, se cache un traitement similaire des révoltes, puisque le but visé n'est pas réellement de conter un soulèvement, mais de favoriser et entretenir une conscience locale, provinciale ou nationale.

Cette subordination à une finalité "patriotique" n'est pas la seule à laquelle obéissent les récits ponctuels de révoltes paysannes. Ceux-ci répondent également ici ou là, et souvent en même temps, à une très vieille tradition moralisante qui voit dans les événements du passé autant de leçons pour les générations futures et singulièrement pour leurs dirigeants ; à condition, bien sûr, que l'on sache les observer et les interpréter correctement. La guerre des Paysans allemands n'échappa pas à cette utilisation "pédagogique". En 1795, Georg Friedrich Sartorius pensa y trouver des enseignements propres à éviter aux Etats germaniques la contamination révolutionnaire française (au moins à ceux qui n'avaient pas encore été atteints par le virus, comme la rive gauche du Rhin). Il rendit les seigneurs et les princes allemands du début du XVIᵉ siècle responsables du grand soulèvement de 1525 ; il déclara que celui-ci avait été déclenché par les « abus » (*Missbräuchen*) qu'ils commettaient et « qui, avec le temps, étaient devenus insupportables[8] ». Il convenait donc que la noblesse de la fin du XVIIIᵉ siècle évitât de se livrer à de pareilles erreurs, afin de ne pas avoir à affronter, elle aussi, la subversion et la terreur révolutionnaires. Mais, en adoptant cette attitude, Georg Friedrich Sartorius ordonnait toute son étude autour des rapports qu'entretenaient, d'un côté, les paysans et, de l'autre, les seigneurs et les princes. Ce faisant il était conduit à mettre en relief la lourdeur des prétentions de ces derniers, et en particulier le poids des prélèvements qu'ils exigeaient ; en consé-quence, il privilégia redevances et corvées, s'attarda sur elles et leur conféra une importance primordiale dans le déroulement des événe-ments, aux dépens des autres aspects.

Ce discours moralisant adressé à des gentilshommes et à des gou-vernants, par l'évocation de "fureurs paysannes", n'était nullement une nouveauté à la fin du XVIIIᵉ siècle ; il lui arrivait depuis longtemps d'accompagner le récit d'autres soulèvements qui avaient plus ou moins "traumatisé" les classes dirigeantes ; à preuve la Jacquerie. Dès ses lendemains, le second continuateur de Guillaume de Nangis, que l'on identifie généralement avec Jean de Venette, s'étend non sans complaisance sur les turpitudes des seigneurs français, allant même, à travers un apologue (celui du chien complice du loup)[9], jusqu'à suggérer une possible entente avec les envahisseurs anglais pour dévo-rer les brebis paysannes. Il explique par ces crimes la violence des insurgés et la férocité de leur conduite. Or il inventa ainsi un *topos* dont s'inspirèrent ensuite plus ou moins discrètement ses successeurs. En plein milieu du XVIIᵉ siècle, François Eudes de Mézeray expose à ses lecteurs que les Jacques, « ces malheureux battus, pillés, courus comme des bêtes sauvages, firent comme ces lièvres qui étant aux abois se jettent au col des lévriers [10] » ; c'est une mise en garde à peine voilée. Mais ce *topos* provoque sur la narration de la Jacquerie les mêmes effets que les avertissements de Georg Friedrich Sartorius entraîneront plus tard sur celle de la guerre des Paysans allemands : une ventilation et un ordonnancement des événements en fonction des rapports réels ou imaginés entre les manants et leurs seigneurs. Dans les deux cas, le propos n'a pas pour objet l'étude de la révolte et son fonctionnement, mais les conseils donnés aux gentilshommes et aux gouvernants ; et ce sont eux qui commandent l'étude qui, cette fois, en est réellement faite, à l'intérieur de l'exposé de l'auteur.

Au terme de ce parcours, il semblerait donc qu'il ait été jusqu'ici difficile, sinon peut-être impossible, de rencontrer une enquête qui considère les révoltes paysannes autrement qu'à travers le filtre de préoccupations qui leur sont étrangères. En effet, presque toutes intègrent ces révoltes à un projet avoué ou inexprimé, qui en détermine un angle d'attaque précis ; celui-ci impose à son tour une sélection et une hiérarchisation spécifiques des faits et, par là, propose un fil conducteur qui finalement oriente les réflexions du chercheur. Si, par hasard, plusieurs projets s'entrelacent, engendrant plusieurs finalités, les critères de sélection et de hiérarchisation s'harmonisent alors mal ; il en résulte des compromis, à l'occasion sources d'ambiguïté, mais aussi de richesse dans la mesure où plusieurs points de vue entrent en concurrence et multiplient les perspectives d'approche. Toutefois cet enrichissement rencontre vite des limites, non seulement parce que la cohérence de la présentation en souffre, mais surtout parce que l'essentiel demeure, à savoir que les soulèvements sont envisagés et appréciés en fonction, et uniquement en fonction, de desseins dont en aucune façon ils ne constituent l'objectif principal.

Projet d'enquête

D'après ce qui précède, la voie à explorer pour réouvrir le dossier paraît, à première vue, toute tracée. Elle consisterait simplement à recentrer les enquêtes sur les révoltes paysannes, en refusant toute surbordination à une problématique qui leur serait extérieure, et en les traitant comme des sujets qui se suffiraient à eux-mêmes. Mieux, au vu de l'aperçu historiographique qui vient d'être présenté, il semblerait opportun, voire même urgent de procéder ainsi pour pallier ce qui pourrait être une "déficience" dans leur étude. En apparence fort simple, cette démarche risque néanmoins de comporter une ambiguïté. En effet, telle qu'elle vient d'être formulée, elle admet qu'un recentrage sur les révoltes paysannes s'exprime *automatiquement* par leur observation en elles-mêmes et pour elles-mêmes. Cette implication paraît à ce point relever du bon sens, que l'on a, en l'explicitant, l'impression d'énoncer une lapalissade. Cependant, à y regarder de plus près, elle ne va de soi que si les données historiques, les matériaux donc que manipule l'historien, coïncident exactement avec les événements et uniquement avec eux, ce qui est ressenti spontanément par les chercheurs comme une évidence ; aussi, lorsqu'à l'occasion, l'existence de cette condition affleure à leur conscience, ils n'éprouvent pas le besoin de l'examiner et de la démontrer ; elle est pour eux, si l'on peut dire, une "donnée immédiate de la pratique historienne". Cependant si, passant outre à cette impression instinctive et cessant de la considérer comme une réalité irréfutable, on lui accorde un statut de postulat, il devient alors obligatoire d'asseoir et de vérifier sa plausibilité et son bien-fondé. Or de cette plausibilité et de ce bien-fondé, il est permis de douter, et spécialement lorsqu'il s'agit des révoltes paysannes.

Comme on l'a déjà précédemment remarqué, les auteurs ne retiennent pas la totalité des événements qui parviennent à leur connaissance, mais uniquement ceux qui paraissent répondre à la problématique qui préside à leur recherche. Par exemple, lorsqu'ils désirent savoir si la Réforme luthérienne est grosse de la guerre des Paysans allemands de 1525, ils sélectionnent d'un côté des éléments de la prédication réformée et de l'autre des actions et des déclarations attribuables aux révoltés ; cette sélection a pour but de procéder à une comparaison entre ces deux séries d'événements, parce qu'à leur yeux celle-ci est non seulement possible mais également porteuse d'une signification qui autorise une réponse à la question posée. En conséquence, la double sélection ne s'accomplit que parce que la comparaison est reconnue comme significative. Néanmoins, pour que celle-ci le devienne effectivement, il est nécessaire d'établir et de définir une relation entre les deux séries d'événements ou de nier la possibilité d'une telle relation ; il s'agit en effet d'expliciter si la comparaison possède un sens et, le cas échéant, en quoi consiste ce sens. Dans l'exemple retenu, les uns prétendent que, les insurgés reprenant dans leurs actions et leurs déclarations des suggestions de la prédication, la guerre des Paysans est la séquelle immédiate et obligée de la Réforme luthérienne ; les autres soutiennent au contraire que, une interprétation erronée d'éléments de la prédication s'intercalant entre celle-ci et les actions et les déclarations des révoltés, la guerre des Paysans n'est en rien le produit immédiat et obligé de la Réforme luthérienne. Entre les deux séries d'événements sélectionnés et comparés, les premiers élaborent une relation directe de cause à effet que les seconds récusent au profit d'une relation indirecte et nullement nécessaire. Cependant, quelle que soit la solution adoptée, c'est bien la relation proposée (ou, éventuellement, la négation de toute relation) qui, par-delà la comparaison, donne un sens aux événements et permet d'avancer une interprétation ; il en résulte que c'est bien elle, et non l'événement, qui constitue l'objectif de la recherche et la matière de la connaissance acquise. La donnée historique n'est donc pas un donné, l'événement, mais une relation établie par l'historien entre deux événements ou deux séries d'événements, c'est-à-dire entre deux donnés ou deux séries de donnés ; elle est une construction du praticien [11].

Il s'ensuit que recentrer l'étude sur les révoltes paysannes ne signifie pas automatiquement les observer pour elles-mêmes et en elles-mêmes (même si cela s'avérait possible), mais plus simplement et plus largement les mettre au cœur de la problématique en déplaçant vers elles le centre d'intérêt principal ; celui-ci ne doit plus être la "nature" d'une société, la valeur morale de la prédication réformée, les progrès de la Liberté ou de la *Gute Polizei*, l'étape atteinte dans l'acheminement des humains vers la société sans classes, l'existence ancestrale d'une entité locale, provinciale ou nationale ou la conduite à tenir pour éviter un cataclysme en assimilant les "leçons de l'histoire". Il ne s'agit donc nullement de déconnecter ces révoltes des autres événements (et en cela on revendique ici une continuité avec les générations précédentes d'historiens), mais, bien au contraire, de restituer, cette fois *à partir d'elles et pour les comprendre* (et là il y a gauchissement par rapport à la pratique antérieure), les liens qu'elles entretiennent avec eux.

Le déplacement de la problématique qu'implique cette prise de position est peut-être plus lourd de conséquences pour le travail qui suit qu'il ne le paraît à première vue. En mettant l'accent sur les relations qui unissent les révoltes paysannes aux autres événements, elle répudie l'attitude caractéristique présidant aux enquêtes immédiatement antérieures ; celles-ci s'efforçaient, en effet, de caractériser chacune de ces révoltes par une "qualité" (sociale, politique, religieuse...) ou plus curieusement parfois par une "non-qualité" (ne pas être sociale, ou politique, ou religieuse...), qui autorisait, suivant le cas de figure, à les inclure dans une "catégorie" ou au contraire à les en exclure ; elles visaient ainsi à atteindre (ou à contester), sinon une essence à travers les formes qu'elle revêtait, au moins un essentiel au-delà des apparences, sous lesquelles il se manifestait. Cette procédure se justifie dès lors que le but avoué est de révéler, grâce aux révoltes paysannes, et plus largement populaires, la "nature" de la société de l'époque ; dans cette perspective la "qualité" fondamentale de la révolte ne constitue que la modalité d'expression *hic et nunc* de cette "nature" ; est-elle fondamentalement sociale (les autres aspects, en particulier politiques, en étant dérivés), la société, dominée par des antagonismes, est une société de classes ; est-elle fondamentalement politique (les autres aspects, en particulier sociaux, étant induits), la société, affrontée à la gestation de l'Etat moderne, est une société d'ordres. Il en est de même si l'on tente de mettre au jour une identité locale, provinciale ou nationale, puisque l'on pense trouver (ou retrouver) dans la révolte la présence de cette identité. Il en va également ainsi si l'on s'efforce de découvrir une similitude parfaite de situations pour en tirer une leçon de conduite. Si ces diverses démarches ne sont pas totalement assimilables les unes aux autres, elles se concentrent toutes sur les événements eux-mêmes pour y apercevoir quelque chose qui leur serait immanent ou transcendant (on peut en discuter), mais qu'à coup sûr ils informeraient (la "nature" de la société, l'identité locale, provinciale ou nationale, la similitude entre deux situations diachroniques). Cependant, si l'on admet que ce n'est plus l'événement qui constitue la matière de la science historique, et que, non pas au contraire, mais tout à fait différemment, ce sont les relations qui existeraient entre des événements ou des séries

POUR LA RÉOUVERTURE D'UN DOSSIER 31

d'événements qui en sont l'objet principal, la logique précédente est, elle, en porte à faux, parce que insuffisamment adaptée ; elle est en effet liée à l'élaboration de "catégories" et à la détermination de "substances", et non à la construction de relations et de fonctions ; en d'autres termes, pour mieux maîtriser les réseaux relationnels considérés comme objet de l'histoire, la conceptualisation a besoin d'être révisée ; elle doit s'éloigner des notions de "catégorie" et de "substance" pour se reposer sur celles de "relation" et de "fonction". Pour reprendre la terminologie proposée il y a déjà plus de trois quarts de siècle par Ernst Cassirer, il lui faut désormais passer d'analyses s'appuyant sur des *Gattungsbegriffe* et des *Substanzbegriffe* à d'autres s'essayant à des *Funktionsbegriffe* ou des *Relationsbegriffe*[12]. Et c'est ce transfert de la priorité donnée, dans la conceptualisation, à l'événement, à une priorité accordée aux relations entre les événements, qui exige une modification de la logique, car ce transfert demande une procédure de penser qui, non seulement soit conciliable avec ces nouveaux concepts, mais qui s'harmonise avec eux et finalement leur soit propre[13]. En définitive, il ne faudra plus s'interroger sur la "qualité" sociale, politique, religieuse, etc. de la révolte, mais se demander uniquement quelles fonctions jouent les autres événements dans l'existence d'une révolte, et donc quelles relations la relient à eux.

Mais ce n'est pas tout. Le recentrage de la problématique sur les révoltes paysannes modifie également la perception qu'en a le chercheur et, de ce fait, encore un peu plus la manière dont il les aborde. En effet, il ne voit plus en elles le texte d'une autre réalité qu'il lui appartiendrait de déchiffrer ; en un mot, il ne les traite plus comme des signifiants ; en revanche, il lui reste ce qu'elles furent, et tout ce qu'elles furent, c'est-à-dire une suite d'actions à envisager dans sa totalité et dans sa complexité ; et c'est l'apparition et les enchaînements de ces actions que maintenant il doit s'efforcer de comprendre, sinon de totalement expliquer. Il en résulte que la révolte n'a plus à être saisie comme une entité, dont les caractères globaux sont à déterminer, parce qu'ils sont déterminants pour répondre à une question qui la dépasse (la "nature" d'une société, l'existence d'un sentiment local, provincial ou national, par exemple). Il convient au contraire d'appréhender comment les diverses actions qui en forment la trame prennent naissance et s'agencent les unes par rapport aux autres pendant toute sa durée. Dès lors, les faits ou les séries de faits que choisit le chercheur à l'intérieur et à l'extérieur du mouvement, pour en les comparant et en établissant éventuellement des relations entre eux en livrer une interprétation, ne sont plus désormais sélectionnés qu'en rapport avec cette nouvelle finalité. En bref, en établissant des relations, il ne s'agit plus de savoir ce que sont ces révoltes, mais comment elles naissent et fonctionnent et, éventuellement, influencent ou induisent d'autres phénomènes. En conclusion, et parce qu'elles perdent leur fonction de signifiants, et parce que les données qu'élabore l'historien portent sur les relations entre les événements et non sur les événements eux-mêmes, elles ne peuvent plus être envisagées et encore moins traitées exactement selon les mêmes procédures que précédemment.

Néanmoins, dans ce travail, l'historien, parce qu'il traque le changement et essaie de tracer des lignes d'évolution et des processus de transformation, ne peut pas se contenter d'établir des relations pour rendre plus compréhensibles l'apparition et le déroulement des révoltes paysannes ; il lui faut également repérer si, au cours des siècles qu'il observe et dans les différentes régions qu'il examine, des variantes et des modifications ne se produisent pas. En d'autres termes, il ne saurait se satisfaire d'une étude intemporelle et hors de l'espace, débouchant sur la mise au point d'une typologie. Il lui est interdit de faire abstraction du lieu et de l'époque, et il se trouve dans l'obligation par sa profession de dégager, autant que faire se peut, des dénivellations régionales et surtout des enchaînements temporels. Il devrait même, quoique cela ne soit pas toujours réalisable, s'évertuer à les interpréter. Malgré bien des ressemblances et un point de départ commun, son attitude se distingue donc nettement de celle de l'ethnologue. Certes, dans un premier temps, il procède comme lui, puisqu'il repère des réseaux relationnels pour essayer de rendre compréhensibles les révoltes paysannes. Pourtant, dès qu'il entreprend des comparaisons, il s'en sépare définitivement. En effet, il souligne des similitudes et des différences, non pas pour dégager des types, mais pour déterminer des évolutions, et éventuellement les rendre intelligibles.

Pour remplir ce programme, les travaux antérieurs offrent un point de départ, mais en raison même de leurs finalités différentes, uniquement un point de départ. Encore convient-il de préciser en quoi il consiste exactement, afin et seulement afin de mieux s'en servir

comme rampe de lancement pour pouvoir décoller. Les historiens des
"fureurs paysannes" ont toujours essayé de répondre à des problématiques qui, pour se situer au-delà des révoltes elles-mêmes, ne les en
conduisaient pas moins à élaborer des relations entre elles et d'autres
événements ou phénomènes. Ainsi, pour déterminer la "nature" de
la société ou la pérennité d'un sentiment provincial, recherchèrent-ils
dans les crises frumentaires, la fermentation religieuse ou la pression
fiscale la cause nécessaire et suffisante des soulèvements ; autrement
dit, ils établissaient une relation de cause à effet plus ou moins stricte
et directe entre, d'un côté, une mauvaise récolte, des prêches enflammés ou de brutales exigences princières et, de l'autre, l'apparition
d'une révolte. Parfois même, comme les marxistes ou les mousniéristes [14], ils les intégraient à de véritables réseaux relationnels dont la
complexité pouvait être grande. Pour reprendre l'exemple de la guerre
des Paysans allemands, la polémique religieuse initiale a attiré (et
continue d'attirer) l'attention sur ses liens avec l'essor de la prédication
réformée ; ensuite la mise en garde de Georg Friedrich Sartorius, puis
les hypothèses de Wilhelm Zimmermann, de Leopold von Ranke et
de Friedrich Engels ont mis en relief ses rapports avec la structure de
la société et la politique des classes dirigeantes ; enfin l'étude de
Günther Franz l'a insérée dans une tradition marquée par de nombreuses émeutes locales ou provinciales. Ce sont ces relations trouvées
en héritage qui offrent un *starting-block* pour prendre un nouvel élan.
Mais c'est tout. Il ne faut surtout pas croire qu'elles forment un
corpus exhaustif ; il faut encore moins reprendre le processus de
penser qui a présidé à leur découverte. Il est donc indispensable que,
muni de ce bagage, on l'enrichisse, non seulement en le complétant,
non seulement en lui appliquant une autre problématique, mais également en le traitant avec des procédés différents. En un mot, une
fois repéré ce qui est utile et s'en être emparé, il est nécessaire de
détourner le regard, de le porter ailleurs, pour ne pas rester figé au
sol et transformé en statue de sel stérile comme la femme de Loth.

Tel est, en fin de compte, le projet de cette recherche. Cependant,
avant même de l'entreprendre, donc d'entrer dans le vif du sujet, il
convient de se poser une dernière question. Jusqu'ici nous avons
utilisé l'expression "révoltes paysannes" comme allant de soi, c'est-

à-dire comme recouvrant un ensemble d'événements similaires dont le contenu serait évident, puisqu'on n'éprouverait pas le besoin de le définir. Or cette évidence pourrait bien être un leurre. Sous cette étiquette risquent de se cacher des significations qui se recouvrent mal. D'ailleurs des historiens l'ont bien senti ; un certain nombre d'entre eux n'en proposent-ils pas une acception plus ou moins précise[15] ? Ce faisant, ils dressent des barrières souvent rigides délimitant un champ d'application strictement borné, avec les avantages et les inconvénients que comporte une telle procédure. Avant toute chose, il vaut sans doute mieux dans ces conditions déterminer ce que l'on peut entendre par "révoltes paysannes" du XIVᵉ au XVIIᵉ siècle, afin, dans toute la mesure du possible bien entendu, d'éviter toute confusion et d'éliminer ainsi une source d'ambiguïtés, quand ce n'est pas d'erreurs.

CHAPITRE 1

Qu'entendre par révoltes paysannes ?

*And now before I slip back into the convention
of calling this young man « I », let me consider him
as a separate being, a stranger almost.*

C. Isherwood, *Down there on a visit.*

Dans leurs écrits, les historiens contemporains évoquent désormais
couramment les révoltes paysannes. Reste à savoir ce qu'elles représentent pour eux et comment ils les identifient. Sauf exceptions, ils
emploient cette expression sans éprouver le besoin d'en définir rigoureusement le contenu. Une telle pratique, sinon une telle insouciance,
laisse entendre qu'il ne saurait à leurs yeux y avoir d'équivoques, au
moins d'équivoques graves et lourdes de conséquences, donc qu'il
existe une acception commune, sous-jacente et informulée, mais
reconnue par tous dans ses grandes lignes. Dans ces conditions, on
s'attendrait à trouver un corpus nettement défini et largement accepté
de révoltes, les désaccords se limitant à un nombre restreint de cas
douteux marginaux ou mal documentés. Or c'est tout le contraire
qui se produit. Même des soulèvements de grande ampleur comme
le taborisme tchèque, ou le Pèlerinage de Grâce, suscitent au moins
des hésitations, plus fréquemment des prises de position opposées, et
souvent encore de virulentes polémiques. En bref, là où l'on attendait
une quasi-unanimité, on ne rencontre que discordes. Tel auteur
accorde à telle rébellion l'appellation de "révoltes paysannes", parce
que les rustres en fournissent la troupe ou qu'ils contestent les pré-

lèvements qu'il leur faut verser ; tel autre la lui refuse parce que des gentilshommes encadrent les mêmes insurgés, et que tous formulent également des revendications religieuses. En d'autres termes, dès qu'un débat s'ouvre sur l'appartenance d'un mouvement aux révoltes paysannes, on découvre que l'absence de définition explicite ne signifie nullement une entente sur l'essentiel, qu'il serait inutile d'exprimer. En conséquence, si, au milieu d'une telle confusion, on veut éviter au maximum les ambiguïtés, les méprises et les erreurs d'interprétation, il devient nécessaire, avant d'entreprendre cette étude, d'analyser et de critiquer dans toute la mesure du possible, les choix explicites ou implicites des différents historiens, afin de déterminer ce que l'on entendra ici par "révoltes paysannes".

Procédés et paramètres de reconnaissance

En première approximation, les historiens recourent à deux procédés nettement distincts pour repérer une révolte paysanne dans une séquence événementielle ; les uns invoquent l'évidence, les autres, la conformité à un jeu de critères. Dans le premier cas, ils se contentent d'enregistrer une appartenance instinctivement reconnue, sans chercher en quoi que ce soit à la justifier. Ils sous-entendent ainsi que tous, à condition qu'ils agissent en toute honnêteté, ne peuvent que se comporter d'une manière identique en présence des mêmes faits. Aussi, lorsque l'un d'entre eux constate qu'un de ses collègues a l'outrecuidance de ne pas se conformer à son choix, se trouve-t-il volontiers porté à l'accuser de mauvaise foi et, de temps à autre, à douter également de son intelligence. Si de telles divergences ne survenaient qu'exceptionnellement, ces imputations *ad hominem* relèveraient encore du possible, à défaut du certain. Malheureusement, ces désaccords sont fréquents, et d'ailleurs plus fréquents qu'on ne l'estimerait à la première lecture ; en effet, faute d'être toujours explicités, ils ne se découvrent qu'à la faveur d'une confrontation de publications dispersées, qui s'ignorent ou feignent de s'ignorer mutuellement ; il arrive que tel auteur proscrive tel mouvement sans prendre soin de signaler, ou peut-être même sans savoir, qu'un de ses prédécesseurs l'avait retenu, et inversement. De plus, comme on l'a noté auparavant, quand le dissentiment devient tellement flagrant qu'il ne peut plus être occulté ou méconnu, chacun des adversaires se voit contraint de justifier ses options et de réfuter celles des autres. L'historien avoue alors, sans toujours s'en rendre compte, que ses prises de position ne s'imposent pas d'elles-mêmes et qu'elles ne sont pas le fruit d'une évidence, mais bel et bien d'un choix, le plus souvent inconscient ; s'il n'en était pas ainsi, pourquoi se sentirait-il obligé de fournir des preuves et surtout de détruire celles qu'avance son contradicteur ? En définitive, car c'est bien de cela qu'il s'agit, il se réfère à un jeu implicite de critères, qui, pour répondre à des affirmations qu'il récuse, sont fréquemment avant tout des négations (par exemple, la révolte ne peut pas être paysanne parce qu'elle *n'est pas* dirigée par des paysans, mais par des gentilshommes, des pasteurs ou des citadins).

Cependant, des insurrections échappent à toute polémique ; certaines sont admises par tous sans hésitations, tandis que d'autres sont reconnues par les uns et rejetées par les autres. Personne ne doute, en effet, que la Jacquerie, les agitations catalanes de la Remensa, l'insurrection hongroise de 1514 ou la guerre des Paysans suisses de 1653 ne relèvent des révoltes paysannes. Même si l'on observe que des artisans ou des mineurs ont participé activement au grand soulèvement allemand de 1525 ou que d'authentiques nobles dirigèrent les troupes des Croquants en 1637, aucun historien non plus ne prétend que ces prises d'armes ne leur appartiennent pas. Pourtant, il n'en est déjà plus de même pour nombre de troubles anglais, car en raison de l'emprise de l'industrie rurale dans des régions comme le Devon ou le Yorkshire, des auteurs affirment que ce n'est plus une paysannerie qui prend les armes ; d'autres chercheurs, constatant qu'en 1536-1537 nombre de troupes rassemblent uniquement les *tenants* d'un même *lord*, évoquent la guerre des Deux-Roses et parlent de "révolte féodale". Surtout, les poussées de fièvre brèves et violentes, les feux de paille aussi vite retombés qu'allumés, que l'on se contente d'y piller ou que l'on s'y livre à des meurtres plus ou moins ritualisés, ne recueillent plus, eux, l'unanimité. En définitive, tout se passe comme si l'évidence dégageait un noyau incontestable et pratiquement incontesté de révoltes paysannes, mais qu'elle perdait de son efficacité et suscitait des divergences pour une multitude d'autres mouvements, souvent mais pas toujours, moins impressionnants pour les contemporains. Son application crée donc un centre de forte appartenance et une périphérie où elle se brouille et devient objet de litiges.

Le recours à un jeu de critères, second procédé d'identification, est né de cette incertitude à la périphérie ; les historiens qui prirent conscience de son ampleur estimèrent indispensable de tracer, à travers la masse impressionnante des cas litigieux, une ligne solide et claire de démarcation séparant les mouvements assimilables à des révoltes de ceux qui ne pouvaient prétendre à pareille appellation. En toute rigueur, cette démarche exigeait, non pas l'élaboration d'un jeu, mais le recouvrement de deux jeux de critères, car il n'y avait pas une mais deux frontières à inventer ; il fallait en effet distinguer, non seulement les révoltes des autres formes de contestations, mais aussi les contestations paysannes des contestations qui ne l'étaient pas. Historiquement cependant, il n'en fut pas tout à fait ainsi, car les premières tentatives pour établir les deux jeux de critères ne s'effectuèrent pas dans le cadre restreint des révoltes *paysannes*, mais dans celui beaucoup plus vaste des révoltes *populaires*. En conséquence, ceux qui sont désormais appliqués aux premières sont le fruit d'un remodelage et d'une adaptation de ceux qui furent créés pour les secondes. Le transfert fut possible parce qu'il ne provoqua pas de grands bouleversements ; il demandait seulement une substitution partielle à l'intérieur d'un des jeux, le référent "peuple" y cédant la place au référent "paysan". En revanche, parce que la réduction du champ ne les concernait pas, tous les autres critères, y compris le degré de "populaire" (devenu entre-temps "paysan") indispensable pour qu'un soulèvement puisse être ainsi dénommé, demeurèrent aisément transposables et, pratiquement, restèrent effectivement identiques. Il en résulte qu'étant, à une exception près, pratiquement les mêmes, il convient de remonter jusqu'à l'étude des révoltes populaires pour apprécier leur capacité à trancher le problème posé, c'est-à-dire à tracer dans la périphérie une ligne acceptable par tous isolant les révoltes paysannes des autres mouvements.

Or cet effort de clarification se solda par un échec, car loin d'aboutir à un consensus sur les critères à retenir, il provoqua de multiples prises de position sensiblement divergentes et fréquemment incompatibles, quoique toutes apparemment aussi justifiables et justifiées les unes que les autres. Pour comprendre ce fiasco sous forme de retour de flamme, partons d'une tentative française mûrement réfléchie et nourrie d'une longue pratique de la question. Yves-Marie Bercé, dans sa thèse, se pencha sur les troubles qui agitèrent le sud-ouest de la France de la fin des guerres de Religion à celle du règne de Louis XIV ; il y rencontra les paysans des pays de la Charente et de la Dordogne, qui reçurent à l'époque le surnom de Croquants, surnom destiné à faire fortune jusqu'à nos jours – voyez Georges Brassens. Pour bien cerner son sujet, Yves-Marie Bercé s'attacha, en effet, à définir rigoureusement ce qu'il nomma tantôt "soulèvement", tantôt "révolte populaire". Dès l'introduction, il écrivit qu'il entendrait par « soulèvements foncièrement populaires » « ceux dont les paysans et les artisans constituent la clientèle dominante et où le thème insurrectionnel relève d'une idéologie spécifiquement populaire » ; il ajouta aussitôt qu'il en excluait « de la sorte la plupart des conspirations, des assemblées de la noblesse ou les guerres religieuses, même si ces événements mettent en cause des masses populaires à un moment de leur déroulement[1] » ; dans la conclusion, il compléta sa définition en proposant d'« appeler révolte populaire la formation d'une troupe populaire armée, qui réunisse en son sein des participants venus de plusieurs communautés d'habitat et qui se maintienne sur pied pendant plus d'un jour[2] ». Il fixait ainsi de solides paramètres d'identification. Pour ce faire, d'un côté il sépara les révoltes des autres mouvements contestataires en imposant une durée (plus de vingt-quatre heures), une extension (plus d'une communauté d'habitat) et une forme d'expression (une troupe armée) ; de l'autre, au sein des révoltes ainsi définies, il en repéra des populaires, non pas lorsqu'elles mettaient en branle des paysans ou des artisans, mais uniquement lorsque ces paysans ou ces artisans dominaient massivement les insurgés, en inspirant les revendications et les actions, et en déterminant le contenu idéologique de leurs justifications. Les deux jeux de critères apparaissent ici avec une particulière clarté.

Ils n'avaient cependant chance d'être largement acceptés que s'ils ne paraissaient pas trop artificiels ; pour cela, il fallait qu'ils ne séparassent pas des mouvements qui, par un trait ou par un autre, offraient par ailleurs d'assez fortes similitudes ; or, plus les critères sélectionnés étaient précis, afin d'éviter au maximum les équivoques (ce qui est, rappelons-le, le but principal de l'opération), plus le risque devenait grand que, dans les domaines qu'ignoraient ces critères, des parentés apparussent par-dessus les frontières que l'on venait de tracer. En d'autres termes, l'effort d'Yves-Marie Bercé, en raison même de sa qualité et de la lucidité de l'auteur, s'exposait au péril de sécréter lui-même des arguments pour sa propre contestation. Déjà en ce qui concerne l'identification des révoltes à l'intérieur des mouvements protestataires, comment, en effet, ne pas s'apercevoir que l'attaque armée des officiers princiers ou seigneuriaux, les pillages des bureaux de perception ou des châteaux, se rencontraient dans des troubles durant aussi bien moins que plus d'une journée, ou mobilisant aussi bien une unique communauté que tout un "pays" ? A peu près en même temps qu'Yves-Marie Bercé avançait ses propositions, Madeleine Foisil avait bien vu la difficulté, lorsqu'elle rapprocha des grandes révoltes normandes de l'année 1639 toute une série de courtes émeutes qu'elle nomma de façon significative "micro-révoltes" et auxquelles, de manière non moins symptomatique, elle consacra un chapitre entier de son étude ; elle entendit par là « de simples voies de faits qui se traduisirent par des injures, des coups qui pouvaient même aller jusqu'à l'assassinat » ; elle y inclut ainsi les molestages des commis aux impôts sur les cuirs qui périodiquement dans les années 1630 éclatèrent de Rouen à Saint-Lô, de Vernon à Falaise ; elle y ajouta les agitations qui émaillèrent l'emprunt de 1637 ou le logement de soldats et affectèrent à peu près tous les groupes sociaux depuis le gentilhomme local jusqu'aux communautés rurales et urbaines, pricipalement en basse Normandie[3]. Tout en maintenant une distinction, elle relativisait donc les critères bercéiens, avant même d'ailleurs que ceux-ci aient trouvé leur expression définitive. Cette tendance aboutit chez d'autres auteurs, comme Charles Tilly ou Peter Clark, à un véritable amalgame des "révoltes" et des "micro-révoltes", que Jean Nicolas rassembla un peu plus tard sous une nouvelle notion, celle de "mouvement populaire". Pour lui, « le seuil de la violence collective est franchi dès lors qu'un groupe d'au moins quatre individus n'appartenant pas à la même famille s'en prend directement (violences diverses, gestes, mots) à un ou plusieurs représentants d'un pouvoir politique, religieux, économique, etc., ou encore s'attaque aux biens, aux bâtiments, aux meubles, aux papiers, aux signes divers symbolisant ces pouvoirs[4] ». Derrière un changement d'expression qui en faisait prendre conscience, c'était énoncer un autre jeu de critères et déplacer la ligne de démarcation principale, pour englober dans un même ensemble ce que distinguait pourtant si soigneusement Yves-Marie Bercé ; c'était minimiser, sinon nier, la coupure que celui-ci estimait fondamentale.

Nombre d'historiens allemands s'aventurent encore plus loin ; ils pensent en effet depuis longtemps qu'il n'existe aucune rupture fondamentale entre les "mouvements populaires" armés et des formes de protestation plus pacifiques, comme la force d'inertie, le refus d'hommage ou la citation en justice. En conséquence, ils ont tendance à les aborder conjointement et à les mettre en parallèle à l'intérieur d'une notion globale de "contestation paysanne" (*Bäuerlicher Widerstand*). C'est ainsi que, rassemblant des « contributions sur les mouvements contestataires paysans dans l'Europe moderne », Winfried Schulze intitule sa publication *Soulèvements, révoltes, procès (Aufstände, Revolten, Prozesse)* [5]. Dans un colloque en 1984, Roland Mousnier attaqua assez vivement cette attitude et réintroduisit une césure dans ce bloc qui lui apparaissait comme fortement hétérogène. « J'aimerais, déclara-t-il, que l'on essaie de définir plus précisément ce que l'on entend par "contestation" et par "soulèvement". J'observe (...) que des procès sont qualifiés de contestations et presque de soulèvements, par exemple des procès entre communautés et seigneurs. (...) Or une contestation de cette nature renvoie à un procès civil, il n'y a pas d'accusé, il n'y a rien de criminel (...) Même si le procès se prolonge, même s'il dure des centaines d'années – tout comme la forme de société dont ils ont surgi –, je ne vois là ni contestation ni soulèvement. J'ai peur des confusions dans l'étude des phénomènes sociaux, qui ne s'y prêtent que trop [6]. » C'était proposer une césure fondée cette fois sur l'opposition juridique entre "civil" et "criminel". Tout se passe donc comme si les historiens s'étaient perdus sans retour à l'intérieur d'un labyrinthe sans issues, à la recherche de critères capables d'établir une coupure significative à l'intérieur des mouvements contestataires pour individualiser les révoltes, sans parvenir à en rencontrer une qui fasse l'unanimité ou à défaut rallie le plus grand nombre d'entre eux. Le remplacement de l'évidence par une série de paramètres d'identification permet sans doute de mieux cerner le problème ; il ne l'a pas résolu pour autant.

Le succès ne fut pas meilleur lorsque l'on s'évertua à séparer les révoltes populaires, puis seulement paysannes, des autres révoltes. Pourtant, cette fois, les différents auteurs furent unanimes sur un point : une révolte ne pouvait être tenue pour populaire (ou pour paysanne) que si ce peuple (ou ces paysans) lui conférait une empreinte assez forte pour la marquer d'une manière décisive ; une simple participation ne suffisait pas. Mais alors, comment déterminer que l'empreinte populaire (ou paysanne) avait été décisive ? Quels critères, qui recueilleraient l'approbation à peu près générale, permettaient de s'en assurer ? En refusant un nombre ou une proportion parmi les participants, les historiens se privaient des seuls qui eussent pu être aussi précis qu'une durée de vingt-quatre heures ou la participation de plus d'une communauté d'habitat, sans remédier pour autant aux périls inhérents à une définition ; on risquait maintenant d'ouvrir une auberge espagnole, où chacun apporterait ses propres paramètres pour estimer que « les paysans et les artisans constitu(ai)ent la clientèle dominante » ou que « les thèmes insurrectionnels relev(aient) d'une idéologie spécifiquement populaire », ou encore, bien que cette fois-ci la latitude se restreignît, quels biens attaqués, quels bâtiments, quels meubles, quels papiers, quels signes divers symbolisaient un pouvoir politique, religieux, économique, etc. La voie était libre pour les choix contradictoires sans offrir de barrières rigoureusement implantées, même si celles-ci pouvaient être déplacées.

A vrai dire, avant même qu'Yves-Marie Bercé et les auteurs cités plus haut se fussent efforcés d'obtenir un consensus minimum, nombre d'historiens, en présence d'insurrections particulièrement complexes, avaient essayé déjà de résoudre le problème au coup par coup ; les résultats auxquels ils étaient parvenus laissaient prévoir l'échec postérieur. Ainsi en fut-il des travaux sur le Pèlerinage de Grâce[7], série de graves soulèvements provoqués dans tout le nord du royaume d'Angleterre en 1536-1537 pour défendre les monastères (d'où son nom) que venait de séculariser Henri VIII en s'en adjugeant les biens. Personne ne niait que les nobles d'un côté, le peuple de l'autre n'y eussent participé ; personne donc n'estimait que la présence des paysans ou des artisans suffisait à lui donner un caractère "populaire". Tous pensaient que seul le degré d'influence qu'ils y exercèrent en était éventuellement capable. Se soulevaient-ils spontanément, attaquaient-ils les gentilshommes pour les contraindre à abattre des haies, à restituer des terres ou simplement à encadrer *leur* prise d'armes, protégeaient-ils les trésors des églises et défendaient-ils les monastères parce que cette protection et cette défense correspondaient à leurs croyances et à leurs intérêts ? Alors, le Pèlerinage de Grâce était un mouvement populaire. Au contraire, la *Gentry* mobilisait-elle ses manants, les organisait-elle en bandes armées, assurait-elle un rôle de direction, inspirant les revendications, menant les négociations, voulant imposer sa volonté au roi et effacer une frustration devant la monopolisation du pouvoir par Thomas Cromwell et ses associés ? Cette fois le Pèlerinage était un mouvement nobiliaire, voire féodal comme au bon temps de la guerre des Deux-Roses. S'agissait-il d'une défense, tous groupes sociaux confondus, des anciennes abbayes et des pratiques cultuelles immémoriales, ou d'une condamnation des Dix Articles ? Maintenant, le Pèlerinage n'est plus ni populaire, ni nobiliaire, mais simplement religieux. C'est donc bien au nom du critère de domination, plus tard formulé par Yves-Marie Bercé, que les historiens anglais attribuèrent ou refusèrent d'attribuer au Pèlerinage de Grâce l'appellation de "populaire" ; mieux, comme il regroupa en réalité des vagues successives, certains l'octroyèrent à quelques-unes d'entre elles tout en la déniant aux autres.

En définitive, Yves-Marie Bercé et ses successeurs n'ont donc tenté que de rationaliser, de clarifier et de systématiser des pratiques plus ou moins couramment et plus ou moins consciemment utilisées auparavant. Mais, en même temps, parce qu'ils visaient à élaborer des critères valables à l'ensemble des mouvements et qu'ils ne les ébauchaient plus à propos d'un seul d'entre eux, ils montrèrent que ces pratiques n'étaient plus liées à des cas spécifiques et démasquèrent ainsi avec une particulière netteté l'origine de leurs limites. En effet, le critère décisif ne repose plus, comme pour la distinction entre les révoltes et les autres formes de contestation, sur la *constatation* d'un événement (une prise d'armes), de sa durée et de son extension minimales (vingt-quatre heures, plus d'une communauté) ; il est déduit de l'*interprétation* d'une série d'événements ; une "domination populaire" n'est pas directement repérable, elle est inférée de la collecte et de la confrontation d'une masse de faits multiples ; elle provient d'une comparaison entre la composition et l'organisation des bandes armées, les actions qu'entreprennent les insurgés et les revendications qu'ils présentent, les justifications qu'ils en donnent, les injures qu'ils profèrent et les violences qu'ils commettent. Or, pour une même série d'éléments, il n'est pas rare que plusieurs interprétations soient recevables et partant reçues. Dans la rébellion du Lincolnshire qui ouvre le Pèlerinage de Grâce, les premiers troubles éclatent sur des marchés locaux, sous l'impulsion d'hommes du commun. Puis les gentilshommes sollicités prennent la tête du mouvement ; ils créent des organes directeurs, canalisent les récriminations, les mettent par écrit et les adressent au roi. Mais, lorsque se dérobent leurs appuis à la cour, sur lesquels ils comptaient, ils s'empressent de traiter avec le souverain, abandonnent les hommes du commun qui, malgré quelques résistances et quelques passes dramatiques, finissent dans leur majorité par s'aligner sur eux. Si, comme la version officielle des faits le prétend, les gentilshommes ont été contraints sous la menace de se ranger derrière un peuple déchaîné, la rébellion du Lincolnshire est bien une "révolte populaire". Si, comme le bruit en courut dès les lendemains des événements, ils n'offrirent aucune résistance, quand ils ne favorisèrent pas la prise d'armes et essayèrent d'en tirer parti, il est alors difficile de qualifier une révolte qui d'une phase initiale "populaire" passe à une phase "nobiliaire" pour se terminer momentanément par une troisième phase "populaire"[8]. Tout dépend donc d'abord de l'interprétation qui est proposée de l'attitude et de la conduite des gentilshommes du Lincolnshire. Et si l'on adopte le second cas de figure, l'embarras s'accroît encore, car les indices ne sont même plus convergents pour l'ensemble du soulèvement ; ceux-ci poussent à admettre une séquence comme "populaire" et une autre comme "non populaire" ou "pas uniquement populaire". Ainsi la série d'événements recensés dessine-t-elle une large plage d'incertitude, dans laquelle les choix qui engendrent l'interprétation incluent une part considérable d'arbitraire ou de sentiment.

En résumé, lorsqu'il s'agit de savoir si une révolte est "populaire" (ou "paysanne") ou si elle ne l'est pas, les débats ne tournent plus autour de la justesse d'un jeu de critères factuels définissant une notion (celle de révolte), mais autour de la justesse de l'interprétation d'une série d'événements, interprétation qui vise à déterminer si cette série d'événements confirme ou infirme un critère à peu près unanimement accepté, celui de la domination du peuple (ou des paysans) au sein de la révolte. Or, si cette démarche entraîne un large consensus pour un certain nombre d'insurrections, il n'en est plus de même quand la série d'événements ne transmet plus un message clair et autorise ainsi des interprétations divergentes ; les désaccords, sinon les polémiques, ne tardent pas alors à encombrer les publications. Mais il est remarquable et peut-être symptomatique qu'à nouveau, comme pour le repérage des révoltes au milieu des autres formes de contestation, l'attribution du caractère "populaire" (ou "paysan") à une de ces révoltes a créé *de facto* un noyau qui récolte tous les suffrages et rassemble les chercheurs, et une périphérie où règnent l'incertitude, les hésitations et, en fin de compte, les dissentiments. C'est à la marge, une fois de plus et en dépit d'une approche sensiblement différente, que se situent les difficultés et se manifeste l'impuissance des historiens.

Toutefois, pour reconnaître une révolte comme "populaire" (ou "paysanne"), il ne suffit pas de déterminer si elle est dominée par le "peuple" (ou par les "paysans"), il est également nécessaire de savoir ce que l'on entend par "peuple" ou par "paysans". Or, dans ce domaine comme dans les précédents, l'unanimité est bien loin de régner parmi les historiens. Certes le débat sur le "peuple" importe peu ici, puisque l'étude vise uniquement les révoltes paysannes et non plus l'ensemble des révoltes populaires. Malheureusement, malgré l'emploi d'une qualification apparemment plus précise, la réduction de celles-ci à celles-là n'a pas pour autant supprimé les divergences ; sans oser prétendre qu'elle les a accrues, elle les a au moins reportées sur la définition du "paysan". En effet, l'acception de ce terme, au premier abord évidente, est, à vrai dire, délicate à cerner. Dans l'usage quotidien que nous en faisons, nous employons volontiers des images forgées pour le XIXᵉ siècle, quand ce n'est pas pour le XXᵉ. Cependant, les études sur l'économie agraire et la société rurale se sont assez multipliées pour montrer, sans contestation possible, que de telles images répondaient mal aux réalités de la fin du Moyen Age et des débuts de l'époque moderne ; au-delà d'une éventuelle succession des générations sur les mêmes lieux et parfois sur les mêmes terres [9], les mutations ont été telles qu'elles rendent dangereux et souvent illicite le transfert pur et simple de ces images dans les siècles antérieurs. En revanche, l'ampleur même des enquêtes, la variété des sujets qui y sont traités offrent des données élaborées en relative abondance ; elles fournissent ainsi une copieuse source de renseignements dans laquelle il est facile de puiser. Aussi, tout naturellement, est-ce à partir d'un acquis historique, donc des travaux de leurs prédécesseurs et de leurs propres travaux que les historiens ont entrepris de dessiner la silhouette du paysan d'alors et d'en fixer les traits distinctifs. Toutefois, comme cette silhouette demeurait entièrement à créer et que pour repérer ce paysan d'alors on ne disposait que d'un répondant plus tardif et visiblement mal adapté (les images des XIXe et XXe siècles), il aurait fallu, pour que des prises de position discordantes ne se produisent pas, que soient apparues dans l'évolution des générations des coupures franches qui permettent de distinguer et de caractériser sans difficultés ce paysan d'alors du paysan du XIXe ou du paysan d'aujourd'hui. Or c'est exactement l'inverse qui se présente : une continuité sans ruptures décisives, tout en inflexions et en gauchissements progressifs. Dès lors, il ne devenait pas aisé d'isoler, à l'intérieur de la masse d'informations que l'on possède, les éléments distinctifs, spécifiques du paysan européen des XVe-XVIIe siècles.

Bon nombre de chercheurs tentèrent néanmoins de l'appréhender en le considérant en priorité comme producteur agricole. Pour y parvenir cependant, ils retinrent moins le "technicien" que l'"entrepreneur", moins le "cultivateur" ou l'"éleveur" que le maître de maison responsable de la survie de sa famille ; dans ce domaine, ils ne manquèrent pas de relever de profondes différences, mais ils s'aperçurent qu'avec des nuances certes sensibles ces différences étaient largement répandues à travers l'Europe ; frappés par cette quasi-universalité des disparités, ils insistèrent plus sur ce qui distinguait que sur ce qui unissait les chefs de famille et, en définitive, ils établirent trois grands groupes qu'ils s'attachèrent à caractériser. Le premier, central, rassemblait ceux qui vivaient de leur entreprise agricole et d'elle seule, sans recourir à une activité complémentaire, ni à une main-d'œuvre autre que familiale ; le deuxième, inférieur, comprenait ceux qui, ne pouvant en vivre, se trouvaient justement dans l'obligation d'exercer une activité complémentaire salariale ou artisanale ; le troisième, supérieur, ceux qui, tout en en vivant, ne parvenaient à la mettre intégralement en valeur que par l'embauche d'une main-d'œuvre, au moins en partie temporaire, étrangère à la famille. Chacun de ces groupes s'accorde en gros avec une nomenclature fréquemment employée dans la littérature anglaise des XVIᵉ et XVIIᵉ siècles ; le groupe central coïncide avec celui des *husbandmen*, l'inférieur avec celui des *cottagers*, le supérieur avec celui des *yeomen*, même si, dans ce dernier cas, quelques-uns de ceux qui se prétendent *yeomen* s'apparentent plus au groupe central qu'au supérieur. On retrouve d'ailleurs ici ou là en Europe des appellations plus ou moins exactement assimilables à ces catégories. Le censier picard, le marchand-laboureur d'Ile-de-France ou le *Wohlhabende* d'Allemagne du Sud évoquent le groupe supérieur ; les *Heuerlinge* de la région d'Osnabrück ou les *Kossäten* brandebourgeois, l'inférieur.

Cette division tripartite n'est donc pas sans relation avec une perception contemporaine du monde agricole, sinon rural ; elle risque cependant de reprendre à son compte le système normatif qui lui est implicitement associé ; en effet, elle définit les groupes inférieur et supérieur en fonction du groupe central ; dans le premier, le paysan n'a pas assez de terres pour assurer la survie de la famille ; dans le second, la main-d'œuvre familiale est insuffisante pour toutes les exploiter ; dans le premier cas, l'autonomie de la maison n'est pas assurée pour le foyer familial qui y vit ; dans le second, elle ne l'est pas que par lui [10]. Ainsi sont-ils l'un et l'autre individualisés par ce qui leur fait défaut et que possède en revanche le groupe central ; ce qui fait de ce dernier la norme, au moins la norme souhaitable sinon réalisée, et en tout état de cause, un état valorisé. Communiquée inconsciemment aux historiens par les commentaires dont ils disposent et les témoignages directs qu'ils exploitent, cette attitude les porte à tenir les paysans du groupe central pour les purs paysans, voire les seuls paysans. Il n'y aurait là rien de fâcheux, car le problème pourrait paraître par là même résolu ; malheureusement, en même temps, la nomenclature contemporaine, en révélant une autre ligne de démarcation marquante pour les contemporains, introduit un doute sur le bien-fondé d'une définition du paysan par son appartenance au groupe central. En effet, tous les membres des trois groupes possèdent une caractéristique commune : ils mettent en valeur une exploitation si minime et si insuffisante soit-elle ; par là, ils se différencient avec netteté des journaliers qui n'ont que leurs bras pour survivre. Or ceux-ci, à peu près partout, sont désignés par des termes qui leur sont propres : manouvriers, *labourers*, *Tagelöhner*, et qui les distinguent des précédents. C'est que, faute d'un lopin de terre qu'ils travailleraient pour leur famille, il leur est impossible de revendiquer ne serait-ce qu'une parcelle d'autonomie dans l'organisation de la production ; ils sont condamnés, comme on le disait en France au XVIIᵉ siècle, à "se mettre sous autrui". Ils se trouvent ainsi dépréciés face aux trois autres groupes. Cette frontière suggère que ces derniers ne constituent pas qu'une hiérarchie, mais également un ensemble aux yeux mêmes des hommes de l'époque. Ne serait-ce donc pas à eux, tous autant qu'ils sont, que pourrait également revenir l'appellation de paysans, d'autant qu'en allemand il semble bien qu'ils figurent déjà tous sous le substantif *Bauer* ?

L'historien anglais Clifford S.L. Davies a non seulement pris la mesure de l'ambiguïté qu'engendrait cette double possibilité de définir le paysan, mais il a aussi essayé d'y remédier. Sa tentative mérite donc qu'on s'y arrête quelques instants. Dans un appendice à un article paru en 1983, qui reprend une communication à un colloque international tenu à Bochum en 1980, il s'efforça de préciser ce qu'il entendait par "paysan" dans l'Angleterre des XVIᵉ et XVIIᵉ siècles. Il y constate d'abord les désaccords entre les historiens sur le sens d'un terme qu'il estime néanmoins irremplaçable. « Le concept de paysan, écrit-il, est dans l'ensemble d'un usage courant parmi les historiens ; à mon avis, on ne peut guère y renoncer. » Il poursuit en enregistrant « la tendance qu'ont les historiens d'étendre la définition du concept de paysan afin d'englober les deux groupes de ceux qui, d'une part, se nourrissent du produit de leurs propres terres et de ceux qui, de l'autre, ne disposant que d'un lopin ou même ne possédant aucune terre, sont employés comme ouvriers agricoles, sinon comme artisans (par exemple dans le bâtiment). Cette pratique, continue-t-il, peut se justifier, mais elle efface les différences. C'est pourquoi dans ce texte, j'ai limité le concept à toute personne qui peut exploiter un bien avec le travail de sa famille et nourrir sa famille avec le produit de la terre (...) A cette catégorie n'appartiennent, ni ceux qui possèdent plus de 50 acres (20 ha) en labours, ni ceux qui en détiennent moins de 15 (6 ha). (...) Dans le cadre du XVIᵉ siècle, cette définition est très voisine du concept d'*husbandman*, quoique les membres les moins aisés de la classe réputée des *yeomen* répondent aux mêmes critères. Par contre les riches *yeomen* et les fermiers se trouvent bien au-dessus de ce niveau de tenure familiale (*family-holding*) et ne peuvent pas, en conséquence, être compris au nombre des "*Bauern*" ou des "*peasants*" [11]. »

Le choix de Clifford S.L. Davies est donc clair ; il opte pour le groupe central de la classification ; la raison de son choix ne l'est pas moins. D'abord, il convient de remarquer qu'il ne consiste pas à reconnaître les vrais paysans de l'Angleterre entre 1400 et 1800, ni même à repérer les ancêtres de ceux du XIXe siècle. Pour lui, en effet, d'autres acceptions du terme "paysan", non seulement sont possibles, mais aussi pleinement légitimes, au moins celle qui uniraient les *cottagers* et les *husbandmen* (il ne se prononce pas nettement sur les *yeomen*). A ce propos, la version allemande ne laisse planer aucun doute, puisque, dans cette version, il qualifie l'option qu'il n'adopte pas de « *ein zu rechfertigendes Verfahren* » (une procédure se justifiant). Dans ces conditions, son choix ne repose pas uniquement, ni même principalement, sur des caractères propres à un ensemble d'individus, caractères qui, à eux seuls, par leur vertu, lui permettraient d'identifier les vrais paysans et de les distinguer de ceux qui ne le sont pas ou ne le sont qu'imparfaitement. Il se trouve à l'origine dans la problématique de l'auteur, et est largement déterminé par elle. Se proposant d'analyser la composition de la communauté rurale, celui-ci se doit de mettre l'accent sur les éléments qui la structure ; il est donc porté à baptiser "paysan" un de ces éléments pour l'opposer aux autres. Il le dit d'ailleurs clairement quand il reproche à un autre usage de l'appellation une extension trop large qui, selon lui, « efface les différences » (*es verwischt die Unterschied*) [12]. La solution avancée par Clifford S.L. Davies consiste ainsi à instrumentaliser le concept de paysan, à lui donner un contenu qui n'est pas universel, mais opératoire, partant révocable, dans le but de parvenir à résoudre au mieux une question posée au préalable.

Dans cette perspective, la pluralité des options, toute réelle qu'elle soit, demeurerait restreinte et dans une certaine mesure acceptable, pourvu que, comme Clifford S.L. Davies, les historiens prennent systématiquement soin d'expliquer leurs choix et de les argumenter. Toutefois, même si ces conditions étaient exactement remplies, la situation ne serait pas pour autant pleinement satisfaisante. En effet, elle ne résoudrait pas d'autres difficultés, source de bien d'autres incertitudes. C'est que les critères retenus pour fixer les frontières entre les groupes, et entre l'ensemble des groupes et les manouvriers, n'offrent que l'illusion de la rigueur et de la précision. D'abord, ils ne prennent pas en compte l'instabilité congénitale de la production agricole, céréalière en particulier, et la saturation toujours possible des marchés de denrées spécialisées comme le vin. Or, au gré de la conjoncture, les familles peuvent osciller de l'un à l'autre groupe ou de l'un à l'autre ensemble. Ainsi l'*husbandman* (ou son équivalent continental) glisse-t-il assez facilement vers le *cottager* (ou son équivalent continental) ; et s'il arrive que ce glissement soit définitif, il se rencontre également nombre d'occurrences où il n'est que provisoire ; un train de récoltes médiocres, une épizootie récurrente, une mévente d'un produit commercialisé, les destructions d'une campagne militaire désastreuse obligent momentanément notre *husbandman* à chercher dans le salariat ou le travail à façon un complément de revenus et le font basculer pour un temps dans la catégorie des *cottagers*. Inversement, quand les bras familiaux sont impuissants à assumer un surcroît de travail imposé par une abondance imprévue ou le départ, voire la disparition d'un enfant, il lui faut embaucher quelques manouvriers, sinon quelques voisins, pour faucher l'herbe d'un pré, couper les blés d'une pièce, ou encore tailler un arbre ou une vigne ; il se comporte alors temporairement comme un *yeoman* ou un marchand-laboureur. En raison même des vicissitudes de l'agriculture et du négoce contemporains, il existe donc un contingent de chefs de famille qui, alternativement, appartiennent à l'un ou l'autre groupe d'exploitants. Il en résulte que les critères retenus pour distinguer les groupes les uns des autres et ceux-ci des manouvriers se contentent de créer une typologie (l'*husbandman*, le *cottager*, le *yeoman*, le manouvrier) qui, en ne tenant pas compte des fluctuations économiques, occulte une continuité de fait qui ne se découvre qu'en intégrant le temps dans l'observation et rend les lignes de démarcation moins rigoureuses, parce que plus fluctuantes, qu'il n'y paraissait en première analyse.

Plus grave encore, les frontières de l'ensemble des trois groupes se révèlent imprécises, même si, pour le moment, on fait abstraction du temps, donc même si on ne se place que dans la seule optique ethnologique, en délaissant provisoirement la perspective historique.

En effet, à la limite inférieure, des manouvriers qui se reconnaissent comme tels dans les actes officiels (terriers, listes de manants, minutes notariales) travaillent souvent un lopin de terre qui leur sert de jardin et qu'ils louent à l'occasion à des particuliers ; bien qu'étant avant tout journaliers (puisque leurs bras leur fournissent la presque totalité de leurs ressources), ils sont également pour une part, si infime soit-elle, *cottagers* (puisqu'ils sont exploitants parcellaires). L'on peut donc ainsi passer de l'un à l'autre (du journalier au *cottager* et inversement) sans remarquer de ligne de démarcation clairement inscrite dans les faits et indiquant sans ambiguïté que l'on vient de la franchir. La même difficulté se retrouve à l'opposé, à la limite supérieure. Là, de gros producteurs perçoivent des rentes sur des biens qu'ils afferment ou sur des terres hypothéquées, sans renoncer pour autant à leurs activités agricoles ; à partir de quelle proportion de ces rentes dans leurs revenus les estimera-t-on rentier et non plus exploitant ? Impossible de répondre, car un peu de connaissance de la question et quelques dépouillements d'archives montrent qu'il n'existe de nouveau ici aucune frontière repérable dans un continuum parfait. En conséquence, si l'on veut appliquer la typologie esquissée, toutes les zones limitrophes envisagées ne peuvent engendrer qu'hésitations, incertitudes et pour finir discussions. On rencontre trop d'insensibles transitions pour établir des coupures franches, reconnaissables et admissibles par tous, bref pour obtenir l'unanimité des historiens sur l'attribution de telle famille à tel ou tel groupe.

Les incertitudes ne s'arrêtent pas là. Les paramètres utilisés jusqu'ici à la suite de la majorité des historiens pour tenter de repérer le paysan des XVᵉ-XVIIᵉ siècles renvoient à la responsabilité d'une exploitation agricole quelle qu'en soit l'importance, à la possibilité ou à l'impossibilité d'une famille d'en vivre ou de n'y employer que la main-d'œuvre familiale, et à la répartition des revenus du chef de famille entre le produit de son travail et la rente foncière qu'éventuellement il perçoit. A s'en tenir à ces critères, de quelque façon qu'ils soient maniés, le gentilhomme campagnard labourant lui-même une maigre réserve au milieu de ses valets et le cas échéant de ses frères bâtards, comme le sire de Gouberville[13], mériterait à coup sûr l'appellation de paysan ; quant au *gentleman-farmer* anglais ou au *Gutsherr* de l'Europe de l'Est, ils seraient également inclus dans la catégorie par la plupart des définitions. Cependant aucun contemporain ne soutiendrait pareilles propositions ; et quel historien oserait de telles assimilations, même si, à n'en pas douter, les plus humbles de ces nobles exploitants vivent plus chichement qu'un marchand-laboureur du bassin parisien ou qu'un puissant *yeoman* de l'East Anglia ? Cette répugnance et le refus qui s'ensuit indiquent clairement que, pour le contemporain comme pour l'historien, le paysan ne se reconnaît pas uniquement à son entreprise agricole, même si celle-ci paraît indispensable pour qu'on l'estime tel. Il se doit en plus d'être un roturier ou un *Gemeiner Mann* ; il ne doit pas appartenir à la *Gentry*. Comme devait l'écrire Antoine Furetière dans la rédaction définitive de son dictionnaire (celle qui parut *post mortem* en 1690), le paysan est un « roturier qui habite dans les villages, qui cultive la terre et qui sert à tous les mesnages des champs [14] ». Quant au gros exploitant, époux berné de la volage Angélique de Sotenville, ne regrette-t-il pas amèrement de ne pas s'être marié en « bonne et franche paysannerie », d'autant plus qu'il ne parvient pas à se comporter en gentilhomme [15] ?

Ce paramètre supplémentaire (être roturier) semble permettre à l'historien de cerner cette fois avec précision les exploitants agricoles susceptibles d'être des paysans, qu'il estime tels la totalité ou seulement une partie d'entre eux. Pourtant, cette approche n'évacue pas toute approximation. D'abord, la frontière entre noblesse et roture n'est pas toujours nettement déterminable. Car, si pour être noble, il est de plus en plus nécessaire de posséder un titre ou d'obtenir une confirmation juridique au fur et à mesure que se développe l'Etat centralisé, il est toujours indispensable, comme autrefois, d'être estimé tel par ses pairs et ses concitoyens ; en France, le roi procède systématiquement à une enquête (même formelle) avant de prononcer un anoblissement ; il demande aux témoins si le candidat vit ou ne vit pas noblement. Toutefois, malgré ces précautions, les deux critères (consécration officielle et notoriété publique) ne se recouvrent pas obligatoirement. Les recherches périodiques de noblesse ont pour but justement de découvrir ceux qui se sont introduits dans le second ordre par tacite reconnaissance, mais sans l'aveu de l'autorité royale. Il y a donc bien encore ici une zone de transition ; néanmoins, une fois n'est pas coutume, elle introduit une incertitude plus apparente que réelle. D'une part, les seigneurs roturiers qui ne vivent pas en rentiers et dirigent directement ou avec l'aide d'un intendant une entreprise agricole ne semblent pas, jusqu'à preuve du contraire[16], particulièrement nombreux (la marge d'incertitude est donc réduite *de facto*) ; d'autre part et surtout, entre les deux critères, celui à retenir est évident : c'est la *vox populi*, puisque, plus que toute pièce émanant du prince, elle exprime l'acceptation par autrui de la noblesse d'un individu.

Pourtant, la leçon principale de cette restriction roturière se situe ailleurs ; elle montre simplement que le paysan ne peut pas être *uniquement* défini en fonction de son exploitation agricole, sans tenir compte des groupes sociaux auxquels il s'agrège. Toutefois, rien ne dit que le tiers état soit le seul qui entre en ligne de compte. L'appartenance à une communauté villageoise pourrait bien en être un autre. En effet, celle-ci rassemble essentiellement des producteurs agricoles, même si tous ne sont pas principalement des fournisseurs de denrées alimentaires ; aussi les villageois apparaissent-ils aux yeux des contemporains avant tout comme des paysans. Dans son lexique, Jean Nicot traduit le terme paysan, d'un seul mot latin, celui de *rusticus*[17]. Plus tard, Antoine Furetière précisera, comme nous l'avons vu, que le paysan est un « roturier qui habite dans les villages » ; un village n'est d'ailleurs pour lui qu'une « habitation de paysans qui n'est point fermée de murs et qui a d'ordinaire une paroisse », et un villageois que « celui qui habite au village, paysan, paysanne[18] ». Ces auteurs, en récapitulant l'usage lettré du vocabulaire français, tendaient donc à lier la condition paysanne, non seulement à la roture, mais également à l'appartenance à une communauté villageoise.

Ce critère, cependant, ne lève pas, bien au contraire, toute incertitude ; il en crée plutôt de nouvelles. D'abord, des exploitants agricoles résident alors et résideront encore longtemps dans les villes ; tout irait bien si, à cette époque, la ville se distinguait nettement du village ou du bourg ; mais les hésitations des lexicographes contemporains, Furetière en tête[19], et des historiens actuels, malgré toutes leurs tentatives pour préciser les diverses notions[20], dénoncent une absence de solution de continuité du village à la ville en passant par le bourg. Dès lors toute borne imposée devient arbitraire et surtout occulte cette insensible transition des uns aux autres. Néanmoins, il y a pire, car il y a des cas où l'ambiguïté ne provient plus du lieu d'habitation, mais des activités et des fonctions exercées par les individus eux-mêmes. Pour le comprendre, il faut observer le rôle que s'assigne la communauté villageoise. S'appuyant sur un espace à mettre en valeur (le terroir), elle s'efforce, en effet, de gérer les intérêts collectifs de ses membres et d'arbitrer elle-même leurs conflits ; par cette prétention à l'auto-organisation, elle affirme clairement une volonté d'autonomie. Dans cette ambition, elle se heurte à un pouvoir concurrent qui déclare lui aussi contrôler, voire diriger la vie locale ; ce pouvoir, c'est celui du seigneur[21]. Certes, des menaces extérieures qui pèseraient sur elle peuvent la porter à s'abriter derrière lui ; certes, la défense de causes communes peut les conduire à collaborer[22] ; certes, des rapports de force d'ailleurs changeants les obligent à de mutuelles concessions ; il n'en reste pas moins que communauté et seigneurie désirent ordonner des finages et des hommes qui, sans toujours se recouvrir exactement, relèvent pour une grande part de leurs deux autorités ; l'occasion se présentant, elles sont fatalement tôt ou tard plus ou moins rivales. Dans ces conditions, il semblerait qu'appartenir à l'une est incompatible avec l'appartenance à l'autre. Or ce cas de figure se rencontre à peu près partout, même si, à chaque fois, il n'intéresse qu'un nombre restreint de chefs de famille. En France déjà, des exploitants villageois prennent à ferme non seulement la réserve seigneuriale (ce qui lie déjà le preneur au seigneur), mais également les droits seigneuriaux (champarts, rentes, cens, lods et ventes, banalités) prélevés sur leurs compatriotes. Dans presque toute l'Europe, d'autres fournissent au seigneur les officiers (procureurs, juges) dont il a besoin pour administrer ses biens et défendre ses droits. Comme ils sont souvent également des membres influents du village, ils représentent tout à la fois le seigneur auprès de la communauté et la communauté auprès du seigneur ; ils relèvent donc en même temps de l'organisation communautaire et de l'organisation seigneuriale ; qu'ils soient fréquemment des médiateurs n'ôte rien à l'ambiguïté de leur position. Celle-ci se traduit par des tiraillements dans le quotidien qui éclatent au grand jour dans l'exceptionnel. Ainsi, lors de la guerre civile anglaise de 1642-1646, des officiers locaux du Dorset, du Wiltshire et du Somerset nommés par la *Gentry* locale se trouvent placés entre les choix diamétralement opposés de leur patron et de leur paroisse, si ceux-ci se partagent entre l'obédience royale et l'obédience parlementaire[23]. Tous ces fermiers, receveurs et officiers, appartiennent-ils ou non à l'ensemble des exploitants susceptibles d'être admis comme paysans ? Et au nom de quoi trancher entre deux possibilités recevables l'une comme l'autre, puisque, suivant l'occurrence, ils sont tantôt le porte-parole de la communauté et tantôt le fondé de pouvoir du seigneur ?

Il est inutile de pousser plus loin l'investigation. La recherche de critères satisfaisants et acceptables par le plus grand nombre pour déterminer ce que serait une révolte paysanne, en précisant ce qu'il faudrait entendre par "révolte" et par "paysan", demeure très décevante et n'autorise pas plus à trancher que le recours à la simple évidence. Son apport est cependant loin d'être négligeable ; en exigeant une plus grande rigueur de pensée, elle cerne infiniment mieux les obstacles sur lesquels bute l'entreprise. Elle montre d'abord qu'il existe un noyau de révoltes paysannes unanimement reconnues sans l'ombre d'une hésitation ; ce noyau s'accorde aux divers critères et jeux de critères qui ont pu être successivement proposés, si différents soient-ils ; peut-être faut-il voir, dans cette reconnaissance commune, un effet d'habitude historiographique. Quoi qu'il en soit, l'incertitude se concentre "à la marge", une marge qui, en raison du nombre élevé de cas douteux, discutables et discutés, constitue en réalité une vaste et large auréole, plus volumineuse que le noyau qu'elle entoure. Cependant, là n'est pas son caractère principal. Celui-ci réside dans le fait qu'elle constitue une zone d'insensible transition entre des révoltes paysannes incontestables et incontestées (le noyau) et des manifestations populaires qui ne sont jamais appréciées comme telles. Elle apparaît peuplée d'événements ambigus, sans que l'on puisse y discerner de coupure franche et irréfutable. En imposer une ne serait d'ailleurs pas seulement arbitraire et partant toujours contestable ; plus gravement, elle oblitérerait du même coup la continuité que l'on y a repérée. Il en résulte que c'est cette continuité, et les ambiguïtés qui la créent, qu'il est nécessaire de repenser si l'on cherche à savoir ce qu'il convient d'entendre par "révoltes paysannes". Or, comme les efforts des historiens se sont jusqu'à présent soldés par des déboires aussi nombreux que répétés, l'on peut douter qu'ils y parviennent un jour sans modifier sensiblement les méthodes et les façons de penser qu'ils ont jusqu'ici majoritairement utilisées. Il reste donc à déterminer si les échecs qu'ils ont subis proviennent uniquement d'un choix malencontreux de tests médiocrement adaptés ou, plus profondément, des postulats logiques qui gouvernent la recherche et la sélection de ces tests. Autrement dit, la médiocre efficacité des outils a-t-elle pour origine leur mauvais usage ou un procédé de fabrication qui en limiterait les performances ?

Critique des postulats logiques

Pour résoudre ce dilemme au mieux, il convient donc d'observer maintenant les mécanismes de pensée qui sont à l'œuvre dans la démarche des historiens, afin de déterminer si ce sont eux qui provoquent les embarras que l'on vient de relever. En se cantonnant d'abord aux présupposés théoriques, il est bon de remarquer que l'élaboration de jeux de critères pour identifier les "révoltes paysannes" est sous la dépendance du procédé choisi pour cette identification ; or ce procédé vise à les reconnaître *en les isolant* des autres révoltes (celles qui ne sont pas paysannes) et des autres mouvements de contestation (ceux qui ne sont pas des révoltes). Il implique ainsi une répartition systématique des événements rencontrés en deux groupes et uniquement en deux groupes : celui des événements qui sont des "révoltes paysannes" et celui des événements qui ne sont pas des "révoltes paysannes", fruit de la combinaison de deux autres répartitions (d'un côté entre les événements qui sont des révoltes et ceux qui ne le sont pas, de l'autre entre ceux qui peuvent recevoir le qualificatif de "paysans" et ceux qui ne le peuvent pas). Dans une telle procédure, l'identification des "révoltes paysannes" passe obligatoirement par une série d'opérations successives : initialement, le repérage dans la masse des événements d'un événement susceptible d'être une "révolte paysanne", ensuite son examen probatoire, à l'aide d'un jeu de critères, pour déterminer s'il peut bien être considéré comme tel, finalement, en raison du résultat de cet examen, son classement dans un des deux groupes opposés, par inclusion ou exclusion du groupe des "révoltes paysannes". Le procédé impose ainsi la création d'une frontière rigide et étanche entre ces groupes, parce que seule elle autorise la répartition entre eux et eux seuls, la fonction du jeu de critères étant justement de la déterminer. C'est pourquoi l'observation du déroulement de la procédure n'autorise pas à conclure qu'elle est obligatoirement à l'origine des échecs constatés, puisque c'est le jeu de critères qui trace la ligne de démarcation ; après tout, en en changeant, l'historien restreindrait, voire peut-être éliminerait, les cas douteux et parviendrait ainsi à un résultat satisfaisant. En première analyse, le procédé ne semble donc pas, en lui-même, porter *automatiquement* sa propre condamnation, encore qu'il faille alors supposer qu'il demeure possible de trouver une solution que, jusqu'ici et malgré leur perspicacité, les historiens ont été incapables de découvrir.

Cependant, s'en tenir dans l'observation critique à celle du déroulement de la procédure, c'est attribuer implicitement au procédé par classement une validité immanente qui le rendrait transcendant, non seulement aux objets observés, mais tout autant au contenu des concepts que *volens nolens* utilise l'historien ; c'est lui conférer une valeur universelle et intemporelle et le reconnaître sinon comme la seule méthode, au moins comme la meilleure méthode pour raisonner correctement et scientifiquement. Or il est si universellement employé et si spontanément reçu que d'emblée on le ressent et on l'estime comme tel, au point que l'on éprouve un sentiment de malaise à en proposer un examen critique approfondi ; cependant, passons outre et repartons, une fois de plus, de l'acte principal qui permettrait une identification des "révoltes paysannes" ; il consiste en une ventilation de l'ensemble des événements en deux groupes rigoureusement séparés (les "révoltes paysannes" et les autres). Le choix de ce procédé, et non d'un autre, postule une conception de la "révolte paysanne" préalable à ce choix ou au moins synchrone ; ne faut-il pas connaître ce que l'on cherche pour pouvoir le reconnaître dans une collection d'événements ? Or, dans le cas présent, le processus de conceptualisation repose sur le fait incontestable qu'à l'intérieur de la collection observée un certain nombre d'événements offrent, au-delà de leurs spécificités propres, un certain nombre de similitudes (par exemple, la participation de certains groupes d'exploitants agricoles, l'usage de la violence contre les agents des autorités, la formation de bandes armées ou la rédaction de doléances). Néanmoins, pour élaborer le concept de "révolte paysanne", l'historien ne se borne pas à constater et à enregistrer ces similitudes. Parmi celles-ci, il en privilégie quelques-unes, qui deviennent des caractéristiques et fournissent les critères requis pour repérer puis prélever chaque "révolte paysanne" présente dans la collection d'événements observée. Lorsque Yves-Marie Bercé fixe comme paramètres, pour qu'un mouvement puisse être considéré comme tel, une durée de plus de vingt-quatre heures, la participation de plus d'une communauté d'habitat, la formation d'une troupe armée et une domination massive de paysans inspirant les revendications et les actions, et déterminant le contenu idéologique des justifications, c'est qu'il a déjà conçu la "révolte paysanne" comme fondée par ces différents caractères, donc qu'il a déjà admis que ces derniers déterminent un ensemble homogène et cohérent qui peut être reconnu comme un tout et traité comme tel, indépendamment des spécificités de chacun des individus qu'il inclut ; il a non seulement proposé un jeu de paramètres de reconnaissance, il a également défini le contenu du concept de "révolte paysanne".

L'analyse de cette démarche, apparemment anodine, souligne en fait, non seulement les postulats qui président à la logique choisie, mais aussi les limites qu'imposent ces postulats à l'efficacité interprétative de cette logique. Elle révèle d'abord que le procédé d'identification est subordonné à une manière de conceptualiser qui le détermine de deux façons ; d'une part, pour créer le concept générique (*Gattungsbegriff* [24]) de "révolte paysanne", celle-ci *exige* qu'il isole des autres événements tous ceux qui en relèvent, au moyen d'une frontière étanche ; et, d'autre part, en l'obligeant à transformer des similitudes en caractères distinctifs, puis en critères de reconnaissance, elle lui *dicte* comment y parvenir. De ces deux modes d'action, le premier prescrit au procédé une finalité (un classement par inclusion et exclusion) et le second lui fixe une procédure (un repérage initial de similitudes, puis une sélection de celles qui fondent le concept). Dans ces conditions, aucune latitude n'est laissée aux auteurs dans l'enchaînement des opérations ; tout au long de leur déroulement, ils ne conservent que le choix des similitudes pertinentes, propres à édifier le concept particulier de "révolte paysanne". Il est donc normal que les désaccords naissent à l'occasion de leur élaboration et se manifestent lors de leur utilisation comme critères d'identification. Cependant, comme on l'a déjà remarqué plus haut, les échecs des historiens ne peuvent être attribués avec certitude aux divergences qui éclatent à ce sujet, tout simplement parce qu'ils peuvent provenir, non pas de la nécessité d'opérer un choix, mais de l'inadéquation du jeu de critères retenu *hic et nunc*.

Toutefois, si maintenant on considère que la finalité et toute la procédure du procédé d'identification dépendent de la manière de conceptualiser la "révolte paysanne", toute observation critique de la démarche des historiens doit prendre en compte cette dernière ; elle ne peut plus se borner à discuter de la possibilité ou de l'impossibilité d'élaborer un jeu de critères convenable. Mieux, la subordination étroite du procédé à la manière de conceptualiser ôte à ce procédé toute validité immanente et toute transcendance par rapport aux concepts que manie le chercheur. Bien au contraire, elle transfère cette validité au concept lui-même, non en tant qu'il est un concept particulier (celui de "révolte paysanne"), mais en tant qu'il est un concept générique, puisque c'est ce caractère "générique" qui détermine et la finalité et la procédure. L'acte déterminant et décisif du processus de penser de l'historien n'est donc pas le choix des similitudes fondant le concept particulier de "révolte paysanne", mais le choix d'un concept générique pour conceptualiser les révoltes. C'est donc sur lui, et sur ses conséquences éventuelles dans les échecs des historiens, qu'il convient de reporter maintenant l'attention. Cette nécessité est d'autant plus grande que, à y regarder de près, l'acceptation d'un concept générique emporte la quasi-unanimité des auteurs. En effet, ainsi que l'on vient de le noter, ceux-ci appréhendent d'entrée de jeu les similitudes qu'ils sélectionnent moins comme des caractéristiques fondant un concept que comme des paramètres d'identification. Cette étrangeté n'est qu'apparente ; elle suppose que la manière de conceptualiser est si intériorisée et si généralement acceptée que, pour la plupart des historiens, le seul débat possible ne peut que se situer ailleurs et se limite ainsi au seul sujet qui demeure objet d'un choix explicite : ce qui permet de reconnaître un événement comme une révolte paysanne.

Cette particularité laisse entendre une longue pratique et un enracinement tels que la démarche des historiens s'apparente maintenant plus à un réflexe qu'à un acte réfléchi. Elle puise en effet son origine dans l'aristotélisme ; celui-ci, par l'intermédiaire de la notion de "substance", s'efforçait déjà de comprendre le monde en élaborant des concepts génériques qui, pour lui, traduisaient des réalités métaphysiques. Certes, chez la plupart de nos contemporains, le statut donné à ces concepts est désormais sensiblement différent ; en règle générale, ils n'expriment plus de réalités métaphysiques ; pour nombre de chercheurs, ils se réduisent même à une fonction supposée efficace de représentation du monde[25]. Mais, comme le remarquait Ernst Cassirer il y a maintenant plus de trois quarts de siècle, malgré cela, l'évolution du statut n'a affecté en rien « l'interprétation du concept comme genre universel, comme composante commune dans une série d'objets singuliers, homogènes ou semblables » ; par voie de conséquence, les différences établies sur le contenu du concept « ne touche(nt) en rien à la manière d'appréhender le problème proprement logique et d'en qualifier le contenu. Si l'on s'en tient au domaine que circonscrit ce problème, on est bien obligé de constater une communauté de convictions qui persiste sans altération et échappe apparemment à toute révision, quels que soient les déplacements subis par la question elle-même[26] ». On peut même se demander si, plus que d'une conviction fondamentale commune (*eine gemeinsame Grundüberzeugung*) concernant la logique, il ne s'agirait pas, comme on l'a suggéré plus haut, d'une conséquence inéluctable du choix d'un concept générique. Ce qui voudrait dire que ce dernier ferait l'objet, lui, d'une conviction fondamentale sinon commune (près d'un siècle s'est écoulé depuis la rédaction du livre d'Ernst Cassirer), tout au moins, encore à l'heure actuelle, largement répandue ; et que ce serait cette dernière conviction, si bien implantée qu'elle deviendrait inconsciente, qui entraînerait l'emploi spontané et non moins largement répandu de la logique qui lui est attachée.

Or, si l'on examine maintenant d'un peu près un concept générique tel qu'il est en général envisagé dans les sciences humaines, force est de constater qu'il ne se prête que médiocrement à une analyse historique, si comme l'affirme hautement Georges Duby, « l'histoire est avant tout mise en rapports[27] ». En effet, il se définit uniquement par la juxtaposition de *faits* concomitants bien déterminés (par exemple, une prise d'armes de plus de vingt-quatre heures, *plus* la participation de plusieurs communautés villageoises, *plus* des revendications et des justifications animées par une idéologie paysanne) ; son élaboration ne fait donc appel ni à leur agencement, ni à leur enchaînement avec d'autres faits antérieurs, postérieurs ou synchrones, d'autant plus que tous ne sont pas retenus, puisqu'il faut en sélectionner certains pour construire le concept. Abstraction faite de ce choix qui interdit évidemment *de facto* toute vue globale du système relationnel, les faits privilégiés sont de toute façon intégrés au concept pour ce qu'ils paraissent être *hic et nunc*, et non pour leur position dans un champ factuel, c'est-à-dire par rapport à ceux qui les entourent et auxquels ils sont reliés. En les saisissant ainsi indépendamment de l'organisation dans laquelle ils s'insèrent et de la continuité dans laquelle ils se placent, le concept, à son tour, évacue *de son contenu* toute connexion et tout réseau relationnel, qui relèveraient ainsi du spécifique, au mieux du secondaire, et en tout cas pas de l'essentiel. Car refuser une telle prise en compte implique que l'on admet que les faits ne sont pas influencés d'une manière décisive par ce qui les rattache les uns aux autres et qu'ils demeurent fondamentalement identiques quels que soient les conditions et le contexte dans lesquels ils surviennent. Ce qui revient à leur accorder une "nature", indépendante des coordonnées spatiales et temporelles dans lesquelles ils se déroulent. Ils deviennent des entités transcendantes qui se suffisent à elles-mêmes et il ne reste plus qu'à les traiter comme des choses ; certes on en cherchera les causes ; on en mesurera les conséquences ; donc on essaiera d'établir un enchaînement, mais *a posteriori* ; et pour cette raison, on estimera alors également que les modalités de leur apparition ne jouent aucun rôle primordial dans leur détermination, puisqu'elles n'auront d'autres fonctions que d'autoriser leur émergence en un lieu et à une date donnés, sous des spécifications qui ne leur confèrent qu'une singularité et ne contribuent nullement à ce qu'ils sont. En définitive, c'est donc une conception essentialiste des faits qui explique l'emploi, en histoire, de concepts génériques tels que celui de "révolte", de "paysan" et par recoupement de "révolte paysanne".

Mais, si on évacue du concept générique les relations qui s'instaurent entre les faits, pour ne les envisager qu'après son élaboration, il devient *ipso facto* inapte à rendre compte des continuités qui existent entre eux, qu'elles soient ou non chronologiques, puisque c'est le réseau relationnel qui, par son existence même, engendre les continuités ; ce dernier et lui seul permet à l'historien de présenter non plus un émiettement de faits juxtaposés, mais une organisation de ces faits, et c'est cette organisation et elle seule qui révèle les continuités temporelles ou a-temporelles. Or le concept générique est élaboré avant qu'il s'efforce d'établir ce réseau et de proposer cette organisation ; pis, le chercheur ne retient même pas tous les faits qui composent un événement, puisqu'il ne conserve que ceux qui, présents apparemment dans d'autres événements, fonderaient ainsi un ensemble cohérent. En sélectionnant les faits et en les déconnectant les uns des autres, il n'accorde aucune attention aux continuités. Il est donc normal que, en rejetant l'examen de possibles réseaux relationnels à une étape ultérieure à la construction d'un concept générique, il doive immanquablement trancher dans ces continuités que volontairement il ignore encore à ce stade de sa démarche. C'est vraisemblablement ainsi que la conceptualisation par concept générique, parce qu'elle considère les faits comme étant des entités à partir desquelles on repérera ultérieurement un champ relationnel, et non comme des unités qui se définissent à l'intérieur d'un tel champ et en fonction de lui, provoque d'elle-même, et à quelque jeu de caractéristiques *hic et nunc* que s'arrête le chercheur, les difficultés qu'il rencontre pour cerner ce qu'il doit entendre par "révolte paysanne". Cet exposé très théorique exige quelques illustrations.

Un des faits que reçoivent unanimement les historiens pour bâtir le concept générique de "révolte paysanne" est celui de la prise d'armes, même s'ils discutent de sa durée, de son ampleur, des signes de domination paysanne. Mais, à l'intérieur de ces paramètres qualificatifs (dans les deux sens du terme), ils ne considèrent là encore que sa présence ou son absence et n'intègrent nullement ses rapports avec d'autres actions de contestation. Or, en ce qui concerne les pays germaniques rhénans et méridionaux de la seconde moitié du XVᵉ siècle et du début du XVIᵉ, l'historien allemand Peter Bierbrauer a cru reconnaître la récurrence d'une procédure d'escalade dans les agitations paysannes qui y surgissent alors de plus en plus fréquemment ; sans prétendre qu'elle fut universellement respectée, il estime néanmoins qu'elle fut couramment mise en œuvre par les communautés villageoises. Au point de départ, ces dernières présenteraient une liste de doléances (*Artikeln*) à leur seigneur ou à leur prince. Si ceux-ci n'y répondaient pas d'une manière à leurs yeux satisfaisante, elles porteraient alors l'affaire devant une cour d'arbitrage ou un tribunal d'appel (celui de l'empereur ou d'un prince-électeur). En cas d'échec ou de résultats jugés insuffisants, elles réuniraient de leur propre chef des assemblées, bien que la coutume exigeât en général qu'elles ne se tinssent qu'avec l'autorisation préalable du seigneur. Celles-ci décideraient d'abord d'une série de refus (refus de paiement des redevances, refus, voire retrait d'hommage) en signes d'avertissement ; et si, à son tour, ce dernier n'était pas entendu, ou elles relanceraient l'action judiciaire (en nommant un procureur et en recrutant des hommes de loi), ou elles prépareraient ostensiblement une prise d'armes. Ce n'est en définitive que si ce chantage à une insurrection collectivement organisée ne produisait pas l'effet escompté (une négociation, un compromis, plus rarement une capitulation) qu'éclaterait enfin le soulèvement[28]. Celui-ci constituerait donc le stade ultime d'une procédure qui ne parviendrait à son terme que si les étapes successives (les doléances, puis les arbitrages et les procès, puis les grèves de redevances et les soustractions d'obédience, enfin les menaces de recours à la force) n'avaient donné aucun fruit ou plutôt aucun fruit jugé acceptable.

Ainsi donc, dans une telle escalade, toutes les diverses actions sont solidaires les unes des autres ; mieux, elles sont ordonnées les unes par rapport aux autres, de la remise initiale de doléances jusqu'à la prise d'armes finale, que le processus s'accomplisse dans son intégralité, ou qu'au contraire il s'arrête en cours de route. Il s'agit en effet d'une tactique, et pour cette raison, les faits, subordonnés les uns aux autres, sont fonction les uns des autres. Pour que la prise d'armes ait lieu, il a fallu auparavant la rédaction de plaintes, puis une citation devant un tribunal, puis la tenue d'assemblées villageoises, des refus d'hommage et de paiement des redevances. Inversement, les plaintes sont déposées en envisageant une éventuelle citation devant les tribunaux, puis d'éventuelles assemblées villageoises, des refus d'hommage et de paiement des redevances et, en dernier ressort, une prise d'armes. En conséquence, un fait marquant une étape est lié aux faits des étapes précédentes qui doivent avoir été accomplis, et, quand bien même il ne verrait jamais le jour, aux faits des étapes ultérieures qui déterminent et orientent son propre accomplissement. Or le concept générique, en en extrayant un de cette chaîne (et dans le cas de la "révolte paysanne", il s'agit de la prise d'armes terminale) pour le sacrer caractère fondateur, l'isole du système relationnel auquel il doit son apparition et l'aspect qu'il revêt ; il brise ainsi la chaîne créatrice de continuité, dans laquelle il faut que l'historien, *volens nolens*, tranche plus ou moins, mais toujours arbitrairement. En effet si, pour une raison ou pour une autre (par exemple, l'élaboration d'un concept différent), c'était le fait survenu à une autre étape qui avait été privilégié et séparé de ceux qui l'entourent, il aurait dû agir de même. Lorsque Roland Mousnier au colloque de 1984 demande que, pour éviter toute confusion, on distingue soigneusement ce qui relève du "civil" et ce qui ressortit au "criminel" avant de parler de "contestation", il procède d'une manière similaire ; dans le cas présent, la frontière passerait alors non plus entre les assemblées illégales et les prises d'armes, mais entre les citations en justice et ces mêmes assemblées illégales. En concevant la "contestation" comme un concept générique, il est, lui aussi, contraint de casser la continuité qu'engendre, par son existence même, le processus d'escalade. D'où la réponse de Claudia Ulbricht, une des porte-parole des historiens allemands à ce colloque, peut-être parce que le contexte germanique les rendait encore plus sensibles à cette continuité : « Ces procès ne sont pas des actions que l'on peut comparer aux procès d'aujourd'hui. Il s'agit d'actions toujours accompagnées d'autres formes d'affrontement[29]. » Elle aurait pu ajouter qu'en France la ventilation entre "civil" et "criminel" varie à l'époque suivant les fonds judiciaires de première instance que l'on consulte ; ce qui laisse entendre que, pour les contemporains tout au moins, il n'y a pas (ou pas encore pour le tout-venant des praticiens) de séparation bien ferme et unanimement reconnue entre les deux, malgré les efforts des théoriciens du droit.

Cet exemple indique bien que les inextricables difficultés auxquelles se heurtent les historiens pour définir la "révolte paysanne" proviennent de l'emploi d'un concept générique pour la conceptualiser ; celui-ci, en rejetant à une phase ultérieure l'étude du champ relationnel dans lequel s'inscrivent les faits qui servent à sa définition, se montre incapable de prendre en charge les continuités que crée ce champ et contraint le chercheur à trancher d'autorité pour procéder à un classement. Mais ce même exemple, parce qu'il porte sur un enchaînement de faits, donc sur ce qui intéresse en priorité l'historien, révèle par la même occasion qu'une telle démarche crée d'autres insuffisances, pour lui encore plus graves, et jusqu'ici à peine entr'aperçues. Elle l'oblige, en effet, d'une part, à séparer des faits qui s'inscrivent dans des processus relativement similaires et, d'autre part, à en amalgamer d'autres qui, eux, s'incorporent à des processus cette fois nettement divergents. En premier lieu, en ne retenant que la présence ou l'absence d'un fait dans un événement pour bâtir la notion générique de "révolte paysanne", l'historien est forcé de se cantonner à ceux réellement survenus ; apparemment, cette remarque est tout bonnement saugrenue, puisqu'il semble que seuls ces faits ont droit à son attention ; bien sûr, mais s'ils constituent les objets privilégiés de son observation, il arrive qu'ils soient influencés, voire déterminés par des faits potentiels, c'est-à-dire des faits qui ne sont pas encore survenus, qui surviendront peut-être, ou qui ne surviendront peut-être pas, ou qui surviendront selon d'autres modalités. Il suffit que les acteurs aient agi en fonction de leur éventuelle réalisation. Dans le processus d'escalade décrit par Peter Bierbrauer, chaque plainte, chaque citation, chaque tenue illégale d'assemblée, chaque refus d'hommage ou de paiement des redevances et finalement chaque prise d'armes elle-même est d'abord conçu, puis le cas échéant réalisé, en raison d'une représentation des faits à accomplir dans les étapes postérieures ; on est, en effet, en face d'une tactique qui constitue un tout organisé, certes capable de s'adapter aux résultats déjà obtenus mais aussi toujours contraint à chaque moment d'envisager les étapes ultérieures, tant qu'une satisfaction suffisante n'est pas atteinte qui arrête le déroulement ordonné des diverses phases successives. Dans ces conditions, comme la prise d'armes se situe au stade ultime de l'escalade, elle est par conséquent imaginée dès le stade initial, et par là présente dans toutes les étapes postérieures, même si son image se modifie en cours de route. C'est donc uniquement l'achèvement ou l'inachèvement de parcours similaires, parce que déclenchés par des tactiques similairement agencées, qui lui permet ou l'empêche d'effectivement et concrètement se réaliser. Il en résulte que, comme l'on élabore le concept générique de "révolte paysanne" à partir des seules prises d'armes qui ont eu lieu, ce concept tout à la fois élimine l'ensemble des prises d'armes préalablement imaginées dans chacun des parcours accomplis et ne tient pas compte de la similitude existant entre ces parcours au bout desquels elles voient ou ne voient pas le jour. Il sépare ainsi des processus semblables. Il y a donc ici beaucoup plus grave qu'une difficulté à trancher dans une continuité pour repérer rationnellement les "révoltes paysannes" ; en effet, le concept générique devient un outil mal adapté à la problématique exposée dans l'introduction. Car si cette problématique se concentre sur les relations entre les faits, l'historien qui la reprend peut-il se permettre de séparer des concaténations de faits voisines, qui peuvent déboucher sur une prise d'armes, même si cette dernière demeure à l'état potentiel ? En bref, peut-il et doit-il sacrifier les similitudes dans les enchaînements aux similitudes dans les caractères et subordonner l'étude des premières au repérage des secondes appréciées par là même comme prééminentes ?

La question mérite d'autant plus d'être posée qu'inversement le concept générique finit par amalgamer des faits qui s'intègrent à des processus sensiblement différents, en l'occurrence, dans l'exemple retenu, des prises d'armes qui surviennent au terme d'enchaînements factuels totalement dissemblables. Restons dans les pays germaniques rhénans et méridionaux de la fin du Moyen Age et du début du XVIe siècle. A côté des prises d'armes éclatant au terme d'un processus d'escalade, d'autres, comme les célèbres *Bundschuhe*, sont l'œuvre d'une conspiration de quelques individus ; il s'agit de deux vagues de projets insurrectionnels, au milieu du XVe siècle en Souabe et au sud de la Forêt-Noire, au tournant des XVe et XVIe en Alsace et en pays de Bade, qui se proclamèrent purement paysans ; ils opposèrent symboliquement à la botte nobiliaire la chaussure à lacets (*Bundschuh*) typiquement roturière ; ces tentatives supposent une tout autre tactique que celle de l'escalade, donc un tout autre ordonnancement des actions prévues : successivement, la fondation d'une organisation secrète intercommunautaire en dehors des cadres institutionnels, la préparation puis la réalisation par cette organisation secrète d'un coup de main sur une place fortifiée, enfin un appel au ralliement et à un soulèvement général des populations villageoises. Le recours à la force n'est plus ici considéré comme l'action ultime (à entreprendre lorsque les autres se sont avérées infructueuses), mais comme l'action indispensable (à entreprendre immédiatement, sans même daigner en envisager d'autres). Les processus sont si divergents que l'on peut se demander si les mouvements nés du *Bundschuh* et ceux engendrés par une escalade sont assimilables les uns aux autres. Pourtant, si l'on adopte un concept générique, on constate que, dans l'un et l'autre cas, la prise d'armes s'est réellement produite, qu'elle a duré assez de temps pour agiter plusieurs communautés, même si les villageois répondent en moindre nombre aux sollicitations des conjurés qu'aux décisions des assemblées. Il y a donc là suffisamment de traits communs pour que la majorité des historiens les reconnaissent comme étant les unes et les autres des "révoltes paysannes". Et lorsqu'il y a contestation pour les *Bundschuhe*, il ne semble pas que ce soit au nom d'un enchaînement différent des faits préalables, mais de la participation plus ou moins poussée des "paysans" (après tout, les diverses tentatives échouent ou par trahison de participants à la conspiration, ou par manque d'enthousiasme des villageois qui refusent de rejoindre les auteurs des coups de main). Ce n'est pas que ceux qui les tiennent toutes pour des "révoltes paysannes" n'aperçoivent pas qu'elles n'ont pas toutes la même origine. Bien au contraire, mais la manière dont ils abordent la question est elle-même révélatrice de leur position fondamentale ; ils écriront qu'*elles* n'ont pas les mêmes causes ou qu'*elles* ne sont pas dues aux mêmes facteurs. Ils les regroupent sous un seul et unique pronom personnel. En conséquence, pour eux, elles sont "essentiellement" les mêmes, assimilables les unes aux autres ; elles relèvent d'un même phénomène ; elles doivent être appréciées comme identiques. Ce n'est qu'après avoir reconnu cette identité par le concept générique que les chercheurs se proposent enfin d'observer les modalités de leur apparition. De nouveau, l'historien qui accepte de se concentrer sur les relations entre les événements, donc entre les faits qui les composent, peut-il, sans se renier, accepter que des prises d'armes dont les antécédents sont dissemblables soient tenues pour identiques, parce qu'il utilise un concept générique, et envisager d'aborder ces relations après avoir acquiescé à cette identité, et dans le cadre strict qu'impose cette identité supposée ?

Propositions

Elaborer un concept générique pour délimiter ce que l'on entend par "révolte paysanne" ne crée donc pas seulement des difficultés d'identification, mais se montre aussi mal adapté à la problématique retenue pour cette étude, parce que la procédure ne prend pas immédiatement en compte les relations entre les faits et renvoie leur examen à un stade postérieur de l'enquête. On objectera non sans raison qu'il faut bien un "objet" à observer, donc qu'il faut au préalable se donner un corpus de "révoltes paysannes" et que, comme jusqu'à présent on les a définies par un concept générique, il faut absolument passer par lui, si regrettable que cela puisse paraître au regard de la problématique adoptée ; car, et c'est le point décisif de l'argumentation, il n'existerait pas *hic et nunc* de solution de rechange. Cette objection n'est certes pas sans portée ; effectivement, conceptualiser à partir, non pas d'une sélection de faits similaires dispersés dans le temps et dans l'espace, mais des relations entre des faits particuliers s'enchaînant à un moment et en un lieu donnés renvoie à plus tard la détermination éventuelle du genre d'événement auxquels ils s'incorporeraient. Or, dès que l'on parle de "révolte paysanne", on se donne justement comme objet d'étude un genre d'événement. Si l'on prétend choisir une approche qui en rejette *ipso facto* l'éventuelle détermination après l'observation, on se place dans une situation à première vue intenable, puisque l'on se rend soi-même impuissant à le définir et qu'ainsi on se le supprime purement et simplement ; d'où, apparemment, la nécessité pratique de recourir de gré ou de force au concept générique.

S'y résigner serait cependant renoncer à l'entreprise même de cet essai. Car derrière la problématique avancée se cache une conception des faits totalement incompatible avec l'élaboration préalable d'un concept générique ; en effet, elle ne les apprécie plus comme les éléments (caractéristiques ou non) individualisant un événement (une révolte paysanne) appartenant à un genre d'événement (la "révolte paysanne") ; elle les considère comme les éléments constitutifs d'un réseau relationnel, individualisés par leur apparition à un instant et en un lieu donnés, donc par leur position à l'intérieur de ce réseau, sans lequel il serait impossible de les identifier correctement. En conséquence, l'effort de conceptualisation ne doit plus porter sur les genres, mais sur les réseaux. Ce postulat est proposé pour résoudre les difficultés et les ambiguïtés rencontrées depuis que l'on essaie de préciser ce que l'on entend par "révolte paysanne" ; car on en rend responsable une réification des faits préalable à la reconstitution des relations ou, plus précisément, leur réification préalable aux fins d'établir ensuite, et *seulement ensuite*, ces relations. Il est par conséquent difficile, et à vrai dire impossible, dans cette optique, de reprendre un concept générique pour reconnaître les "révoltes paysannes", puisque ce serait en réalité abandonner le projet initial. Comme, en première analyse, il devient par la même occasion également impossible de déterminer exactement le sujet, on a, à ce stade de l'enquête, la méchante impression d'avoir dressé un obstacle qui paraît maintenant insurmontable et de se retrouver dans une impasse dont on ne pourrait sortir qu'en revenant en arrière. Il faut par conséquent bel et bien trouver une nouvelle issue, serait-elle provisoire, pour poursuivre l'enquête sans pour autant abandonner l'attitude que l'on a délibérément revendiquée ; ne paraît-elle pas la seule susceptible de relancer la recherche sur les "révoltes paysannes", sans rejeter le postulat sur lequel celle-ci désire fonder cette rénovation ?

La nouvelle issue que cet essai propose s'appuie sur le postulat qu'observation et conceptualisation, tout en étant des opérations différentes, sont aussi des opérations non seulement simultanées, mais encore conjointes et interdépendantes. Autrement dit, consciemment ou inconsciemment, le chercheur les mène de front et elles s'influencent mutuellement au fur et à mesure que progresse sa pensée. Cette prise de position, reconnaissons-le, est philosophique ; mais celle qui voit dans une collection d'animaux semblables la substance d'un chat ou d'un chien ou la genèse par impression du concept de chat ou de chien l'est tout autant. Elle peut néanmoins servir, sous bénéfice d'inventaire *a posteriori*, de point de départ pour fixer la logique de cette enquête. Si observation et conceptualisation sont des opérations simultanées, conjointes et interdépendantes, une voie s'ouvre vers une porte de sortie : il suffit, en effet, de scruter attentivement des enchaînement de faits en s'efforçant de les interpréter, pour parvenir à élaborer des concepts portant sur des réseaux et non plus sur des genres, des concepts qui ne soient plus génériques, mais, disons faute de mieux, "relationnels". Autrement dit, le postulat que nous retenons permet tout à la fois de considérer les faits comme des éléments d'un champ relationnel (en se concentrant sur les enchaînements) et de tenter de reconceptualiser à partir de ce champ relationnel. Mais cela implique, en apparence paradoxalement, que l'on ne puisse pas dire dès le départ si une concaténation de faits doit être appréciée comme une "révolte paysanne", ni même s'il en existe une qui mérite réellement ce sens. Il en résulte que toute cette enquête vise à mener de front et l'observation des enchaînements de faits et la conceptualisation de ces enchaînements, parce qu'elle pose que les deux opérations sont solidaires, donc qu'une éventuelle définition des "révoltes paysannes" de la fin du Moyen Age et du début de l'époque moderne ne peut intervenir qu'au cours de sa réalisation. On voudrait faire un méchant jeu de mots, on dirait qu'elle est une recherche des révoltes paysannes perdues (avec tout de même ce doute que l'on n'est nullement certain de les retrouver).

Dès lors, la difficulté théorique est levée ; il ne reste plus à résoudre que des problèmes pratiques : d'abord, quels faits retenir empiriquement et *provisoirement* pour conduire cette investigation ? La prise d'armes et la participation d'exploitants agricoles, critères unanimement retenus, semblent s'imposer ; cependant, il convient de faire attention et de ne pas réintroduire subrepticement ce que l'on a éliminé à grand fracas de profession de foi. Ces critères ne seront pas déclarés intangibles (ce serait à nouveau les considérer en eux-mêmes) ; si des enchaînements (comme les procédures d'escalade exposées par Peter Bierbrauer) révèlent qu'ils peuvent déboucher ou ne pas déboucher sur une prise d'armes, ils seront retenus, que cette prise d'armes survienne ou ne survienne pas ; car sur ce quoi l'on se penche n'est pas le fait, mais les relations entre les faits. Cela posé, il est maintenant nécessaire de choisir un point d'observation initial, à partir duquel dérouler l'enquête ; il ne peut être établi qu'en fonction des travaux antérieurs, et plus ils seront abondants sur une relation précise, mieux cela vaudra. Or le débat plutôt virulent sur le rapport entre vicissitudes économiques et agitation paysanne a déjà assez livré de matériaux pour servir à amorcer la présente réflexion. Aussi, dans le chapitre suivant, l'utiliserons-nous comme *starting-block* (et uniquement comme tel). Ensuite, il sera indispensable de le dépasser et de poser les questions d'une manière plus générale, c'est-à-dire en ne se limitant plus à lui.

CHAPITRE 2

Prises d'armes paysannes et vicissitudes économiques

> *Quand on veut reprendre avec utilité, et montrer*
> *à un autre qu'il se trompe, il faut observer par quel*
> *côté il envisage la chose, car elle est vraie ordinai-*
> *rement de ce côté-là, et lui avouer cette vérité, mais*
> *lui découvrir le côté par où elle est fausse.*
>
> B. Pascal,
> *Pensées*, n° 9, éd. Brunschvicg.

Dans les années qui suivirent la Seconde Guerre mondiale, l'influence des vicissitudes économiques sur les révoltes populaires d'abord, paysannes ensuite, fit couler beaucoup d'encre. Pour certains, elles en constituèrent la cause immédiate et déterminante, bien qu'elles fussent parfois masquées par des motifs politiques ou religieux ; mais ceux-ci n'auraient été qu'un voile translucide pour qui savait décrypter attentivement (et intelligemment) les émeutes et les insurrections. Pour d'autres au contraire, d'ailleurs en réaction violente contre l'attitude précédente, on ne pouvait prétendre qu'elles assumaient ce rôle qu'au terme de généralisations abusives fondées sur des coïncidences fortuites et passagères, en bref par un manque (évident) de rigueur scientifique dont on avait honte pour les collègues qui s'y abandonnaient. Cette querelle frisa parfois le ridicule, en grande partie en raison des vues simplificatrices, pour ne pas dire simplistes, de certains protagonistes. Aussi éveille-t-elle désormais la méfiance de nombre d'auteurs contemporains qui, prudemment, se contentent dans leurs ouvrages de saluer rituellement les "difficultés économiques", pour passer aussitôt après à des choses apparemment plus sérieuses, en tout cas moins périlleuses. Cette esquive, d'autant plus compréhensible que ces auteurs n'appartiennent pas en général à l'espèce en voie de disparition des "historiens économistes et sociaux", n'est cependant pas recevable dans le cadre de cette étude. Ne s'agit-il pas ici de se pencher sur les ensembles relationnels dans lesquels s'insèrent les prises d'armes paysannes ? Or les relations qu'entretiennent ces dernières avec les vicissitudes économiques méritent une particulière attention, même si leur examen est manifestement passé de mode. En effet, elles ne peuvent pas être écartées d'un revers de main sous le prétexte qu'elles s'inscrivaient dans une problématique demeurée apparemment stérile, car l'intérêt de leur observation ne se confond pas automatiquement avec les schémas interprétatifs dont, jusqu'à présent, elles ont été l'objet. Surtout, elles ont été si souvent et si longtemps envisagées qu'elles livrent une abondance de matériaux telle qu'elles s'avèrent un excellent tremplin pour démarrer cette enquête.

Un point de départ : la crise de sous-production agricole

L'établissement d'une relation étroite entre vicissitudes économiques et révoltes paysannes relève d'une longue tradition historiographique ; une telle persistance explique que cette relation, malgré les remodelages successifs qu'elle subit, ait soudain pris autant d'importance à un moment précis des débats historiques, mais également que, s'appuyant sur un schéma de pensée plutôt sommaire, celui-ci l'ait entraîné dans le discrédit qui finalement le frappa. Elle s'enracine dans un courant peut-être assez ancien, qui, en tout cas, s'amplifie considérablement au XIXᵉ siècle, vraisemblablement sous l'impact des "mouvements sociaux" urbains. Grossièrement résumé, ce courant tend à poser que les prises d'armes populaires sont déclenchées par la misère, au point que l'on parla de révoltes et d'émeutes de la faim. Cette interprétation, née de l'observation de ce qui se déroule à cette époque dans les villes européennes en voie d'industrialisation, sembla également devoir s'appliquer aux troubles antérieurs. Ne suffisait-il pas de se reporter à ces journées d'octobre 1789, alors toutes proches, où l'on réclamait le retour à Paris du boulanger, de la boulangère et du petit mitron ? Ne suffisait-il pas de se reporter à ces foules exigeant l'instauration de la taxation des grains, sinon de l'ensemble des denrées de première nécessité ? Ainsi, à côté de cet autre thème ancien qui voyait dans la révolte une aspiration à la Liberté contre l'Oppression, s'affirme, revigoré par les circonstances, celui de la révolte populaire provoquée par la pauvreté, voire le dénuement. Mieux, il arriva que ces deux thèmes s'accrochassent l'un à l'autre ; n'avançait-on pas que la tyrannie, en déréglant l'ordre du monde, engendrait inévitablement la misère ? Cette affirmation rattachait ainsi un phénomène répétitif (les levées populaires) à une situation durable (la conjonction de la tyrannie et de la misère), à ce que donc, dans notre jargon, nous nommerions une structure.

Quoi qu'il en soit de cette dernière remarque, la relation établie entre la misère et la prise d'armes compta moins dans l'évolution de l'historiographie par les deux termes qu'elle joignit, que par la manière dont elle les joignit et l'accoutumance de penser qu'elle créa. Cette relation était, en effet, une relation causale simple, à savoir que la misère est la cause immédiate de la prise d'armes, quelle que fût l'origine de cette misère (oppression tyrannique, exploitation éhontée, antagonisme de classes). On tendit à se concentrer sur elle, ce qui poussait trop souvent à l'isoler et à la considérer uniquement en elle-même et pour elle-même. Cette propension favorisa deux habitudes qui, en se répétant, risquaient de devenir des automatismes exclusifs. En premier lieu, elle prédisposa à ne retenir que la possibilité d'une relation unidirectionnelle où le premier terme (la misère) ne peut être que cause, et le second (la prise d'armes) qu'effet. Ensuite, et davantage encore, elle porta, pour sauvegarder l'immédiateté entre ces deux termes, à refuser d'envisager tout intermédiaire *actif* s'interposant entre eux ; et, comme les études indiquaient cependant l'existence de misères qui ne provoquaient pas de prises d'armes, elle conduisit à admettre qu'un catalyseur (la prédication réformée, le luxe insolent des nantis) était nécessaire pour que, de potentielle, la relation causale devînt effective. Dans cette optique, aucune initiative n'était néanmoins reconnue aux révoltés ; dès qu'un élément extérieur (le catalyseur) les sensibilisait à leur misère ("prise de conscience"), ils se soulevaient, obéissant à un réflexe quasi pavlovien. La prégnance de ces modèles fut peut-être renforcée par l'influence des sciences physiques ; le chercheur examinait, consciemment ou inconsciemment, la relation causale misère → prise d'armes "toutes choses égales d'ailleurs", c'est-à-dire un peu comme une loi de Faraday ou de Mariotte - Gay-Lussac. Dans ces conditions, ces habitudes tendirent à survivre aux transformations que subirent les termes eux-mêmes, au fur et à mesure que se développait l'investigation historique ; et pour que cette survivance se réalisât, il suffisait, d'une part, que les nouveaux termes eussent une forte parenté avec les précédents, en particulier que la relation unît toujours une condition économique à une prise d'armes, et que, d'autre part, la substitution terme à terme s'effectuât dans une continuité de fait des réflexions des historiens qui masquait à leurs yeux la modification qu'impliquaient les changements qu'ils effectuaient.

Or il y eut bien continuité de fait, et durable. Certes, au départ, on est loin des affirmations qui firent fureur au lendemain de la Seconde Guerre mondiale. Le lien établi met alors en rapport des prises d'armes populaires (et non pas seulement ni même préférentiellement paysannes) et ce que l'on nommait à cette époque le paupérisme. Celui-ci n'était pas envisagé comme l'effet passager de vicissitudes économiques, mais comme la conséquence d'un système socio-économique, conséquence qu'il convenait d'éliminer par des réformes, sinon par une révolution. Autrement dit, d'un côté, l'accent était mis sur le "peuple ouvrier" et non sur les paysans (la "question sociale" coïncidait avant tout avec la "question ouvrière"), et de l'autre, sur les déficiences d'une structure plus que sur des fluctuations ou une évolution à plus ou moins long terme. Cette situation se modifia cependant progressivement. D'abord, bien que souvent réticents au début, les historiens s'approprièrent peu à peu les emboîtements de cycles conçus par les économistes. Même lorsqu'ils admirent que ces cycles témoignaient d'une structure économique donnée, ils abandonnèrent ainsi l'absolu (la misère) pour le relatif (en l'occurrence, l'appauvrissement). C'était donc pour eux, désormais, une chute cyclique des revenus en période de crise (pouvant déboucher sur une misère qui, d'ailleurs, restait à définir avec précision) qui provoquait la prise d'armes, dès lors que l'on en prenait conscience, sous l'impact d'un fait extérieur (on retrouve le catalyseur).

Ce passage de la structure au mouvement, et d'une façon plus générale de l'absolu au relatif, entraîna des options qui ne furent pas sans effets sur les interprétations. En premier lieu si les émeutes et les révoltes se repéraient sans trop de mal par les actes violents qui les accompagnaient, il n'en était pas de même pour les fluctuations économiques ; celles-ci exigeaient un indice sûr, éventuellement quantitatif, pour les détecter. A vrai dire, ce dernier ne demanda aucune recherche ; les économistes en offraient aux historiens sur un plateau, dans la mesure où ils avaient découvert, pour le XIX⁰ siècle, des oscillations cycliques à partir des variations des prix. Il suffisait de les récupérer en les adaptant éventuellement aux données des siècles antérieurs. Or, les collections une fois établies (et ce travail, amorcé dès le XVIII⁰ siècle, s'amplifia considérablement dans la seconde moitié du XIX⁰ siècle pour atteindre son apogée dans l'entre-deux-guerres), cette adaptation fut magistralement accomplie, d'Ernest Labrousse à Wilhelm Abel, par une pléiade d'historiens ; elle fut d'ailleurs d'autant plus magistralement accomplie que ces historiens incorporèrent des études sur les fluctuations des salaires, de la rente, voire de la production, pour tenter de saisir celles des revenus. C'est alors que se produisit une seconde option, cette fois beaucoup plus discutable. Elle vit le jour chez certains praticiens qui systématisèrent à l'excès les apports de leurs prédécesseurs, aboutissant à une simplification outrancière de certaines de leurs propositions. La prise d'armes, événement court, les conduisit à privilégier les plus courtes oscillations et les crises qui s'ensuivaient (pour notre période, les célèbres crises de sous-production agricole dites d'Ancien Régime), aux dépens des évolutions tendancielles sur lesquelles pourtant des historiens comme Ernest Labrousse ou Wilhelm Abel avaient aussi fortement insisté. Cette réduction au court terme, à la limite de la caricature, compromit sérieusement, en rejetant tout système complexe d'interprétation, la crédibilité des explications par les facteurs économiques. Elle prêtait en effet le flanc à une contestation facile, d'autant plus facile qu'elle ne s'embarrassait pas, elle non plus, de plus de nuances que ce qu'elle critiquait ; il lui suffisait de remarquer que toute crise conjoncturelle courte, révélée par les prix, n'était pas suivie d'un soulèvement ou d'une émeute, voire d'une vague agitation autre qu'épisodique et marginale. Il n'y avait plus qu'à conclure que la relation, quand elle daignait apparaître, n'était que fortuite, et à ajouter que les autres motifs de prises d'armes étaient bien des "réalités" et non les simples masques de la conjoncture économique courte.

A ce danger vint bientôt s'en ajouter un autre, lorsque, des études sur les révoltes populaires, se détacha le rameau spécifique de celles sur les révoltes paysannes. En effet, utilisé pour apprécier l'intensité des difficultés économiques et le degré d'appauvrissement des exploitants agricoles, le test des prix, et plus spécialement de la flambée des prix céréaliers et des denrées de première nécessité, devenait alors hautement discutable : le paysan ne produisait-il pas une partie de sa nourriture ? Mieux : ne s'efforçait-il pas de l'assurer au maximum ? Partiellement ou totalement, son alimentation, au moins en ce qui concerne les produits fondamentaux, ne passait donc pas par l'intermédiaire du marché. Il en résulte qu'en première analyse les fluctuations des prix ne l'intéressaient que marginalement ; partant, il semblerait qu'elles perdent ainsi leur valeur d'indicateur sérieux de son appauvrissement ou de son enrichissement. Cette affirmation est néanmoins trop abrupte ; il est indispensable de la nuancer. En premier lieu, les paysans parcellaires (les *cottagers*), ne pouvant couvrir les besoins de leur famille, y compris en année moyenne, devaient de tout temps acheter une partie de ce qu'ils consommaient ; qu'ils fussent paysans-artisans ou paysans-manouvriers, ils étaient, de ce fait, sensibles aux variations des prix pour une quantité variable de leur subsistance. Ensuite, pour assurer différentes dépenses et payer leurs diverses redevances, tous les paysans, même ceux qui se suffisaient à eux-mêmes, se voyaient dans l'obligation de vendre au moins un peu de ce qu'ils produisaient. Certes, il semblerait dans ces conditions qu'une flambée des prix leur eût été apparemment favorable. C'eût en effet été le cas si la production locale fut demeurée relativement abondante, alors que, sous le coup des déficits extérieurs et de la spéculation, les prix s'envolaient. Mais la figure la plus fréquente était tout autre ; cette envolée provenait essentiellement d'une mauvaise récolte dans la propre région des paysans et sur leur propre champ. Dans une telle conjoncture, la réduction drastique des volumes produits, ou bien supprimait purement et simplement les ventes, ou bien ne se trouvait pas suffisamment compensée par les gains opérés sur les prix. En conséquence, si le paysan était moins sensible aux oscillations des cours que l'artisan ou le boutiquier des villes, il les ressentait néanmoins, quoique avec une intensité nettement différente suivant l'exploitation qu'il dirigeait. Malgré ces nuances, l'indice que livrent les mouvements des prix n'en perd pas moins ici de son acuité pour mesurer un appauvrissement des producteurs agricoles, en raison du poids rarement négligeable de l'autoconsommation. Pis, il n'a pas la même signification ni la même importance selon que l'on se tourne vers le *cottager*, l'*husbandman* ou le *yeoman*, le paysan parcellaire, le laboureur ou le marchand-laboureur. Son caractère approximatif rend donc son maniement malaisé, en particulier si l'on veut jauger une paupérisation, fût-elle passagère.

Malgré ces difficultés, il se constitua progressivement une approche des relations entre phénomènes économiques et révoltes paysannes (ou populaires) sur la base d'une relation causale immédiate entre crise de sous-production agricole d'Ancien Régime et prises d'armes ; or celle-ci acquit soudain une grande notoriété au lendemain de la Seconde Guerre mondiale, sous l'impulsion des polémiques sur la nature de la société des XVIᵉ et XVIIᵉ siècles ; elle devint un archétype récupéré par la plupart des études qui participèrent à ce vigoureux débat. Pour asseoir leurs affirmations, ses partisans avancèrent deux séries d'arguments. Ils invoquèrent d'abord la présence, dans le déroulement même des troubles, d'actions, de proclamations et de revendications trahissant des difficultés d'approvisionnement, voire une pénurie de denrées alimentaires. Ils énumérèrent les convois de vivres arraisonnés, leur contenu partagé et distribué, les caves et les greniers pris d'assaut, puis pillés confusément ou systématiquement, les cris séditieux ou les plaintes écrites accusant les chertés, les spéculateurs et plus généralement la rareté des produits commercialisés sur les marchés. Ils puisèrent ces références dans les sources, les citant souvent purement et simplement après avoir jaugé leur degré de fiabilité. Comme ces sources rapportaient actions et propos, elles leur paraissaient en effet particulièrement recevables, et ils les considéraient volontiers comme des preuves irréfutables. Cependant, ils durent convenir qu'elles n'étaient pas toujours disponibles, tant s'en faut ; de fait, elles dépendaient de la survivance des documents dans lesquels on les puisait (archives judiciaires, enquêtes de police, mémoires des contemporains, représentations graphiques), et cette survivance était loin d'être toujours assurée. Aussi exigeaient-elles, pour que l'on en

tire une conclusion générale, une extrapolation quelque peu témé-
raire, à partir de témoignages ponctuels plus ou moins abondants,
donc le recours, lorsqu'elles étaient absentes, à la dangereuse argumentation *a silentio*.

En ce qui concerne les prises d'armes paysannes, cet inconvénient
est particulièrement sensible, car les signes d'appauvrissement dus à
une crise de sous-production agricole y sont beaucoup plus difficiles
à rassembler que pour les émeutes et les insurrections urbaines. Ainsi,
dans la multitude des récits des chroniqueurs, dans le foisonnement
des lettres de rémission qui fondent l'essentiel de ce que l'on connaît
de la Jacquerie de 1358, il n'y a aucune allusion à un écroulement
de la production à la suite d'une catastrophe météorologique. Tout
au plus évoque-t-on parfois le sort des manants qui, plus au sud, ont
été victimes, les années précédentes, des bandes anglaises ravageant
leurs contrées ; encore semble-t-il qu'on le faisait uniquement afin de
laisser entendre que les nobles, leurs protecteurs "naturels", avaient
failli à leur devoir. Si, à l'autre bout de la période, on se tourne vers
les Bonnets Rouges de 1675, les premiers troubles éclatent contre les
bénéficiaires des levées fiscales indirectes (les "gabeleurs"). Bien sûr,
tel ou tel groupe s'approprie la cave d'un seigneur et surtout les
bouteilles qu'elle contient, mais ce n'est pas forcément le signe d'une
pénurie ; bien sûr, dans leurs réclamations, les révoltés demandent
un prix maximum pour le vin, mais c'est peut-être seulement en
raison des droits élevés qui pèsent sur son transport et sur sa vente.
Enfin, au beau milieu de la période, en 1525, les célèbres articles des
paysans de Souabe ne s'intéressent nullement à une cherté exceptionnelle et s'en tiennent à des problèmes, pour eux beaucoup plus fondamentaux : les prélèvements, les droits d'usage, le servage ou la
nomination du pasteur. Bien entendu, pillages et détournements de
cargaison sont loin d'être toujours absents ; bien entendu, des protestations contre les difficultés du moment surgissent çà et là ; néanmoins tous ces phénomènes surviennent plus dans les émeutes de
courte durée que dans les longues insurrections. Au mieux, se
présentent-ils, mais plus rarement, comme des actes initiaux et mobi-
lisateurs, pour d'autres actions et le soutien d'autres revendications.
Surtout, *last but not least*, si l'on lit attentivement les références proposées comme preuves, elles dénoncent la plupart du temps un manque de denrées alimentaires (une disette), et bien moins fréquemment

une mauvaise récolte qui en serait responsable ; car les révoltés accusent tout autant, à tort ou à raison peu importe, les spéculateurs et les gens d'armes, que la gelée tardive ou prolongée, le pourrissement ou le grillage des grains.

On comprend que, dans ces conditions, les tenants d'une relation causale immédiate entre la crise de sous-production agricole et la prise d'armes paysanne (ou populaire) aient utilisé une autre argumentation qui leur paraissait plus objective, parce que, au moins le pensaient-ils, elle était démystificatrice. Ils supposèrent que les révoltés n'avaient pas pleinement conscience de ce qui les poussait à se soulever ; ils reprirent ainsi en l'étendant, et surtout en l'asservissant à leur propre démonstration, la théorie de la fausse imputation autrefois proposée par Ernest Labrousse pour les mouvements lyonnais et parisiens de la Monarchie censitaire. En gros, ils prétendirent que les paysans attribuaient indûment à des hommes sur lesquels ils dirigeaient leur colère les effets des crises d'Ancien Régime sur leurs revenus et leur vie quotidienne, à savoir avant tout la pénurie alimentaire et la cherté des grains. Il s'agissait donc de démasquer la vraie cause, au moins la vraie cause immédiate, sous celles invoquées en toute bonne foi par les protagonistes ; dans cette perspective, cette vraie cause n'était qu'exceptionnellement explicitée dans les documents et n'y figurait généralement que sous un voile qu'il fallait lever. Ces historiens y parvinrent en essayant de montrer, à l'aide de courbes de prix, plus rarement de production, une antécédence proche de la crise par rapport à la révolte, soit que la seconde survint pendant que la première s'amorçait, soit pendant qu'elle se déroulait, soit lorsqu'elle s'achevait, donc dès que les contrecoups s'en faisaient plus ou moins violemment sentir sur le potentiel alimentaire des paysans.

De cet effort, l'interprétation qu'en 1949 le Néerlandais E. Kuttner offrit de la marée iconoclaste hennuyère et flamande de la fin de l'été 1566 en est incontestablement une des meilleures illustrations, presqu'une figure d'école. Il constata d'abord une grande flambée des prix céréaliers à la suite de la mauvaise récolte céréalière de 1565, flambée et mauvaise récolte qui se trouvèrent d'ailleurs confirmées par les études postérieures, en particulier celles utilisant le produit décimal. Certes, la moisson de 1566 semble avoir été meilleure ; cependant, en août, lorsque éclatèrent les troubles, les séquelles des déficits antérieurs étaient vraisemblablement loin d'être résorbées.

Toutefois, les iconoclastes, au lieu de piller et de confisquer les denrées alimentaires, se contentèrent de "purifier" les églises de toute trace d'idolâtrie papiste ; ils brisèrent les statues, ils cassèrent les verrières, ils arrachèrent les tuyaux d'orgue. En apparence, leurs actions n'exprimèrent nullement une réaction violente à un appauvrissement brutal mal supporté, mais une conviction religieuse d'obédience calviniste bien qu'un peu vigoureusement exprimée. Et lorsqu'à Ypres l'un d'entre eux réclama du pain, pour lui et pour ses compagnons, aux moines d'un couvent dont ils venaient de "descendre" les images, c'est simplement parce que toute peine mérite salaire. Le chef de leur bande l'exprima clairement en déclarant : « Ils ont bien détruit ; ils doivent bien manger. » Il est caractéristique que E. Kuttner ne retint pas la cause immédiate proclamée par les insurgés (la purification des temples de toute idolâtrie), et qu'il avança une autre cause immédiate qu'il supposait (la crise frumentaire de sous-production). Pour soutenir sa position, il estima que la toute proche antériorité de cette crise constituait un argument suffisant. Il en résulta que, pour lui, ce qu'il fallait expliquer, c'est pourquoi, au lieu d'attaques de granges et de greniers, et de voies de fait contre les rentiers du sol, il y eut seulement une marée iconoclaste. Pour résoudre le dilemme dans lequel il se plaçait, il fit remarquer que les humbles n'étaient pas les seuls casseurs, que l'on rencontrait parmi eux des personnes plus aisées et que les autorités furent extraordinairement passives. Il en conclut que les rentiers et les négociants détournèrent d'eux la colère des "gueux" en la rejetant sur les pratiques papistes dénoncées dans les prêches des pasteurs calvinistes. C'était, si l'on veut, une fausse imputation soufflée des coulisses par ceux qui craignaient pour leurs biens ; ceux-ci auraient fait en sorte que la mauvaise récolte fût comprise, par le tout-venant des iconoclastes, comme le châtiment d'un peuple qui aurait laissé subsister des pratiques idolâtres en tolérant le culte des images [1].

Cette sauvegarde d'une relation causale immédiate entre crise de sous-production agricole et prise d'armes paysanne présentait un point fort et un point faible. D'un côté, elle exigeait que la prise d'armes s'accompagnât d'une prise de conscience des difficultés sous l'influence d'un élément extérieur jouant le rôle de catalyseur (dans l'exemple précédent, essentiellement la prédication calviniste), même si ces difficultés étaient attribuées non pas aux forces économiques réelles (toujours dans l'exemple précédent, une crise de sous-production rendue insupportable pour les manants par les prélèvements seigneurial, bourgeois et fiscal), mais à des hommes qui n'en étaient pas ou n'en étaient que partiellement responsables (les papistes perpétuant des pratiques idolâtres et, en s'opposant à leur destruction, provoquant ainsi la colère de Dieu, pour reprendre une fois de plus l'exemple précédent). Cette exigence d'une prise de conscience, certes biaisée pour que fonctionnât la relation causale, avait au moins le mérite de répondre efficacement à ceux qui faisaient remarquer que toutes les crises de sous-production agricole n'étaient pas suivies automatiquement d'une agitation paysanne violente ; l'absence d'un catalyseur autorisant cette prise de conscience même biaisée suffisait à en fournir effectivement une explication correcte.

Malheureusement, cette théorie de la fausse imputation, outre des failles qui lui étaient inhérentes et sur lesquelles on reviendra plus loin, présentait également un point faible. Elle impliquait que, là où une crise de sous-production agricole et en particulier céréalière n'était pas effectivement diagnosticable faute de sources suffisamment fiables, elle devait s'être également produite, puisqu'elle était réellement survenue là où elle était repérable. Autrement dit, on considérait que la relation causale immédiate, que l'on estimait, à tort ou à raison, établie à l'aide de courbes de prix ou de production pour un certain nombre de cas, était généralisable à l'ensemble des cas où éclatait ce que l'on nommait une "révolte" (voire même une simple "émeute"). En effet, si une telle généralisation était impossible, les allusions floues ou les signes incomplets que l'on rencontrait dans les documents lorsque les courbes de prix ou de production n'étaient pas restituables devenaient *ipso facto* ambigus, sinon totalement ininterprétables. En l'absence d'indices extérieurs, un pillage de grenier ou de grange, l'arraisonnement d'un convoi de "blés" terrestre ou fluvial s'interprète aussi bien comme la punition d'un accapareur ou d'un tyran que comme le signe d'une mauvaise récolte. Or ce procédé de généralisation reposait sur un transfert, celui d'une démarche élaborée dans les sciences physiques et connue sous le nom de méthode expérimentale. Elle s'applique, comme son nom l'indique, à des expériences artificielles (et même parfois imaginées), construites spécialement pour étudier une relation particulière, et de ce fait répétables. Elles ne portent pas sur des séquences événementielles réellement apparues en dehors de toute volonté d'observation et surtout pas élaborées en fonction de cette volonté d'observation. Il était donc normal que cette transposition devînt l'objet d'examens critiques. Or, et c'est là le plus surprenant, le débat théorique était depuis longtemps engagé (depuis au moins la seconde moitié du XIXᵉ siècle), lorsqu'elle s'effectua au bénéfice de la relation causale immédiate qui retient ici notre attention [2]. On n'en trouve cependant pratiquement pas d'échos dans la littérature qui la concerne.

Toutefois, avant même de se lancer dans un tel examen critique, il est nécessaire de se préoccuper d'un autre argument qui affaiblit d'autant plus les partisans d'une relation causale immédiate entre crise d'Ancien Régime et prise d'armes paysanne qu'il s'appuie sur des constatations factuelles. En effet, des révoltes paysannes acceptées par tous comme telles ne semblent pas précédées de crises de sous-production nettement caractérisées, au moins au vu d'une évolution des prix et de la production locale, plus ou moins précisément reconstituée ; le cas le plus frappant, déjà cité plus haut, est celui de la Jacquerie de 1358. Il n'est d'ailleurs pas isolé. Certes, on peut alléguer l'exception qui confirme la règle. Toutefois ce dernier argument sous-entend un processus de raisonnement en contradiction avec celui, plus contraignant, qu'implique une assimilation à la méthode expérimentale ; car ce dernier ne souffre pas l'exception, puisque la relation antérieurement formulée prétend à l'universalité, et qu'en conséquence toute observation aberrante expérimentalement fondée oblige *ipso facto* à la réviser, sinon à y renoncer totalement. Dans cette conjoncture, les réserves émises par ceux qui condamnent la relation causale immédiate entre crise d'Ancien Régime et prise d'armes paysanne (ou populaire) semblent recevables. Néanmoins, elles ne suffisent pas, comme ces derniers le proclament trop souvent et trop rapidement, à répudier pour autant toute relation entre phénomènes économiques et révolte ou émeute. En effet, ils ne prennent pas garde qu'ils reprennent à leur compte, non seulement la procédure de raisonnement, mais, à l'intérieur de cette procédure, les *a priori* de ceux dont ils attaquent les hypothèses ; ceux-ci, comme on l'a déjà noté, réservent, parmi toutes les vicissitudes économiques imaginables, à la seule crise de sous-production agricole l'honneur de pouvoir provoquer la révolte paysanne ; en reprenant cette restriction, leurs contradicteurs ne se demandent pas si, en lui en substituant une autre, leur objection ne tomberait pas d'elle-même. C'est la possibilité d'une telle substitution que l'on voudrait maintenant examiner ; car si elle offre une solution, cela signifierait aussi que la procédure de raison-nement par analogie avec celle qui sous-tend la méthode expérimen-tale n'a pas besoin d'être revue. Il convient donc, avant d'entreprendre tout réexamen d'une telle procédure, de savoir si le remplacement de la crise économique par un autre événement donne assez de satisfac-tion pour surmonter les doutes de ceux qui contestent une relation causale immédiate entre vicissitudes économiques et prises d'armes paysannes à partir de la réfutation de celle qui unirait ces dernières aux crises d'Ancien Régime.

L'extension du champ d'observation

Un récit anonyme de la révolte des paysans d'Angoumois et de Saintonge, cité par Yves-Marie Bercé et daté par lui de 1636, s'exprime en ces termes : « Protestant estre bon françois et vouloir mourir, plus tost que de vivre d'advantage soubz la tiranie des Parisiens ou partisans qui les ont réduis au désespoir et à l'estreme pauvreté, où nos pro-vinces sont à présent par le moyen des grandes impositions et nou-velles charges qu'on nous a mis sus et inventés depuis ce règne, ce qui a contrainct plusieurs d'abandonner leurs propres héritages pour aller mandier leur pain laissant les terres incultes voire celles à saffran, ne pouvant tenir bestail, habitz ne outilz que les sergents ne les enlevassent tous les jours sans que cela diminuast la debte principale envers Monsieur le Receveur, cela n'estant que pour les frais de l'exé-cution. De quoy ayants reçu leurs plaintes à plusieurs et diverses fois et Messieurs de Paris ou du Conseil se mocquans de leurs souffrances, augmentent de nouvelles charges et impositions tous les ans soubz ce beau prétexte des nécessitez de l'Estat, qui n'a été qu'une couleur apparente pour ruyner le Royaume, en tirer tout l'argent pour gorger de biens quelques particuliers et les créatures de celluy que gouverne l'Estat. Qui n'ayant jamais pu faire entendre leurs doléances à Sa Majesté, ils ont esté contrainets d'en venir à cette extrémité [c'est-à-dire la révolte] afin qu'on remesdiast à tant de désordres, et quelques clameurs peussent parvenir jusqu'aux oreilles du Roy et non plus de ses ministres qui les conseillent si mal[3]. » Le rédacteur de ces lignes introduit des liens directs de cause à effet, d'une part, entre une pression fiscale royale accrue (quelle que soit la forme qu'elle revête) et la faillite d'au moins un certain nombre d'exploitations agricoles (symbolisée par l'abandon des terres et les retours à la friche) et, d'autre part, entre cette faillite et la prise d'armes considérée comme le seul recours encore efficace, lorsque toutes les autres voies ont été épuisées en raison de la malveillance et de la cupidité d'individus bassement intéressés. Certes, sous la fiction d'un constat, se cache peut-être un plaidoyer ; toutefois, l'argumentation n'avait de chance d'être entendue que si elle n'était pas dénuée de toute vraisemblance. En conséquence, il est licite d'admettre qu'elle traduit effectivement une relation possible qui unirait la pression fiscale et les difficultés économiques qui en résultent, à la prise d'armes, même si elle ne rend compte que d'une partie de la réalité.

Ainsi se trouve établi un rapport éventuel entre une difficulté économique autre que la crise de sous-production agricole et un mouvement de contestation en appelant à la violence. Il s'agit, en effet, de celle provoquée par le tour de vis fiscal lié à l'entrée progressive du royaume de France dans la guerre de Trente Ans. Que la ponction ait lourdement augmenté dans certaines provinces ou dans certaines régions ne fait aucun doute ; multiforme (hausse de la taille, du taillon et des accessoires, hausse des divers droits indirects, demandes de fournitures pour les armées et logement des gens de guerre), de ce fait délicate à évaluer avec précision, elle doublerait, voire triplerait cependant en quelques saisons, au moins dans les provinces les plus défavorisées[4]. Partant d'un niveau déjà élevé, elle affectait plus ou moins sérieusement l'équilibre des exploitations agricoles, car elle obligeait à livrer sur le marché des quantités accrues pour disposer du numéraire nécessaire aux versements ; elle condamnait à réduire le secteur autoconsommé et ainsi menaçait la capacité de chaque famille à tirer ses vivres de son entreprise. Une difficulté économique, survenant également sur court terme, aurait ainsi contribué à l'éclatement de troubles et de soulèvements, sans pour autant provenir d'une mauvaise récolte.

A partir des réflexions que suscite ce cas particulier de 1636 en pays charentais, il devient possible de réexaminer les rapports entre vicissitudes économiques et prises d'armes, en étendant le champ d'observation, sans se contenter de celui, manifestement trop étriqué, des relations entre crise de sous-production agricole et prise d'armes. En effet, il est maintenant tentant d'interpréter toutes les revendications contre les redevances, et surtout contre les augmentations des anciennes et la création de nouvelles, de quelque origine qu'elles soient (seigneuriales, princières ou ecclésiastiques), comme les témoignages d'un appauvrissement ou d'une menace d'appauvrissement tendanciel des rustres. Alors se comprendraient fort bien les dénonciations de levées arbitraires qui, dans les déclarations comme dans les faits, annoncent et accompagnent les prises d'armes à la campagne, sinon dans la totalité des cas, mais au moins dans un grand nombre d'entre eux, et de plus en plus nettement au fur et à mesure que les années s'écoulent. Elles exprimeraient dans les documents la relation causale immédiate qui existerait entre la détérioration des ressources (ou la crainte de cette détérioration) et la contestation paysanne y compris bien sûr lorsqu'elle se donne libre cours dans la violence organisée. Cette relation serait si prégnante que les moyens détournés pour renforcer les prélèvements ne parviendraient pas à en entraver le déroulement. En 1514, le duc Ulrich de Wurtemberg en aurait fait la cruelle expérience. En mal d'argent pour avoir voulu mener une politique trop ambitieuse, largement au-dessus de ses moyens, il diminua le poids des instruments servant à peser les produits sur les marchés du duché, sans pour autant en changer le nom. Comme les taxes étaient calculées en fonction du poids nominal et non du poids réel des objets, il espérait bien empocher la différence, non négligeable, que lui ouvrait sa manipulation. Malheureusement pour lui, il sous-estima la finesse des paysans, et singulièrement des viticulteurs de la vallée de la Rems. Le 2 mai, dans le village de Beutelsbach, Gaispeter (Peter Gais) s'empara des nouveaux instruments de pesée ; puis il se dirigea vers la rivière escorté de ses compatriotes. Parvenu sur la berge, il jeta les poids dans les eaux ; il en appela au jugement de Dieu et s'écria : « Si les paysans ont raison, tombez au fond du lit ; mais si c'est notre seigneur qui a raison, remontez et nagez (*Haben die Bauern recht, so fall zu Boden ; hat aber unser Herr recht, so schwimm empor*). » Inutile de préciser dans quel sens Dieu se prononça ; ce qui sembla justifier un soulèvement général du duché (la révolte du Pauvre Conrad). A première vue tout au moins, c'est bien une inquiétude, celle d'une diminution des ressources par alourdissement des droits indirects, qui l'a amorcée, sinon entretenue [5].

La suppression d'un droit auparavant reconnu au manant jouerait éventuellement le même rôle ; elle représente en effet, elle aussi, un amoindrissement de revenu, sinon de capital. Ainsi, de nouveau en 1514 et à proximité du Wurtemberg, les paysans révoltés du margraviat de Bade dressent une liste de quatre plaintes (les quatre articles de Bühl) ; la troisième réclame le rétablissement, pour les maris des femmes enceintes, du droit de pêcher la valeur d'un plat de poisson (les eaux appartiennent au prince)[6]. D'une manière plus générale, c'est sans doute dans cette optique qu'il faut interpréter toutes les réclamations contre les réglementations mettant en défense les rivières, régularisant l'usage des friches et surtout délimitant l'utilisation des forêts pour le bois comme pour la chasse ou le pacage. Ces nouveaux règlements, en mettant fin à des pratiques immémorialement tolérées, sources d'avantages, donc en fin de compte de revenus complémentaires, amenuisaient (ou menaçaient d'amenuiser) sensiblement une marge de manœuvre, peut-être déjà restreinte pour nombre de chefs de famille.

Il n'est même pas incongru de penser que tout prélèvement, non plus cette fois sur le revenu, mais sur le travail, était également ressenti par le paysan comme faisant planer un danger à court terme sur ses ressources, en raison des travaux qu'il lui interdisait d'accomplir sur sa propre exploitation ; en particulier si ce prélèvement survenait à un moment inopportun, comme au temps des labours, des semailles et davantage encore lors de la fauche des prés ou la moisson des champs. Un épisode qui précède la guerre des Paysans de 1525, encore plus célèbre chez les historiens français que chez leurs collègues allemands, abonde pleinement dans ce sens. Au sud de la Forêt-Noire, mais au nord du Rhin, à la limite actuelle de l'Allemagne et du canton suisse de Schaffhouse, la landgrave de Stühlingen requiert, alors que la moisson de 1524 est en cours, l'ensemble des manants pour qu'ils accomplissent une corvée. En effet, pense-t-elle, il lui faut d'urgence des coquilles d'escargot, pour se confectionner des colliers ; comme il vient de pleuvoir, il ne faut plus tarder ; les gastéropodes sont sortis de leurs cachettes. Les gerbes attendront, dussent-elles pourrir sur place. Certes, cet ordre est compris comme une brimade par ceux qui y sont assujettis, et ce motif joua sans doute un rôle dans l'insurrection qui s'ensuivit ; mais il faisait aussi peser une menace bien concrète sur le produit de la récolte qui pouvait, par une plus longue exposition aux intempéries, se détériorer rapidement. Il n'est donc nullement absurde de penser que cette menace pût entrer en ligne de compte dans les troubles locaux qui se déclenchèrent dans la région et préludèrent à la grande levée de 1525[7]. En bref, l'affaire de Stühlingen n'est pas intéressante que par son pittoresque, ni même principalement à cause de lui ; elle plaide en faveur d'une influence directe d'une difficulté économique soudaine (ici une perte partielle de la récolte) sur un mécontentement villageois engendrant une rébellion.

En définitive, ce n'est pas la crise d'Ancien Régime en elle-même qui serait susceptible de déclencher une révolte paysanne, mais l'appauvrissement brutal qu'elle provoquerait, car cet appauvrissement, comme on vient de le constater, peut avoir une tout autre origine. Il provient tout aussi bien, et même peut-être encore plus souvent, d'un renforcement des prélèvements sur le produit, que ce renforcement découle de nouvelles exigences du prince ou d'une détérioration d'un rapport de forces institutionnalisé ou non entre des groupes d'individus (manants et seigneurs, par exemple). Il importe alors fort peu que ce surcroît de charges soit perçu en nature, en travail ou en numéraire, ouvertement ou d'une manière détournée. Sur cette voie, il faut même aller plus loin. Fort vraisemblablement des facteurs autres que la crise de sous-production agricole ou l'alourdissement des redevances entraînent un fléchissement brutal et marqué des revenus disponibles. C'est incontestablement le cas des dévastations commises par les gens de guerre. C'est non moins celui de la mévente des denrées que, pour assurer des paiements indispensables, le paysan incapable de vivre en autarcie est condamné à écouler sur le marché ; et le danger est d'autant plus grand que ces denrées sont le fruit d'une spécialisation et d'une activité spéculative, car leur négoce risque à tout moment de se heurter à une contraction de la demande ou à une offre pléthorique et partant à une chute des cours. Ainsi, durant le premier quart du XVIᵉ siècle, l'engouement pour la vigne en Alsace et en Palatinat et pour les animaux de boucherie en haute Souabe a finalement déclenché une série de crises de surproduction et, d'année difficile en année difficile, un endettement chronique de nombre d'exploitants. Il est tentant d'y rattacher la multiplication des complots (ceux du *Bundschuh*) et de l'agitation violente dans les campagnes, en attendant, bien sûr, le grand embrasement de 1525[8].

Néanmoins, quelle qu'en soit l'origine, l'appauvrissement brutal, sur le court terme, n'est pas en fait le seul qui soit en cause ; certes, il est bien visible dans les documents et vraisemblablement fort mal ressenti par les contemporains ; mais un certain nombre des crises conjoncturelles qui le provoquent périodiquement se déroulent sur une tendance de fond, à plus ou moins long terme, à la détérioration des revenus, qui en renforce singulièrement l'acuité. Ainsi, la mévente des vins d'Alsace ou du Palatinat, telle ou telle année du premier quart du XVIᵉ siècle, provient-elle évidemment d'une récolte particulièrement abondante ou d'une gêne passagère de consommateurs vivant parfois loin de ces régions ; cependant, on n'en apprécie pleinement la gravité que si l'on se souvient que l'extension continue de saison en saison de la spéculation viticole engendre une fâcheuse propension à la saturation tendancielle des marchés d'écoulement. Car cette propension accentue à chaque fois le choc des accidents conjoncturels ; au fur et à mesure qu'ils se succèdent dans un climat qui s'alourdit lentement, ils révèlent de plus en plus nettement un lent appauvrissement, peu sensible en raison même des "bonnes années" (celles de gros revenus) qui en masquent la progression. De la même façon, les paysans-tisserands, parce qu'ils dépendent eux tout le temps, non seulement d'une exploitation agricole toujours insuffisante, mais également de l'achat de leurs draps par des pays plus ou moins lointains, vivent en permanence sous la menace d'un rétrécissement de la demande ou d'une concurrence victorieuse qui les plongeraient dans la détresse à un rythme plus ou moins rapide. A plusieurs reprises aux XVIᵉ et XVIIᵉ siècles, les paysans anglais, des Cornouailles au Yorkshire, en firent la triste expérience. D'ailleurs, l'augmentation tendancielle de la mévente des produits commercialisés n'est pas le seul phénomène économique sur moyen ou long terme qu'il faille ici invoquer. Par exemple, une forte instabilité et un amoindrissement progressif de la production à la suite d'une série de temps défavorables, une parcellisation excessive des exploitations, enfin un endettement chronique de beaucoup de ménages renforcent dangereusement dans le royaume de France des années 1630 et 1640 les effets du tour de vis fiscal qu'exigent les engagements directs ou indirects dans la guerre de Trente Ans. Est-ce un hasard si cette période est une des plus fertiles en insurrections paysannes de l'histoire du royaume ? L'appauvrissement des paysans résulte donc d'un complexe économique autant et plus que d'un aléa précis. En résumé, la vicissitude économique qui serait en relation causale immédiate avec la prise d'armes ne serait donc ni une crise de sous-production, ni une crise de surproduction, ni une détérioration tendancielle de la conjoncture, ni tout autre fluctuation économique, mais l'amenuisement des ressources paysannes sous la conjugaison d'un certain nombre de fluctuations économiques, dont l'origine, notons-le déjà, ne relève pas uniquement de ce que l'on a coutume de nommer l'"économique".

Cependant, préciser et élargir le premier terme de la relation, en substituant aux crises d'Ancien Régime un appauvrissement plus ou moins brutal des paysans, ne lève pour autant en aucune manière l'objection présentée par les adversaires d'une relation causale immédiate où la cause serait une vicissitude économique. En effet, cette objection repose sur l'absence de corrélation automatique entre deux événements, et le chercheur en déduit, à tort ou à raison, qu'une telle corrélation lorsqu'elle se produit n'est attribuable qu'au pur hasard. Certes, admettre que les embarras dont souffre le paysan ne proviennent pas uniquement d'une calamité "naturelle" augmente le nombre de cas où se relève une concordance ; néanmoins, il en survit assez pour que l'on puisse encore légitimement prétendre qu'elle demeure purement fortuite. Sans doute reste-t-il loisible d'affirmer qu'en 1358 les destructions opérées l'année précédente par les troupes anglaises au sud de Paris suggèrent aux habitants de la rive nord de la Seine que pareil sort les attend à brève échéance. Cependant, il est déjà plus difficile de le soutenir pour les Champenois, et, en tout état de cause, ce ne sont pas les paysans les plus touchés, ceux du Hurepoix, qui se soulèvent, mais les Jacques du pays de France, du Beauvaisis et du Valois, jusqu'ici à peu près épargnés. Surtout, ni toutes les ponctions fiscales, ni toutes les pressions seigneuriales, ni toutes les extensions de dîmes à des produits nouvellement introduits, pas plus que toutes les mauvaises récoltes et toutes les épizooties, en bref tout ce qui amenuise cruellement les ressources paysannes, n'entraînent de soubresauts violents parmi les exploitants agricoles, même lorsque des protestations sont présentées aux autorités ou que des plaintes sont déposées devant les tribunaux. L'objection est donc loin d'être sans fondements. Cela ne signifie pas pour autant qu'elle ait la portée qu'on entend parfois lui donner, identique à celle que l'on a déjà rencontrée à propos des mauvaises récoltes : la condamnation de toute influence déterminante des difficultés économiques sur les prises d'armes paysannes. La substitution de l'appauvrissement des paysans à la crise de sous-production n'a pas résolu le problème auquel on se heurte depuis que l'on cherche à savoir si et dans quelle mesure les vicissitudes économiques provoquent ces prises d'armes. Le travail est à recommencer, avec un terme initial plus large il est vrai, mais encore plus difficile à estimer que celui qu'il remplace.

Pour en juger correctement, il serait expédient de savoir s'il existe éventuellement un rapport entre l'intensité de l'appauvrissement et l'éclatement d'un soulèvement armé ; en effet, celui-ci pourrait être fonction de celle-là et non d'une simple apparition du premier indépendante de son ampleur ; ce qui expliquerait, le cas échéant, pourquoi la corrélation entre les deux événements n'est pas automatique, et définirait ainsi pratiquement la portée réelle de l'objection. Encore faudrait-il être capable d'apprécier cette intensité. La seule mesure qui en serait satisfaisante pour éviter toute impression subjective consisterait en une évaluation mathématique (fixation d'un seuil ou établissement d'une fonction). Or, sous l'une ou l'autre de ces formes, l'opération ne peut malheureusement s'effectuer que difficilement et surtout trop approximativement pour en tirer des conclusions valables. En effet, les conditions dans lesquelles s'effectueraient les calculs entraîneraient un degré d'incertitude si élevé et un intervalle de confiance si lâche que toute interprétation des données chiffrées en deviendrait impossible pour résoudre le problème posé ; et ce pour plusieurs raisons. D'abord, parce que les renseignements fournis par les sources ne sont pas suffisamment précis et suffisamment complets pour autoriser autre chose qu'une vague estimation des revenus de l'exploitant, toujours contestable (et contestée), même pour un XVIIIe siècle finissant pourtant plus favorisé dans ce domaine. Ensuite, parce que cette vague estimation demeure ponctuelle dans le temps et dans l'espace, alors qu'il conviendrait de disposer de séries continues, pour juger de l'intensité d'un appauvrissement. Enfin, parce que cette dernière varie suivant la marge de manœuvre dont disposait auparavant l'exploitant, donc suivant qu'il s'agissait d'un *labourer*, d'un *cottager*, d'un *husbandman* ou d'un *yeoman*, ou, si l'on préfère, d'un manouvrier, d'un paysan parcellaire, d'un laboureur ou d'un marchand-laboureur ; ce qui rend très délicate toute généralisation à partir d'un cas isolé. Bien que théoriquement souhaitables, les évaluations des revenus paysans et de leurs variations ne livrent donc que quelques données éparses et imprécises, incapables d'asseoir des hypothèses recevables.

Une nouvelle manière d'observer

Le pourrait-on d'ailleurs, que, dans la procédure même du raisonnement, subsisterait un "vice caché" plus sérieux encore et, à vrai dire, plus fondamental, puisque indépendant de toute tentative de mathématisation. Il affecterait à la fois la démarche des tenants et des adversaires de la relation controversée, car il découle directement de l'usage implicite de la corrélation comme principal, si ce n'est unique, instrument d'analyse. En effet, les uns et les autres l'admettent comme critère privilégié et décisif, ce qui les conduit à fonder exclusivement leur jugement sur l'observation de son éventuelle récurrence. Ce faisant, ils soumettent leurs conclusions à sa lisibilité dans le déroulement événementiel. Ils s'inspirent alors, sans s'en rendre forcément compte, d'*un* des points critiques de la méthode expérimentale ; celui-ci veut que, avant que l'on puisse établir une relation entre deux faits, il soit *auparavant* nécessaire qu'une corrélation entre eux soit toujours observable (que, si l'on électrolyse de l'eau, il se dégage à tout coup de l'oxygène à l'anode et de l'hydrogène à la cathode). Mais ils oublient que la corrélation n'acquiert valeur probante que si l'expérience est construite de telle sorte qu'aucun autre fait ne puisse interférer entre ceux que l'on désire observer (l'électrolyse de l'eau et les dégagements d'oxygène et d'hydrogène), c'est-à-dire *toutes choses égales d'ailleurs*. Or le déroulement événementiel est reconstruit, et non construit, par l'historien ; il n'est nullement assimilable à une expérience en méthode expérimentale ; certes, cette constatation est ancienne et on ne prétend pas ici qu'elle soit originale ; toutefois, il est moins certain que, dans la pratique courante, on en ait tiré toutes les conséquences souhaitables. Car la différence qui s'instaure entre la reconstruction d'un déroulement de faits du passé et la construction d'une expérience ne se limite pas à l'incapacité de répéter le premier (qui est donné, même si la connaissance de ce donné est incomplète) comme il est possible de le faire pour la seconde (qui est fabriquée avec pour seule limite les instruments disponibles) ; elle réside aussi dans l'impuissance de l'historien à isoler le fait présumé cause (l'appauvrissement du paysan) de son contexte factuel, pour déterminer si, sans ce contexte, il engendrerait, automatiquement ou une fois atteinte une certaine intensité, un fait présumé conséquence (la prise d'armes paysanne) ; contrairement à son collègue physicien, il est ainsi interdit à l'historien de raisonner toutes choses égales d'ailleurs ; aussi lui est-il également défendu de tirer, de la présence ou de l'absence de corrélation dans le déroulement des faits, toute présomption sur l'existence ou la non-existence de la relation qu'il prétendait tester, en s'appuyant sur ce critère. En effet, les "faits parasites", dont il ne peut pas se débarrasser, peuvent aussi bien favoriser, voire provoquer l'apparition du fait présumé conséquence que le freiner, voire l'écarter.

La dénonciation de ce "vice caché" est lourde de conséquences sur la démarche à adopter pour la suite de l'enquête, puisque ce qui crée l'incertitude, ce n'est pas un facteur cause mal choisi, mais la manière de penser elle-même ; l'absence de corrélation signifie en effet uniquement que l'éventuelle relation que l'on s'efforce de tester n'est pas réalisée, et non pas qu'elle n'était pas réalisable. Il est donc impossible de conclure à son inexistence. Inversement, et pour la même raison, il est non moins impossible de conclure à son existence à partir de la présence d'une corrélation. Car, en se limitant à cette dernière, on ignore tout autant le rôle exact de faits peut-être indûment qualifiés de "parasites", et c'est cette méconnaissance qui fait que, bien qu'apparemment la relation ait *semblé* se réaliser, rien n'autorise à affirmer que sans eux elle eût paru se réaliser, c'est-à-dire, en définitive, qu'elle ait effectivement existé. La démarche suivie jusqu'ici aboutit donc à un cul-de-sac, puisque l'on est désormais dans l'incapacité de confirmer ou d'infirmer la relation que l'on désirait éprouver. Or le dilemme auquel il faut faire face maintenant ressemble étrangement à l'un de ceux auxquels on s'est déjà trouvé affronté. Car l'origine de cette impasse (l'impossibilité de conclure) est parallèle à celle que l'on a rencontrée en essayant de définir la révolte paysanne par un concept générique ; elle réside dans l'isolement de faits, si soigneusement sélectionnés soient-ils, du contexte, non seulement factuel, mais également relationnel dans lequel ils s'insèrent. On comprend alors mieux pourquoi la substitution de l'appauvrissement des paysans à la crise de sous-production, tout en permettant un enrichissement du champ de vision, n'ait cependant pas permis de résoudre le problème de fond ; en effet, en lui accordant un statut privilégié, elle ne le considère pas comme un élément parmi d'autres éléments (les "faits parasites" qui ne seraient plus envisagés comme des parasites, mais comme des égaux), éléments qui, pris tous ensemble, appartiendraient à un ou plusieurs complexes relationnels et se définiraient par leur interdépendance autant et peut-être davantage encore que par ce qu'ils paraissent être en eux-mêmes et par eux-mêmes. Abandonner la sélection de faits, les retenir tous et les regarder avant tout comme les pièces constitutives de réseaux relationnels, en bref, reprendre une attitude jusqu'ici évacuée et négligée, pourrait être un moyen de trouver une solution plus acceptable, à défaut d'être la solution transcendante qui résoudrait tous les problèmes et pour toujours.

Si l'on se rallie à cette nouvelle perspective, se demander si l'appauvrissement des paysans est ou n'est pas cause immédiate déterminante de la prise d'armes qui la suit ou ne la suit pas perd considérablement de son intérêt ; et, en conséquence, on ne cherche plus à savoir si ce sont les vicissitudes économiques qui la déclenchent. Pour reprendre l'expression courante, et si paradoxal et provoquant que cela puisse paraître, il importe désormais fort peu de savoir si "la cause fondamentale des révoltes paysannes est économique" (ou d'ailleurs "politique", "religieuse", etc., car le changement d'attitude produirait exactement le même effet, si l'on posait la question sous une de ces autres formes). Par contre, ce qu'il faut maintenant préciser, c'est la place et le rôle de chaque vicissitude économique en général, et de l'appauvrissement des paysans en particulier, dans l'enchaînement factuel qui aboutit à la prise d'armes. Il est à remarquer qu'en pratique l'historien a déjà esquissé cette conversion, lorsque, passant de la crise de sous-production à l'appauvrissement du paysan, il a médiatisé l'influence de la première, puis y a ajouté la pression fiscale, l'engorgement des marchés ou les campagnes militaires. Il avait déjà ébauché un réseau relationnel aboutissant à cet appauvrissement, où celui-ci se définissait moins en lui-même qu'en fonction des paramètres que l'on vient de citer (crise de sous-production, pression fiscale, engorgement des marchés, campagnes militaires, etc.) ; mais, converti par nécessité pour une interprétation (comment se constituait l'appauvrissement), il n'en avait pas pour autant abjuré sa foi ; repris par une routine de penser sans doute en grande partie inconsciente, il n'envisageait qu'une corrélation censée dénoncer une relation causale immédiate entre l'appauvrissement et la prise d'armes. Que la corrélation n'apparaisse pas à tout coup ne lui suggérait pas que son attitude était ambiguë, qu'il adorait à nouveau ce qu'il avait brûlé quelque temps auparavant. En d'autres termes, il ne se demandait pas si la relation qui s'établissait entre les deux éléments qu'il cherchait à connecter n'était pas elle aussi médiatisée, et par quoi elle était médiatisée. C'est précisément ce qu'il convient maintenant d'examiner.

Anticipations et médiatisations

Comme on l'a laissé entendre sans hautement le proclamer, des prises d'armes éclatent à la suite non pas d'un appauvrissement réellement ressenti, mais à la suite d'une mesure, ou de la simple crainte d'une mesure, que l'on estime devoir l'entraîner, bien qu'il ne se soit pas encore produit. Ainsi, dans certains des exemples précédemment recensés (la rébellion de Stühlingen, l'insurrection wurtembourgeoise du Pauvre Conrad), la menace (perte partielle de la récolte ou renchérissement des denrées) que laisse planer une décision de l'autorité (corvée d'escargots en période de moisson ou renouvellement des instruments de mesure) suffit à elle seule pour déclencher des troubles. En somme, le paysan attribue alors à une situation en procès de réalisation, partant avant même sa complète réalisation, un composant inéluctable (un appauvrissement), qui exigerait une action préventive immédiate. Mieux, il arrive que la situation reste potentielle, c'est-à-dire qu'elle n'ait connu aucun début de réalisation et qu'elle soit uniquement redoutée, parce qu'on estime qu'elle doit immanquablement se réaliser. De cette façon, les Nu-Pieds, en 1639, se dressent contre la suppression supposée (mais possible) d'un privilège fiscal (celui du quart bouillon), et, en 1670, les paysans du Vivarais, contre l'extension supposée (mais possible) à leur pays d'un système de levée de taille qui leur serait défavorable. Que l'administration royale ait envisagé ou non cette suppression et cette extension, qu'elle les ait ou non décidées, compte fort peu dans l'attitude des insurgés. Pis, toujours dans le royaume de France et au XVIIᵉ siècle, le bruit récurrent que le monarque voulait instaurer une taxe sur les baptêmes a au moins favorisé ici ou là l'éclosion d'agitations paysannes ; or la faible vraisemblance d'un tel "impôt sur la vie" n'a nullement empêché qu'il ait alimenté les craintes des familles rurales ; celles-ci ont bel et bien supputé les effets qui en résulteraient. Quoi qu'il en soit, et quelle que soit l'ampleur de l'extrapolation, la prise d'armes n'a lieu qu'après une anticipation des vicissitudes économiques qu'engendrerait un fait survenu ou susceptible de survenir, avant même que ces vicissitudes se soient effectivement réalisées. Par conséquent, celui qui se soulève croit inéluctable une situation provoquant son appauvrissement, dès qu'apparaît un fait bien précis qui, selon lui, ne peut qu'entraîner cette situation. Il utilise donc un schéma de penser fondé sur un enchaînement de faits impitoyable qui ne peut que produire l'effet qu'il appréhende.

Certes cette façon de penser n'est pas sans fondement, car les insurgés ont observé ou cru observer un pareil enchaînement. Sur ce point, le doute n'est guère permis ; en effet, il arrive aux paysans soit de se remémorer un appauvrissement de leurs ancêtres à la suite de mesures prises autrefois par les autorités (ils se réfèrent alors à un passé qu'ils craignent de voir se renouveler), soit d'avoir sous leurs yeux les conséquences néfastes de mesures contemporaines sur certains de leurs concitoyens (ils se réfèrent cette fois à un présent dont ils craignent à tout moment d'être victimes à leur tour). Sur les terres de l'abbaye de Kempten, tout au long du XVᵉ siècle, les abbés essaient, en modifiant les règles de transmission des statuts, de transformer les "libres" (*Freie Bauern*) en "censitaires" (*Zinser*), et ces derniers en "serfs" (*Leibeigenen*) ; ce faisant, ils tendent à aligner la condition de tous leurs manants sur la catégorie la plus défavorisée et la plus méprisée. Néanmoins, cette politique, outre la déchéance sociale qu'elle représente pour ceux qu'elle atteint, met aussi en danger la survie matérielle de leurs exploitations, immédiatement par un alourdissement des redevances et des services pesant sur le chef de famille, à terme par une aggravation considérable des droits de succession (*Todfälle*). Ainsi, les serfs mariés ne peuvent-ils pas, comme les libres, transmettre la totalité de leurs héritages, mais seulement la moitié, l'autre moitié revenant au seigneur-abbé ; certes celui-ci peut réacenser sa part au descendant ou à la veuve ; cependant, en général, il en profite pour toucher un droit d'entrée et alourdir les conditions d'amodiation. Même si, à l'hiver 1491-1492, c'est un nouveau prélèvement qui met le feu aux poudres et déclenche des troubles armés, les revendications des manants de l'abbé de Kempten ne visent pas que lui ; elles attaquent toutes les "exactions" de leur prince et seigneur et, en premier lieu, celles qui viennent d'être mentionnées[9]. Que, dans ces protestations, à côté de l'humiliation sociale que représentaient certaines décisions abbatiales, les conséquences matérielles qu'elles entraînaient toutes soient entrées en ligne de compte paraît fort probable. Pourtant, et là se situe le point important pour ce propos, celles qui dérivaient d'un changement de statut juridique ne se faisaient réellement sentir que sur une partie de la population, celle qui l'ayant subi supportait des redevances accrues ; toutefois, les autres pouvaient *de visu* en apprécier les effets si un tel changement les frappait à leur tour. En s'associant aux récriminations de leurs concitoyens, ils espéraient vraisemblablement s'en prévenir. A Kempten, à la fin du XVe siècle, l'engagement des paysans dans la révolte était donc influencé, pour les uns, par la détérioration réelle de leur condition, pour les autres, par l'appréhension de cette détérioration, celle-ci découlant, tout au moins peut-on le supposer, de celle-là.

A y regarder de près, en 1639 les habitants du Cotentin ou en 1670 ceux du Vivarais se comportèrent d'une manière similaire ; sans doute ne risquaient-ils pas de se trouver ravalés à un statut juridique officiellement inférieur ; toutefois, ils savaient qu'ils étaient des privilégiés de la fiscalité, que ce fût de la gabelle ou de la taille. Leurs points de références (les régions limitrophes plus durement pressurées) étaient certes moins proches d'eux que ceux des manants de l'abbaye de Kempten (ils se situaient hors de leur communauté) ; ils n'en étaient pas moins réels, même si leur relatif éloignement exagérait peut-être les malheurs des pays voisins et les avantages de leur propre contrée. Mieux, la multiplication des taxes royales additionnelles (comme les crues de taille) ou entièrement nouvelles (comme celles qui en 1639 s'abattirent sur les villes normandes de Rouen et de Caen) dévoilait la grande inventivité dont faisaient preuve les conseillers du prince, dès qu'il fallait élargir la matière imposable ; il est par conséquent concevable que, dans ce domaine, l'on se mît à affabuler et que l'on acceptât comme vraisemblable la taxation des naissances. En dépit des apparences premières, il serait donc faux de croire que les anticipations qui, dans la France du XVIIᵉ siècle comme dans le Saint Empire du XVᵉ, précédaient et accompagnaient les prises d'armes étaient absurdes, comme certaines d'entre elles le paraissent *à nos yeux* ; elles reposaient sur des constatations qui, pour ceux qui n'étaient pas experts en matière politique et instruits des procédés princiers de gouvernement, les rendaient plausibles, au terme d'un raisonnement par analogie.

Cependant, ce qui importe ici, ce n'est pas que ces anticipations ne furent pas extravagantes, c'est leur existence même. Car elles signifient que c'est moins l'appauvrissement que la représentation d'une situation pouvant à tort ou à raison le provoquer qui est à l'origine des actions qu'elles déclenchaient. En d'autres termes, au moins dans ce cas, cette représentation s'interpose entre la vicissitude économique et la prise d'armes ; elle la médiatise. Cette simple constatation oblige à se demander si, lorsque se produit effectivement un amenuisement de leurs ressources, les paysans n'interprètent pas également la situation dans laquelle ils se trouvent, avant de « change(r) leur soc en armes [10] » ; en un mot : cette médiatisation ne serait-elle pas un phénomène général, qui ne se limiterait pas aux seules anticipations ? Or, sans constituer un argument absolument péremptoire, faute de pouvoir mesurer l'ampleur exacte des difficultés réellement supportées par les exploitations, une comparaison entre l'apparition ou l'aggravation de telles difficultés et les actions entreprises pour les surmonter indique assez clairement que la révolte n'est probablement qu'un élément d'une panoplie plus large à la disposition des paysans, partant un élément auquel d'autres étaient éventuellement substituables. Estimer que la prise d'armes devient nécessaire lorsque les autres tentatives ont échoué implique déjà, de la part de ceux qui y ont recours, un jugement sur la situation dans laquelle ils sont placés ; pour eux, elle devient *hic et nunc* le moyen le plus efficace, sinon le seul efficace, pour l'affronter. En 1636, les Croquants d'Angoumois et de Saintonge attribuent leur gêne aux exactions des officiers et des traitants qui volent le roi, tondent le troupeau et, pour le faire impunément, trompent le souverain sur l'état réel de ses sujets ; le soulèvement a pour but d'attirer l'attention du monarque sur ces exactions ; il est toutefois choisi parce qu'il est l'unique voie honorable pour se faire entendre, car il est plus glorieux de mourir en hommes, les armes à la main (même s'il s'agit de socs de charrue), que de s'abandonner ou de parcourir les routes du royaume en mendiant sa pitance. Les insurgés procèdent ici à une double appréciation ; l'une porte sur l'origine de la gêne ressentie, l'autre sur la pertinence des diverses recettes à employer pour la résorber, et dans ce dernier cas, à leurs yeux, au moins à en croire leur déclaration, il ne subsiste plus que l'action violente [11]. Lorsque les Bonnets Rouges, en 1675, déclarent : « Ce n'a pas Esté Sans Sujet que nous sommes accablez de tous Cottez, en toute sorte d'occasions, et nous ne pouvons avoir Justice. C'est pourquoy nous Sommes obligés de nous mettre en deffence Contre la justice et Contre la noblesse », ils adoptent une attitude similaire (quoique pas exactement identique) à celle de leurs prédécesseurs méridionaux ; comme eux, ils estiment que l'agitation armée demeure, *au moment où ils décident de l'utiliser*, le seul recours dont ils disposent encore pour que l'on se penche sur leur sort [12].

En revanche, quand, pendant un procès devant le tribunal de l'empereur ou d'un électeur, des paysans allemands du XVIIᵉ siècle décident de prendre des mesures militaires, c'est, semble-t-il, assez souvent pour faire pression sur la partie adverse, voire sur les juges eux-mêmes. Ils envisagent cette fois l'appel aux armes, non plus comme un ultime recours, mais comme un moyen de chantage ou une carte supplémentaire à jouer dans les négociations à conduire. Ils estiment ainsi que la solution peut être obtenue par des voies judiciaires, parce qu'ils imputent leurs malheurs matériels à un manquement au Droit (*Recht*) qui, s'il était respecté, leur éviterait la misère ou la menace de la misère. C'est que, depuis la fin du XVIᵉ siècle, dans le Saint Empire, les conflits et leur déroulement, sans cesser d'aboutir ici ou là à quelques explosions particulièrement violentes et spectaculaires, se subordonnent de plus en plus, selon toute vraisemblance, à une pratique judiciaire rigoureuse dans le cadre du droit et de la légalité. Ils entrent de cette manière dans un processus de "juridification" (*Verrechtlichung*), bien mis en lumière par l'historien allemand Winfried Schulze, processus auquel se prêtent volontiers les autorités [13]. Tous ces cas, les français comme les allemands, paraissent indiquer que, face à un appauvrissement comme face à une menace d'appauvrissement, les paysans n'agissent pas automatiquement de la même manière ; la prise d'armes est, pour eux, une solution parmi d'autres, et la fonction qui lui est attribuée peut sensiblement varier dans le temps et dans l'espace. La relation qui les unit n'est pas immédiate ; elle est gauchie au moins par l'intervention d'une représentation qui crée une médiation active entre les deux événements.

La vision spécifique qui s'intercale entre vicissitudes économiques et prise d'armes apparaît donc, à ce stade de l'analyse, comme une interprétation explicative de malheurs survenus ou redoutés, capable d'orienter vers cette forme d'action plutôt que vers une autre, parce que les paysans l'estiment, en fonction des conditions existantes, comme la plus appropriée et éventuellement comme la plus honorable. Puisqu'il y a estimation, cette vision n'est donc pas une simple courroie de transmission ; elle ne se résume pas à une prise de conscience de la situation réelle. Elle possède également la capacité d'infléchir la relation qui rattache vicissitude économique et révolte, de la faciliter ou au contraire de l'entraver ; son interférence est active ; elle est un élément essentiel des réseaux relationnels qui incluent ces prises d'armes paysannes et qui, ainsi, permettent à ces dernières de se définir. En définitive, il serait peut-être judicieux de dire qu'un appauvrissement d'un plus ou moins grand nombre de paysans crée une tendance favorable à l'éclatement de troubles ; il suffirait alors d'ajouter et de préciser que cette tendance est contrecarrée, favorisée ou simplement gauchie par d'autres s'exprimant dans l'interprétation que les individus se font des faits et de leurs enchaînements ; l'ensemble de ces tendances engendrerait *hic et nunc* un réseau de faits interdépendants. Cette vision ne peut évidemment qu'indiquer confusément une simple piste qui demeure à explorer ; elle offre cependant un fil d'Ariane, à condition de ne pas la tenir pour la voie royale, une fois pour toutes balisée, qu'il ne resterait plus qu'à suivre.

De plus, parvenu à ce point de l'enquête, il convient de remarquer que seule l'influence éventuelle des vicissitudes économiques sur le déclenchement des prises d'armes a été jusqu'à présent abordée. Or il n'est pas illégitime de penser que cette polarisation volontaire n'épuise peut-être pas la question et que d'autres influences sont à

prendre en considération. Cependant, la progression de l'investigation, bien que jusqu'ici elle n'ait porté que sur les seules vicissitudes
économiques, a révélé un élément capital pour la compréhension de
l'agitation paysanne ; cet élément, c'est la position clé des représentations que les insurgés se font de la situation dans laquelle ils se
trouvent placés, représentations qui déterminent en grande partie
leurs comportements, donc le choix qu'ils opèrent, le cas échéant, de
recourir aux armes. Or de telles représentations peuvent également
médiatiser les autres influences ; elles exigent donc que l'étude se
tourne maintenant vers elles et qu'elle soit plus globalisante ; elles
demandent d'élargir l'horizon. D'autre part, il n'est pas du tout certain que, malgré des répétitions et des similitudes, elles forment des
ensembles stables, voire immuables ; au contraire, suivant les lieux,
les époques, les occurrences, elles pourraient médiatiser différemment
les diverses tendances qui orientent l'action vers la révolte ; il ne peut
donc s'agir de comparer leurs caractères extérieurs pour en dresser
une typologie ; il faut avant tout savoir comment elles se définissent
à l'intérieur d'un réseau relationnel, c'est-à-dire quels rapports elles
entretiennent avec les autres faits. En bref, le stade auquel on est ici
parvenu n'exige pas uniquement de se pencher sur les représentations
et encore moins sur les seules représentations des situations économiques ; il impose aussi l'optique dans laquelle il convient de les
observer.

CHAPITRE 3

Représentations et justifications

> *Toutes choses sont convertibles en feu et le feu en*
> *toutes choses, tout comme les marchandises en or et*
> *l'or en marchandises.*
>
> Héraclite.

Aborder les représentations que les paysans se font des événements et des situations auxquels ils sont périodiquement confrontés et auxquels ils réagissent en répondant à l'appel aux armes n'est pas une tâche aussi facile que le laisseraient supposer les développements qui ont clos le chapitre précédent. En effet, la restitution que l'on s'évertue à en opérer, quand on pense pouvoir y parvenir, repose sur des traces médiocres dont l'interprétation demeure toujours fragile et bien souvent encore sujette à contestations.

Restitution des représentations

Dans ce domaine, la principale source sur laquelle l'historien peut s'appuyer se trouve dans les doléances que présentent les mécontents. Comme celles qu'ils formulent en engageant des procès ressemblent fréquemment à celles qu'ils avancent lorsqu'ils se soulèvent, il paraît légitime de réunir les unes et les autres dans une seule et même observation, afin d'étoffer sensiblement le corpus de références. Du point de vue adopté ici, la pièce la plus intéressante de ces plaintes réside dans la justification qu'ils en proposent ; celle-ci ne constituerait-elle pas apparemment un témoignage direct de leur manière de voir ? Malheureusement, elle est rarement mentionnée et son interprétation impose, en sus, beaucoup de prudence. Dans les actions en justice, l'argumentation juridique, en se perdant dans la recherche de la conformité des demandes à un droit, à une coutume ou à une jurisprudence, gomme la plupart du temps toute allusion aux principes et aux motifs, parce que ceux-ci importent peu pour emporter la décision du tribunal. La belle collection de sentences du Parlement de Paris publiées par W. Schmale ne fournit pratiquement pas de renseignements à ce sujet [1]. Même les récriminations adressées au seigneur ou au prince, même les cahiers de revendications qui appuient les prises d'armes ne s'accompagnent pas automatiquement, tant s'en faut, de légitimations explicitement et même implicitement formulées ; il leur arrive fréquemment de débuter d'emblée par une exigence particulière, exposée certes avec précision, voire minutie, mais sans la fonder sur une justification quelle qu'elle soit.

De plus, lorsque apparaissent des références, celui qui les rédige se situe, du simple fait qu'il les rédige, au moins aux marges du monde des lettrés ; en conséquence, les concepts qu'il véhicule dans ses écrits ou ses discours risquent d'en influencer la rédaction, même s'ils lui parviennent sous une forme abâtardie. Dans ces conditions, on doit se demander dans quelle mesure celui qui tient la plume expose correctement les représentations de ceux dont il est, ou se veut, le porte-parole. Que l'auteur anonyme d'un des manifestes qui accompagnent l'insurrection des Nu-Pieds de 1639 en basse Normandie s'exprime en vers, fussent-ils médiocres, et évoque au passage les « vrays tyrans d'Hicarnie », ne peut manquer de faire naître, à ce sujet, quelque perplexité [2]. Sans même retenir ce cas extrême, il faut cependant bien admettre que la plupart des rédacteurs de doléances, quand on connaît leur identité, appartiennent majoritairement au monde des artisans et des marchands locaux, voire à celui des curés et des prédicateurs (ceux que, pour le XVIIIᵉ siècle français, Michel Vovelle a nommés les « médiateurs culturels »). Ainsi, le plus célèbre cahier européen de revendications paysannes, les Douze Articles de Souabe de 1525, fut-il vraisemblablement composé par Christopher Schappeler, un disciple d'Ulrich Zwingli, et Sebastian Lotzer, un pelletier de la ville impériale de Memmingen. Pourtant, si ces rédacteurs sont choisis par les mécontents et si ces derniers reconnaissent comme leurs les plaintes qui sont ainsi rédigées, il paraît difficile de ne pas y voir des interprètes, sinon pleinement fidèles, du moins satisfaisants, des valeurs et des normes qu'ils sont chargés de transmettre ; à défaut, ils auraient sans doute été purement et simplement récusés. Schappeler et Lotzer semblent même avoir travaillé sur un texte progressivement élaboré à partir de doléances proprement paysannes[3]. Il se pourrait même, et l'hypothèse n'en saurait être totalement écartée, que nos rédacteurs aient partagé, au moins partiellement, ces valeurs et ces normes de leurs mandants ; dans ce cas de figure, ils auraient tout bonnement tenté de les traduire dans un langage compréhensible à ceux qui détenaient les pouvoirs de décision. Mieux, il ne faut pas non plus exclure que, par leur intermédiaire, les contestataires ne se soient point réappropriés, en les adaptant à leur propre situation, des concepts couramment employés dans les cercles savants, quitte à en modifier très sensiblement le sens et la signification. Mais seule l'enquête elle-même permettra de le savoir.

Plus délicats à interpréter, les gestes et les cris des révoltés, les mots d'ordre qu'ils retiennent, parfois également la simple économie de leurs revendications, offrent une masse de menues indications qui, considérées isolément, n'auraient sans doute pas grand sens, mais qui, néanmoins, en revêtent un, fût-il très hypothétique, par le simple fait de leur voisinage et de leur simultanéité. Les anthropologues, les ethnologues et à leur suite des historiens comme Natalie Zemon Davis ou Yves-Marie Bercé ont montré tout le parti que l'on pouvait en tirer pour l'étude des classes populaires dans les siècles qui nous intéressent ici. Toutefois, il ne suffit pas de comparer ces gestes, ces cris, ces mots d'ordre entre eux ; il est également nécessaire de les confronter à d'autres pratiques, en particulier celles des groupes dirigeants, mieux répertoriées et depuis plus longtemps analysées, qui les éclairent et leur donnent un surcroît de signification par les ressemblances qui apparaissent et les divergences qui surgissent.

Un exemple de restitution paraît ici utile. Pour ce faire, on partira d'un témoignage *a priori* défavorable à une telle reconstitution : le célèbre récit de la Jacquerie contenu dans les *Chroniques* de Froissart[4]. Ce récit passe, à juste titre, pour la vision qu'eurent de l'événement nombre de chevaliers de sa génération. En conséquence, il semblerait, à première vue, quelque peu présomptueux de prétendre en extraire des renseignements sur les représentations des révoltés eux-mêmes. Pourtant, par la seule description de leurs actes, même en tenant compte des exagérations qu'il y incorpore pour susciter l'horreur chez ses lecteurs (le noble rôti à la broche), notre auteur en suggère involontairement quelques aspects. Il signale en effet que les Jacques « lors se assemblèrent et s'en allèrent, sans autre conseil et sans nulles armures, fors que de bâtons ferrés et de couteaux[5], en la maison d'un chevalier qui près de là demeuroit. Si brisèrent la maison et tuèrent le chevalier, la dame et les enfants, petits et grands, et ardirent la maison. Secondement, ils s'en allèrent en un autre fort chastel et firent pis assez : car ils prirent le chevalier et le lièrent à une estache bien et fort, et violèrent sa femme et sa fille les plusieurs, voyant le chevalier ; puis tuèrent la femme qui étoit enceinte et grosse d'enfant, et sa fille et tous les enfans, et puis le dit chevalier à grand martyre, et ardirent et abattirent le chastel. Ainsi firent-ils en plusieurs chasteaux et bonnes maisons ». Et, un peu plus loin, Froissart revient à la charge, condensant en quelques mots leur conduite pour l'opposer à celle (plus humaine bien entendu) qui aurait réglé les rapports entre d'aussi féroces ennemis que les chrétiens et les sarrasins, et pour introduire ensuite le plus affreux de leurs forfaits, celui du chevalier embroché comme une bête en rôtissoire ; il résume, en effet, ses développements précédents, en précisant que « ces méchans gens assemblés sans chef et sans armures roboient et ardoient tout, et tuoient et efforçoient et violoient toutes dames et pucelles, sans pitié et sans mercy, ainsi comme chiens enragés ».

Certes, le narrateur accumule ici toutes les actions des Jacques qui entraînent la réprobation de son auditoire ; ils ne savent pas combattre comme d'authentiques guerriers (puisqu'ils ne prennent pas conseil et n'utilisent pas les armes du noble art, mais des bâtons ferrés et des couteaux) ; ils se comportent comme jamais on ne doit se comporter avec des adversaires (ils les torturent et les assassinent au lieu de leur lancer des défis et de les affronter en respectant le code chevaleresque) ; ils abusent des femmes et des pucelles, alors que, pour être conquises, il est indispensable, ou de les obtenir du père, ou de suivre les méandres et les subtilités d'une cour amoureuse. Cependant, en procédant ainsi, Froissart jette également plus que des lueurs sur la façon dont les insurgés se représentent la situation contre laquelle ils se rebellent. En effet, toutes leurs actions sous-entendent que pour eux désormais les familles qu'ils attaquent ne possèdent plus la qualité nobiliaire et sont devenues une engeance malfaisante ; ils les traquent comme des bêtes (avec des couteaux et des bâtons ferrés) ; ils essaient d'anéantir leur lignée (en tuant non seulement les hommes adultes, mais aussi les femmes et les enfants) ; ils détruisent les lieux de leur puissance (en incendiant et en abattant les places fortes) ; ils ravalent les chevaliers au rang de manants en retournant contre eux les pratiques militaires dont ceux-ci usaient parfois sans trop de remords contre les villageois, et dont ils ont eu un exemple presque sous leurs yeux les années précédentes, avec les campagnes militaires anglaises sur l'autre rive de la Seine. En un mot, ils agissent comme si tous ces chevaliers n'étaient plus dignes de l'être, ce qui suppose qu'ils considèrent que ces derniers ont failli à leurs devoirs, qu'ils sont devenus néfastes et nuisibles, et qu'en conséquence, ils doivent disparaître de cette terre, eux et leur descendance. Et l'on peut ainsi émettre l'hypothèse qu'ils expliquent, par la défaillance de leurs protecteurs "naturels", l'insécurité qu'ils ressentent depuis qu'ils ont vu les pillages, les massacres et les incendies, dont le Hurepoix avait été récemment le théâtre.

Cette ébauche d'interprétation, esquissée à partir d'une seul texte, se confirme et se précise, si on introduit maintenant d'autres sources pour les confronter avec les *Chroniques* de Froissart. On possède, en effet, soit les récits des divers chroniqueurs, et plus spécialement celui du second continuateur de Guillaume de Nangis (Jean de Venette ?), soit les lettres de rémission retrouvées et transcrites par Siméon Luce dans son ouvrage sur la Jacquerie. Ces dernières furent accordées à des participants plus ou moins volontaires à l'insurrection et aux animateurs plus ou moins violents de la répression qui s'ensuivit (la Contre-Jacquerie) [6]. En premier lieu, tous ces documents corroborent la presque totalité des actions que Froissart attribue aux paysans. Ainsi des particuliers, parfois des communautés entières, obtiennent-ils un pardon sous le prétexte que, s'ils ont assisté à des meurtres, à des pillages et à des incendies, ils y étaient contraints et forcés par une menace de représailles, voire de mort ; ils affirment que, bien que spectateurs, ils n'ont nullement participé aux viols, aux tueries et aux déprédations ; ils déclarent qu'au contraire ils se sont efforcés d'empêcher que s'accomplissent ces épouvantables horreurs (ou ce que maintenant ils prétendent tel). Certes, « les habitanz et demourans es villes de Betencourt [Bettancourt] et de Vereil [Vroil-en-Perthois], en Pertois, avec plusieurs autres gens du plat païs d'environ [prirent part] aus effrois qui dernièrement et naguaires ont esté faiz par les dictes genz dudict plat païs contre les nobles dudict royaume, à faire plusieurs conspiracions et assemblées avecques lesdictes genz dudict plat païs » ; toutefois, à en croire leurs déclarations, ce fut « sanz ardoire, abattre maisons, tuer genz, ne meffaire à aucune personne[7] ». De son côté, Jean des Hayes aurait « esté contre son gré et volonté et par contraincte du peuple, esleu capitaine » de Rhuis entre Oise et forêt de Halatte, partant dans le pays même du Grand Ferré, car « autrement il eust esté en doubte d'avoir esté mis à mort, sa maison arse, et gastez et dessipés ses biens ». Il accompagne ceux qui l'ont porté à leur tête, sans lui-même (bien entendu) « ardoir ou abattre aucunes maisons des diz nobles, ne en ycelles prendre ou dissiper leurs biens, ne en aucun prouffit de pillage qui monte à la somme de trois escuz et sont les quelx par le dit Jehan restituez, ne aussi aucuns d'iceulx mettre à mort, fors que le dymenche après le Saint Sacrement derrainement passé, le dit Jehan et un escuier avec pluseurs autres s'en venoient en ladicte ville de Verbrie [Verberie], et feu ledit escuier, sa fame et son fillastre pris en la compagnie d'icelui Jehan, des habitans d'icelle ville, au quel escuier fu dit des diz habitans qu'il mourroit ; et lors pluseurs foiz leur dit le dit Jehan : "Pour Dieu, beaus seigneurs, gardés que vous faites, car c'est trop mal fait" ; et tout ce non obstant, ils mistrent, contre son gré, sa volonté et consentement, le dit escuier à mort, et pour ce aucuns des diz nobles pourroient avoir malivolence et hayne au dit Jehan[8] ». Mais, du même coup, de telles lettres de rémission (et il en existe une bonne cinquantaine transcrites par S. Luce) confirment les massacres et les destructions commises par les Jacques, et l'essentiel des méthodes qu'ils employèrent.

De la même façon, le second continuateur de Guillaume de Nangis signale comment les Jacques « tuèrent, assassinèrent et expédièrent sans merci, tous les hommes nobles qu'ils purent trouver, même leurs propres seigneurs » ; il ajoute que, « non contents de cela, ils abattirent les maisons et les châteaux des nobles, et, ce qui est plus lamentable encore, [qu']ils mirent cruellement à mort, quand ils les rencontrèrent, les dames nobles et leurs petits enfants » ; il précise enfin qu'on rapporte que, « mus par une basse concupiscence, ils violèrent les épouses nobles de leurs propres seigneurs[9] ». La grande rémission octroyée le 13 août 1358 constate et officialise en quelque sorte les exactions, lorsque le dauphin Charles pardonne à ceux qui « nagaires assemblez en pluseurs et divers lieux sur les champs en armes au plus efforciement qu'ils pouvoient et, par leur déliberacion se transportèrent en pluseurs lieux forteresses et chasteaux et même d'aucuns nobles es diz païs, et ceulx combattirent, prindrent et destruèrent, et qui pis est lesdicts genz d'armes, femmes, enfans et autres genz que dedans trouvoient et estoient, occirent et mirent à mort à moult grant foison et quantité, et les biens d'yceulx pillèrent, ravirent et emportèrent[10] ». En définitive, l'absence de concertation des insurgés mise à part et une fois enregistré le doute qui subsiste sur la réalité des viols, tous ces textes confirment les actions des Jacques, qui, plus haut, ont fondé notre reconstitution de la vision qui alors les anima.

Mais il y a davantage ; en effet, toutes ces nouvelles sources apportent également des arguments supplémentaires à la reconstitution des représentations paysannes et non plus uniquement aux faits qui la sous-tendent. Voici, par exemple, Frémy Houdrier dit le Bouchier, de la Warde Maugier (Lawarde-Mauger). George Dandin local avant la lettre, il a épousé une fille de noble. Or, lors des troubles, « il fust mandé de par une grande quantité (...) d'habitanz et leur capitaine assemblez à Bretueil en Biauvoisin [Breteuil-sur-Noye] quil alast tantost parler à eulx, sur peine de corps et de biens ». S'étant rendu à la convocation, « par doubte d'eulx », « il fu requis d'aler avecques eulx ardoir plusieurs maisons des diz nobles, en disant que, s'il n'y aloit, l'en li arderoit toutes ses maisons, à cause de sa fame qui est noble ». Il enivre le capitaine et ses lieutenants, s'enfuit et parvient à mettre son épouse et ses enfants à l'abri. Toutefois, la troupe insurgée le rattrape le lendemain après dîner et « par doubte qu'ils ne le meissent à mort et qu'ils n'ardissent ses dictes maisons, et si tost comme eulx le tenirent, eulx le menèrent maugré lui à la maison d'un chevalier, sire de ladicte ville de Fronsures [Fransures] et l'ardirent en sa présence, et si tost comme eulx se départirent d'icelle ville, li diz suppliant s'eschappa d'eulx[11] ». Le plaidoyer de notre Frémy Houdrier révèle sa pénible situation ; il était devenu suspect aux manants, parce qu'il avait convolé en milieu nobiliaire ; il doit donc subir une épreuve qui le justifie auprès des rustres, et commettre un acte qui, en le compromettant avec eux, le réintègre parmi eux. Que cette épreuve lui soit imposée, ou que malgré ses dires ultérieurs il l'accomplisse de son plein gré, importe au fond fort peu, car ce qui compte ici, c'est la signification publique de son attitude ; celle-ci s'entend comme une affirmation *coram populo* d'une fraternité retrouvée avec les paysans ; elle est un geste qui le purifie de la macule de son mariage. Mais, par là même, elle dévoile également le profond discrédit dans lequel les Jacques tiennent les nobles, et le sentiment qu'ils ont de leur corruption. Ce faisant, elle témoigne, certes encore indirectement, quoique nettement, d'un élément fondamental de la vision des révoltés, à savoir que les nobles seraient devenus indignes d'être considérés et traités comme des nobles.

Le second continuateur de Guillaume de Nangis s'aventure encore plus loin, puisqu'il propose, à mots couverts peut-être, mais néanmoins assez clairement, une explication de ce discrédit nobiliaire, et de l'origine supposée de sa corruption. Siméon Luce avait déjà relevé l'originalité, dans ce domaine, de notre chroniqueur ; il l'attribuait d'ailleurs à une ascendance plus humble que celle de ses collègues. Cependant, pour édifier son interprétation, il rassemblait comme preuves des passages relativement éloignés dans le récit, sans se poser la question de la pertinence d'un tel amalgame. Aussi est-il impossible de reprendre tel quel son raisonnement. En revanche, à condition d'en vérifier les ancrages, il est commode de partir de ses réflexions. Il avait, en effet, fort bien remarqué la récurrence chez notre auteur de thèmes bien définis. Parmi ces derniers figurent en bonne place la dégradation des mœurs et le déploiement du luxe, celle-là se liant à celui-ci par le biais d'une mode vestimentaire trop suggestive. En les opposant, en moraliste qui connaît bien ses classiques, aux difficultés matérielles et à la vie précaire des humbles (des villes comme des campagnes), le second continuateur de Guillaume de Nangis finit par accrocher un deuxième thème à ce premier : celui du pressurage fiscal (il parle d'oppression) des manants par les nobles, ce qui rend provocateur le gaspillage des deniers perçus dans des conduites honteuses ou inefficaces. Mais c'est en s'imbriquant avec un troisième que l'ensemble ainsi constitué prendrait, au moins Siméon Luce le suggère-t-il, toute sa signification.

Ce troisième thème contient en fait deux affirmations exposées en même temps et sans doute mal distinguées, celle d'un détournement des prélèvements levés « sous prétexte et sous couleur de défendre la patrie et d'attaquer les ennemis », et celle d'une trahison des nobles condensée dans l'apologue du chien et du loup, dont le récit suit d'ailleurs immédiatement la citation précédente. Cette fable raconte comment un maître mettait sa confiance dans un chien puissant pour repousser le loup qui attaquait ses brebis, et comment ce chien, au bout de quelque temps, se lia d'amitié avec le loup et lui proposa un marché : il pourrait s'emparer de la brebis qu'il lui plairait, tandis que lui-même ferait semblant de le poursuivre ; puis ils iraient tous les deux tranquillement la dévorer, « de sorte que finalement, conclut l'allégorie, avec le loup, il déroba tous les moutons de son maître et malement les mangea [12] ». L'apologue est transparent dans la conjoncture de la régence du futur Charles V : il suffit de remplacer le maître par le roi, le loup par l'Anglais, le chien par le noble et les brebis par les manants. L'amalgame des détournements de redevances et de la trahison des nobles dans un même thème s'explique par un sous-entendu, le désir de ces derniers de satisfaire leur goût de la vie facile et fastueuse (ce qu'exprimait le premier thème), par l'exploitation, entre autres, des paysans (ce qui constitue le deuxième thème). Ainsi ces nobles apparaissent comme corrompus, non seulement par leurs tares morales, mais aussi par l'abandon de leurs responsabilités sociales ; du coup, ils se privent eux-mêmes de leur qualité nobiliaire (fondée sur l'exercice de la vertu et leur rôle de protecteur) ; ils ne peuvent plus prétendre au respect qui leur était dû, ni aux privilèges qui leur étaient reconnus.

Malheureusement, cette fable et la réflexion qui la précède ne sont pas insérées dans le récit de l'année 1358, mais dans celui de l'année 1363. Il serait donc imprudent, sans prendre quelques précautions, d'affirmer que les émeutiers de 1358 interprétaient déjà la situation dans laquelle ils se trouvaient, comme le suggère le second continuateur de Guillaume de Nangis et l'expose S. Luce dans son ouvrage sur la Jacquerie. Fort heureusement, le chroniqueur laisse entendre, par des allusions ne prêtant guère à équivoques, que cette vision serait vraisemblablement antérieure à l'année où il l'évoque. Pour 1359, il mentionne déjà que « de tout côté, la misère de tous s'accroissait, frappant plus particulièrement le peuple et les rustres des campagnes ; de fait leurs seigneurs les accablaient encore davantage, en leur arrachant toute leur subsistance et leur pauvre vie ». Ces seigneurs n'imposaient-ils pas chaque animal, « dix sous pour un bœuf, quatre ou cinq pour un mouton, sans pour autant repousser les ennemis ni se préparer à les envahir, si ce n'est qu'exceptionnellement [13] » ? La justification principale des redevances était donc bien la protection contre les périls, en l'occurrence le péril anglais ; sinon leur levée devenait assimilable à une prévarication. Or, dans la narration même de l'insurrection, le second continuateur de Guillaume de Nangis ne condamne pas les débuts du soulèvement, mais uniquement ses développements ultérieurs (les viols, les meurtres et les pillages). En effet, d'après lui, les Jacques montrèrent, au commencement, « quelque zèle pour la justice », « parce que leurs seigneurs ne les défendaient pas, mais les opprimaient (*quia domini sui eos non defendebant, sed opprimebant*) ». Ce n'est qu'ensuite que, donnant libre cours à une fureur sans frein, ils se livrèrent à des actes répréhensibles que ne légitimait plus l'injustice dont ils étaient victimes. Il semble donc que ce qui est suggéré pour 1363 soit, dans ses grandes lignes au moins, applicable à 1358.

En définitive et tout compte fait, cette longue analyse indique que la confrontation des gestes accomplis, des commentaires des chroniqueurs et des motifs invoqués par les accusés pour se disculper et obtenir des lettres de rémission autorise une reconstitution plausible, quoique hypothétique, de la vision des Jacques. Ceux-ci considéraient que les familles nobles qui les entouraient (et elles seules) avaient effectivement perdu leur noblesse, parce qu'elles avaient failli à un de leurs devoirs essentiels : celui de protéger leurs manants. Pis, en maintenant et même en accentuant le poids des redevances qu'elles en exigeaient, comme si elles accomplissaient réellement et pleinement leurs charges, elles n'auraient visé qu'à satisfaire leur penchant pour un luxe éhonté ; elles auraient de ce fait procédé à un détournement et commis une action condamnable. Pour les insurgés, il s'agissait là d'une véritable trahison ; aussi n'est-il pas étonnant qu'ils soupçonnèrent parfois les gentilshommes d'une entente avec l'ennemi anglais. Cette "dénobilisation" des familles nobles interdisait désormais de les traiter et de les révérer comme tel ; mieux, leur conduite les ravalait au niveau des bêtes et permettait à leurs manants de les pourchasser, de détruire leurs habitations et leurs lieux de puissance, et enfin de les abattre comme un gibier malfaisant pour les anéantir et en purifier définitivement la terre. De cette façon, la représentation que se font les Jacques des faits nouveaux auxquels ils se trouvent ou redoutent de se trouver confrontés, et qui sert de point d'appui à leurs violences, se recompose avec une vraisemblance acceptable et une approximation suffisante, même si, en ce domaine comme en beaucoup d'autres, la certitude demeure hors de portée de l'historien. En conséquence, et fort du cas de la Jacquerie qui vient d'être longuement analysé, il semble légitime de conclure que, d'une manière générale cette fois, en croisant tous les renseignements directs dont on dispose, puis tous les indices qui naissent de leur confrontation, il est possible d'esquisser, certes avec plus ou moins de précision selon les cas, les représentations qui animent les paysans et les aiguillent vers la prise d'armes ; il suffit que les informations soient en nombre acceptable, condition, reconnaissons-le, qui n'est pas toujours remplie. Malgré cela, des tentatives plus ou moins avancées se rencontrent déjà en quantité non négligeable dans la littérature historique contemporaine, constituant dès maintenant un assez beau corpus dans lequel il est évidemment intéressant de puiser.

Ebauche d'un schéma relationnel formel

Si l'on examine ce corpus, même partiellement, même rapidement, une remarque immédiate s'impose : les éléments se répètent d'un mouvement à l'autre, créant selon toute apparence des groupes de représentations voisines. Des parentés se dessinent et l'on est alors fort tenté d'en dégager une typologie. Ainsi, du XVe au XVIIIe siècle, une multitude de soulèvements dans le sud et l'ouest des pays germaniques, du Palatinat à la Styrie, de la Thuringe aux cantons suisses, s'accompagnent d'une accusation inlassablement réitérée contre les autorités seigneuriales ou princières ; en décrétant telle ou telle mesure, celles-ci violeraient délibérément les vieilles, et partant vénérables, coutumes locales (*Weistum, Altes Herkommen*) ; car, comme le proclamèrent en 1489 les manants insurgés de l'abbaye de Saint-Gall, lors des troubles qui culminèrent par le sac du monastère de Rorschach, il faudrait « abolir toutes ces nouveautés et toutes ces charges, qui s'accroissent en nous frappant durement, et sont contraires à notre liberté et à notre vieille coutume[14] ». Encore en 1730, les paysans du pays d'Ajoie[15] usèrent d'un argument similaire contre leur prince, l'évêque de Bâle. Ils venaient juste de remettre la main sur un rôle de 1517 répertoriant leurs privilèges, mais, à les en croire, malencontreusement égaré pendant les tribulations de la guerre de Trente Ans. Sa redécouverte revigora une agitation latente et la transforma pour une bonne dizaine d'années en une rébellion ouverte ; le prince-évêque refusa, en effet, de rapporter les mesures qu'entre-temps il avait prises et qui contredisaient les franchises accordées dans le document opportunément retrouvé[16]. Il semblerait donc que les visions qui commandent nombre de prises d'armes germaniques se caractérisent par un reproche semblable (le non-respect des libertés locales) adressé aux autorités, qu'elles fussent seigneuriales ou princières. Elles s'opposeraient à d'autres qui, comme le *Bundschuh*, prenant comme cible le servage, voire l'existence de la seigneurie, auraient relevé d'un type fondamentalement différent. Pour le XVᵉ siècle et le début du XVIᵉ, Günther Franz vit, dans cette différence, un critère apte à distinguer les révoltes les unes des autres. Il sépara celles, majoritaires, qui affirmaient défendre l'ancien Droit (*Der Kampf um das alte Recht*), de celles, minoritaires, qui prétendaient combattre pour le Droit voulu par Dieu (*Der Kampf um das Göttliche Recht*)[17].

Yves-Marie Bercé, de son côté, et pour le cas français du XVIIᵉ siècle, a mis en lumière et a analysé les "mythes" auxquels ont recours les Croquants du Sud-Ouest, pour comprendre les difficultés croissantes qui dérivent des tours de vis fiscaux (réels ou redoutés) et pour légitimer les appels aux armes qui les accompagnent. Il restitue et décrit ainsi ceux du roi trompé et volé, de la nécessaire remise des impôts injustement levés, de l'arrogant "gabeleur", du traitant sans scrupules, s'enrichissant tous deux aux dépens du bon peuple (et de son souverain). Il en évoque et en retrace même de plus épisodiques, comme ceux des prélèvements imaginés, dont la taxe sur les nouveau-nés est un des plus célèbres[18]. Là encore, la résurgence plus ou moins insistante de ces croyances, en particulier celle que les « manifestes oppressions dont ilz [les habitants des communes du Périgord] sont tous les jours travaillez et affligez [se font] au desceu du Roy et contre l'intention de Sa Majesté[19] », suggère, comme dans les pays germaniques, une similarité entre les visions qui se développent dans une série de rébellions, indépendamment de leur gravité. Là encore, il semble que l'on se trouve en face d'un type particulier d'insurrections paysannes. Par le biais de tels regroupements, ne pourrait-on donc pas opérer une classification significative, sinon des mouvements, au moins des interprétations que les paysans ont de situations qu'ils s'efforcent de combattre ?

Pourtant, ces récurrences d'éléments de représentation, si importantes soient-elles, ne peuvent servir que de points de départ à la réflexion sur les représentations paysannes qui président aux prises d'armes. En effet, jusqu'ici, le chercheur sélectionne des caractères (appel aux coutumes, à un Droit voulu par Dieu, au mythe du roi trompé et volé) pour procéder à des regroupements de révoltes. La méthode qu'il emploie est donc similaire à celle par laquelle il s'évertue à définir les révoltes à l'aide d'un éventail de critères (durée du mouvement, nombre de communautés y participant, idéologie) pour les dissocier des autres événements ; partant, si l'on n'y prend pas garde, le risque est grand de tomber alors dans les mêmes impasses[20] ; il faut donc poursuivre l'analyse en l'élargissant et en changeant la manière d'observer. Il convient d'abord de remarquer que chacune des affirmations proclamées (vieille coutume non respectée, roi trompé et volé), même lorsqu'elle est proclamée d'une manière identique ou pratiquement identique de mouvement à mouvement, ne saurait être ici considérée isolément, car elle ne constitue qu'une pièce parmi d'autres de la vision paysanne de la situation à interpréter ; elle n'en forme jamais la totalité. En effet, cette vision ne consiste pas en une juxtaposition d'éléments divers qu'on pourrait se contenter d'examiner un par un ; elle en est en réalité un agencement, ce qui contraint à envisager aussi et même avant tout les réseaux relationnels dans lesquels ils prennent place et qui les soudent entre eux. Chaque représentation correspond donc à un ensemble structuré ; peu importe d'ailleurs que cet ensemble soit cohérent, voire harmonieux, ou inversement miné par des contradictions internes ; si des récurrences sont à relever, elles doivent en conséquence porter, non sur les éléments, mais sur les liaisons entre les éléments. En bref, il est indispensable d'esquisser un ou des schémas relationnels qui rendraient compte du ou des réseaux qui incluraient la décision paysanne de prendre les armes.

Pour commencer ce travail de restitution, il n'est peut-être pas inutile de remarquer que de représentation à représentation se retrouve toujours une subordination d'un jugement général volontiers formulé à propos d'une situation définie (et que l'on peut baptiser jugement clé) à une conviction sous-jacente, qu'elle soit ou non explicitement invoquée et hautement proclamée. Les affirmations et les mythes qui viennent d'être évoqués en fournissent la preuve sans difficultés. Ainsi, estimer condamnable une quelconque décision princière ou seigneuriale, parce qu'elle serait contraire à la coutume locale, c'est accorder *ipso facto* à cette dernière une valeur normative ; c'est lui conférer la capacité de distinguer ce qui est mal de ce qui est bon ; c'est corollairement, par glissement insidieux, finir par admettre que tout ce qui est ressenti comme mal ne saurait être qu'en contradiction avec elle. Ce qui revient à dire que déclarer que toute mesure violant la coutume locale est répréhensible (jugement clé) n'a de force et de signification, et ne peut même être exprimé que par référence à la conviction que cette coutume locale est conforme au juste Droit. Avec un autre jugement et une autre conviction, on retrouve une semblable relation de subordination d'un jugement clé à une conviction, chez les Croquants du royaume de France au XVIIᵉ siècle. Prétendre, en effet, que le roi ne pressure ses sujets que parce qu'il est trompé et volé par ses agents, ses serviteurs et ses conseillers (jugement clé), c'est croire que ce roi a, par grâce spéciale, le don de connaître ce qui est juste et la volonté droite de le faire appliquer (conviction). Autrement dit, les mythes énumérés, décrits et analysés par Yves-Marie Bercé, ne possèdent, pour les paysans, de pouvoir explicatif et n'ont de valeur opératoire que parce qu'ils sont reliés à, et d'une certaine manière "conditionnés" par, la croyance en une qualité royale transcendante découlant de l'exercice de la souveraineté par un monarque sacré à Reims. En définitive, et d'une manière générale, ce qui compte dans l'un et l'autre cas, c'est le couplage, dans une relation de dépendance, d'un jugement clé, mythique ou non (d'un côté, que la violation des coutumes locales est condamnable, de l'autre, que le roi est abusé et dévalisé par les "gabeleurs"), et d'une conviction qui le détermine (d'un côté, que les coutumes locales expriment le juste Droit, de l'autre, que le roi possède la science et la vertu pour distinguer le juste de l'injuste et le faire régner dans le royaume). En conséquence, ce qui différencie le jugement clé de la conviction, ce n'est pas la façon dont ils s'expriment (ce sont tous deux des affirmations générales), mais le rapport de subordination qui s'instaure entre eux.

Des couplages similaires se retrouvent ainsi dans les deux séries de révoltes étudiées jusqu'ici (l'allemande et la française) ; la différenciation entre elles provient non pas des caractères de l'association (une subordination dans l'un et l'autre cas), mais uniquement de la diversité des éléments associés dans les couples (coutume locale assimilée au Droit et condamnation de toute violation de cette coutume d'un côté, roi capable de Justice et roi trompé par les mauvais conseillers de l'autre). Dans ces conditions, ces deux séries ne forment deux ensembles différemment caractérisables que si on les observe sous l'angle des éléments associés, mais elles deviennent intégrables à un même ensemble homogène, si on déplace le point de vue, de ces éléments à l'association elle-même. A vrai dire, cette constatation n'a rien de surprenant ; elle devenait possible dès le moment où l'on ne considérait plus les représentations comme une juxtaposition d'éléments, mais comme un agencement d'éléments. En effet, ce changement d'orientation modifie sensiblement l'optique du chercheur, car il dirige son attention sur les liaisons elles-mêmes et la détourne des éléments reliés ; à la limite, il le conduit à se concentrer sur les premières indépendamment des seconds. Il est donc normal que les résultats ainsi obtenus ne coïncident pas avec les précédents et que l'on *puisse* trouver une similitude là où l'on n'apercevait que divergence. Ce qui, en revanche, devient alors important, c'est qu'effectivement on *ait* trouvé une telle similitude, c'est-à-dire que d'autres lignes de fracture ne soient pas apparues, créant d'autres ensembles à partir de ces mêmes deux collections. En effet, passer d'une quête des répétitions d'éléments à une quête des récurrences dans les relations rendait *plus* probable de nouvelles divisions qu'une unification par une relation de subordination applicable à tous les cas envisagés.

Dès lors, le chercheur est conduit à se demander si cette relation de subordination ne se rencontre pas ailleurs, si elle ne constitue pas une donnée fondamentale, sinon de toutes les visions des paysans révoltés, du moins de beaucoup d'entre elles, indépendamment des assertions que ces visions sont susceptibles de contenir. Or il se pourrait bien qu'il en soit ainsi. Par exemple, le jugement qu'en 1358 les Jacques portent sur les nobles de leur région (la perte de leur qualité nobiliaire), jugement clé qui commande directement les buts et les modalités de leurs actions, se réfère à une conviction normative, celle de la possibilité d'une société idéale fondée sur des devoirs personnels et réciproques entre protecteurs et protégés. En effet, pour eux, la "dénobilisation" qu'ils dénoncent découle d'une félonie : les familles nobles refusent de défendre leurs manants (c'est-à-dire d'assumer leur rôle de protecteur dans ce qu'il a de plus essentiel), tout en prétendant conserver les privilèges qui les distinguaient et les revenus qu'ils percevaient (c'est-à-dire tout en maintenant, voire en renforçant, ce qui n'était que la contrepartie d'une protection qu'ils n'assurent plus). En conséquence, ils ne nient pas, au moins au moment où ils se soulèvent, l'ordre "féodal" ; ils se différencient par là des disciples de John Ball qui, peu après, en 1381, en Angleterre, demanderont où était le gentilhomme quand Adam bêchait et qu'Eve filait. Au contraire, ils se reportent à une image parfaite de cet ordre "féodal", aux contours sans doute un peu flous, mais qu'ils supposent réalisable, et qu'en tout état de cause ils reprochent aux nobles de n'avoir pas réalisé. Et c'est parce qu'en plus ces derniers l'ont trahi qu'ils se retournent contre eux dans une volonté de destruction. Là encore, une conviction (une société de protecteurs à protégés où chacun respecte ses devoirs est une société où règnent l'harmonie et la Justice) commande le jugement clé de la représentation des insurgés (les nobles ont perdu leur noblesse).

Cette récurrence insistante d'une telle liaison de subordination entre, d'un côté, le jugement clé qui inspire les actions paysannes et, de l'autre, la conviction qui le rend possible suggère, à son tour, que cette liaison pourrait se situer au centre des réseaux relationnels qui ordonneraient les visions paysannes. Toutefois, pour qu'il en soit ainsi, il faut également que les jugements particuliers, émis au coup par coup, sur une situation spécifique réelle ou redoutée, soient déduits du jugement clé, et non que celui-ci soit élaboré à partir d'eux. Par exemple, il est indispensable de croire que les nobles d'Ile-de-France ne défendront pas leurs manants de la France, du Valois et de la Picardie, si les Anglais les attaquent lors de la campagne de 1358 (jugement particulier), *parce qu'*ils n'étaient plus de véritables nobles (jugement clé) ; ou que le roi augmente inconsidérément les tailles en pays charentais, périgourdin et quercynois au début des années 1630 (jugement particulier), *parce que* le roi est trompé et volé par les "gabeleurs" (jugement clé). En bref, il est nécessaire que le jugement clé soit coexistant au jugement particulier (soit qu'il lui soit préexistant, soit qu'il soit formulé simultanément). Il ne doit pas naître postérieurement à des appréciations *hic et nunc*, c'est-à-dire à des jugements particuliers ; par exemple, il convient de ne pas dire que, parce que les nobles d'Ile-de-France ne défendront sans doute pas leurs manants, ils ont forcément renié leur noblesse ; ou que, parce que le roi augmente indûment les tailles, il est à coup sûr circonvenu par son entourage, mais l'inverse. Ce qui est important ici, ce n'est pas qu'il existe une relation entre jugement particulier et jugement clé (les textes laissent peu de place au doute à ce sujet), c'est uniquement le sens du rapport entre les deux éléments unis par cette relation (est-ce une relation de déduction à partir du jugement clé ou d'induction à partir du jugement particulier ?).

En première analyse, c'est-à-dire en *ne considérant pour l'instant que l'aspect explicite et formel de la relation*, c'est la déduction qui paraît plus vraisemblable que l'induction, et pour plusieurs raisons. D'abord, les anticipations, comme dans le cas des Jacques, peuvent difficilement se produire si on n'énonce pas un jugement particulier (les nobles ne défendront pas leurs manants lors d'une éventuelle campagne en 1358) à partir d'un jugement clé antérieur (ceux qui se prétendent nobles ne sont plus des nobles). En effet, lorsque éclate le soulèvement, les chevaliers et les écuyers de France, de Valois, de Picardie, à la différence de leurs confrères du Hurepoix, n'ont pas encore été mis en demeure par les événements (l'arrivée de troupes anglaises) d'accomplir le devoir que leur assignent leurs manants. Si pourtant ce soulèvement se produit, c'est donc bien que, avant même qu'ils fussent mis à l'épreuve, les Jacques avaient estimé qu'en tout état de cause ils ne se comporteraient plus comme des nobles, *parce qu'*ils avaient perdu leur qualité nobiliaire. Dans cette occurrence, le jugement clé précède donc, mieux commande, le jugement particulier. Toutefois, même dans le cas d'une anticipation, il y a plus : les paysans qui prennent les armes récusent, voire plus vraisemblablement n'envisagent même pas, d'autres interprétations que celles qu'ils avancent, fussent-elles aussi plausibles que la leur. Ainsi, les Croquants des années 1630 déclarent-ils d'emblée que le roi est volé et trompé par des "gabeleurs" qui s'enrichissent sur leur dos et sur celui du monarque ; ils ne songent pas, ou ne paraissent pas songer, qu'une impérieuse et immédiate nécessité obligeait le roi à exiger des contributions aussi élevées que celles qu'ils subissaient. Ils ne réclament pas non plus vraiment une meilleure répartition de la fiscalité, encore moins une égalité devant l'impôt (la différence est profonde avec 1789) ; au mieux voudraient-ils que les puissants (les seigneurs, par exemple) ne profitassent pas de leur influence pour obtenir des assemblées villageoises elles-mêmes une modération de la cote de leurs fermiers et de leurs protégés. Leur interprétation des faits *hic et nunc* (jugement particulier) paraît par là même préalablement orientée par une conception coexistante, voire préexistante (le roi peut être volé et trompé) (jugement clé). Les Jacques, de même, se refusent à penser que si leurs châtelains ne les protègent pas, ce n'est peut-être pas parce qu'ils ne le veulent pas, mais tout simplement parce qu'ils ne le peuvent pas, face à une supériorité militaire anglaise à laquelle il n'a pas encore été trouvé de parade suffisamment efficace. Cette dépendance du jugement particulier par rapport au jugement clé se révèle encore plus nettement dans le dernier cas retenu, celui des révoltes germaniques ; elle y revêt, en effet, une forme simplifiée, presqu'une immédiateté. C'est que le jugement particulier (cette mesure est inacceptable, parce qu'elle contredit la coutume) ne peut être prononcé qu'en se référant directement, et souvent explicitement, au jugement clé (toute violation de la coutume locale est condamnable) qui, en fait, le contient potentiellement ; n'inclut-il pas, en effet, un indéfini (*toute* violation) qui en rend l'application pratiquement automatique, dès que l'occasion se présente ?

En résumé, dans les trois séries qui viennent d'être décrites et analysées, les représentations paysannes (au moins au moment où éclatent les troubles) s'appuient sur un schéma relationnel qui, à ne considérer que son aspect formel, est un agencement de segments unidirectionnels de dépendance, s'ordonnant autour d'une liaison fondamentale de subordination d'un jugement clé, dont procèdent les jugements particuliers, à une conviction sous-jacente ; celle-ci occupe ainsi une position dominante, d'où elle structure l'ensemble du réseau.

Action unificatrice de la notion de Justice

Au-delà de variantes plus ou moins compliquées, l'inlassable reprise, de révolte à révolte, des grandes lignes d'un même schéma relationnel parfaitement identifiable suggère que l'origine de ce dernier pourrait se trouver dans un trait commun aux représentations paysannes qui, situé à un point stratégique, l'imposerait à chaque fois. Comme la conviction y occupe une position dominante, c'est donc vers elle qu'il convient d'abord de se tourner, pour déterminer s'il en est bien ainsi. En d'autres termes, il s'agit de savoir pourquoi toutes les convictions qui ont été évoquées jusqu'ici possèdent une tendance identique à engendrer un même schéma relationnel structuré par une relation fondamentale de dépendance. La réponse est, en première approximation, relativement simple : chacune d'entre elles constitue une valeur de référence absolue, sur laquelle le paysan enchaîne ses assertions pour jauger les événements qui le touchent ou qu'il redoute. Les Jacques accordent une telle valeur à une société harmonieuse de protecteurs et de protégés respectant leurs devoirs réciproques ; les paysans germaniques, aux coutumes ou à un *Göttliches Recht* coïncidant avec le juste Droit ; les Croquants ou les Bonnets Rouges, à un roi capable de connaître et d'énoncer ce qui est bon et juste. En définitive, c'est donc le caractère normatif des diverses convictions qui, selon toute vraisemblance, rend compte de la récurrence du schéma relationnel.

Mais d'où tirent-elles ce caractère normatif ? D'elles-mêmes, ou au contraire d'une valeur sous-jacente, donc primordiale, dont elles ne seraient que les expressions concrètes et circonstanciées ? Répondre à une telle question se heurte à une difficulté de taille ; en effet, dans le cas où la seconde hypothèse serait exacte, cette éventuelle valeur primordiale n'apparaîtrait que très rarement, du simple fait qu'elle ne serait qu'exceptionnellement explicitée, puisqu'elle irait de soi et serait profondément intériorisée. Pourtant quelques indices poussent dans cette direction. Le cas du royaume de France au XVIIᵉ siècle, en raison de son originalité, constitue une bonne voie d'approche. Au départ, rappelons-le une fois de plus, toutes les représentations des paysans reposent sur la croyance que le monarque a le pouvoir de dire ce qui est juste et de le faire appliquer (et s'il ne le dit pas et s'il ne le fait pas, c'est qu'il est abusé et trompé) ; les textes précédemment cités le laissent suffisamment entendre, aussi bien pour les habitants de l'Aunis, de la Saintonge ou du Périgord des années 1630 que pour les Bonnets Rouges bretons de 1675. De cette situation particulière, il résulte que les décisions royales, à condition qu'elles soient prises par le souverain sans qu'il soit influencé par qui que ce soit, sont automatiquement conformes à la Justice. C'est sans doute pourquoi les révoltés réclament explicitement et prioritairement l'intervention du roi et non seulement (ni même forcément) le respect de leurs coutumes ou de leurs privilèges. En effet, les mesures contre lesquelles ils s'insurgent présentent un double caractère ; d'un côté, elles ont été signées (et elles ont donc par là même été autorisées) par le monarque ; de l'autre, elles ne sont pourtant que des exactions, puisqu'en les prenant il a été circonvenu par ses informateurs et ses conseillers. Nos révoltés se trouvent alors contraints de faire appel directement à lui pour attirer son attention sur le fait que, trompé par son entourage, il n'a pas agi selon la valeur fondamentale qui devrait et peut le guider ; ils se voient dans l'obligation d'évoquer et d'invoquer cette valeur qui se situe au-delà des dispositions de droit, prises *hic et nunc* ; partant, il la leur faut nommer, et ils la dévoilent et la font surgir au grand jour, lorsqu'ils exigent la Justice. Dans ces conditions, on en vient à se demander si ce n'est pas elle qui serait la valeur sous-jacente et primordiale qui commanderait tout le schéma des représentations paysannes.

Cependant, le cas français du XVIIᵉ siècle remplit, pour une recherche de ce genre, une condition particulièrement, sinon exceptionnellement favorable ; en effet, en s'appuyant sur la conviction que le monarque sait ce qui est juste et qu'il possède la volonté droite de le faire appliquer, les insurgés sont conduits, comme on vient de le voir, à proclamer la valeur primordiale à laquelle ils se réfèrent, en l'occurrence la Justice. Or une telle croyance en cette faculté qui serait échue au prince et par conséquent l'enchaînement qui s'ensuit et qui démasque cette valeur ne se retrouvent pas en pays germaniques. Ici, les paysans, en accordant une valeur normative au Droit (*Recht*), mettent l'accent sur un corpus juridique et une jurisprudence (oraux ou écrits, peu importe) qui existent indépendamment des charismes individuels ou des grâces d'état attachées à certaines charges ou fonctions. Ils ne demandent plus l'intervention d'un homme, mais d'une cour tranchant par référence à un Droit que l'on admet reconnaissable par tous, que cette cour soit une cour d'arbitrage ou un tribunal, voire une assemblée d'hommes sages et pieux, s'ils estiment que le Droit doit être tiré des saintes Écritures. Et lorsqu'ils se soulèvent, ce n'est plus pour lancer un appel au prince régnant, à un prince-électeur ou à l'empereur, c'est pour obtenir le respect de ce Droit qu'ils invoquent.

On trouve peut-être là une des raisons pour lesquelles la prise d'armes, ainsi qu'on l'a déjà signalé, ou se situe, comme au XVᵉ siècle, au terme d'une procédure d'escalade, ou constitue, comme il arrivera plus tard, un moyen de pression. Quoi qu'il en soit, dans un tel contexte, l'appel *explicite* à une valeur primordiale n'est plus nécessaire pour développer une argumentation ; la confrontation avec les dispositions réelles ou supposées du droit et de la pratique suffit pour fonder, à tort ou à raison peu importe, une condamnation en bonne et due forme des mesures prises par les autorités, et du même coup pour justifier les actions entreprises. Est-ce à dire pour autant que, parce qu'elle n'est pas nommée, une norme primordiale n'existe pas sous-jacente ?

Encore faut-il pouvoir en découvrir des indices, si ténus et si fragiles paraissent-ils au premier abord ; encore faut-il qu'en plus ces indices soient assez divers et assez indépendants les uns des autres pour laisser supposer qu'ils trahissent une réalité sous-entendue et allant de soi, donc qu'il n'est pas nécessaire d'exprimer systématiquement ouvertement. De tels indices, il est néanmoins possible d'en recenser trois. En premier lieu, à l'époque, la notion de Justice se rend, en allemand, par deux termes différents, d'un côté, *Gerechtigkeit*, de l'autre, *Billigkeit*. Le premier renvoie déjà, sa racine en témoigne, directement au Droit ; il n'en est pas moins ambigu, car il est ainsi capable de revêtir deux significations, l'une minimale, que la Justice s'incarne dans un Droit, l'autre maximale, que celle-ci s'identifie à ce Droit. Toutefois, l'existence et l'emploi d'un second terme (*Billigkeit*) feraient plutôt pencher la balance en faveur de la première signification ; en effet, si la Justice s'identifiait au Droit, le terme *Gerechtigkeit* suffirait ; les contemporains n'éprouveraient pas alors le besoin d'en utiliser un autre sans référence explicite à ce Droit. D'ailleurs, même si, dans la pratique, il arrive que l'un soit employé pour l'autre, les deux mots ne paraissent pas réellement interchangeables. Ainsi, lorsqu'à l'été 1553, les habitants de Gross Lüben en Brandebourg adressent une plainte à leur junker, Mathias von Saldern, ils en appellent à la *Gerechtigkeit*, s'il s'agit de mesures estimées contraires à la coutume locale (d'ailleurs nommée *Alte Gerechtigkeit*), et à la *Billigkeit*, s'ils lui demandent de se conduire envers eux en toute justice[21]. Dans cette pespective, le Droit ne se confondrait pas avec la Justice ; il n'en serait que l'expression *hic et nunc*. La *Gerechtigkeit* constituerait la Justice incarnée dans le Droit, et la *Billigkeit*, la Justice transcendante, en dehors de toute incarnation : l'Equité.

Une figure rhétorique, rencontrée ici et là, bien qu'elle ne constitue pas à elle seule un indice décisif, pourrait confirmer et la distinction et la relation établies par les contemporains entre Droit et Justice, le premier étant, pour eux, une possible incarnation de la seconde. Cette figure consiste en leur couplage au sein d'une même expression. Ainsi, lors des longs démêlés, émaillés de procès et de prises d'armes, qui opposent sur plusieurs dizaines d'années les habitants de Triberg aux engagistes de la seigneurie, une lettre expédiée à l'archiduc Léopold de Bavière, par un nommé Philippe Pfaff au nom de la communauté, s'élève formellement en 1629 « contre [les atteintes] à toute Justice et à tout Droit naturel (*wider alle billicheit und natturliche rechten*) [22] ». Dans la littérature savante de l'époque, ce procédé rhétorique est fréquent, quoiqu'on lui attribue en général un simple effet emphatique. Dans ces conditions, les deux termes recouvreraient-ils deux notions identiques, comme on serait porté à le croire ? Rien n'est moins sûr qu'il en soit ainsi à tout coup. Par exemple, lorsque des chroniqueurs français écrivent que tel chevalier « a été tué et navré », ils veulent signifier qu'il a été blessé à mort d'un coup qui l'a transpercé ou fortement entaillé (donc vraisemblablement par une arme noble comme l'estoc). En conséquence, le second terme (navré) précise le premier (tué) ; il n'en est pas l'équivalent. Aussi, dans le cas ici examiné, le porte-parole des contestataires veut-il peut-être dire que la *Billigkeit* a été violée, parce que les engagistes n'ont pas respecté le Droit naturel ; il utiliserait alors cette formulation pour fournir la preuve que cette Justice a été bafouée et non pas pour affirmer une équivalence entre *Recht* et *Billigkeit*. Car il convient également de ne pas perdre de vue qu'il ne s'agit pas ici d'une œuvre narrative, où l'on s'emploie à frapper le lecteur ou l'auditeur par une redondance de style, mais d'un plaidoyer pour défendre une cause, où chaque mot, au contraire, joue un rôle défini dans un argumentaire que l'on désire le plus rigoureux possible. Le couplage du Droit et de la Justice n'y revêt donc pas l'aspect de doublets systématiquement mis en parallèle pour exprimer une seule et même notion, mais correspond à la volonté d'expliquer pourquoi et comment la Justice n'a pas été respectée, et à celle d'affirmer que ce non-respect de la Justice provient du non-respect d'un Droit (dans l'exemple cité, du Droit naturel).

En conséquence, *Recht* et *Billigkeit* ne sont vraisemblablement pas des termes interchangeables aux yeux du porte-parole des paysans et, comme celui-ci ne peut se permettre de s'éloigner de leurs conceptions, également aux yeux de ces derniers, même si les limites qui séparent l'une de l'autre ne leur apparaissent pas cette fois très clairement.

Les deux indices précédents (deux termes pour exprimer la Justice, la figure rhétorique couplant Justice et Droit) demeureraient fragiles s'ils n'étaient pas convergents ; ils reçoivent de plus l'appui d'un troisième qui leur donne une assiette encore plus solide. Celui-ci découle de la variété des droits invoqués (coutumes locales, Droit naturel, *Göttliches Recht*, Droit tiré des saintes Écritures). Certes, dans l'esprit de nombre de contemporains, ces droits ne sont pas aussi étrangers les uns aux autres que l'exigerait notre logique, qui pousse à les croire exclusifs. Certains, dont des théologiens et des juristes, pensaient que le Droit naturel s'exprimait dans les coutumes locales[23]. Et si des théologiens et des juristes habitués à de subtiles distinctions procédaient à de telles assimilations, que devait-il en être des paysans, moins portés à de tels raffinements ? Des insurgés de 1525 continuent à en appeler conjointement à ces mêmes coutumes, d'application restreinte, et à un Droit qui aurait été révélé dans les saintes Écritures, à vocation universelle. Toutefois, ces chevauchements et ces recoupements n'entraînent pas à tout coup, loin de là, une identification complète. Günther Franz a depuis longtemps remarqué que, au nom du *Göttliches Recht*, les conjurés des *Bundschuhe* rhénans espéraient rallier des communautés vivant sous des coutumes différentes. Horst Buszello, en tentant une synthèse des légitimations présentées lors de la guerre des Paysans allemands, remarque que les régions de territoires éclatés (Souabe, Alsace, Franconie) réclament le Droit contenu dans les saintes Écritures, tandis que les grandes principautés (Tyrol, Wurtemberg ou même Palatinat) s'accrochent à l'*Altes Recht*[24]. En conséquence, cette pluralité de droits invoqués et, davantage encore, leur substitution possible d'un mouvement à l'autre laissent entendre qu'ils ne se légitiment que par rapport à une valeur primordiale qui les dépasse. Il leur faut, en effet, une référence commune et constante qui soit susceptible de les valider ou inversement de les condamner pour les exclure, et ce, même après qu'ils ont été retenus pendant un temps plus ou moins long, et même s'ils le sont toujours dans des régions voisines de celles d'où ils viennent d'être répudiés. Or, en raison du couplage déjà repéré et du nom attribué à un de ses aspects (Gerecht*igkeit*), cette valeur ne peut être que la Justice, qu'elle soit envisagée sous sa forme transcendante ou sous sa forme incarnée ; il est vrai que cette dernière différenciation n'affleurait pas toujours dans la conscience des paysans[25], ce qui expliquerait éventuellement en partie le triomphe postérieur de *Gerechtigkeit* sur *Billigkeit*. Cela importe d'ailleurs fort peu ; ce qui compte, c'est que, selon toute vraisemblance, les convictions qui animent ces paysans reposent sur la croyance en un règne possible de la Justice en ce bas monde ; le droit qu'ils brandissent, quel qu'il soit, ne constitue alors que la manière la plus parfaite ou la plus efficace, d'après eux, d'établir *hic et nunc* cette Justice.

De plus, il est assez facile de soumettre à contre-épreuve cette hypothèse de la référence implicite ou explicite à la Justice comme valeur suprême dans les révoltes germaniques et françaises. Il arrive, en effet, fréquemment, comme l'ont déjà abondamment montré des textes précédemment cités, que les mesures décriées et contestées soient assimilées à une oppression, et leurs responsables réels ou supposés, à des "tyrans" (des "tyranneaux", écrivaient les porte-parole des Croquants). A en croire le chroniqueur Johann Kessler, en 1525, Ulrich Schmid, représentant des paysans souabes assemblés au camp de Baltringen aux portes d'Ulm, aurait déclaré aux délégués de la Ligue souabe (des seigneurs et des bourgmestres) qu'ils se plaignaient d'« être opprimés outre-mesure par vous, leurs seigneurs[26] ». Or de telles accusations apparaissent dans à peu près toutes les occurrences, quelles que soient les malversations ou les violations condamnées, et surtout quels que soient le jugement clé et la conviction qui emportent cette condamnation. Indépendante du contenu de ce jugement et de cette conviction, la notion de tyrannie s'exprimant dans l'oppression leur est donc transcendante. Mais, tenue pour malfaisante, cette tyrannie ne peut voir le jour que par le non-respect d'une vertu, à laquelle on attribue une valeur primordiale dans la vie en société et qui, elle aussi, transcende le jugement clé et la conviction. Or, dans les textes eux-mêmes, il n'est pas sans exemple que la tyrannie et, plus encore, l'oppression qui en est la manifestation soient considérées plus ou moins explicitement comme un défaut de Justice, et ainsi définies par rapport à elle ; il en résulte que celle-ci a de fortes chances d'être la valeur primordiale plus ou moins consciemment admise qui, formellement, commande l'attitude des paysans. En 1637, croyant que le roi a le pouvoir de la dire et de la faire appliquer, les communes de Périgord supplient « très humblement » le monarque « de vouloir abaisser ses yeux sur le portrait véritable de nos oppressions et regarder d'un œil paternel noz *oppressions* comme Roy très *juste* et très bon et de garantir le monde de voz subjects de la mendicité et de la misère[27] » (les italiques sont de nous). Que la tyrannie naisse d'un manque de Justice n'est certes pas une idée nouvelle et bien originale ; sauf sur un point : elle n'est vraisemblablement pas seulement une spéculation de lettrés ou de prédicateurs, voire de contestataires de l'autorité royale.

Quoi qu'il en soit, cette opposition entre, d'un côté, oppression et tyrannie et, de l'autre, la Justice se rencontre peut-être chez les paysans dès 1358, sans que l'on puisse l'affirmer avec certitude. En effet, dans un de ses commentaires de la Jacquerie, le second continuateur de Guillaume de Nangis écrivait déjà que les insurgés « l'entreprirent [le soulèvement] d'abord mus en quelque sorte par un désir de justice, parce que leurs seigneurs ne les défendaient pas, mais au contraire les opprimaient[28] ». On retrouve bien sous la plume du chroniqueur le couple Justice-Oppression, et même très explicitement exprimé. Est-ce à dire que les Jacques s'y référaient eux-mêmes ? L'analyse de leurs actions, si elle permet de penser qu'ils accordaient une valeur normative à une société de protecteurs à protégés, n'autorise cependant pas, comme celle des déclarations approuvées par les paysans dans les cas précédents, à supposer qu'ils y voyaient à coup sûr la matérialisation souhaitable de la Justice. Inversement d'ailleurs, elle n'interdit pas plus de l'envisager ; elle est tout simplement muette sur le sujet. Seule remarque que l'on puisse avancer : le second continuateur de Guillaume de Nangis, chroniqueur considéré par les critiques historiques comme le moins défavorable aux révoltés, donc peut-être plus à même de comprendre leur pensée que ses pairs, leur prête effectivement un « désir de Justice ». On ne peut guère aller au-delà de cette supposition.

De tout ce long développement, il résulte que, en restant dans les limites des cas jusqu'ici retenus, l'inlassable récurrence de prise d'armes à prise d'armes du même schéma relationnel trouverait sa source dans la présence sous-jacente d'une valeur primordiale ; celle-ci assoirait et validerait une conviction dont procéderait tout ce schéma ; cette valeur serait la Justice. On obtient donc ainsi une vue globale quoique formelle de l'organisation des représentations paysannes lorsque éclatent des troubles, même si, pour l'instant, elle ne s'applique qu'à une sélection de mouvements et si, pour l'un d'entre eux (la Jacquerie), elle demeure encore plus hypothétique que pour les autres. Certes, aller jusqu'à parler d'une structure commune rigide serait sans doute pousser trop loin les conclusions qu'il est licite de tirer de ces prémisses ; ce ne serait au mieux qu'une commodité de langage, car, en tout état de cause, cette structure ne donne qu'une image approchée du système relationnel. Celui-ci ne correspond en aucune manière à une ossature immuable et figée ; il supporte des variations et s'adapte à des situations loin d'être identiques. Faut-il rappeler que, au fur et à mesure qu'avançait l'étude, des différences assez sensibles sont progressivement apparues, non seulement dans le contenu des éléments, mais, ce qui importe ici, dans les liaisons entre ces éléments ? Par exemple, dans le cas allemand, les jugements particuliers sont en prise plus directe sur le jugement clé que dans le royaume de France. Malgré cela, il n'en reste pas moins qu'au-delà de ces variantes se dessinent et se répètent des enchaînements similaires ; au moins le semble-t-il à ce stade de l'analyse. La revendication de Justice entraîne une suite de relations de dépendance ; d'abord elle sous-tend une conviction ; celle-ci à son tour commande un jugement clé à partir duquel les situations spécifiques existantes ou à venir sont appréciées par des jugements particuliers. Cette parenté entre les schémas relationnels et, davantage encore, leur répétition portent de ce fait à penser que, s'il n'existe pas un système relationnel totalement immobile, formalisable une fois pour toutes dans tous ses détails, il se rencontre, en revanche, dans les visions des paysans en armes, une *tendance organisatrice* créant des liaisons analogues et des agencements semblables. Cette façon de voir les choses permettrait de comprendre tout à la fois les similitudes repérées et les retouches qui, malgré ces similitudes, affectent et individualisent chacun des épisodes.

Avant de poursuivre, une remarque supplémentaire, afin de ne pas perdre de vue tout ce que comporte d'incertitudes et d'approximations l'interprétation en cours d'élaboration. D'abord, elle s'appuie sur des travaux dont les sources sont loin d'être toutes publiées et accessibles à un seul chercheur. Ensuite, même si cette condition pouvait être remplie, elle n'en reposerait pas moins sur deux postulats, que le lecteur a peut-être perçus au fur et à mesure du déroulement de l'exposé, à travers le processus de raisonnement qui le soutient. En premier lieu, cet essai aborde des représentations qui ne sont qu'exceptionnellement développées par les protagonistes eux-mêmes ; elles sont déduites de récits élaborés par des personnes qui ne partagent sûrement pas toute leur manière de voir, et parfois même lui sont totalement étrangères (Froissart, par exemple). Cette situation a conduit éventuellement à casser le discours des documents (l'implicite comme l'explicite, le second degré comme le premier) ; en effet, ce qu'il fallait traquer, c'est un non-dit presque permanent, quelque chose d'en général inexprimé parce qu'il est censé aller de soi. Ce premier postulat admet ainsi et un au-delà caché du sens évident ou allusif d'un texte, et la possibilité de l'appréhender, quoiqu'il n'en existe pratiquement pas de témoignage immédiatement lisible dans les sources elles-mêmes.

D'un autre côté, cette interprétation en cours d'élaboration contraint, devant la fragilité de la masse documentaire et de la méthode d'exploitation qui leur est appliquée, à se concentrer sur des cas ou des séries de cas, mieux sur des aspects de ces cas et de ces séries de cas (par exemple, l'aspect économique) les plus favorables à l'observation ; en procédant de cette manière, on s'efforce en démontant les rapports qu'ils révèlent ou paraissent révéler, et en comparant ceux-ci les uns aux autres, à parvenir à une compréhension d'ensemble plus fine et plus riche des relations que si l'on avait embrassé la totalité ou la quasi-totalité des cas ou des aspects des cas répertoriés. Il en découle un second postulat, à savoir que les conclusions tirées de l'échantillon ainsi construit (car c'est bien d'un échantillon qu'il s'agit, quoique l'on ait évité jusqu'à maintenant de lui donner ce nom) seront applicables, dans leurs grandes lignes tout au moins, aux aspects, aux cas et aux séries de cas laissés pour compte dans une première approche. C'est suffisamment dire que ces deux postulats, et les méthodes qui se greffent sur eux, rendent forcément hypothétiques les résultats obtenus et à obtenir. Il est donc indispensable de ne jamais perdre de vue le caractère précaire et provisoire des propositions avancées. Cette considération commande en plus l'étape suivante de cette enquête : déterminer la puissance interprétative du schéma relationnel esquissé, en le confrontant à des aspects et à des occurrences qui n'ont pas été jusqu'à présent examinés ; même si jauger de sa valeur explicative à l'aune de sa capacité instrumentale à intégrer d'autres événements ou d'autres aspects d'événements n'est certainement pas le meilleur des tests validatoires ; mais, à ce stade, il n'y a guère d'autre choix.

Force d'intégration du schéma relationnel

Le schéma relationnel que sous-tend le recours à cette norme commune que serait la Justice possède, en fait, un fort pouvoir potentiel d'intégration. En effet, n'importe quelle revendication peut y trouver place ; il suffit que la situation à laquelle elle prétend remédier soit ressentie comme injuste et prétendue telle dans le discours légitimant la prise d'armes ; ou à défaut, qu'elle soit perçue négativement comme une oppression, et alors assimilée à une tyrannie. En conséquence, ce schéma ne s'applique pas, toujours potentiellement, qu'à des circonstances réelles ou redoutées mettant en cause l'équilibre des exploitations ou leur capacité à nourrir une famille ; il convient également à un spectre plus ou moins large de faits, y compris ceux qui, pour nous comme pour les théologiens de l'époque, paraîtraient relever de l'ordre spirituel et concerneraient, par exemple, le salut de l'âme dans l'Au-delà. En février 1525, au camp de Baltringen, Ulrich Schmid aurait, selon Johann Kessler, précisé que les seigneurs opprimaient les paysans souabes, non seulement « corporellement » (*liblich*) par le poids excessif des redevances, mais aussi « en esprit » (*gaistlich*), car, aurait-il dit, « privés de la Parole de Dieu et par là du salut de leur âme, ils courent les plus grands dangers[29] ». Certes, le chroniqueur de Saint-Gall use, en homme frotté de savoir, d'une figure de rhétorique opposant symétriquement "*leiblich*" et "*geistlich*" (pour reprendre l'orthographe actuelle) ; il n'en reste pas moins que les révoltés situent sur le même plan deux séries de récriminations qui se montrent sensiblement différentes dans les buts recherchés et dans les dispositions concrètes visant à les atteindre. Reprenant cette manière de voir, les Douze Articles demanderont, d'un côté, la suppression du servage et le maintien des droits d'usage traditionnels et, de l'autre, la nomination et le contrôle des pasteurs par les communautés, afin qu'ils ne prêchent que la Parole de Dieu. En fin de compte, il résulte de cette puissante capacité d'assimilation du schéma relationnel que la polémique sur les origines économiques ou non économiques des soulèvements ne conserve guère de sens ; en effet, c'est tout ce qui, économique ou non, est considéré comme injuste par les paysans, et justement parce qu'il est estimé comme tel, qui est susceptible de déclencher des troubles et de déboucher sur une prise d'armes.

Il s'ensuit un alignement des faits contestés, réels ou imaginés, les uns sur les autres, indépendamment de la catégorie dont ils relèvent. Cela pourrait d'ailleurs expliquer, au moins en partie, que les plaintes, lorsqu'elles sont rédigées et qu'elles nous sont parvenues, se présentent sous la forme d'un catalogue, d'une suite de rubriques (les articles), dont le lien de l'une à l'autre n'est pas toujours bien évident, d'un désordre dans l'ordonnancement parfois criant et, pour l'historien actuel, au premier abord déroutant. De tels "fouillis" sont fréquents ; les vingt-neuf articles de la *Kett's Rebellion* de 1549 en fournissent un des meilleurs exemples. Pour s'en tenir aux dix premiers, ils demandent successivement au roi d'Angleterre :

– de contrôler les *enclosures* existant et d'en interdire de nouveaux,

– d'interdire au seigneur de répercuter sur les tenanciers libres une redevance dont il est redevable,

– d'interdire au seigneur qui ne possède pas de manoir d'utiliser les communaux,

– d'interdire aux prêtres d'acquérir des terres et de les obliger à laisser celles qu'ils possèdent à des laïcs,

– de maintenir les prairies au prix du temps d'Henri VII, ainsi que les marais (articles 5 et 6),

– d'unifier la contenance de tous les boisseaux à huit gallons,

– de retirer de leurs bénéfices les prêtres incapables de prêcher la Parole de Dieu, et de permettre que le nouveau soit choisi par les paroissiens ou sinon par le patron ou par le seigneur du village,

– d'obliger les seigneurs à payer eux-mêmes aux baillis des taxes qu'ils faisaient payer par leurs tenanciers,

– d'interdire à ceux qui sont en dessous des chevaliers et des écuyers de posséder un colombier.

Et ce n'est pas mieux par la suite ; l'article 19 prie que les pauvres marins et les pêcheurs gardent l'intégralité des profits de leurs pêches ; l'article 20, que tout curé ou tout vicaire possédant un bénéfice d'au moins 10 livres par an soit obligé d'enseigner le catéchisme et le *prymer*[30] aux enfants des pauvres de la paroisse ; l'article 21, que les seigneurs ne puissent pas acheter des terres libres pour les amodier ensuite en censives ; l'article 22, que tout curé ou vicaire se contente de huit deniers de noble pour toute dîme « afin d'éviter tout trouble et tout procès entre eux et leurs pauvres paroissiens » ; l'article 23, que tout homme en dessous de la condition d'écuyer ne puisse élever des lapins que s'il les enferme dans une garenne et qu'ils ne deviennent pas une nuisance pour les communaux ; etc.[31].

Cet extraordinaire fatras, ou plus exactement ce qui nous paraît tel, commence à prendre un sens si l'on remarque que, sur cinq points, les insurgés exigent que l'on en revienne à ce qui se pratiquait « dans la première année du règne d'Henri VII (*in the first year of King Henry VII*) ». Tout s'éclaire encore mieux si l'on suppose en outre qu'ils estiment que, dans ces cinq cas, les usages en vigueur en 1485, quoique abandonnés ou disparus depuis lors, se conformaient cependant à une norme souhaitable qui les transcendait ; en effet, dans cette hypothèse, il y aurait de fortes chances pour que leurs autres revendications s'appuient aussi sur cette norme. Mieux, une telle référence expliquerait pourquoi ils n'ont pas cherché à les classer, puis à les énoncer systématiquement en fonction de leurs contenus. Car, dans cette perspective, chaque proposition en vaut une autre, et l'ordre dans lequel on les présente importe peu ; elles sont toutes égales, puisqu'elles visent toutes également à faire des règles et des pratiques réclamées autant de manifestations de la norme. Ce qui compte, c'est de les énumérer une à une et qu'aucune ne soit oubliée. Parvenu à ce stade, il est tentant d'accomplir un pas de plus, et d'envisager que ceux qui suivirent les frères Kett songeaient tout simplement, comme leurs frères allemands sinon français, que les "nouveautés" introduites brisaient des coutumes bien établies et étaient, par conséquent, contraires à la Justice. En effet, le schéma relationnel paysan que l'on a rencontré de part et d'autre du Rhin n'impose pas non plus un exposé des griefs ordonné d'après leurs contenus ; et les catalogues enregistrent souvent les plaintes dans un désordre qui n'est pas sans ressemblances avec celui que l'on vient de décrire. Cette similitude dans l'absence d'ordonnancement des revendications rend possible, bien qu'elle ne la prouve pas avec certitude, une similitude dans les schémas de représentation. Elle montre au moins que le système relationnel formel que l'on a dégagé précédemment n'est nullement incompatible avec un grand nombre de prises d'armes paysannes. Sa puissance d'intégration ne se limite donc pas à des aspects jusqu'ici négligés, elle est susceptible d'englober *éventuellement* des cas ou des séries de cas, dont l'analyse poussée est plus délicate à mener à bien.

Toutefois, ce schéma relationnel annihile *de facto* toute frontière entre revendications défensives et revendications offensives, entre, d'une part, celles qui visent à rétablir ou à maintenir un état détruit ou menacé et, d'autre part, celles qui tendraient à modifier cet état au profit cette fois des paysans ou d'un groupe de paysans. Dans les domaines de l'abbaye de Kempten, au XVe siècle, se déroule une lutte entre les manants et leur seigneur sur les règles de transmission de la servitude ou de la demi-servitude ; il s'agit, pour les manants, que ces règles remaniées par leur seigneur ne s'aggravent pas et ne frappent pas désormais des hommes et des femmes qui, selon les habitudes coutumières antérieures, échappaient à la condition servile ou semiservile[32]. L'attitude est ici uniquement défensive, puisque les protestataires ne visent pas à réduire le nombre de serfs ou de demi-serfs, encore moins à abolir le servage, même à l'intérieur de la seigneurie et de la principauté ; ils ne veulent que conserver des pratiques traditionnelles. Et c'est l'atteinte portée à ces pratiques qu'ils jugent et déclarent injuste. Il n'en est plus du tout ainsi lorsqu'en 1525, dans les Articles de nombre de révoltés, s'exprime un rejet complet de tout servage, parce qu'il serait contraire au Droit tiré des saintes Écritures. Dans cette nouvelle perspective, il n'est plus seulement question de répondre à des exactions, mais de changer le statut juridique d'une catégorie de rustres et, éventuellement, de diminuer les charges qui l'accompagnent, au nom de la Justice qui serait conformité à la Parole de Dieu. Il faut donc en conclure que le schéma relationnel qui préside aux représentations des paysans n'intervient pas uniquement dans des réflexes de défense ; en conséquence, contrairement à tout ce que trop souvent on imagine *a priori*, les paysans, pour améliorer leur sort et accroître leur autonomie, sont également capables de mener une action politique, et peut-être même une action politique à long terme, de génération en génération[33].

Insuffisances du schéma relationnel

Ce caractère globalisant du schéma relationnel constitue certes sa principale force et contribue ainsi à sa plausibilité ; néanmoins, c'est également lui qui en dévoile les faiblesses et, pis encore, en provoque les insuffisances, dès qu'on essaie d'en évaluer les capacités explicatives. A première vue, cette assertion relève évidemment du paradoxe. Le schéma évoqué ne se montrerait-il pas si puissant, qu'on pourrait logiquement le rencontrer, non seulement lorsque éclatent des insurrections, mais aussi quand se développent des conflits où n'interviennent pas des violences systématiques ? Ne suffirait-il pas pour toute contestation d'un fait réel ou redouté ? Et dans le cas des pays germaniques, il en est bien incontestablement ainsi. C'est qu'une prise d'armes s'inscrit là-bas dans une stratégie de grande ampleur, dont elle ne forme qu'un maillon ; tantôt, elle se trouve au terme d'une escalade qui comprend bien d'autres étapes (plaintes, procès, refus d'hommage) ; tantôt, elle sert de moyen de pression au cours d'une procédure judiciaire, pour éviter que celle-ci ne s'enlise ou ne débouche sur une décision trop défavorable. C'est donc l'ensemble du mouvement auquel cette prise d'armes s'incorpore, et non elle seule, qui s'appuie sur le schéma relationnel qui sous-tendrait les représentations paysannes. Mais c'est justement là que se révèle l'insuffisance explicative de ce schéma réduit à ses aspects formels. Car ce qui précède indique que les rustres choisissent des tactiques différentes (escalade dont la prise d'armes est l'étape ultime ou pression dont elle constitue l'élément principal), bien qu'ils aient pu utiliser le même schéma formel ou des schémas assimilables les uns aux autres. Il en résulte que le mode d'action choisi par les rustres ne dépend pas, ou au moins ne dépend pas seulement, de l'agencement des affirmations qu'inclut leur vision des situations, et que commanderait en dernier ressort la notion de Justice. Autrement dit, l'enchaînement des rapports qui conduit de la Justice à des jugements particuliers sur des faits réels ou redoutés, mais à coup sûr condamnés, ne détermine pas, ou ne détermine pas seul, en tant que tel, les aspects que revêtent *hic et nunc* les protestations. En bref, cet enchaînement ne produit pas toujours les mêmes effets. Est-ce parce que les circonstances dans lesquelles il joue sont différentes ? Est-ce aussi parce qu'en réduisant à lui les représentations paysannes, on paie l'intégration massive qu'autorise cette opération d'un appauvrissement dans l'explication du déclenchement et de la poursuite des révoltes ?

La question qui se pose donc maintenant est de savoir si, en insistant trop sur la structure relationnelle en tant que structure récurrente dans ses grandes lignes, en ne considérant que les rapports de dépendance qui relient la notion de Justice aux jugements prononcés, en oubliant momentanément le contenu des affirmations, des convictions et des croyances qu'ils intègrent, et enfin en ne prenant pas en compte la diversité et la spécificité de ces dernières, bref en ayant une vision trop formelle des relations, on ne s'est pas condamné *ipso facto* à une compréhension partielle et insuffisante des représentations des paysans et à réduire, sans même y prendre garde, la puissance explicative qu'elles peuvent receler pour apprécier leurs fonctions dans les prises d'armes. Il paraît donc de saine logique d'examiner désormais comment les affirmations qui sont brandies, les convictions qui sont affichées et les croyances qui animent les protagonistes agissent par leur contenu à l'intérieur du schéma relationnel lui-même, et influencent les contours et le contenu des visions qui aiguillonnent les rebelles.

La position centrale qu'occupe dans le schéma relationnel la conviction que tel droit ou tel message divin, voire tel modèle respecté d'utopie sociale, incarne la Justice incite à s'appuyer de nouveau sur cette conviction pour reprendre l'investigation et donner à celle-ci la profondeur qui s'impose désormais. De plus, comme tout compte fait les mouvements des pays germaniques ont été étudiés en grand nombre, et souvent avec l'attention minutieuse et systématique qui caractérise la tradition historiographique allemande, ils offrent un premier champ d'observation particulièrement convenable ; par là même il paraît souhaitable de les privilégier au début de cette nouvelle phase de l'enquête. Or ces mouvements, du point de vue qui nous intéresse, se divisent assez nettement entre deux tendances, l'une prépondérante, l'autre moins fréquente, quoique parfois spectaculaire. La majorité de ceux qui, au XVe siècle et encore au tout début du XVIe, agitent le sud et l'ouest du Saint Empire se caractérise par ce que l'on peut nommer, faute de mieux, un "particularisme local". En effet, à chaque fois, les revendications ne visent que les pratiques spécifiques d'une seigneurie ou d'une principauté ; d'un côté, elles mettent en cause des seigneurs ou des princes individualisés (et non les seigneurs ou les princes dans leur ensemble) ; de l'autre, elles s'attaquent à des mesures et des situations propres à des lieux bien déterminés (et non à des mesures ou à des situations communes à de vastes territoires). Par exemple, les contestataires s'en prennent à telle interdiction faite aux habitants de tel village de ramasser du bois mort dans telle forêt, ou à telle limitation du nombre de bestiaux que tel ou tel chef de famille de telle communauté peut envoyer sur telle friche, ou encore aux prétentions de tel tribunal seigneurial ou princier qui évoque tel ou tel crime que tel tribunal villageois affirme de son ressort ; et il serait loisible d'envisager des cas de figure semblables presque à l'infini. En revanche, il ne sera jamais question d'un droit universel autorisant partout le ramassage du bois mort en forêt, ou partout l'usage des communaux par tous les chefs de famille à des fins de pâture, ou d'un catalogue d'infractions relevant obligatoirement et partout du tribunal villageois. Or, toutes les fois qu'une conviction est affichée pour justifier la contestation de ces pratiques particulières, elle déclare qu'elles sont condamnables parce qu'elles sont contraires, non pas à un Droit transcendant l'espace et le temps, mais à la coutume locale transmise par les ancêtres, que l'on imagine provenir de la nuit des temps et qu'elle soit écrite ou orale, l'on baptise "*Weistum*", "*Altes Recht*" et, d'une façon encore plus significative, "*Altes Herkommen*".

Ainsi, dans le margraviat de Bade en 1514, les quatre articles présentés par les insurgés de la région de Bühl, sous la houlette de Gugelbastian (Sébastien Gugel), réclament :

– le rétablissement de la vieille coutume successorale où le conjoint héritait du défunt et, en conséquence, la suppression du droit romain qui lui avait été substitué en 1511, parce que celui-ci transformait les descendants en héritiers, justement aux dépens du conjoint (article 1),

– l'abolition du *Ruggericht*, qui était un droit de délation accordé à tout habitant (article 2),

– la restauration de la pratique qui autorisait autrefois les maris

des femmes enceintes à pouvoir pêcher la valeur d'un plat dans les rivières (article 3),
– le rappel de l'augmentation d'un droit de douane sur les vins (article 4)[34].

En invoquant la coutume locale, les révoltés s'enferment donc bien dans un cadre juridique et politique parfaitement défini, celui où le mouvement a pris naissance et dans lequel se rencontrent les usages ou les mesures contestés. Déjà, les revendications ne portent que sur des pratiques et des innovations spécifiques de l'unité territoriale où elles s'appliquent (dans l'exemple précédent, la région de Bühl). Mais il y a plus : les troubles ne débordent pas de la seigneurie ou de la principauté où ils éclatent ; ils peuvent se dérouler parallèlement à d'autres, et même y trouver leur source d'inspiration (comme en 1514, ceux de la région de Bühl en pays de Bade auprès de ceux de la vallée de la Rems en Wurtemberg) ; toutefois il ne se noue aucune alliance militaire ; aucun plan commun d'action n'est dressé ni même envisagé. Il n'apparaît aucun signe de ce qu'il est possible de nommer, au prix d'un néologisme, une "transterritorialité". Tout se passe comme si les caractères limités de la référence se diffusaient aux plaintes formulées et aux actions entreprises ; tout se passe comme s'ils maintenaient les agitations dans un particularisme étroit.

Or, dans les mêmes siècles et dans les mêmes pays germaniques, à côté de ces mouvements qui renvoient aux coutumes locales, s'en découvrent d'autres, beaucoup plus rares, qui en appellent au *Göttliches Recht* (Droit voulu par Dieu), et même, au moins dans un cas (le pèlerinage de Niklashausen), à un message divin transmis par une vision céleste. Certes, en Carinthie et en Wurtemberg en 1514 et en 1515, les insurgés invoquent le *Göttliches Recht* à côté de l'*Altes Recht*. Il semble toutefois qu'ils estiment alors que le second n'est que l'expression du premier[35]. Il n'en est plus de même lorsque le *Göttliches Recht* demeure seul revendiqué, comme dans les conspirations du *Bundschuh*. Dans cette conjoncture, comme l'a depuis longtemps remarqué Günther Franz, « le combat pour le *Göttliches Recht* s'applique sans considération de frontières territoriales à l'ensemble de la paysannerie[36] ». Ce n'est donc pas par hasard si les différentes tentatives, surtout celles de la dernière vague du *Bundschuh*, qui déferle dans la plaine du Rhin moyen entre 1493 et 1517, essaient, en vain d'ailleurs, de soulever les paysans d'une région, indépendamment des seigneuries et des principautés dont ils relèvent. Il n'est pas non plus étrange que leurs buts se définissent en termes généraux, exigeant par exemple la modération, voire la suppression de tous les prélèvements où qu'ils soient perçus, ou l'abolition du servage où qu'il se rencontre. La dénomination *Bundschuh* symbolise elle-même cette volonté d'universalisation, de transgression des délimitations politiques, dans la mesure où elle désigne la chaussure à lacets que portent tous les paysans, par opposition aux bottes à éperon qu'enfilent tous les nobles cavaliers. De nouveau, un des caractères de la conviction de référence (la transcendance du *Göttliches Recht*) se transmet et aux plaintes et aux modes d'actions ; néanmoins, ses conséquences sont cette fois inverses ; la conviction que la coutume locale dit ce qui est juste impose le particularisme ; la conviction que le *Göttliches Recht* dit ce qui est juste impose au contraire la "transterritorialité".

Il semblerait donc, au vu du cas germanique, que, bien qu'occupant la même position clé dans les réseaux relationnels et les rendant ainsi réductibles dans leurs grandes lignes à un même schéma formel, les convictions, en fonction de leur contenu, colorent diversement les revendications et poussent même peut-être les protagonistes à des actions totalement ou partiellement dissemblables. En l'occurrence, c'est le contenu, et non pas le nom proclamé qui compte, ce dernier donnerait-il à ceux qui s'en réclament l'illusion d'une identité. Ainsi, quand le *Göttliches Recht* est assimilé aux coutumes locales, les récriminations restent particulières et les troubles tendent à se cantonner à une seigneurie ou à une principauté bien déterminée (cas de la Carinthie ou du Wurtemberg en 1514 et 1515) ; mais quand ce *Göttliches Recht* prétend à l'universalité, les contestations et les insurrections s'expriment (ou essaient de s'exprimer) cette fois sans s'embarrasser d'une quelconque frontière juridique ou politique. En conséquence, tous ces mouvements suffisent à montrer que le schéma relationnel, à lui seul, sans que l'on se reporte également aux contenus des éléments qu'il relie, ne saurait en aucune manière permettre d'apprécier dans toute son ampleur l'influence réellement exercée par les représentations des paysans sur leurs prises d'armes.

Le pèlerinage de Niklashausen, tout à la fois, renforce cette hypothèse et autorise, en raison de ses caractères propres et de la bonne connaissance que l'on peut en avoir, un approfondissement et un enrichissement des constatations précédentes [37]. Rappelons d'abord brièvement les faits. Au printemps de 1476, un jeune pâtre, Hans Behem, "converti" par une apparition de la Vierge, se met à prêcher le message qu'elle lui aurait confié, près de l'église de Niklashausen. Ce sanctuaire, situé dans la vallée de la Tauber, près de son confluent avec le Main, mais en dehors des grandes routes, n'accueillait que quelques pèlerins isolés, tentés par une indulgence concédée par le pape en 1354 et confirmée par l'archevêque de Mayence en 1360. Attirant bientôt la foule (quelques pauvres chevaliers, des artisans et surtout, massivement, des paysans accourus de l'Alsace comme de la Thuringe, de la Hesse comme de la Bavière), le jeune prédicateur ne se contente pas de vitupérer les danses campagnardes, les jeux de hasard ou le luxe vestimentaire ; il se lance également dans de violentes diatribes anticléricales en condamnant en particulier le cumul des fonctions ecclésiastiques et laïques. Mieux, il s'attaque au montant des redevances exigées par les seigneurs sur les terres comme sur les hommes, et réprouve leurs prétentions au contrôle absolu sur les forêts, les pacages et les rivières. Pis, il se pourrait qu'il eût réclamé (du moins l'en accusera-t-on) la réduction des princes et des seigneurs à la condition d'homme du commun (*Gemeiner Mann*) ; il aurait même suggéré qu'on les contraignît à travailler contre salaire pour gagner leur vie.

Une pareille prédication ne pouvait qu'inquiéter les autorités ecclésiastiques et séculières. Cependant, le comte de Wertheim, dont dépendait Niklashausen, ne se pressa pas d'agir ; il tirait, grâce aux taxes qu'il percevait, un substantiel profit de l'afflux populaire dans un de ses fiefs. Aussi le mouvement put-il se développer et durer au moins trois mois. Il prit toutefois de telles proportions que l'ordinaire du lieu, l'évêque de Wurtzbourg, prétextant avoir relevé des propositions hérétiques dans les discours du pâtre, décida d'intervenir ; dans la nuit du 11 au 12 juillet, il fit enlever Hans Behem et deux de ses acolytes, pour les enfermer dans sa forteresse du Marienberg (ou Frauenberg) qui domine la ville épiscopale sur la rive opposée du Main. Ce coup de force plongea la foule pendant plus de vingt-quatre heures dans la stupéfaction et le désarroi. Puis, soudain, un homme se leva ; il déclara que la Sainte Trinité venait de lui apparaître, qu'elle ordonnait que l'on se rendît tous devant le Marienberg et qu'elle assurait que là le jeune prédicateur, miraculeusement délivré, leur serait rendu. Aussitôt se forma une imposante procession qui, sans armes, bannières déployées, cierges allumés, au chant des cantiques, parcourut, dans la nuit du samedi 13 au dimanche 14, les quelque vingt-cinq kilomètres qui séparent Niklashausen de Wurtzbourg. Parvenus le matin au pied de la place forte, les pèlerins attendirent en vain que se réalisassent les prodiges annoncés. Les entrevues avec les représentants de l'évêque demeurèrent sans résultats ; les murs ne s'effondrèrent pas comme à Jéricho. Le canon tonna, hâtant une dispersion que la désillusion et le découragement avaient déjà plus qu'amorcée ; une échauffourée sanglante avec un groupe de cavaliers l'accéléra. Le vendredi suivant, près de la léproserie de Wurtzbourg, les portes de la ville étant closes, Hans Behem et deux de ses compagnons furent suppliciés, lui brûlé vif, les deux autres décapités.

Ici encore, les revendications ne renvoient à aucune coutume locale particulière ; elles envisagent chaque question en l'abordant indépendamment de l'enchevêtrement des seigneuries et des principautés ; elles visent même largement au-delà de la marqueterie politique franconienne ; elles ne connaissent, au fond, d'autres bornes que le Saint Empire, peut-être la Chrétienté, voire la terre entière. De nouveau, à ce caractère répond en écho la conviction qu'elles n'expriment que la volonté de Dieu révélée par Sa mère au jeune pasteur Hans Behem, avec ordre de la proclamer, pour qu'elle soit enfin réalisée en ce bas monde. Cette correspondance n'a rien de surprenant. En effet, tout message divin présente deux traits. D'un côté, il ne se limite qu'exceptionnellement à des commandements spécifiques et parle presque toujours en termes globaux. De l'autre, trouvant sa justification dans son origine céleste, il tend moins à se rapporter à des coutumes locales, variables par définition et terrestres par essence, qu'à des principes spirituels ou prétendus tels, qui transcendent par là même les frontières et les divisions administratives. Il s'accommode donc mieux de plaintes qui se veulent universelles que de récriminations qui prennent pour cible telle ou telle mesure en vigueur ici et non ailleurs.

Toutefois, le pèlerinage livre un autre enseignement ; les caractères propres de la conviction qui le domine s'harmonisent non seulement avec ceux des revendications, mais également avec les modalités du mouvement lui-même. En effet, le contenu de la prédication puise sa justification dans une série de miracles ; à l'origine, une apparition de la Vierge en un lieu d'une sacralité confirmée par le pape et l'archevêque de Mayence ; ensuite, l'accomplissement d'une prédiction (celle d'un temps propice aux récoltes succédant à un temps défavorable), qui est aussi un signe validant l'authenticité de l'inspiration de Hans Behem ; enfin, l'intervention de la Sainte Trinité promettant la libération du jeune pâtre à des fidèles désemparés. Vivant dans l'exceptionnel, les pèlerins sont portés à croire à l'intrusion constante et répétée du surnaturel. C'est pourquoi, faute d'une protection estimée inutile pour ne pas dire blasphématoire, les cavaliers de l'évêque se saisissent sans coup férir du prédicateur et de ses principaux acolytes ; c'est pourquoi également, ce n'est pas une troupe belliqueuse armée jusqu'aux dents qui se dirige vers le Marienberg, mais une procession pacifique défendue par ses seules prières, ses cantiques, ses cierges incandescents, et surtout son inébranlable certitude d'avoir Dieu avec elle. Un tel rassemblement ne pouvait donc pas intimider l'évêque de Wurtzbourg, pas plus que ses serviteurs. Il se vouait à l'échec avant même tout affrontement, en raison de la croyance aux miracles fermement ancrée dans l'esprit de ses participants. La conviction centrale et les modalités de l'action se trouvent ici en harmonie[38].

Une comparaison avec la guerre des Paysans allemands de 1525 suggère que cette conclusion ressort aussi d'autres mouvements ; elle permet, de plus, de mieux mesurer l'influence, importante à défaut d'être, nous le verrons, décisive, qu'exerce le contenu de la conviction sur les choix des paysans. A l'origine de cette guerre, et en général pendant son déroulement, il n'existe pas à proprement parler de référence à un miracle qui légitimerait les formes d'action retenues et suivies. Tout au plus, a-t-on pu lire dans les astres ou entendre dans les "pronostications" l'annonce d'un grand événement ; cependant, il ne s'agit là que d'un signe et non pas d'une référence, d'une annonce "naturelle" à décrypter et non pas d'un miracle provoqué par l'irruption de forces surnaturelles. Une grande partie des insurgés (mais non la totalité) utilise cette fois comme norme suprême les saintes Ecritures, car elles seules exprimeraient la Parole de Dieu qui, elle seule, donnerait aux hommes les vues de Dieu sur l'organisation de ce monde. Dans ces conditions, les révoltés ne s'en remettent plus à l'intervention divine dans la conduite des événements ; leur attitude est toute différente : c'est eux qui prennent en main, non pas leur destin, mais le destin qui est souhaité pour eux par le Tout-Puissant et inscrit dans le Livre, en un mot, leur vocation. Ils doivent eux-mêmes déchiffrer les invitations qu'éventuellement leur adresse le Ciel, pour repérer la conjoncture la plus propice à leur activité réno-vatrice ; néanmoins, pour le reste ils doivent œuvrer eux-mêmes et par eux-mêmes pour assurer l'avènement et l'exécution des réformes, au besoin en recourant à la force et à la violence. Certains pensent même qu'il leur faut préparer le Millénaire qui durera jusqu'à la Parousie, jusqu'au Jugement dernier. Il en résulte que le soulèvement ne prend plus l'aspect d'un rassemblement de pèlerins pacifiques et d'une longue procession nocturne, mais de troupes en armes prêtes au combat, susceptibles non seulement de se défendre mais également d'attaquer pour la plus grande gloire de Dieu et le bonheur des hommes dans le règne de la Justice. Ce soulèvement acquiert ainsi une puissance et une efficacité supérieures, plus difficiles à neutraliser par leurs adversaires. Et cette supériorité découle au moins en partie de convictions différentes.

Toutefois, il convient de pousser encore plus loin la réflexion. Les caractères divergents des convictions qui soutiennent, d'une part, le pèlerinage de Niklashausen et, d'autre part, nombre d'attroupements de la guerre des Paysans allemands ne se contentent pas d'influer sur l'efficacité potentielle du mouvement ; ils induisent, au moins en première approximation, des comportements sensiblement dissem-blables, si dissemblables que si les seconds, en raison d'un recours aux armes, peuvent être sans hésitation considérés comme des rébel-lions, il n'en est plus de même du premier, puisque, essentiellement pacifique, il ne semble avoir inclus qu'un nombre très limité de combattants éventuels (peut-être deux cavaliers lors de la grande pro-cession de Niklashausen au Marienberg) ; il se situe ainsi dans une zone intermédiaire entre les prises d'armes et les manifestations non violentes. En conséquence, le moyen d'expression que revêt une contestation paysanne dépend, partiellement tout au moins, de la conviction qui anime les contestataires. Si celle-ci se modifie, il n'est nullement exclu que ce moyen, lui aussi, ne se transforme. En d'autres termes, le schéma relationnel qui structure les représentations, à lui seul, ne permet pas de comprendre pourquoi telle action prend telle ou telle tournure ; pour y parvenir, il est *au moins* nécessaire de faire entrer en ligne de compte le contenu de la croyance fondamentale qui se situe à sa clé de voûte.

Il n'en va guère autrement pour les agitations françaises du XVIIᵉ siècle. Si les paysans estiment que le roi est trompé par ses propres serviteurs et que, s'il est détrompé, il ne peut qu'agir conformément à la Justice, il faut que les actions qu'ils entreprennent permettent au souverain de prendre conscience et d'avoir connaissance qu'ils ne peuvent « avoir Justice » et que, malgré toutes ses « bonnes ordonnances », qu'« en ce pays, elle ne s'observe nullement[39] ». Aussi, « n'ayant jamais pu faire entendre leurs doléances à Sa Majesté » (sans doute parce que ceux qui auraient pu l'en avertir s'en sont bien gardés), « ils ont esté contraincts d'en venir à cette extrémité » (la prise d'armes) ; à moins que ce ne soit à cause « des charges dont le faict insupportable les a prins jusques au dernier denier et les a reduictz Impuissans et nécessité qu'enfin le désespoir les précipite dans les esmotions dont ilz se confessent grandement criminelz et redevables à Sa Majesté[40] ». La révolte devient alors nécessaire, à défaut d'être légitime, pour alerter le monarque, un monarque que l'on croit abusé, mais de volonté droite. De même cette conviction favorise les attaques contre des "gabeleurs", des "élus" qui tondent le peuple, à la fois pour éliminer ceux qui font écran entre ce dernier et son prince et pour anticiper les châtiments que celui-ci ne manquera pas d'exercer contre eux. Une autre conviction jouait déjà avec la Jacquerie un rôle identique, bien que les conséquences en furent différentes. En effet, tous les assauts contre les châteaux révèlent que les rebelles estiment que les nobles ne sont plus des nobles, qu'ils sont désormais une engeance à détruire, au même titre que les animaux nuisibles.

En définitive, dans l'hypothèse qui vient d'être proposée et développée, les schémas relationnels qui sous-tendent les représentations paysannes lors des prises d'armes sont certes comparables et, dans une large mesure, semblables les uns aux autres au-delà de variantes secondaires. Ils donnent par là une grande similitude aux différents mouvements qui éclatent ; ils permettent d'établir des comparaisons et justifient ainsi une étude d'ensemble ; ils autorisent enfin à mieux saisir pourquoi les révoltes ne se cantonnent pas à des réactions défensives lors de difficultés économiques, mais visent également à satisfaire une gamme étendue d'aspirations, puisque toutes celles-ci sont alors appréciées comme des exigences de Justice. Toutefois, leur puissance d'intégration se montre si vive et si conquérante que ces schémas ne jouent pas uniquement quand intervient une violence plus ou moins organisée ; en conséquence, ils indiquent que, de ce point de vue (mais non pas sans doute de tous les points de vue), il n'existe pas de coupure franche entre les multiples manifestations contestataires. Surtout, ils révèlent leur incapacité à prendre à eux seuls en compte les changements que peuvent subir, d'un mouvement à l'autre, les caractéristiques des revendications avancées et des stratégies adoptées. En revanche, ces caractéristiques commencent à s'éclairer, lorsqu'on retient les contenus des convictions qu'ils intègrent, non seulement parce que ces contenus communiquent certains de leurs traits aux demandes concrètes, mais parce qu'ils orientent aussi, au moins en partie, les modalités d'action des mécontents et, partant, diminuent ou accroissent l'efficacité de ces dernières. Pour estimer l'influence des représentations paysannes sur les insurrections, il convient donc de ne se limiter ni aux éléments qui les constituent, ni aux schémas relationnels qui les informent ; il devient nécessaire de considérer les uns et les autres en même temps, c'est-à-dire comme des ensembles structurés observables à un moment et en un lieu donnés.

Pourtant, les conclusions auxquelles on parvient ainsi posent un redoutable problème logique. En effet, constater que les convictions et les divers jugements clés entraînent, en raison de leurs contenus divergents, une irréfutable diversification des représentations et des influences de ces représentations sur les revendications et les actions entreprises plonge le chercheur dans une contradiction, dès qu'il veut aussi maintenir une forte parenté entre les schémas relationnels qui sous-tendent les visions paysannes et les rend assimilables les uns aux autres, c'est-à-dire s'il veut toujours retenir une hypothèse qu'il estime tout de même, après analyse, plausible et vraisemblable. C'est que ces schémas relationnels similaires et récurrents procèdent tous, au moins en apparence, d'une notion unique, celle de Justice, sur laquelle ils s'appuient et dont, en dernier ressort, ils dérivent tous. En conséquence, cette notion de Justice devrait normalement induire constamment, non seulement des schémas relationnels semblables, mais également des convictions et des jugements clés proches les uns des autres, en un mot des éléments, sinon strictement identiques, au moins très voisins ; de ce fait, elle ne devrait laisser qu'une faible marge d'incertitude et d'interprétation aux intéressés. Comment se fait-il alors qu'elle ne provoque pas à chaque fois une référence non moins unique ? Comment se fait-il qu'elle puisse s'incarner dans des droits, des messages ou des modèles divergents, même si cette divergence se cache sous le masque d'une même appellation ? Comment se fait-il qu'elle déclenche des appréciations et des attitudes si variables ? Ne serait-elle pas équivalente à elle-même dans toutes les représentations paysannes ? Serait-elle ambiguë ? Et pourquoi ?

L'ambiguïté de la notion de Justice

Il faut d'abord remarquer que les représentations paysannes ne se contentent pas d'interpréter des faits et des situations réels ou imaginés ; elles possèdent également une finalité qu'il serait dangereux de perdre de vue : légitimer les prises d'armes et plus généralement une activité contestataire. En effet, les jugements que profèrent alors les paysans, et que, plus haut, on a baptisés jugements particuliers, ont une caractéristique quasi générale : ils constituent tous, à peu près sans exceptions, des condamnations de pratiques existantes ou redoutées, nouvelles ou plus anciennes, toutes ressenties comme insupportables ou comme devenues telles ; jamais ou presque jamais, les paysans ne s'arrêtent sur celles qu'ils acceptent. Autrement dit, lorsqu'ils les mentionnent, c'est qu'ils estiment qu'elles seules méritent d'être dénoncées. De la sorte tout se passe comme s'ils essayaient tout bonnement de modifier des situations bien *particulières* et même bien *concrètes*, dont ils souffrent, ou dont ils craignent la réalisation, ou encore, plus simplement, qu'ils désirent maintenant rejeter : ici un prélèvement à réduire, là un servage à endiguer ou à proscrire, à tel endroit une autonomie à défendre ou à étendre, ailleurs un pasteur à élire ou à révoquer pour mieux assurer son salut dans l'Au-delà, etc. Dans ces conditions, la représentation paysanne possède à chaque fois pour finalité de légitimer des transformations envisagées, mieux, exigées et, par voie de conséquence, les actions éventuellement entreprises pour les obtenir. Elle les légitime, bien sûr, quand les paysans la reprennent dans un discours (celui que l'on rencontre parfois dans les plaintes) pour défendre leur position auprès d'un seigneur, d'un prince ou d'un tribunal ; et dans une certaine mesure, elle tend alors à devenir un argumentaire. Cependant, elle les légitime non moins aux yeux des protestataires eux-mêmes, dès qu'ils élèvent des récriminations et élaborent une stratégie pour parvenir à une satisfaction partielle, et si possible totale, de leurs demandes. Les paysans allemands du XVe siècle se lanceraient-ils dans des processus conscients d'escalade et les paysans français du XVIIe dans des appels explicites au monarque, s'ils n'étaient pas convaincus du bien-fondé de leur cause ? Mais, pour que ces représentations des révoltés soient effectivement justificatrices, il est indispensable que tous les jugements particuliers qu'elles incluent renvoient à une notion universelle, indépendante de chacun d'entre eux, et qui ainsi les confirme. C'est pourquoi les schémas relationnels qui les informent s'appuient tous sur celle de Justice qui ne peut les engendrer et les supporter, et finalement valider et légitimer les dénonciations et les réclamations qu'ils intègrent, que parce qu'elle est supposée être une référence absolue, indépendante du temps et de l'espace.

Il en résulte que la notion de Justice revendiquée devrait, en bonne logique, c'est-à-dire selon la nôtre, être effectivement transcendante aux événements et aux situations affrontés ou redoutés ; par conséquent, toujours en suivant cette logique, elle devrait avoir un contenu abstrait, intemporel et universel. C'est bien ce que croient et veulent faire croire les paysans, lorsqu'ils s'en servent comme d'une valeur justificative. Toutefois, même s'ils le proclament, il n'est nullement sûr que, réellement, il en soit exactement ainsi ; ils peuvent fort bien estimer transcendant quelque chose qu'en fait ils ne concevraient pas rigoureusement et encore moins abstraitement, donc qui ne serait pas à proprement parler une notion. Ce point est capital, peut-être même déterminant. En effet, si on admet une telle éventualité, c'est la finalité justificatrice de leurs représentations (et non la nécessité d'interpréter une situation) qui obligerait les paysans à considérer comme transcendante une Justice, dont le contenu qu'ils y mettraient ne le serait pas. Pour comprendre une telle attitude, pour nous profondément illogique et qui, par là même, nous paraît *a priori* invraisemblable, il convient d'éviter de projeter sur les révoltés nos manières de raisonner.

Cela posé, deux indices poussent à penser qu'effectivement c'est la finalité justificatrice des représentations qui contraint les paysans à revêtir de transcendance une Justice qui ne constituerait nullement pour eux un concept strictement défini. D'abord, il faut bien prendre garde que, dans la plupart des cas, ils ne dissertent vraisemblablement pas, comme les historiens ou les sociologues ou les philosophes que nous sommes, ou dont nous sommes les héritiers, sur le contenu probable du concept de Justice. Certes, comme le meunier du *Fromage et les vers*, ils peuvent adhérer à des cosmogonies, voire les élaborer[41]. Toutefois, il s'agit alors de tout autre chose ; car ces cosmogonies s'apparentent à des constructions plus ou moins symboliques, donc fort différentes de pures spéculations sur les idées, même lorsque ces spéculations s'appuient sur des allégories comme celle de la Caverne. Or, étant donné que, autant qu'on le sache, les paysans ne se livrent pas à des discussions subtiles et contradictoires sur une définition intemporelle et universelle de la Justice, il semble par conséquent difficile d'admettre qu'ils en possèdent une représentation abstraite ; par là, ils se distingueraient assez nettement des intellectuels, y compris de ceux qui étaient leurs contemporains.

De plus, un autre indice plaide lui aussi en faveur de cette supposition : la nécessité que ressentent immanquablement ces mêmes paysans de recourir à un intermédiaire (droit, message ou modèle) pour prétendre que tel fait ou telle situation qu'ils affrontent ou qu'ils craignent d'affronter n'est pas conforme à la Justice. Cet inévitable besoin sous-entend en effet qu'ils ne parviennent ni à concevoir cette dernière sans la matérialiser (dans un droit, un message ou un modèle), ni à la penser dans ses principes pour jauger les cas spécifiques auxquels ils se heurtent et qu'ils finissent d'ailleurs, comme nous l'avons déjà signalé, par presque toujours condamner. Il importe fort peu ici que cette matérialisation ait un contenu relativement précis (une coutume locale, en particulier si elle est écrite, ou un privilège, s'il est incorporé à une charte) ou au contraire franchement flou et susceptible d'interprétations variées et changeantes (le *Göttliches Recht* ou une société idéalisée de protecteurs à protégés). Ce qui compte, c'est l'indifférence fondamentale qu'elle révèle à envisager la Justice pour elle-même et en elle-même, et l'obligation absolue qui en découle de lui trouver une manifestation concrète, au moins en apparence, à défaut de l'être toujours parfaitement dans la réalité. En définitive, ces deux indices (absence de discussions théoriques, néces-saire recours à une incarnation) paraissent indiquer que les paysans emploient la Justice comme une notion de référence, ce qui leur impose de la considérer comme transcendante, alors qu'ils ne s'éver-tuent en aucune façon à en préciser abstraitement le contenu, c'est-à-dire à la penser réellement comme une notion. Et c'est cette lacune même qui les forcerait, si notre hypothèse est bonne, à recourir à quelque chose qui l'exprimerait concrètement et à laquelle il serait toujours possible de se reporter (un droit, un message, un modèle).

Cependant, si l'indispensable légitimation de leurs revendica-tions et, par là, de leurs actions contraint les paysans à habiller de transcendance leur représentation de la Justice au moyen d'un droit, d'un message ou d'un modèle, faute de le faire au moyen d'un concept, cette Justice aurait initialement pour eux un autre contenu, contingent cette fois, différent de ce droit, de ce message ou de ce modèle. Dans cette perspective, ce contenu ne peut être que ce qu'ils s'efforcent de légitimer, c'est-à-dire leurs demandes. En d'autres termes, ce qui fondamentalement serait juste pour les contestataires, ce serait de transformer, voire d'abolir, des pratiques bien définies qu'ils réprouvent, ou d'écarter des faits bien précis qu'ils redoutent de voir s'accomplir : un abandon des manants par les gentilshommes face aux envahisseurs anglais en 1358 ; une aggravation des règles de transmission de la servitude dans les domaines de l'abbaye de Kemp-ten, tout au long du XVᵉ siècle ; une absence de contrôle communau-taire sur les pasteurs du sud-ouest du Saint Empire lorsque éclate la Réforme ; des prélèvements qui menacent l'*Hausnotdurft* des Bavarois au XVIIᵉ siècle et contraignent peut-être les Croquants des années 1630 à quitter leurs terres pour mendier leur pain ; un peu partout et un peu tout le temps, des réglementations des usages sur les communaux, friches, forêts et rivières ; pour les *Bundschuhe* et la guerre des Paysans de 1525, l'existence du servage ; et l'on pourrait multiplier les exemples. Ce seraient de telles modifications de situations, de telles conjurations d'éventualités, qui, originellement et prioritairement, compteraient pour les insurgés. Et ce seraient ces situations et ces éventualités, uniquement parce qu'elles seraient présumées menaçan-tes (à tort ou à raison, peu importe), qui seraient par là même jugées injustes et répréhensibles. En conséquence, *au moment où ils prononceraient leur condamnation*, les paysans n'accorderaient aucun contenu abstrait, intemporel et universel à ce qu'ils entendraient par Justice ; bien au contraire. Pour eux, cette Justice ne revêtirait de signification que par rapport à une situation ponctuelle, réelle ou imaginée, mais à coup sûr estimée insatisfaisante ; partant, elle se contenterait de désigner les transformations souhaitées à cette situation ; son contenu serait concret et spécifique. Dans ces conditions, la nécessité où ils se trouveraient, peut-être pour éliminer un doute, de se prouver et de prouver aux autres la légitimité de leurs jugements particuliers, de leurs jugements *hic et nunc*, les obligerait alors, mais alors seulement, à considérer cette Justice et à la faire considérer, à la croire et à la faire croire, transcendante. A ce stade, promue référence, et pour justement qu'elle pût jouer son rôle de référence, il deviendrait indispensable, puisqu'elle contiendrait réellement une série de corrections à apporter, de pratiques à supprimer ou de réalisations à éviter, qu'elle se manifestât également dans un droit, un message ou un modèle que l'on pût invoquer, qui se montrât indépendant et au-dessus de toutes les revendications formulées et qui ainsi autorisât à la considérer et à la faire considérer transcendante. Partant, il serait dès lors possible de croire et de faire croire que c'est elle qui forge une représentation apparemment cohérente, et que c'est elle qui induit des jugements particuliers, alors que ce serait faux, et qu'elle contiendrait ces derniers dès le départ. Mais, pour ce faire, il fallait lui donner un second contenu général et non plus contingent, sous la forme d'un droit, d'un message ou d'un modèle.

Dans cette optique, la vision que les paysans auraient de la Justice serait fondamentalement ambiguë. Elle superposerait un contenu circonstanciel (la Justice, c'est l'abolition du servage ou la modération d'un prélèvement ou la présence d'un saint pasteur prêchant la Parole de Dieu, etc.) et un contenu non circonstanciel évoquant un ordre général (la Justice, c'est le respect des coutumes locales, l'application d'un message divin, la réalisation d'une vraie société de protecteurs à protégés, etc.). Néanmoins, cette vision ne constitue pour l'instant qu'une reconstruction hypothétique ; elle a besoin de confirmation. Or, dans ce domaine, il est facile de tenter une contre-épreuve. En effet, les deux contenus (circonstanciel et non circonstanciel) dessinent un couple qui, potentiellement, peut porter en lui des incohé-

rences, voire de franches contradictions. C'est que le contenu légiti-
mateur (non circonstanciel) n'est pas conçu abstraitement ; il correspond à la conviction du schéma relationnel ; il est donc croyance que
tel droit, tel message, tel modèle est une incarnation de la Justice. Or
ce droit, ce message, ce modèle, bien qu'il soit plus ou moins malléable en fonction de son plus ou moins grand degré de précision,
ne l'est jamais au point qu'il puisse à tout coup s'adapter à n'importe
quel jugement circonstanciel (le jugement particulier du schéma relationnel) ; il n'est donc pas évident que, en raison même de son propre
contenu, il confirme *ipso facto* les revendications qu'il est censé justifier. Si donc une confrontation entre les demandes et les justifications formulées par les insurgés révélait ici ou là des incohérences et
même de franches contradictions, l'hypothèse du double contenu
circonstanciel et non circonstanciel de la Justice dans le monde paysan
gagnerait en crédibilité et pourrait être retenue, si aberrante appa-
raisse-t-elle au regard de notre logique.

Or, à partir des études effectuées en particulier en Allemagne et en
France, il est relativement aisé de repérer des signes de telles incohérences et de telles contradictions. Ainsi, au XVIIᵉ siècle, et encore au
XVIIIᵉ, les paysans bavarois croient que la simple observation des coutumes locales est capable d'assurer l'autonomie des exploitations et,
grâce à cette dernière, la satisfaction de leurs besoins familiaux, de
leur *Hausnotdurft*. Toutefois, ce faisant, ils oublient que, à côté des
prélèvements nouveaux contraires (ou déclarés contraires) à ces coutumes, la pression démographique, les dispositions successorales, les
fluctuations économiques et bien d'autres choses encore peuvent tout
aussi bien déséquilibrer leurs entreprises et les obliger à chercher
ailleurs un complément de revenu. Mieux, dans certaines conjonctures (une multiplication des héritiers, la nécessité de nouvelles levées
pour la défense de la communauté villageoise), l'application stricte
des coutumes accentue éventuellement les difficultés qu'ils rencontrent à vivre sur, et uniquement sur, les terres qu'ils travaillent[42].
Déjà, dans ce cas, le contenu non circonstanciel de la Justice (la
Justice, c'est le respect scrupuleux de toutes les coutumes locales dans
leur intégralité) est au moins peu compatible, et sur certains points
contradictoire, avec le contenu circonstanciel (la Justice, c'est le maintien ou la restauration de l'indépendance économique de la famille,
de la maison, de l'*Haus*).

Quand les paysans français du XVIIe siècle exposent au roi un catalogue de leurs revendications, ils se réfèrent à la fois aux privilèges locaux qui auraient été enfreints et à la volonté droite d'un monarque qui aurait été trompé, quoique ayant la connaissance infuse de ce qui est juste. Ils s'en remettent donc en définitive à sa décision. Or, si le souverain estime que soit certains termes des "libertés" accordées autrefois à ses sujets, soit, ce qui est pire encore, certaines propositions explicitement formulées par ceux-ci sont contraires à la Justice, ils se trouvent placés dans une contradiction qui découle directement de leur conception ambiguë de la Justice. En effet, d'emblée, ils ont proclamé justes les modifications qu'ils réclament, pour immédiatement les soumettre à l'approbation princière ; cependant, cette dernière ne leur est pas forcément acquise, loin de là. Ils s'exposent ainsi à un désaveu révélateur des incohérences potentielles de leur position. Les communes soulevées du Périgord en 1637 se trouvent ainsi prises au piège de leurs propres déclarations, si Louis XIII ne donne pas satisfaction à leur requête, dès l'instant qu'elles avaient affirmé dans le préambule que « si esse qu'elles ont ce but d'obeyr aussy tost que nous Aurons apris que nos procédez vous desplairont[43] ». Dès lors que le souverain refusait de les entendre, elles ne pouvaient plus ou que se soumettre, ou que devenir rebelles à leurs propres yeux, ou que maintenir la fiction de moins en moins soutenable d'un prince circonvenu par son entourage ; car comment prétendre que ce prince, avec les grâces qu'il a reçues à Reims, ne s'apercevrait cependant pas à la longue qu'il était abusé par de mauvais conseillers ?

Il arrive même que les révoltés deviennent conscients de telles contradictions induites par le double contenu circonstanciel et non circonstanciel qu'ils donnent à la Justice. Il en fut ainsi des paysans de haute Souabe en février-mars 1525. Les célèbres Douze Articles qu'ils rédigèrent alors présentent un certain nombre de revendications concrètes, quoique indépendantes des frontières seigneuriales ou princières. Or, si le préambule a pour but premier de justifier la prise d'armes, il tente néanmoins par la même occasion de légitimer les plaintes, en laissant entendre (plus qu'en affirmant péremptoirement d'ailleurs) qu'elles sont conformes à l'Evangile. Autrement dit, ce préambule suggère en même temps que, d'une part, toutes les demandes sont justes et que, d'autre part, elles découlent toutes d'un *Göttliches Recht* sous-entendu et explicitement lisible dans la Bible.

Mais il n'en est plus de même dans le douzième et dernier article ; ne concède-t-il pas, en effet, que si « un ou plusieurs articles ici proposés n'étaient pas conformes à la Parole de Dieu, ce que nous ne pensons pas, et si on nous expliquait par l'Ecriture qu'ils sont contraires à la Parole de Dieu, nous y renoncerions (*wann ainer oder mer Artickel alhie gesteldt (So dem Wort nit gemess) weren, als wir dann nit vermainen, die selbigen artickel, wolt man uns mit dem wort Gots für unzimlich anzaigen, wolt wyr daruon abston, wann mans uns mit grundt des schrifft erklert*) [44] ». Autrement dit, cette fois, seule la Parole de Dieu, telle qu'elle s'exprime dans les saintes Ecritures, possède la capacité légitime de définir les justes revendications. L'incise *als wyr dann nit vermainen,* par son caractère incantatoire, dénonce clairement l'impasse dans laquelle se sont fourvoyés le rédacteur et, derrière lui, l'ensemble des insurgés. Ils sont à la fois contraints de prétendre que leurs demandes sont justes et qu'elles doivent néanmoins subir un test scripturaire pour déterminer si elles le sont. Cette contradiction ne s'explique que parce que les paysans n'ont pas une notion exacte de la Justice, telle qu'elle est inscrite dans l'Evangile (ils s'adressent à des hommes pieux et savants pour combler cette lacune), tout en ayant besoin pour se persuader et persuader leurs interlocuteurs que les pratiques qu'ils dénoncent et les modifications qu'ils cherchent à obtenir y sont conformes, ce dont, dès le départ, ils étaient cependant convaincus. L'originalité des paysans de haute Souabe en 1525 tient au fait que, contrairement à bien d'autres révoltés, ils ont conscience (ou au moins les rédacteurs des Douze Articles ont conscience) du piège dans lequel ils se sont effectivement enfermés.

Ces analyses ponctuelles rendent plausible l'existence d'incohérences et de contradictions dans la conception qu'ont de la Justice les paysans révoltés, ou plus largement contestataires, même si ces incohérences et ces contradictions demeurent potentielles tant que des actions ou des phénomènes extérieurs ne leur ont pas fourni l'occasion de se manifester. Elles donnent ainsi consistance à l'hypothèse que, faute d'en élaborer une notion abstraite, ils lui accordent deux contenus variables l'un comme l'autre dans le temps et dans l'espace ; le premier circonstanciel, le second plus général. Or cette proposition offre une solution possible au problème que posait la diversité des représentations et de leurs effets, malgré des schémas relationnels formels voisins, s'appuyant tous sur une notion unique apparemment, mais apparemment seulement, transcendante. Car, admettre deux contenus différents et changeants, de temps à autre incompatibles, fait voler en éclats cette transcendance et montre qu'elle n'est qu'une illusion. Certes, en la transférant à un droit, à un message ou à un modèle, les paysans la croient et la prétendent réelle, sans bien s'apercevoir d'ailleurs que le grand nombre de droits, de messages ou de modèles successivement ou simultanément acceptés est un aveu qu'il ne peut pas en être ainsi. Mieux, combinés à des demandes concrètes qu'ils ne contrôlent pas, puisqu'ils doivent seulement les justifier en principe, ces droits, ces messages et ces modèles, dès qu'ils ont été choisis, ne manquent pas de transmettre certaines de leurs caractéristiques aux revendications avancées et aux moyens utilisés ; ils deviennent par là même, presque autant que les plaintes auxquelles ils sont accolés, une source importante de diversification des représentations paysannes et, au-delà, de l'ensemble des mouvements. En conséquence, et si paradoxal que cela puisse paraître, ce qui forge l'unité de ces représentations (la référence à la Justice) constitue la source même de leur diversité, voire de ce qui confère à chacune d'entre elles une irréductible individualité. Il n'en est donc que plus nécessaire de tenter maintenant d'élaborer une représentation d'ensemble des représentations paysannes.

Une représentation des représentations des paysans révoltés

Se représenter globalement les représentations paysannes revient à édifier une vue synthétique à partir des éléments dégagés progressivement au cours du lent cheminement qui vient d'être accompli tout au long de ce chapitre. Cette vue implique par conséquent un réagencement au moins partiel de ces éléments, avec évidemment tout ce qu'une semblable procédure, foncièrement abstraite, contient d'arbitraire et d'hypothétique. Il s'ensuit que les résultats qui vont être proposés ne comprendront pas de pièces nouvelles, puisqu'ils ne consistent que dans la recomposition en un ensemble structuré de fragments déjà répertoriés et la plupart du temps analysés ; c'est pourquoi, ils seront, dans une certaine mesure, répétitifs. Il s'ensuit également qu'ils ne sauraient être considérés, à l'instar d'ailleurs de ceux qui ont précédé, et sans doute encore davantage qu'eux, que comme une tentative d'interprétation dont la validité dépend étroitement de leur degré d'efficacité à rendre compte des événements.

Cela posé, si la restitution est correcte, et si les hypothèses avancées dans ce chapitre sont exactes, la représentation ordonnée autour du schéma relationnel s'appuyant sur la Justice ne constituerait qu'une partie de la démarche interprétative des paysans ; ce serait celle qui leur permettrait de légitimer leurs actions. Elle se doublerait d'une seconde qui la précéderait ; celle-ci admettrait sans discussions que tels faits ou telles situations sont injustes parce qu'ils paraîtraient, d'une manière ou d'une autre, intolérables. Que la première soit la plus facile à repérer, qu'elle puisse même occulter l'autre aux yeux des chercheurs, ne saurait guère surprendre. En effet, l'attitude des paysans en armes vis-à-vis des événements et des conjonctures qu'ils subissent ou qu'ils redoutent n'a rien de purement contemplative ; elle vise bel et bien à modifier le cours des choses, à transformer ce qui est, ou à éviter ce qui pourrait survenir. En conséquence, *seul ce qui autorise une intervention a besoin d'être explicitement exprimé* et nous est par là même au moins relativement accessible. Cependant, en se cantonnant au discours apparent, on n'épuise pas les représen-tations ; on ne les atteint nullement dans leur totalité et l'historien demeure par là même incapable de s'en forger une image correcte, même approximative. Pour y parvenir, pour ne pas s'en faire une idée tronquée, partant largement inexacte, il se trouve dans l'obligation d'en réintégrer la partie cachée, celle qui est mise en place indépen-damment de toute légitimité proclamée ou sous-entendue des reven-dications avancées. Il devient alors, mais alors seulement, possible de les considérer et de les examiner dans leur globalité, et non plus uniquement dans leur partie émergée, offerte à tous les regards un tant soit peu observateurs.

Si l'on s'y exerce, la première réaction consiste à porter un jugement de valeur sur la pensée paysanne. En effet, de notre point de vue d'intellectuel, frotté de toutes les règles de l'art et de la réflexion philosophiques et volontiers condescendant à l'égard des rustres, sur-tout quand ils ont vécu quelque part entre le XIVe siècle et le XVIIIe, ce jugement est impitoyable : les paysans se seraient enfermés dans un cercle vicieux dont ils n'auraient pas eu conscience. Ne se contentaient-ils pas d'affirmer, d'une part, sans autre forme de procès et sans prendre la peine de collecter des preuves, que ce qu'ils demandaient, et souvent exigeaient, était forcément conforme à la Justice, et, d'autre part, que c'était cette même Justice qui leur permettait de jauger les faits et les situations qu'ils affrontaient ou qu'ils craignaient d'affronter, et les conduisait ainsi à formuler ces demandes et ces exigences ? En termes un peu caricaturaux, tout se passait comme s'ils estimaient que la Justice justifiait leurs revendications, parce qu'ils estimaient d'entrée de jeu que ces revendications ne pouvaient être que justes. Ce n'est pas sous cet angle qu'il convient ici d'apprécier l'attitude paysanne.

Comme toute la pensée des paysans s'organise autour de la Justice, il faudrait que les deux contenus circonstanciel et non circonstanciel participent à un seul et unique raisonnement pour qu'il s'agisse d'une pétition de principe réelle et non pas apparente. Or il suffit de considérer leur fonction pour s'apercevoir qu'il n'en est pas ainsi. Le contenu circonstanciel est l'interprétation d'une situation concrète ou redoutée et ainsi elle est source et moteur d'une action ; le contenu non circonstanciel est l'affirmation de la transcendance d'un droit, d'un message ou d'un modèle ; toutefois, et c'est là que gît la différence essentielle, elle n'est plus ni source ni moteur de l'action ; elle constitue au contraire uniquement sa justification, même si le discours laisse parfois planer une ambiguïté (mais on pense avoir établi qu'il n'y a là qu'une illusion). Tout se passe donc comme si les paysans développaient simultanément ou successivement deux raisonnements, l'un aboutissant à l'action entreprise ou à entreprendre, l'autre à sa légitimation. Par ailleurs, les incohérences et les contradictions ne peuvent survenir que parce que, justement, deux séries de raisonnements parallèles conduisent à des conclusions plus ou moins compatibles, alors que la pétition de principe débouche sur une cohérence trompeuse. En conséquence, les paysans penseraient à deux niveaux, sans trop se poser la question de l'harmonisation entre ces niveaux. Cette attitude n'a en fait rien d'invraisemblable. Des études récentes sur le Mexique ou sur l'Italie du Nord ne montrent-elles pas que certains paysans sont capables d'utiliser en même temps des processus de factures et parfois d'origines différentes[45] ? Après tout, au-delà de notre prétention à la cohérence et à la rigueur logique, sommes-nous vraiment sûrs que nous ne nous laissons pas nous-mêmes entraîner, *horresco referens,* vers de telles abominations, dont nous sommes moins immunisés que peut-être nous le croyons, y compris dans nos propres travaux scientifiques ? Avons-nous le droit de jeter la première pierre à nos ancêtres paysans ?

En les considérant globalement, et pour résumer tout ce qui précède, les représentations des paysans révoltés superposeraient ainsi deux ensembles relationnels. Le premier, primordial, parce qu'il a pour fonction de provoquer une action, comporterait des jugements contingents enchaînés : tel fait ou telle situation, existant ou redouté, est estimé menaçant pour l'avenir des paysans ; il est alors ressenti comme insupportable et finalement, pour cette raison, déclaré injuste. Le second ensemble, parce qu'il a une fonction légitimatrice, partirait d'une conviction (la Justice, c'est l'application d'un droit, la réalisation d'un message ou d'un modèle) pour aboutir à la justification de la condamnation du fait ou de la situation qui a déclenché l'action. Indépendants et de sens inverses, ils se rejoignent dans l'idée de Justice et dans les jugements particuliers. Comme ces derniers sont identiques, puisqu'ils sont toujours réprobateurs, aucune difficulté ne pointe à leur propos. Il n'en est pas de même avec la Justice ; comme son contenu n'est pas envisagé abstraitement, celui-ci n'est pas unique, mais double, chaque acception étant fournie par un des deux ensembles relationnels, l'une négative et contingente, rassemblant tout ce qui devrait être modifié *hic et nunc,* l'autre plus générale, reposant sur la conviction que la Justice s'incarne dans un droit, un message ou un modèle. Il en résulte que l'harmonisation entre ces deux ensembles n'est pas automatiquement assurée, malgré l'impression illusoire d'homogénéité créée par la référence à la Justice ; et c'est de cette impression illusoire que l'historien ne doit pas être dupe ; les incompatibilités, qui surgissent de temps à autre sous l'effet d'une conjoncture spécifique ou du simple déroulement d'une insurrection, révèlent une complexité de représentations paysannes qui, au premier abord, n'apparaissait pas, et le mettent ainsi en garde contre la vue trop rapide et uniquement formaliste et structurelle qu'il serait tenté de leur attribuer.

De cette organisation des représentations autour de deux ensembles relationnels superposés et plus ou moins bien harmonisés, il s'ensuit tout à la fois, d'un côté, une diversité de visions et de prises d'armes et, de l'autre, la possibilité de ressemblances et de contrastes d'un mouvement à l'autre. Certes une telle affirmation est *a priori* paradoxale, puisque les schémas qui sous-tendent les ensembles relationnels s'ordonnent de manière comparable. Pourtant, s'en tenir là, ce serait oublier que les agencements qui composent ces schémas les autorisent à intégrer, à chaque fois, des éléments contingents différents ; et ces éléments jouent un rôle déterminant, justement parce que chacun des ensembles relationnels a pour finalité la condamnation de pratiques réelles ou redoutées, mais toutes circonstancielles, partant particulières à chaque révolte. Ce rôle est d'autant plus déterminant que les schémas, tout compte fait, sont simples et prêts à en accueillir une très grande variété. Donc, ce qui, selon les prises d'armes, rapproche ou éloigne les représentations les unes des autres, c'est la plus ou moins grande parenté des éléments qu'elles incorporent et non la forte et constante similitude des schémas. Il en résulte une palette étendue et pratiquement inépuisable et la possibilité de concordances presque totales comme d'oppositions violentes. De plus, une telle organisation des représentations paysannes n'engendre pas seulement une très grande diversité, elle facilite également les répétitions et les substitutions, puisque sa très grande capacité d'absorption autorise le maintien comme le changement des éléments qu'elle inclut. Enfin, cette grande capacité d'absorption intervient aussi d'une autre manière, par les incompatibilités qui ne manquent pas de naître de la superposition simultanée de deux ensembles relationnels contenant des jugements et des convictions plus ou moins antinomiques. La conjoncture et le simple cours du soulèvement peuvent alors révéler des incohérences et des contradictions ; en conséquence, le mouvement s'en trouve soit entravé, soit transformé. Pour toutes ces raisons, comme on l'avait supposé au début de ce chapitre et déjà suggéré à la fin du précédent, ces représentations jouent donc un rôle important dans les prises d'armes. Mais alors pourquoi celles qui sont assez voisines pour être considérées comme similaires peuvent-elles déboucher ou ne pas déboucher sur une de ces prises, ou provoquer des prises d'aspects divergents, alors que d'autres sensiblement différentes auront, elles, des répercussions presque identiques ?

CHAPITRE 4

Représentations et prises d'armes

> *Il y a peu de relation de nos actions, qui sont en perpétuelle mutation, avec les loix fixes et immobiles.*
>
> M. de Montaigne,
> *Essais*, III, 13.

Pour voir le jour, la révolte exige qu'une situation réelle ou redoutée soit ressentie comme intolérable et contraire à la Justice ; ce qui suppose l'existence d'une relation entre elle et l'interprétation de cette situation. Fort de cette contrainte, il est alors tentant pour l'historien de prétendre que la révolte n'est que la "conséquence" de cette interprétation, sans chercher à définir ce qu'il entend par là ; le terme employé semble en effet suffisamment clair pour que la nécessité ne s'en fasse pas sentir, au moins immédiatement. Pourtant, les hésitations et les ambiguïtés de la pratique historienne introduisent rapidement un doute sur le bien-fondé d'une telle confiance.

Un usage implicite de la relation causale

Certes, les procédures concrètes utilisées par les historiens impliquent fréquemment une relation causale plus ou moins stricte. Paradoxalement d'ailleurs, ils ne l'envisagent jamais plus contraignante que lorsqu'elle ne se concrétise pas, car, alors, ils se demandent presque immanquablement pourquoi la révolte *ne* s'est *pas* produite. En formulant ainsi leur problématique, ils admettent implicitement qu'elle aurait dû "normalement" éclater et que ce sont des circonstances fortuites et exceptionnelles qui l'en ont empêchée. Ils raisonnent, en définitive, comme si des facteurs extraordinaires avaient contrarié le libre jeu d'une loi. Ainsi, quand ils constatent l'absence de soulèvement en Ile-de-France entre la fin du Moyen Age et la Révolution française, ils invoquent des conditions spécifiques à la région (la présence royale, l'existence d'une classe de marchands-laboureurs) ; lorsqu'ils constatent de même que l'insurrection des Bonnets Rouges de 1675 demeure circonscrite à des pays bretons bien définis, ils remarquent qu'elle ne s'étend pas là où des troupes sont en garnison. Il ne leur vient pas à l'idée que même sans la présence royale, même sans l'existence des marchands-laboureurs, même sans l'implantation de garnisons, soulèvement ou insurrection n'auraient peut-être jamais eu lieu. Il ne s'agit évidemment pas de nier que de pareilles conjonctures puissent intervenir dans le déroulement des événements et freiner, voire étouffer, une *éventuelle propension* à la révolte. Toutefois, il convient également d'observer que les historiens ne se bornent pas en réalité à cette simple assertion ; car, en traitant chaque cas qu'ils examinent comme un cas particulier où des contingences interdisent à une règle générale de s'appliquer, ils considèrent la prise d'armes, non plus comme une simple éventualité parmi d'autres, mais comme déterminée, dès que la situation réelle ou redoutée est jugée intolérable ; et ce, même s'ils ne proclament pas explicitement cette conviction, faute bien souvent d'en avoir pleinement conscience. De plus, il n'est peut-être pas inutile de noter au passage que, en toute bonne logique, ils devraient supposer que la présence royale, l'existence des marchands-laboureurs ou l'implantation des garnisons modifient les interprétations des paysans ; cette hypothèse n'est sans doute pas inconcevable ; il n'en reste pas moins que, mises à part quelques allusions à la peur du gendarme ou à une influence morale et intellectuelle des notables ruraux, en général, ils n'en soufflent mot ou au moins ne s'étendent pas sur le sujet ; peur et pensée sous influence naîtraient-elles ainsi automatiquement dès que le roi s'installerait dans la région, qu'une classe de marchands-laboureurs verrait le jour ou que des troupes tiendraient quartier ?

L'absence d'une révolte qui leur apparaissait, non seulement comme prévisible, mais aussi comme potentiellement contenue dans l'interprétation, révèle une manière spontanée de penser des historiens ; car leur attirance vers une liaison causale du type "condition nécessaire et suffisante" peut alors se déployer librement, sans rencontrer trop de faits qui y feraient obstacle. Il ne devrait évidemment plus en être de même lorsque les paysans prennent effectivement les armes ; en effet, à moins de supposer que chaque occurrence est unique et ne se comprend qu'en elle-même, la recherche historique suppute l'existence d'un phénomène (ici celui des révoltes paysannes). Elle impose donc, dès qu'un nouveau cas est étudié, des comparaisons avec les précédents pour dégager les caractères communs et relever les spécificités. De plus, les hypothèses qui voient ainsi le jour ne s'accordent pas toujours bien entre elles ; elles engendrent des discussions et des polémiques. Tout cela oblige à scruter les événements au plus près et interdit, en définitive, de céder à la tentation de passer sous silence, ou simplement de minimiser, ceux qui dérangent les manières spontanées de penser et contrarient la théorie que l'on est enclin à soutenir. Dans cette perspective, la relation entre le jugement porté sur une situation et la révolte aurait dû, elle aussi, donner lieu à des confrontations systématiques, et éventuellement engendrer des ajustements dans les procédures de raisonnement. Ne lui arriverait-il pas de se révéler différente d'un cas à l'autre et, de ce fait, inassimilable sinon à une règle générale, du moins à une loi aussi rigoureuse que celle autrefois théorisée par D. Hume ?

Pourtant, la plupart du temps, les auteurs n'esquissent pas la moindre comparaison. La raison en est simple. Comme nous l'avons vu en étudiant l'impact des vicissitudes économiques sur les soulèvements[1], ils situent encore la relation décisive, non pas entre l'interprétation d'une situation et la révolte, mais directement entre la situation et cette dernière ; ils se concentrent sur la seconde liaison et négligent la première, quand ils ne l'escamotent pas. Car cette attitude n'est pas propre à ceux qui privilégient le "socio-économique", elle se retrouve, à l'identique chez ceux qui accordent une influence prépondérante ou *a fortiori* déterminante, à ce qu'ils nomment, par exemple, le "politique" ou le "religieux". En d'autres termes, les uns et les autres n'envisagent tout simplement pas le problème que le développement de cette étude nous a contraint à formuler, et que nous venons de poser à la fin du précédent chapitre et au seuil de celui-ci.

Cette défaillance jaillit en pleine lumière dans les exposés de synthèse qui rassemblent les conclusions des études ponctuelles : ils juxtaposent ces conclusions sans en dégager, sauf exceptions, une vision globale personnelle qui les transcenderait. La tentative récente de Ernst Bruckmüller en est un bon exemple [2]. Dans un ouvrage collectif consacré à l'opposition paysanne « dans les pays du tiers monde et de l'Europe pré-industrielle », il traite de la « phénoménologie des soulèvements paysans européens au bas Moyen Age et à l'époque moderne ». Il consacre presque quatre pages entières de son article aux « motivations et images ennemies » (*Motivationen und Feindbilder*) : sous-titre fort alléchant, mais contenu fort décevant ; d'abord le mot image (*Bild*) n'apparaît pas dans le corps du texte, et l'on comprend très vite pourquoi, quand on se penche sur sa structure. La matière en est répartie, après un paragraphe d'introduction, entre six « groupes de motifs » (*Motivgruppen*). Or le terme "motif" s'applique aussi bien à des représentations qu'à des faits ; et l'énumération ne laisse aucun doute : ce sont uniquement de faits dont il s'agit. Voici, pour commencer, « l'opposition à l'accroissement des charges seigneuriales », décomposé en « renforcement du servage », « augmentation des corvées », « alourdissement des taxes », « droits banaux » et « service obligatoire dans la domesticité ». Viennent ensuite les « motivations communautaires » à « subdiviser à leur tour en deux sous-groupes », à savoir « le maintien du contrôle sur les biens communautaires et encore plus les biens à usage commun » et « le maintien ou l'obtention de l'autonomie interne dans les questions concernant la basse justice, la sécurité intérieure, etc. ». La liste se poursuit par des séries embrassées sans subdivisions : la « refonte du système politique », les « motifs religieux », l'« opposition à l'augmentation des prélèvements de l'Etat » et enfin l'« opposition aux ennemis étrangers ». En bref, la distinction entre, d'un côté, les situations dans lesquelles se trouvent les paysans ou dans lesquelles ils estiment qu'ils risquent de se trouver et, de l'autre, les interprétations qu'ils en ont est totalement absente d'un tel discours. En sus, dans le cas présent, la motivation est mal séparée d'une action entreprise ou à entreprendre, en l'occurrence une opposition (*Widerstand*) ou le maintien d'un état (*Erhaltung*) ; à la limite, on peut même se demander s'ils ne lui sont pas assimilés.

Ces télescopages proviennent des finalités longtemps implicitement assignées aux études sur les révoltes paysannes, et plus généralement sur les révoltes populaires. Comme nous l'avons signalé dès le début pour justifier la réouverture de ce dossier[3], ces révoltes n'intéressaient pas pour elles-mêmes ; elles ne représentaient qu'un instrument privilégié pour atteindre d'autres objectifs (la condamnation ou la défense d'un courant religieux, l'existence ancienne d'un sentiment provincial ou national, la structure d'une société). Dans cette perspective, la question des origines n'en était pas évacuée pour autant ; bien au contraire, elle devint même un passage obligé de toute étude ponctuelle pour qu'on la qualifiât de "sérieuse". Mais l'examen des causes servit, au même titre que celui des plaintes ou des actions, à caractériser les mouvements et non à comprendre le processus de leur genèse. Il s'agissait de déterminer s'ils naissaient d'événements religieux, sociaux ou politiques et de quels événements, pour déterminer s'ils exprimaient, par exemple, le luthéranisme ou une perversion du luthéranisme, ou encore une société de classes ou une société d'ordres. L'attention se porta ainsi fatalement sur les faits et les phénomènes qui semblaient les déclencher, au détriment des enchaînements qui, à partir de ces faits ou de ces phénomènes, les déclenchaient. Car, seuls les traits de ces derniers et les circonstances qui leur donnaient naissance paraissaient aptes à dévoiler, au-delà d'eux et avec leur aide, ce que l'on s'efforçait de découvrir ou d'éprouver.

En conséquence, cette attitude favorisa, non seulement les confusions entre situations et interprétations des situations, mais également, en raison même de cette indétermination, une conceptualisation implicite et inavouée de la relation qui, dans cette perspective, aurait uni directement une situation à une action. En effet, en situant la révolte au terme d'une interaction de faits (ceux que, par exemple, Ernst Bruckmüller rassemble, pour les énumérer, en *Motivgruppen*), les auteurs admirent qu'à un stade de cette interaction se créait une situation qui engendrait automatiquement le soulèvement ; autrement dit, qu'il existait, dans le déroulement des événements, un point de non-retour, à partir duquel ce soulèvement ne pouvait pas ne pas se produire. Seul un "fait nouveau" (une présence princière, l'existence d'une classe de marchands-laboureurs, l'implantation d'une garnison), parce qu'il changeait la situation et modifiait les interactions, pouvait éventuellement interdire que la prise d'armes ne se produise. Rien n'indique mieux que telle fut bien la démarche de pensée la plus courante que les travaux des praticiens et les réflexions des théoriciens[4]. En effet, lorsqu'ils traitèrent explicitement de cause et de causalité (et pas seulement à propos des révoltes ou des révolutions), ils reportèrent le débat, qu'il fût pratique ou théorique, sur la formation de la situation. Recourir à un pluriel (rechercher *les causes de...*), s'interroger sur leur degré relatif d'efficacité, s'efforcer de les hiérarchiser (*causes profondes* et *causes immédiates*), éventuellement tenter de repérer *la vraie cause* pour la distinguer des *conditions*, toutes ces investigations et toutes ces discussions trahissent qu'ils ne considérèrent pas la situation qui précède la révolte dans sa globalité, mais que, bien au contraire, ils l'envisagèrent uniquement dans sa genèse et à travers les composants de cette genèse. S'il en eût été autrement, ils n'auraient retenu qu'elle, comme unique "cause" possible. Toutefois, en renonçant à l'apprécier comme un tout, ils s'interdisaient également tout examen critique de la relation situation/prise d'armes et, de ce fait, ils pensèrent implicitement celle-ci comme automatique. La situation, une fois apparue, devenait une "condition nécessaire et suffisante" de la révolte.

Ce comportement est particulièrement visible dès que, pour une raison ou pour une autre, d'ailleurs souvent par exigence de rigueur intellectuelle, un auteur explicite clairement sa démarche. Lorsque Lawrence Stone, pour sortir de l'interminable polémique sur l'origine de la Grande Rébellion, qui empoisonnait alors l'historiographie anglaise, se pencha, à son tour, sur ses "causes", il écrivit ces phrases significatives : « Toute analyse d'un phénomène aussi complexe qu'un défi révolutionnaire à un régime établi, même quand ce défi provient pour une grande part des rangs de l'élite dirigeante, doit nécessairement remonter loin dans le passé et relever d'une approche multicausale qui mette l'accent autant sur les défauts des institutions et sur les passions idéologiques que sur les mouvements sociaux et sur les transformations économiques ; faute de quoi, elle aura peu de chances de *ressaisir tous les fils qui ont conduit à la crise en question*[5] » (c'est nous qui soulignons). Certes il visait là, en les renvoyant dos à dos, ceux qui s'efforçaient de découvrir la "*true cause*", afin de savoir si celle-ci (et donc la Grande Rébellion promue à la dignité de révolution) était d'ordre religieux, politique ou social, et si le mouvement était "progressiste" ou "réactionnaire". Il n'en reste pas moins que, pour lui, il s'agissait de comprendre comment la crise avait vu le jour, et non comment les actions réelles des membres du Long Parliament, de la foule londonienne, de l'entourage de Charles Ier et du roi lui-même, et non d'autres actions, en étaient issues. Dans cette optique, et malgré toute la lucidité de l'auteur, l'étude des « causes de la Révolution anglaise » se confondait encore avec celle d'une genèse, celle de la situation qui la vit, mieux qui, dans cette perspective, l'aurait fait naître.

Cette utilisation d'une relation causale très stricte rend ambigü et dangereux l'emploi de la notion de conséquence dans le discours historique. En effet, le recours à une telle relation tend, en raison de l'ancienneté et de la banalité de son usage, à devenir un réflexe de pensée inconscient. Aussi, introduire dans le processus de déclenchement de la révolte les interprétations que les paysans donnent et se donnent d'une situation risque-t-il de se limiter à l'adjonction d'un nouveau relais dans un processus qui, lui, n'aurait pas changé et demeurerait effectivement causal, au sens le plus fort du terme. En bref, l'interprétation de la situation se substituerait à la situation comme "condition nécessaire et suffisante", sans induire de modification dans la manière de penser. Dans ce contexte, bien que le vague de l'expression "est la conséquence de" paraisse laisser la place à une certaine autonomie de décision des acteurs, elle pourrait bien être entendue, sans d'ailleurs qu'on le veuille réellement, dans une acception contraignante et en définitive uniquement déterministe. Celle-ci pourrait se résumer ainsi : dès qu'une situation paraîtrait intolérable ou avoir atteint un certain degré d'intolérabilité, il ne pourrait en résulter qu'une révolte, sauf si des événements contingents en interdisaient la réalisation. L'acceptation de l'existence d'une règle générale, sinon d'une loi, serait alors implicitement admise, et la consécution répétée, considérée comme une consécution obligée. Quoi qu'il en soit, nous verrons dans les développements qui suivent, que le problème est plus compliqué que ne le laisseraient supposer ces quelques remarques sceptiques à l'emporte-pièce ; une telle pratique reposerait sur un préjugé (au sens premier du mot, donc sans connotation péjorative). En conséquence, avant de le reprendre, de le rejeter ou de l'adapter, il convient d'examiner la relation elle-même.

Un problème général

Pour y parvenir, il faut d'abord déblayer le terrain, et expliquer sinon comprendre, non seulement ce penchant spontané et trop souvent inconscient des historiens pour la relation causale de type "condition nécessaire et suffisante", mais également pourquoi, lorsqu'ils la critiquent, ils concentrent leur attention sur la formation d'une situation qu'ils estiment constituer un point de non-retour, et non sur les liens et les relais qui unissent cette situation au "passage à l'acte". En effet, c'est cet enracinement de la discussion à l'amont qui permet de recourir sans examen à une telle relation causale à l'aval, là où justement on attendrait logiquement qu'elle soit débattue. Il ne s'agit donc pas de deux attitudes successives à saisir indépendamment l'une de l'autre, mais d'une attitude globale à envisager dans sa totalité, même si, à l'une ou l'autre étape de l'analyse, il s'avère nécessaire de privilégier l'un ou l'autre de ses aspects. Toutefois, ce problème dépasse par son ampleur la simple étude des révoltes paysannes, car il relève à vrai dire d'une pratique historienne courante, celle qui s'exprime dans la recherche des origines d'un événement. Aussi les réflexions qui suivent ne s'appliquent-elles pas qu'au sujet traité dans cet essai ; ce n'est donc pas dans ses singularités que l'on rencontrera la solution. En conséquence, pour approcher celle-ci tant bien que mal, il devient désormais nécessaire, bon gré mal gré, de ne plus momentanément se limiter au thème de cette étude : pour, bien sûr, y revenir ensuite afin d'esquisser, en s'appuyant cette fois sur le cas des révoltes paysannes, des propositions qui, éventuellement, auraient une portée plus générale.

Une attitude aussi répandue et dépendante, non pas des événements à interpréter, mais d'une problématique définie et courante (la recherche des origines, ou si l'on préfère, des causes), reflète vraisemblablement l'influence de l'environnement dans lequel elle s'inscrit et se développe. Aussi est-il difficile de ne pas évoquer ici le contexte créé par l'élaboration de "Philosophies de l'Histoire", et par la naissance d'une "Philosophie critique de l'Histoire" contestant la légitimité d'une telle élaboration. La raison en est que les modalités marxistes des premières pesèrent directement ou indirectement et plus ou moins fortement sur les manières de penser des praticiens, soit qu'ils en acceptassent totalement ou partiellement les prémisses, soit que, s'y opposant, ils prissent position en fonction d'elles avec l'espoir d'en démontrer l'inanité. Il en résulta que les controverses qui s'ensuivirent se répandirent si largement qu'elles imprègnent encore inconsciemment les procédures quotidiennement utilisées.

Un des postulats de ces "Philosophies de l'Histoire" est qu'il existe un principe qui oriente de manière irréversible l'évolution des sociétés ; celle-ci, devenue ainsi compréhensible, pourrait être prédite avec suffisamment de précision pour dicter une action humaine "rationnelle" et fonder accessoirement une morale. Les "Philosophies de l'Histoire" établissaient ainsi une analogie entre les sciences "historiques" (ou plus généralement "humaines") et les sciences "physiques" (ou "naturelles"). Dans une telle optique, il n'était donc pas anormal que le débat se concentrât, comme il le fit, sur la possibilité d'assimiler les premières aux secondes et, à partir de là et simultanément, sur celle de leur appliquer les méthodes (réelles ou supposées) qui leur sont spécifiques et qui semblaient avoir fait la preuve de leur efficacité. Comme ces méthodes débouchaient sur l'énoncé de lois, ou au minimum de consécutions répétées et répétables, et imposaient ainsi, au moins en apparence, la détermination d'une cause nécessaire et suffisante, ce débat dériva sur la légitimité ou l'illégitimité de l'utilisation en histoire de *ce type* de causalité et non sur les conditions justifiant en histoire l'emploi de *la* causalité. La conséquence en fut une tendance à considérer toutes les relations historiques comme causales et à n'en discuter qu'en fonction de la causalité de type "condition nécessaire et suffisante".

La raison en est que ce débat se greffe sur une particularité de la science historique qui, combinée à la concentration excessive sur la relation causale qu'il induit, se transforme en piège. A la différence du chercheur en sciences "naturelles" qui isole une cause possible pour contrôler expérimentalement si elle produit bien l'effet attendu, l'historien s'efforce d'abord d'expliquer la genèse d'un événement réellement survenu dans le passé, pour découvrir le fait ou le phénomène qu'il peut considérer comme en étant cause ; quand il se livre à l'observation cruciale, le premier se place à l'amont de l'effet attendu et descend le temps, le second à l'aval de la cause recherchée et remonte le temps, même s'il arrive que l'historien "applique" à une autre série d'événements les conclusions qu'il pense avoir tirées d'une première "expérience". Ce faisant, il ne considère qu'une consécution événementielle (celle qui s'est effectivement produite) et s'y tient. Or, comme il n'envisage entre les événements qu'une relation causale, il tend à présenter cette consécution, et à se la présenter à lui-même, comme la seule qui soit possible ; par là, il donne et se donne à lui-même ce que Raymond Aron a nommé « *l'illusion rétrospective de la fatalité* », qu'à l'aide d'un exemple, cet auteur a explicité en ces termes : « *Après coup*, on discerne aisément, dans le préromantisme, les origines du romantisme, on se console en pensant que l'occasion perdue n'existait pas, que la décision humaine se serait heurtée à la tyrannie des choses. Image de la continuité, image de la nécessité naissent spontanément de la perspective historique, parce que nous partons de la fin, parce que nous savons ce qui a été, mais non ce qui aurait pu être, nous développons le futur, aujourd'hui passé, des événements et des décisions, et nous sommes tentés de méconnaître la complexité contradictoire du réel[6] » (les italiques sont de l'auteur).

C'est ici que le piège se referme, faute de se replacer à l'amont (c'est-à-dire sur la situation initiale) et de restituer les enchaînements postérieurs, en redescendant le temps après l'avoir remonté. Sans doute, la *Counterfactual History* américaine semble procéder différemment et considérer un déroulement de l'amont vers l'aval. Néanmoins, il s'agit d'une illusion, dans la mesure où elle ne prend nullement en compte la possibilité qu'il ait pu réellement se passer autre chose que ce qui est effectivement survenu, parce que son but n'est pas d'envisager des possibles, mais seulement d'estimer l'efficacité d'un facteur causal éventuel et préalablement sélectionné. L'introduction d'une hypothèse de travail fictive (si les chemins de fer n'avaient pas été construits, si les Etats-Unis étaient demeurés des colonies anglaises, etc.) n'a pour objectif, dans l'optique de cette école, que d'évaluer le poids réel de la construction des voies ferrées ou de l'indépendance américaine dans l'essor économique des Etats-Unis, c'est-à-dire d'estimer si leur rôle a ou n'a pas été décisif ; pour reprendre les expressions de R.F. Atkinson, il s'agit de déterminer s'ils sont une *true cause*, ou s'il convient de les ranger dans le magasin des accessoires des simples conditions éventuellement prérequises.

Toutefois, si l'on comprend assez bien pourquoi une polémique sur la causalité historique ne s'est pas développée sur les relations entre situation et action, il reste à expliquer pourquoi, en revanche, elle s'est largement épanouie sur la genèse de la situation. Pour y parvenir, il convient de noter que l'historien répugne à considérer la situation comme un tout ; il préfère y voir uniquement la résultante d'événements antérieurs et autonomes. Cette attitude n'est cependant pas facile à démasquer, vraisemblablement parce qu'elle est trop courante, pour que la nécessité se fasse sentir de l'exprimer. Toutefois, elle émerge quand la distance que prend l'historien vis-à-vis de la problématique de ses prédécesseurs l'oblige à expliciter sa démarche. Une telle conjoncture se rencontre avec Lawrence Stone dans *Les causes de la Révolution anglaise*. Sa problématique y est décalée par rapport à celle de ses devanciers ; il ne vise plus à déterminer (comme pour une vulgaire révolte paysanne) si la Grande Rébellion est l'expression d'une lutte de pouvoir entre le roi et le Parlement, une lutte religieuse entre les puritains et les arminiens, une lutte de classe entre la *Gentry* et les négociants d'un côté, et l'aristocratie de l'autre, ou un conflit entre « The Court » et « The Country ». Il cherche bel et bien à savoir pourquoi et comment la Première Révolution anglaise a vu le jour (et par là, sa problématique est voisine de celle de cette étude). C'est pourquoi Lawrence Stone s'efforce aussi d'éclairer sa façon de procéder, en énumérant ce qu'il nomme ses « présuppositions ». Il propose ainsi, pour "ressaisir tous les fils" qui ont "conduit à la crise" d'où naît la Première Révolution anglaise, « *de débrouiller l'écheveau* que constitue, en quelque sorte, l'évolution de la crise, en l'abordant étape par étape et en examinant d'abord les préconditions à long terme, ensuite les accélérateurs à moyen terme, enfin les déclencheurs à court terme[7] » (c'est nous qui soulignons). Il envisage donc bel et bien la situation critique comme une confluence de faits et d'événements, entre lesquels il est toujours possible de la décomposer, et non pas comme un tout qui serait plus que la somme de ces faits et de ces événements. Cependant, d'un autre côté, il conserve sur un autre point la même attitude que ses devanciers ; en effet, comme nous l'avons vu plus haut, il considère toujours cette situation critique comme un point de non-retour. Son texte suggère ainsi que, fondamentalement, il ne la conçoit pas différemment de ses prédécesseurs, et que l'originalité de sa recherche consiste uniquement à en modifier et à en diversifier les composants.

Il en résulte qu'une telle conception de la situation critique (comme un complexe d'éléments qui conservent leur autonomie d'action et non pas comme un tout qui en serait plus que la résultante) pourrait bien être un phénomène général, profondément enraciné dans la pratique quotidienne et implicite des historiens. Si la situation critique est réduite à un complexe d'éléments conservant leur autonomie d'action et entre lesquels elle peut toujours être décomposée, il devient alors impossible de l'envisager globalement, donc comme pouvant agir comme une "cause" ; elle ne constitue plus qu'un conglomérat dans lequel il convient de discerner la ou les causes agissantes. La discussion sur la causalité historique mais également la recherche des causes d'une action humaine se trouvent alors renvoyées logiquement (et pratiquement) à l'élaboration de la situation critique. On comprend enfin dans ce contexte pourquoi la relation entre cette situation et l'action qui s'ensuit revêt la forme d'une relation causale de type "condition nécessaire et suffisante" ; c'est que la première n'est considérée que comme un amalgame de causes et d'éléments particuliers agissant individuellement mais *directement* sur la seconde.

Il serait cependant dangereux de se contenter de prendre systématiquement le contre-pied des préjugés dénoncés ; en effet, ceux-ci ne sont pas dénués de toute valeur opératoire et la prise de conscience des limitations qu'ils imposent peut contribuer efficacement à une rénovation de la problématique ; surtout, en les rejetant purement et simplement, on en élaborerait le négatif et, de cette façon, ils guideraient encore le raisonnement et commanderaient toujours la perception des événements[8] ; c'est-à-dire qu'ils interdiraient alors d'aller au-delà des limitations dont il convenait justement de s'affranchir.

Or le principal enseignement que fournit cette analyse critique est que l'on ne peut pas se borner à réinsérer les interprétations paysannes entre la situation critique et les mouvements de révoltes, ni se contenter d'affirmer que ceux-ci sont les "conséquences" de celles-là ; il faut également reconsidérer dans leur intégralité les relations qui les unissent. La principale faiblesse de la manière de penser traditionnelle est de ne raisonner que de l'aval vers l'amont ; aussi est-il désormais indispensable de se placer, à un moment ou à un autre de la procédure, à l'amont pour regarder vers l'aval, et d'accorder aux deux optiques une importance au moins égale. En d'autres termes, il est aussi utile, sinon plus, d'observer les révoltes à partir des interprétations paysannes, que les interprétations paysannes à partir des révoltes. Mais la simple adjonction d'un second point d'observation demeure insuffisante ; en effet, la problématique ne se limite pas uniquement à envisager pourquoi une révolte *pouvait* éclater, mais elle se demande également pourquoi c'est elle qui *est effectivement* survenue (et non, par exemple, un procès). Dans une telle perspective, il devient désormais nécessaire d'examiner si les interprétations paysannes n'ouvraient la voie qu'à un soulèvement ou si, au contraire, elles l'ouvraient à d'autres formes d'action qui eussent été possibles, et, dans ce cas de figure, pourquoi est-ce tout de même le soulèvement qui a prévalu.

Néanmoins, cette problématique repose elle aussi sur un postulat. En effet, dans un raisonnement basé sur la causalité, ce qui différencie les événements, c'est avant tout leur fonction dans la relation (cause ou effet), à laquelle il convient d'ajouter éventuellement leur niveau d'intervention, "microscopique", "macrocospique" ou "intermédiaire" selon R. Aron ; ce qu'exprime aussi d'ailleurs, quoique moins abstraitement, L. Stone, lorsqu'il distingue "préconditions à long terme", "accélérateurs à moyen terme" et "déclencheurs à court terme". Mais les réflexions précédentes introduisent une distinction entre les événements toute différente, car elles y reconnaissent avant tout des situations, des interprétations ou des actions. Elles tendent de plus à considérer cette distinction comme primordiale. Enfin, dans cette nouvelle conceptualisation de leur diversité, les événements apparaissent, non seulement différenciés d'une autre manière, mais également plus différenciés les uns par rapport aux autres ; ils ne sont plus des événements interchangeables dans la chaîne relationnelle, puisque les rapports qui s'instaurent entre eux dépendent du fait que l'on doit les regarder ou comme des situations, ou comme des interprétations, ou comme des actions. En particulier, et pour en revenir au problème qui intéresse ce chapitre, une action paysanne s'établit *en fonction* de l'interprétation d'une situation réelle ou redoutée, non pas parce que cette interprétation est un événement, mais parce que cet événement est identifiable à une interprétation et non pas à une situation. Le postulat implicite qui sous-tend toute cette étude peut donc être exprimé ainsi : des événements ont assez de traits semblables pour être considérés comme voisins et reconnus comme situations, interprétations ou actions, qui, dans la chaîne des relations qui les unit entre eux, ne sont pas assimilables les uns aux autres, mais au contraire doivent être distingués, si l'on désire comprendre comment ils s'associent.

Une action parmi d'autres

Le jeudi de la fête du Corps du Christ 1553, les villageois de Gross Lüben (Brandebourg)[9] adressent une supplique à Matthias von Saldern, leur « très noble, très vénéré, bienveillant et cher seigneur et junker » ; ils lui demandent de maintenir sans les changer, et conformément à leurs anciens privilèges, les obligations auxquelles ils étaient autrefois soumis, de ne pas compromettre leur bien-être, mais plutôt de leur venir en aide (*uff unserr jungst gethane pflicht uns bey alter gerechtigkeit unvorrückt bleiben lassen und unser aller wolfart nicht hindern b(e)sondern viele mher forthilffen setzen*). En conséquence, et plus fermement, ils précisent leur volonté de ne lui devoir rien d'autre que ce qui leur était imposé au bon vieux temps (*hizo wollen wir auch nicht anders denn in allend was zuthund schüldig treue altzheit befunden werden*). Perfidement, ils s'empressent d'ajouter qu'il n'a qu'à se souvenir ou à s'informer (*haben sich zuerrinnern oder sonst bey anders zuerkundigen*) des modalités (*welcher gestalt*) de leurs prestations envers leur ancien seigneur, Busso, feu l'évêque d'Havelberg mort en 1548, dont le fief de Plattenburg-Wilsnack, confisqué par l'électeur Joachim II dans la foulée de la Réforme (1539-1540), n'a été engagé par lui à son fidèle Matthias von Saldern que tout récemment, en 1552 (cet engagement sera d'ailleurs transformé en fief héréditaire en 1560). Aussi se font-ils un plaisir d'énumérer les entorses (réelles ou supposées, peu importe) aux usages traditionnels : empiétements sur les pacages communautaires et surexploitation des bois, qui réduisent leur nouriture (*untergangk unser narung*) et qui, faute d'être redressées, risquent de leur causer de graves dommages (*mercklige grossen schaden*). Ils exigent, pour terminer, que, dans ce domaine, il leur fasse Justice (*in dem willen wir uns von (...) unserrn hern aller billicheit wisen lassen*) et le prient de ne donner rien d'autre qu'un juste avis sur leurs plaintes (*erbittent nicht anders den billich erarchten*)[10].

Cette supplique s'intègre évidemment fort bien aux développements qui ont précédé ce chapitre ; dans un sens, elle les résume presque intégralement. On y rencontre l'appel suprême à la Justice transcendante (*Billigkeit*) nettement distinguée d'une justice incarnée (*Gerechtigkeit*), et ici si fortement incarnée dans la coutume traditionnelle que celle-ci lui emprunte jusqu'à sa dénomination (*Alte Gerechtigkeit*) ; de plus, le respect de cette coutume est censé assurer la sauvegarde de la "prospérité" (*Wohlfahrt*), au moins alimentaire (*Nahrung*), des familles paysannes ; ce qui fait irrésistiblement penser à l'*Hausnotdurft* de la Bavière du XVIIᵉ siècle[11]. Ce respect de la coutume et cette défense des intérêts matériels des villageois deviennent une obligation pour le junker (*unser aller wolfart nicht hindern b(e)sondern viele mher forthilffen setzen*) et s'inscrivent ainsi dans le code normatif de conduite qui le contraint à accorder protection et à montrer de la bienveillance à ses humbles manants (*die armen underthanen = die armen Untertanen*). Enfin si tout ce complexe d'éléments a certes pour but de justifier la plainte, il permet également aux habitants de Gross Lüben de se représenter une situation pour eux au moins en partie nouvelle, et partant pleine d'incertitudes. Cette nouveauté provient d'abord de la rupture du lien séculaire avec le seigneur-évêque et de l'inconnu qui en résulte ; elle découle aussi de l'engagement du fief, qui tout à la fois fait craindre une mise en coupe réglée des redevances (le titulaire ne sachant pas combien de temps il jouira des revenus tend à en tirer immédiatement le maximum) et offre quelque opportunité pour récuser la levée de certains droits mal définis (il n'est pas le seigneur légitime, que les villageois considèrent comme tel le possesseur actuel ou le détenteur spolié) ; à tout cela s'ajoutent, encore plus décisives, les atteintes effectivement portées aux droits d'usage sur les pâtures et sur les bois communaux, premières atteintes qui en font redouter d'autres. Cette situation nouvelle concrète et spécifique, menaçant déjà le statut social d'au moins un certain nombre de familles, en amenuisant leur prospérité (*Wohlfahrt*), explique fort bien qu'elle soit perçue et présentée comme injuste et contraire aux normes morales et juridiques. Pour ces paysans brandebourgeois des bords de l'Elbe, l'appel à un retour à la Justice provient donc bien de son appréciation spontanée et non d'une confrontation avec une notion abstraite de Justice. En conséquence, la représentation qui se développe ainsi s'apparente étroitement à celles que l'on a diagnostiquées à l'origine des révoltes, dans la mesure du moins où notre reconstitution est exacte.

Or, malgré cette similitude, elle n'engendre pas une prise d'armes, mais une simple demande d'investigations. La supplique, sur ce point, est sans ambiguïté. D'abord, malgré les allusions, d'ailleurs voilées, à une légitimité contestable, elle ne contient aucune menace, même pas celle d'une plainte en justice. Surtout, elle expose clairement la requête des villageois. Ils prient, en effet, Matthias von Saldern de bien vouloir suspendre le défrichement de la lande et l'abattage de leurs bois, jusqu'à ce qu'il fasse lui-même une enquête et qu'il y ait eu information et contre-rapport sur leurs besoins (*gebieten das sie mit dem angefangen werden* (?) *der ausreissung der heyden auch abhauwung unsers gruntholtzes biss zur e. g. uund g. selbst besichtigung auch erkunding(ung) und gegenbericht unser noturfft* (?) *muchten still halten*). Ils le requièrent ensuite, une fois enquête, information et contre-rapport terminés, de s'appuyer sur leurs conclusions, pour s'abstenir désormais de tout acte qui pourrait leur nuire (*und davon abstehen, was alsdenne* (?) *in der besichtigung auch erkundigung und gegenbericht unser noturfft und unsern fernern* (?) *bericht befunden*) ; c'est alors, pour conclure, qu'ils exigent la Justice de leur seigneur et qu'ils le conjurent de donner un juste avis.

Dans la conjoncture actuelle de l'historiographie, une telle requête serait qualifiée de "modérée" par les historiens. En effet, l'attitude des villageois étonne le chercheur, au moins pour deux raisons. D'abord, il s'attendait à des actions beaucoup plus violentes, car les conflits lui semblaient devoir être ici exceptionnellement aigus, du fait de conditions particulièrement favorables au développement d'une *Gutsherrschaft* agressive, c'est-à-dire en gros d'une seigneurie fondée sur l'extension de la réserve aux dépens des communaux, voire des censives, et sur sa mise en valeur par un recours de plus en plus fréquent à la corvée. C'est que, d'un côté, la seigneurie de Plattenburg-Wilsnack, située en bordure de l'Elbe, subit vraisemblablement l'attraction des marchés demandeurs de bois et de céréales que le domaine est potentiellement capable de fournir, et que, de l'autre, cette sollicitation mercantile paraît d'autant plus attrayante au junker qu'au même moment la Réforme anéantit le très fructueux profit tiré tout récemment du pèlerinage de Wilsnack[12] ; en effet, là était conservée une ampoule contenant le sang issu de trois hosties en 1383, mais qui, cible des critiques de Luther dans l'*Appel à la Noblesse de la Nation allemande*, venait d'être livrée aux flammes, justement en 1552. Cependant la surprise de l'historien s'accroît encore, lorsque, relisant le texte, la justification invoquée par les villageois lui apparaît disproportionnée, non pas aux revendications qu'ils formulent, mais à l'action qu'ils projettent ; force lui est de constater, non sans stupeur, que, pour simplement obtenir une inspection et des rapports, ils se réfèrent non seulement au droit ou à la coutume du lieu, mais également à la légitimation suprême, *die Billigkeit*, la Justice transcendante. Or, pour lui, celle-ci ne devrait intervenir que dans les cas les plus graves, avant tout les rébellions armées, parce que, considérées par les autorités comme des félonies, elles exigeraient seules, si besoin s'en faisait sentir, un exposé justificatif soigné, allant jusqu'à la présentation d'arguments aptes à emporter la décision.

Cet étonnement du praticien risque aussi de fausser son jugement. D'abord, en voulant proportionner la virulence de l'action à la gravité de la situation, il néglige une fois de plus d'accorder un rôle actif et partant modificateur à la représentation paysanne de cette situation. Ce point, longuement évoqué auparavant, n'a pas besoin maintenant d'être à nouveau réexaminé ; ce qui ne veut nullement dire que l'on ne doive pas, une fois encore, dénoncer son interférence. Mais, à côté de ce processus et afin d'ailleurs qu'il puisse correctement fonctionner, l'historien propose un classement hiérarchisé des formes possibles de contestation ; dans cette optique, la prise d'armes en serait l'expression soit la plus haute, soit la plus efficace, soit la plus menaçante pour l'ordre social ; toutefois, dans un cas comme dans l'autre, elle en constituerait toujours la forme majeure. Dans l'historiographie marxiste d'obédience soviétique et en particulier est-allemande, elle devint ainsi la manifestation la plus nette et surtout la plus pure de la lutte des classes. Comme le remarque Jan Peters, les autres furent qualifiées de « passives », d'« insuffisamment développées », de « formes extrêmement dispersées ou de combats non sans compromis » ; lorsque Kurt Wernicker étudia la force d'inertie déployée par les paysans face aux demandes de leur junker, il intitula sa "dissertation philosophique" soutenue à Berlin (RDA) en 1962 : « Recherches sur *les formes inférieures* de la lutte de classe paysanne dans le domaine de la Gutsherrschaft[13] » (c'est nous qui soulignons). Jan Peters relie cette primauté qui fut octroyée au soulèvement à la quête d'identité de la RDA nouvellement fondée ; elle aurait trouvé, dans l'Héroïco-Révolutionnaire, un moyen mieux adapté à cette fin que dans le Minuscule et le Quotidien[14].

Cependant, sans nier qu'un tel facteur ait pu intervenir entre Elbe et Oder, il ne constitue sans doute pas une donnée explicative suffisante, car l'exaltation de la révolte n'est pas propre à la tradition historiographique est-allemande, ni même soviétique. D'abord, parce que, comme il l'a été noté plus haut, bien de ses remises en cause ont, par la même occasion, récupéré ses préjugés implicites, en en prenant trop strictement le contre-pied ; ensuite parce que, comme on s'en est à maintes reprises aperçu, le soulèvement n'est pas étudié en lui-même, mais comme révélateur privilégié d'un autre phénomène (ici la structure sociale). Lorsque Roland Mousnier prétend qu'à la différence des procès qui ne relèveraient que du "civil" les insurrections ressortiraient au "criminel", il attribue ainsi une force contestatrice plus grande aux secondes qu'aux premiers, puisqu'elles se situeraient en dehors des procédures admises par l'ordre social établi et par là, contrairement à eux, nieraient quelques-uns de ses principes, en refusant de reconnaître les voies qu'il autorise pour régler les conflits[15]. Il établit ainsi, lui aussi, une hiérarchie et y place en tête la révolte. La tradition n'est donc pas uniquement est-allemande et soviétique ; elle est, ici, européenne. Dans cette orientation de pensée, il devient normal que le chercheur s'étonne de se trouver face à une justification majeure pour un type de contestation qu'il estime mineur, puisqu'il s'agit d'une simple demande d'enquête. Néanmoins, il est difficile d'écarter le témoignage de Gross Lüben d'un revers de main ; son rédacteur ne pouvait exprimer toutes les facettes que nous y avons recensées que si elles correspondaient aux aspirations et aux représentations profondes des rustres ; sinon ceux-ci l'aurait désavoué. En conséquence, que des interprétations paysannes similaires à celles que l'on semble retrouver à l'origine d'au moins un certain nombre de troubles armés débouchent sur d'autres types d'actions parfois fort éloignées d'elles doit être sérieusement envisagé.

L'hypothèse d'une telle déconnexion, ou plus exactement de l'introduction d'un degré de liberté à définir, dans la relation entre la représentation et l'action qui suit n'est cependant facile ni à étayer, ni à préciser dans ses modalités. Un premier obstacle, déjà évoqué, naît d'une déficience du matériel documentaire, à la fois insuffisant et, quand il existe, ambigu, donc délicat à interpréter, lorsque l'on s'efforce de reconstituer les représentations paysannes. Il rend déjà, nous nous en sommes aperçus, toute tentative dans ce domaine difficile et, dans une large mesure, conjecturale. Or la nécessité où l'on se trouve maintenant d'établir et de déterminer le lien entre les représentations et les actions qui leur succèdent accroît d'autant l'embarras et l'incertitude car il faudrait, pour bien faire, maîtriser parfaitement et à chaque fois les deux séries de phénomènes ; ce qui n'est évidemment presque jamais le cas, les actions ayant souvent beaucoup plus retenu l'attention des chercheurs que les représentations qui les précèdent (en raison même de la problématique qu'ils adoptaient). Toutefois, la difficulté peut en être en partie levée si l'on admet comme postulat que des actions différentes et simultanées ou échelonnées et graduées (comme dans une escalade) procèdent d'une seule représentation ou de représentations similaires de ce qui rend insupportable la situation créée ou redoutée, parce que ces représentations seraient contemporaines ou liées à un plan stratégique plus ou moins fermement établi dès le départ. Mais, pour le sujet qui ici nous préoccupe, on ne se trouve pas pour autant au bout de ses peines, car la primauté accordée à la prise d'armes sur les autres expressions de la contestation paysanne a engendré un déséquilibre des études en sa faveur ; en d'autres termes, nous sommes mieux renseignés sur elle que sur les procès et davantage encore que sur les agissements quotidiens. Force sera donc de se concentrer au départ sur les recherches parvenues à notre connaissance, qui rassemblent le plus de matériaux utilisables pour notre propos, puis d'élaborer des schémas interprétatifs à partir de comparaisons et d'extrapolations ; il est bien évident que le résultat ne saurait être, dans ces conditions, qu'incertain.

A Gross Lüben, on ignore les suites de la supplique de 1553 ; mais, grâce aux recherches de J. Peters, on sait désormais que le conflit entre les villageois et leur junker reprend au moins en 1574, rebondit ensuite au début du XVIIᵉ siècle, pour renaître à sa fin, au-delà de guerres terriblement dévastatrices (guerre de Trente Ans et guerre suédoise de 1675-1678). On sait également qu'en gros il porte toujours sur les mêmes points litigieux. Il offre donc une continuité surprenante et par là digne d'attention. Toutefois, si les pratiques controversées varient peu, en revanche les moyens utilisés par les paysans pour se faire entendre s'enrichissent notablement. Désormais et dès 1574, ils ne se contentent plus d'une demande d'enquête ; ils assignent aussi leur junker devant le tribunal de l'électeur (*Kammergericht*) ; éventuellement, ils accompagnent leurs suppliques d'attroupements plus ou moins menaçants et plus ou moins violents ; dans ces conditions, les plaintes initialement présentées au seigneur semblent ne constituer maintenant qu'un prélude à un appel au prince appuyé à l'occasion d'une agitation locale[16]. Ces tactiques ne visent d'ailleurs pas que les von Saldern ; plus au nord, elles affectent les seigneuries, y compris urbaines, de l'Uckermark (où les rustres jouent en plus sur la position frontière de la région)[17] et plus généralement du Brandebourg[18]. Elles n'aboutissent cependant qu'une fois sur une prise d'armes organisée regroupant plusieurs villages ; c'est Hartwig von Bredow, possessionné dans le Havelland autour de Friesack[19], qui en fait les frais en 1579-1580. Là, une brusque augmentation du taux des prestations entraîna une grève de la corvée en pleine moisson, qu'une répression brutale transforma en soulèvement. Quoi qu'il en soit, et pour en revenir au cas étudié, le tout est évidemment de savoir si cette persistance de revendications similaires se double d'une quasi-permanence des représentations malgré la diversification des actions. Certes, des éléments caractéristiques de la supplique de 1553 reviennent d'une manière récurrente à Gross Lüben ; d'abord les protestataires invoquent leur droit coutumier ancien (*uralte Rechte*). De plus, l'*Hausnotdurft* reste vraisemblablement pour eux une valeur fondamentale, puisqu'ils affirment à plusieurs reprises que les initiatives intempestives de leur junker ou de son prévôt (*Vogt*) risquent de les contraindre à prendre le bâton du mendiant (*Bettelstab ergreifen*) ; ce qui, d'ailleurs, est un moyen à peine voilé de faire entendre au seigneur que son *Hausnotdurft* dépend aussi du leur. Ces indications, toutes favorables qu'elles soient à une continuité des représentations, demeurent néanmoins équivoques, dans la mesure où elles révèlent seulement la persistance d'éléments d'appréciation et non pas de la globalité d'un jugement portant sur une situation.

Cependant, suppliques, appel en cour électorale, agitations locales plus ou moins bruyantes n'épuisent pas pour autant les actions contestataires des paysans, qu'ils soient de Gross Lüben, d'une autre dépendance de la seigneurie de Plattenburg-Wilsnack, voire de l'ensemble du Brandebourg[20]. Ils caractérisent seulement des périodes de crise aiguë et se détachent ainsi sur un fond d'agissements beaucoup plus fréquents, presque quotidiens, qui n'apparaissent que lorsqu'un junker exaspéré décide, pour le plus grand bonheur de l'historien qui découvre ainsi les traces de faits habituellement ignorés, de s'adresser à son tour au tribunal de l'électeur. C'est que le paysan brandebourgeois des XVIᵉ et XVIIᵉ siècles fait preuve, dans ce domaine du quotidien, d'une riche imagination. Lui demande-t-on de livrer du matériel et des hommes pour exécuter une corvée ? Il vient avec une charrette trop petite, des outils usés ; il délègue le simplet de la ferme ou, comme ce manant de Werder qui possède une douzaine de vigoureux chevaux, envoie une vieille rosse de dix-huit ans ; quand lui-même ou ses domestiques sont requis pour un travail, ils arrivent en retard, interrompent fréquemment la tâche pour se reposer ou s'épuisent plus à courir après les servantes qu'à labourer ou à moissonner. Le junker s'assure-t-il les services de faucheurs professionnels pour montrer aux corvéables comment procéder ? Ces derniers n'avancent pas plus vite leur besogne, et les premiers doivent l'achever à leur place. Quant aux redevances en nature, elles sont si loin d'être versées en produits de bonne qualité que l'expression « maigre comme un coq de cens » (*mager wie ein Zinshahn*) est devenue proverbiale. Adresse-t-on des reproches au paysan, fait-on appel à son bon sens ? Il répond que le junker n'avait pas précisé suffisamment ce qu'il désirait, ou qu'il pensait que sa prestation suffisait, en un mot qu'il n'avait pas compris ; et, évidemment, de s'excuser de sa bévue, de protester de son respect et de son dévouement, quitte à recommencer à la première occasion ; mais n'est-il pas qu'un rustre qui ne possède certes pas la vive intelligence de son brillant seigneur ? N'est-ce pas là une des raisons de la prétention de ce dernier à la prééminence[21] ? Voudrait-on manier le paradoxe, on prétendrait qu'il y a contestation jusque dans la soumission.

Ce qui importe ici cependant, c'est moins la variété des formes d'action et la prédominance vraisemblable de la force d'inertie quotidienne, justifiée par une affectation de bêtise bornée, que la simultanéité ou la quasi-simultanéité des recours à des moyens sensiblement divergents ; en effet, à la "mauvaise volonté" frôlant souvent la dérision dans l'exécution des corvées et le versement des redevances, se superposent de temps à autre des suppliques adressées au junker, des assignations devant la *Kammergericht*, le cas échéant, une agitation locale, le tout pouvant toujours, des maladresses aidant comme autour de Friesack en 1579, déboucher sur une rébellion en règle. Cette concomitance et cette immédiateté dans la substitution d'une tactique à une autre sont si éclatantes qu'elles finissent par rendre mouvantes les frontières entre les « formes quotidiennes et extraordinaires de défense et d'opposition [22] ». Tout se passe en définitive comme si « entre soumission et action il n'y avait aucune différence essentielle, la première étant, dans un contexte déterminé, l'avatar nécessaire de la seconde. Bravoure et humilité, sentiment de l'honneur et amende honorable sont manifestement parfaitement compatibles, si l'on ne considère que la cible visée [23] ». A leur tour, ce manque de fixité dans les limites et, plus encore, cette parfaite compatibilité entre des actions d'aspects différents s'accommodent fort mal de représentations qui seraient spécifiques de chacun de ces aspects et imposeraient immanquablement celui qui lui correspond. Ils laissent plutôt entendre qu'il n'existe qu'une seule représentation qui leur serait commune, au moins à un moment donné. Dans ces conditions, le jugement porté sur une situation, et qui la ferait estimer inacceptable, n'imposerait pas automatiquement, pour y parer, une modalité concrète d'action plutôt qu'une autre ; en conséquence, il s'insinuerait un certain degré de liberté, peut-être d'ailleurs variable, dans le rapport entre la représentation et l'action ; en d'autres termes, dans cette perspective, la prise d'armes devient un moyen parmi d'autres possibles, tout aussi possibles qu'elle et, dans le Brandebourg des premiers Hohenzollern, même plus probables qu'elle. La vision que suggère la supplique de Gross Lüben en 1553, bien loin d'être un événement surprenant et aberrant, relèverait tout bonnement d'un phénomène normal. Simultanéité et quasi-simultanéité de formes d'actions diverses poussent à écarter l'hypothèse d'une loi à vocation universelle qui provoquerait le recours au soulèvement armé, dès que la situation apparaîtrait au paysan intolérable ou susceptible de devenir intolérable, et dont seuls des circonstances fortuites et des facteurs contingents pourraient interdire la réalisation.

Cette conclusion découle cependant d'un champ d'observation restreint : le Brandebourg des XVIe et XVIIe siècles, au mieux du début du XVIIIe. Néanmoins, en introduisant l'éventualité d'une connexion qui ne serait pas parfaitement déterministe entre la représentation et l'action, donc en dépassant le particulier pour aboutir à une formulation générale, elle tend à déborder le cadre de l'électorat et pourrait, en conséquence, fort bien s'appliquer à tous les cas de révoltes et plus largement de contestations paysannes. Cette procédure d'extension n'est certes pas illogique ; elle reposerait néanmoins sur le postulat que ce qui est constaté dans le Brandebourg n'est que la manifestation régionale d'un phénomène, sinon universel, du moins européen. Il paraît donc plus prudent de ne pas se contenter de ce postulat et de tester le bien-fondé de cette extension, en procédant à une contre-épreuve, c'est-à-dire en récoltant d'éventuels indices de phénomènes similaires dans d'autres régions et à d'autres périodes. Une telle démarche est d'ailleurs nécessaire pour une seconde raison. En effet, la conclusion qui vient d'être présentée pour le Brandebourg des XVIe et XVIIe siècles est bâtie, non sur des certitudes, mais sur des signes qui demeurent, il faut le reconnaître, ambigus. Elle est une construction, donc une représentation elle aussi, mais cette fois de l'historien.

Pourtant, la conclusion à laquelle on est parvenu s'accorde avec d'autres faits déjà signalés ; elle en permet même une interprétation peut-être plus complète que celle qui en avait été alors proposée. On a enregistré plus haut que Peter Bierbrauer a cru déceler, au XVe siècle dans les campagnes occidentales et méridionales du Saint Empire, « une procédure d'escalade qui, bien que n'étant pas universelle, aurait néanmoins été couramment pratiquée par les communautés villageoises [24] ». Rappelons brièvement en quoi elle aurait consisté. Elle débuterait par la remise au seigneur ou au prince de cahiers de doléances ; en cas de non-satisfaction de tout ou partie de leurs revendications, les rustres passeraient à l'étape suivante : l'appel aux tribunaux, tribunaux judiciaires ou d'arbitrage ; si cette étape se soldait à son tour par un échec (ou ce qui passerait à leurs yeux pour un échec), ils refuseraient le paiement des redevances, effectueraient un retrait d'hommage, voire tiendraient des assemblées illégales ; ce n'est qu'ensuite qu'ils se prépareraient à une prise d'armes, et en dernier ressort qu'ils se soulèveraient contre l'autorité [25]. Certes, ce cas est apparemment plus équivoque que le précédent, dans la mesure où dès le départ est envisagée la possibilité d'une prise d'armes comme terme ultime d'une procédure d'escalade. Il est donc *a priori* normal que la représentation de la situation qui induirait cette prise d'armes puisse exister initialement, quand bien même cette procédure d'escalade n'atteindrait pas son dernier degré. Mais l'adoption d'une telle stratégie suppose également que le paysan admet la pertinence d'autres moyens pour obtenir satisfaction, puisque, à tout instant, il peut en suspendre la progression, s'il estime qu'un changement suffisant est survenu, qui ne lui fait plus apprécier la situation réelle ou redoutée comme insupportable et contraire à la Justice. La révolte apparaît alors comme l'ultime recours, et non pas comme le recours obligatoire ; elle n'est plus *le* recours, mais *un* recours, celui à mettre en œuvre en désespoir de cause, lorsque les autres ont échoué ; elle s'inscrit dans un ordre d'actions "programmées" qui, toutes, paraissent devoir être éventuellement efficaces. Si donc le cas de cette escalade semble plus équivoque que celui de l'interchangeabilité immédiate en Brandebourg, ce n'est peut-être qu'une apparence, car, tout autant que lui, il brouille les frontières entre les différentes formes d'action et implique que, loin de s'exclure, elles sont, au contraire, compatibles entre elles.

Reste que, jusqu'ici, les cas analysés ne relèvent que du Saint Empire. Ce n'est sans doute pas un hasard, car les historiens allemands, bien que leur pays ait été le berceau du marxisme, se sont, en raison peut-être de leur culture philosophique et encore plus juridique, montrés sensibles à un autre moyen utilisé par les paysans pour faire aboutir leurs revendications : la voie judiciaire. La thèse de la "juridification" (*Verrechtlichung*) progressive des conflits est bien née chez eux, grâce en particulier aux travaux de W. Schulze et à la multitude d'enquêtes qu'ils ont suscitées ; c'est bien aussi chez eux, à la confluence d'une réaction contre l'excellence attribuée aux soulèvements comme expressions de la lutte des classes et d'un intérêt marqué pour l'histoire au quotidien (*Alltagsgeschichte*), que la contestation au jour le jour a le plus attiré l'attention des chercheurs. Le déséquilibre entre ce que l'on connaît du Saint Empire, d'un côté, et des autres pays européens, de l'autre, n'a donc pas forcément pour origine une différence factuelle ; celle-ci peut fort bien provenir d'une divergence d'orientation historiographique. Néanmoins, le relatif silence des études ne justifie pas que l'on escamote tout essai de contre-épreuve ; il n'a pas valeur décisive. Il convient, en conséquence, de procéder à une plus vaste investigation. Car il s'agit maintenant de savoir si l'on peut également retrouver ailleurs de semblables indices, même si ceux-ci ne s'avèrent pas parfaitement concluants, pour estimer si oui ou non il est légitime d'extrapoler des pays germaniques à la majorité, sinon à la totalité des pays de l'ouest et du centre de l'Europe.

Bien que les travaux demeurent en nombre très insuffisant malgré l'existence de sources qui les autoriseraient, le cas du royaume de France suggère plutôt que cette extrapolation serait au moins partiellement fondée, même lorsqu'un examen rapide laisserait, *a priori*, supposer le contraire. Ainsi, en 1675, en basse Bretagne, les Bonnets Rouges se soulèvent apparemment sans que d'autres actions aient été entreprises au préalable ; les récits rapportent seulement qu'en Cornouaille ils se rassemblent à l'annonce de l'arrivée des "gabeleurs", c'est-à-dire de ceux qui étaient chargés d'organiser la levée des nouveaux droits sur le tabac, l'étain et les actes notariés[26]. Ce serait donc l'exécution d'une décision royale fortuite qui aurait provoqué le soulèvement. Les paysans ne pouvaient évidemment ni prévoir cette décision, ni encore moins y être accoutumés. On aurait là un exemple de cause à effet presque mécanique entre l'appréhension d'une injustice et la prise d'armes. Pourtant, immédiatement, dès la première escarmouche à Briec le 9 juin, et de plus en plus au fur et à mesure que s'étend l'incendie, les Bonnets Rouges s'en prennent aux seigneurs, accusés d'être complices des "gabeleurs", voire "gabeleurs" eux-mêmes (ce qui signifie cette fois qu'ils les soupçonnent de participer aux bénéfices de l'affermage des impôts indirects). Or ce qu'ils tentent d'obtenir d'eux, d'abord par la violence, puis sans cesse davantage par le chantage, n'a rapidement plus rien à voir avec ce qu'ils réclament en même temps des agents du monarque, car il s'agit maintenant de la réduction de leurs charges seigneuriales, parfois la suppression de certaines d'entre elles, c'est-à-dire d'obligations tout autres que les redevances fiscales. Un de leurs écrits, « La Requête de la Populace de cette Révolte », confirme ce que les actes laissent déjà clairement entendre, en déclarant que « nous nous pleignons de la pluspart de la noblesse de Ce païs, qui nous maltraite en Beaucoup d'occasions, tant pour Corvées, que pour Champars et pour droit de moulin ». Elle continue en accusant « une partie des Gentilshommes qui nourissent un grand nombre de Brebis ; et autres Bestiaux qui nous Causent de Grosses pertes dans nos bleds, parcs et terres ». Elle ajoute qu'« En outre Ils ont grand nombre de pigeons qui gastent nos bleds, quoyque n'ayons pas permisssion de les chasser ». Après avoir évoqué des exactions particulières du « Sieur du Pont-l'Abbé », du « Sieur Tiovaelen » et du « Sieur du Cosquer » (ce dernier, molesté, meurt à Quimper au plus fort des troubles), elle en vient alors seulement aux droits sur le vin et aux « nouveaux droits » levés au profit du duc-roi, non sans s'interrompre, dans un long paragraphe intercalé, pour en revenir « aux Gentilshommes qui nous osté un grand nombre de nos armes du temps passé. Et quand le Roy En a Besoin de se deffendre Contre ses Enemis ils nous ont Contraint par force, des personnes qui n'avoient pas de pain à manger de vendre même Leurs meubles pour acheter derechef des armes (...). Et outre nous nous pleignons des Gentilshommes qui Coupent des arbres dedessus des fossés en droit réparatoire[27] ». Cette fois, ce ne sont plus des pratiques imprévues et imprévisibles parce que nouvelles qui sont visées, mais habituelles et quotidiennes depuis longtemps exercées, et vraisemblablement en procès d'alourdissement.

Or, avant de se lancer dans cette énumération, la requête signale que « Les Juges présentement n'ont aucune Considération ny pour Les pauvres, ny mineurs, ny pour la pauvre populace. Ils Les accablent en toutes occasions, en tenant leurs procez tant que Leur bien dure et Les tenants toujours en angoisse ; c'est pourquoy nous Crions miséricorde Contre La justice ». Ainsi, cette requête prétend également que c'est seulement faute de juges équitables, donc faute de pouvoir utiliser la voie judiciaire estimée normale, que les Bonnets Rouges prennent les armes. Tout se passe comme si l'expérience qu'ils en avaient eue dans le passé, en y ayant recours dans les conflits qui les opposaient à leurs seigneurs, avait été si décevante que, lorsque le roi prétendit lever de nouvelles impositions, ils étaient déjà convaincus qu'elle ne remédierait aucunement à la nouvelle injustice dont ils étaient victimes, d'autant plus que derrière ces impositions inédites, ils croyaient voir se profiler leurs oppresseurs au jour le jour, puisque, selon eux, ceux-ci auraient participé à leur affermage et, de ce fait, à leur produit. Il ne leur restait, à leurs yeux, que la rébellion. Cette reconstitution hypothétique[28] rendrait compte à la fois du fait que les revendications aient visé en même temps le fisc et les seigneurs et du fait qu'en 1675 ce soit d'emblée un soulèvement qui ait éclaté. Il y aurait tout bonnement eu extension forcée du champ des plaintes et changement de tactique, à la mode des paysans allemands, c'est-à-dire la représentation sous-jacente et les buts poursuivis restant identiques, bien qu'élargis à de nouvelles réquisitions. D'ailleurs, comme il l'a été déjà remarqué, la requête déclare que « nous ne pouvons avoir Justice. C'est pourquoy nous Sommes obligés de nous mettre en deffence contre la justice et Contre la noblesse [29] ».

Cette supplique, que le duc de Chaulnes, gouverneur de Bretagne, aurait peut-être qualifiée de "modérée" dans une lettre à Colbert [30], est destinée à convaincre les autorités royales ; aussi ne peut-on pas complètement exclure *a priori* que l'allusion à une justice partiale ne soit qu'un argument rhétorique pour excuser et faire pardonner la violence ; toutefois, il n'est pas non plus certain qu'elle n'en soit qu'un ; elle peut également correspondre à des expériences réelles, et les indices que l'on possède poussent plutôt dans ce sens. D'abord, il convient de remarquer que la requête s'accorde bien avec ce que nous savons par ailleurs des revendications que les paysans tentent d'obtenir par l'intimidation, ce qui donne déjà quelque crédibilité à des pratiques judiciaires défavorables aux paysans. Ensuite, pour d'autres régions de la basse Bretagne plus ou moins proches de la Cornouaille, de telles pratiques semblent avoir eu effectivement cours, d'autant plus que bien des tribunaux locaux sont seigneuriaux. Ainsi, Roger Leprohon a découvert, au dos du registre paroissial de Lampaul-Ploudalmézeau [31] en Léon pour l'année 1674, une note du recteur accusant le seigneur de Portsall de réduire la plupart de ses paroissiens « à l'aumosne par un édit de sa cour de P(ort) sale, par lequel il s'est fait adjuger des droits sur un ruesseau nommé le froud qu'il prétend luy apartenir, et autant de charreté de lin verd ou crud quon y rend pour rouir, autant de six sols pour luy, autrement un procez dans sa juridiction de P(ort) sale où il n'est pas possible de trouver un procureur qui luy soit adverse ». Mieux, sur le rivage, il concéderait les places où échoue le goémon, contre un prélèvement du quart ou du tiers. Certes, tous les seigneurs ne procèdent-ils pas forcément ainsi ; mais tous les recteurs ne sont peut-être pas non plus aussi attentifs que celui de Lampaul-Ploudalmézeau aux besoins de leurs paroissiens [32]. D'un autre côté, plus au sud, on retrouve des contestations "quotidiennes", qui font irrésistiblement penser à celles du Brandebourg. Jean Gallet en a mentionné un cas aux dépens des moines de Saint-Gildas-de-Rhuis [33], qu'Alain Croix a résumé ainsi : « En 1603 (...), les paysans refusent de transporter le bois de l'abbaye :

le tribunal seigneurial les condamne (...), mais ils recommencent pourtant au moins en 1606 et en 1619, puis à partir de 1636 pour les grains. Le tribunal seigneurial leur inflige des amendes : ils refusent de payer. On leur envoie des sergents pour saisir leurs vaches : ils les rossent. L'abbaye porte l'affaire devant le présidial de Vannes : les paysans, battus, font appel au parlement, forts de la centaine qu'ils sont. L'affaire des charrois de grains traîne ainsi vingt-deux années[34]. » A défaut de certitude absolue, il semble donc cependant, qu'en dépit des apparences, il s'agisse bien, en 1675, d'un changement de tactique, sans que la situation à laquelle il faut porter remède ait été fondamentalement perçue différemment, même si, sous l'impulsion des exigences royales et sans doute également d'une « réaction seigneuriale », elle ait été alors ressentie comme sans cesse plus critique et plus menaçante[35].

Que des situations semblables, perçues similairement comme contraires à la Justice, parce que impliquant une menace de déchéance sociale (la perte de l'autonomie économique de la maisonnée familiale, de l'*Hausnotdurft*), aient pu provoquer en Bretagne et au Brandebourg des actions variées, associées ou successives, conforte l'hypothèse qu'une telle perception ne provoque pas *ipso facto*, par toute l'Europe et dans tous les siècles, une propension à la révolte que seules des circonstances fortuites empêcheraient de se réaliser. Mieux, des indices voisins, bien qu'ils soient encore moins explicites et ne puissent donc fournir autre chose qu'une conjecture, suggèrent pourtant qu'il n'est pas illicite d'étendre cette conclusion à d'autres régions, voire de la considérer comme exprimant un phénomène largement majoritaire. Ainsi, sans sortir de France, en Saintonge, en Angoumois et en Périgord, en 1636-1637, les Croquants font allusion, ici, à des plaintes envoyées auparavant « à plusieurs et diverses fois », là, à la prise d'armes comme « un chemin extraordinaire[36] » ; faut-il comprendre une nouvelle fois, au-delà de l'argumentation justificatrice, que d'autres voies auraient été antérieurement réellement explorées, avant ou pendant le soulèvement ? S'il en était bien ainsi, la même appréciation portée par les paysans, à savoir que réquisitions et nouvelles impositions étaient injustes parce qu'elles déstabilisaient l'exploitation familiale et par ce biais le prestige de la famille elle-même, aurait pu conduire là encore à plusieurs actions différentes coordonnées ou échelonnées.

En dépit des apparences, il n'en va peut-être pas différemment de l'autre côté de la Manche. Sous les Tudors et les premiers Stuarts, les haies nouvellement dressées autour de champs et de communaux jadis ouverts et soumis aux usages collectifs sont accusées, avec l'alourdissement brutal de la rente foncière (*rack renting*), de provoquer la ruine de beaucoup d'*husbandmen*, qui parvenaient tout juste auparavant à faire vivre leur famille sur leur exploitation[37]. Aussi un grand nombre d'émeutes locales et la plupart des grands soulèvements régionaux, à l'exception de celui du *Prayer Book* dans le Devon et les Cornouailles en 1549[38], se caractérisent-ils par la destruction de clôtures plus ou moins récemment édifiées. Fort visibles dans les sources classiques de l'historiographie anglaise, les *enclosure riots*, *enclosure rebellions*, *enclosure revolts* sont ainsi devenus l'objet d'une abondante littérature anglo-saxonne ; ils sont donc relativement bien connus. A première vue, ces expéditions punitives d'envergure très variable font figure d'explosions spontanées ; les villageois, ulcérés par les restrictions imposées à leurs droits d'usage, parfois opportunément excités par un *landlord* voisin, partiraient un beau jour, pelles et pics sur l'épaule pour creuser, arracher, niveler (d'où les surnoms de *Levellers* et de *Diggers*, volontiers donnés aux fauteurs de troubles) ; en bref, sur un coup de colère, ils tenteraient de réouvrir les champs moissonnés et les landes nourricières à leurs bêtes, et les bois à l'abattage des arbres et au ramassage des branches mortes ; en un mot, ils essaieraient de réinstaurer un état antérieur qu'ils estimaient leur être plus favorable. Une maladresse ou une opiniâtreté malencontreuse suffiraient à mettre localement le feu aux poudres, mais quand une mesure royale mal ressentie surviendrait inopinément, ce serait alors des provinces qui se soulèveraient. Au mieux, comme dans le Norfolk en 1549, quelques meneurs plus réfléchis monteraient une conjuration pour provoquer, mais d'emblée, une révolte de grande ampleur.

Cette vue apparaît cependant très vite simplificatrice, dès que l'enquête refuse de se borner à la seule étude de ces émeutes et de ces rébellions ; les replacer dans l'ensemble des contestations paysannes contemporaines change immédiatement la perspective et l'appréciation que l'on peut en avoir. Les bris de clôture ne constituent en effet que le moyen le plus voyant, le plus remarqué, peut-être également le plus fréquent, d'une panoplie qui en contient beaucoup d'autres, et dont les paysans anglais usent derechef simultanément ou successivement. Ils peuvent d'abord s'adresser directement à la cour manoriale ; ils ne s'en font pas faute, lorsque l'accusé est un forain, surtout s'il est détesté par leur *landlord*. Sont-ils cependant déçus par cette cour manoriale ou ne peuvent-ils y avoir recours parce que le défendant serait le *landlord* lui-même, son intendant, son fermier ou un de ses protégés ? Ils se retournent vers le roi, ses juges et ses commissaires ; il n'est pas rare qu'ils saisissent même la Chambre étoilée, ce tribunal qui deviendra le symbole de l'arbitraire royal (pour la *Gentry* et les *Merchants*, il est vrai). Pour faire face aux frais de procédure, ils cotisent à une bourse commune. Il leur arrive quelque-fois, quoique plus rarement qu'au XVᵉ siècle, d'entreprendre une grève des redevances. Lorsque, au début du XVIᵉ siècle, le troisième duc de Buckingham prétend lever des droits d'entrée sensiblement plus éle-vés, les censitaires abandonnent leurs tenures ; aussi l'inventaire dressé en 1521 lors de sa condamnation mentionne-t-il un bon lot de terres inoccupées[39].

Comme en Brandebourg, toutes ces actions s'entrelacent volon-tiers, au point qu'il paraît difficile de croire là encore qu'à chacune d'entre elles correspond un jugement moral différent sur la situation qui les provoque. C'est au moins ce que suggère l'examen des conflits. Ainsi en est-il de celui qui oppose, de 1509 à 1538, les villageois de Finedon[40] à leurs *landlords* successifs (John Mulsho père et fils) ; l'origine en est triple et peu originale : d'abord, le *landlord,* sans s'arrêter aux protestations qu'il déclenche, enclôt à son profit des communaux traditionnellement réservés aux troupeaux des habi-tants ; ensuite il double les droits d'ensaisinement (*entry fines*) sur des censives (*copyholds*) qui s'y prêtent (le montant passant d'une année de rente à deux années) ; enfin il se procure du bois d'œuvre en grande quantité sans tenir le moindre compte des besoins des résidents ou de ceux qui éventuellement posséderaient les arbres. Pour parer cette offensive, les habitants de Finedon invoquent les interdictions royales concernant les *enclosures* ; en vain. Ils obtiennent ensuite que la Chambre étoilée nomme une commission d'arbitrage ; ses déci-sions, bien loin de résoudre les problèmes, multiplient les litiges. Les villageois ne se découragent pas ; ils s'assurent l'appui du *sheriff* qui ordonne de démolir les clôtures ; John Mulsho ne s'exécute pas. Ils en viennent alors, mais alors seulement, aux voies de fait ; ils partent à soixante déraciner les haies incriminées et niveler les talus ; il leur faudra huit jours de travail. Le seigneur répond en saisissant par deux fois leur bétail ; par deux fois, ils le délivrent[41]. Les escarmouches se poursuivent ainsi sur plusieurs décennies, avec des péripéties diverses, des succès et des échecs de part et d'autre. Mais la représentation que se font les paysans des prétentions de leur *landlord* a-t-elle réellement changé au cours des ans ? Ne les considèrent-ils pas toujours comme des dangers pour le maintien de leur statut social, et pour cette raison comme des actes illicites et contraires à la Justice, légitimant leurs actions, quelles qu'elles soient ? Celles-ci revêtent dans ce contexte un caractère instrumental ; aussi peuvent-elles être substituées l'une à l'autre ou utilisées l'une en même temps que l'autre ; c'est leur efficacité supposée qui compte, même si elles n'ont qu'un rapport relativement lointain avec l'injustice qu'il faut faire cesser.

Il semble bien qu'un certain nombre de bris de clôtures n'ont ainsi pour but que d'attirer l'attention sur ce qui, dans la représentation des paysans, demeure des "exactions" auxquelles il convient de porter remède. Il n'est pas rare, en effet, qu'ils appuient et accompagnent des citations en justice. Ils ont alors valeur démonstrative d'une détermination au sein d'une stratégie relativement complexe. A la limite, ils n'entretiennent plus qu'une relation éloignée avec le but effectivement recherché ; seul ou presque seul importe alors le message qu'ils adressent ; le signifié écrase le signifiant, au point que ce en quoi consiste ce dernier n'a plus guère d'intérêt en dehors de son aptitude à convaincre. Dans les années 1590, dans le comté de Warwick, John Alderford, surchargé de dettes, ne trouve rien de mieux que d'exiger de ses tenanciers une confirmation, payante bien sûr, pour leurs *copyholds*. Ceux-ci ne répliquèrent ni par une grève des redevances, ni par une plainte en justice, mais par des représailles sur les biens : hommes et femmes arasèrent une haie autour d'une pâture d'une centaine d'acres ; ce qui demanda deux mois ; il est donc difficile d'y voir un coup de colère et une entreprise irréfléchie. Reste qu'elle tendait, non pas à rétablir des droits collectifs sur cette pâture, mais à contrecarrer un prélèvement extraordinaire estimé injustifiable[42].

Même les grandes révoltes de 1549, dans le Norfolk et les comtés d'Oxford et de Buckingham tout au moins, ne représentent vraisemblablement qu'une phase tactique dans une stratégie infiniment plus vaste et plus complexe ; que cette phase ait été calculée et préparée

(comme autour de Norwich) ou qu'elle ait été irréfléchie et spontanément adoptée n'a, dans l'optique qui nous retient ici, guère
d'importance[43]. En effet, elle s'insère dans une longue suite de dénonciations, de procédures et d'enquêtes. Celles-ci avaient pour but de
dépister et de faire cesser les abus commis par ceux qui enfreignaient
la législation royale, en particulier sur les *enclosures*, portaient ainsi
préjudice aux *husbandmen*, voire à des *yeomen* pourtant plus aisés et –
et c'est ce qui préoccupait le souverain – auraient de cette manière
favorisé une dépopulation réelle ou redoutée des campagnes anglaises.
Le succès fut médiocre ; les ordres durent être réitérés, sans que leur
efficience en fût, semble-t-il, accrue pour autant. Or le régent, le
Lord-Protector Edward Seymour, duc de Somerset, avait voulu (ou
fait semblant de vouloir) "réactiver" la législation et la faire appliquer
à l'aide de commissions, après sa prise de pouvoir en 1547. Craignant
sans doute que celles-ci s'enlisent à nouveau, sabotées par ceux mêmes
qui y siégeaient, aiguillonnés aussi par une conjoncture délicate qui
rendait les paysans sensibles aux difficultés latentes, les insurgés estimèrent, consciemment ou non, que la prise d'armes leur offrait une
opportunité et d'exposer leurs récriminations, et d'accroître l'efficacité
de l'action royale, sous prétexte de l'appuyer et de la soutenir. Ainsi,
si la majorité des vingt-neuf demandes de la *Kett's Rebellion* (celle qui
se déroule autour de Norwich) rassemble des propositions plus ou
moins concrètes, la vingt-septième tente, elle, de contrôler les agissements de ceux qui étaient chargés de mettre en œuvre les décisions
gouvernementales. Elle prie en effet « votre Grâce de donner licence
et autorité par gracieuse commission sous votre grand sceau à ceux
des commissaires que vos pauvres communes (*commons*) ont choisis
ou de prendre autant d'entre eux que votre Majesté et votre Conseil
pensent appointer et assembler, afin de relever et rétablir (*to redress
and reform*) toutes les bonnes lois, statuts, proclamations et autres
actes qui ont été dissimulés (*hidden*) par vos Justices de Paix, *sheriffs*,
escheators et autres de vos officiers à vos communes depuis la première
année de votre noble père[44] ». Le recours à la violence s'inscrit donc
dans une stratégie globale, encore une fois plus ou moins consciemment élaborée, dont la finalité est moins d'obtenir satisfaction par la
prise d'armes que par les décisions de commissaires, la première ayant
pour fonction de se prémunir contre les manœuvres dilatoires et de
réaffirmer les objectifs concrets à atteindre. Mais, s'il y a stratégie

globale, comment concevoir une pluralité de représentations de la situation comme insupportable, dont chacune engendrerait une tactique différente, ici le procès, là le bris de clôture, ailleurs la révolte ?

La prise d'armes, un choix tactique

Les analyses précédentes tendent à montrer qu'à tout moment et un peu partout, dans l'Europe de la fin du Moyen Age et des débuts de l'époque moderne, les révoltes peuvent se combiner à d'autres formes d'action, se substituer à elles ou, inversement, leur céder la place. Dans ces conditions, il devient déjà difficile, quoique encore à la limite possible, de concevoir qu'elles seraient la conséquence obligée d'une appréhension paysanne qui leur serait spécifique, celle d'une situation considérée comme insupportable, comme "invivable" au sens plein du terme, et déclarée de ce fait contraire à la Justice. La probabilité d'un tel déterminisme disparaît cependant presque entièrement si l'on tient compte qu'en Brandebourg ou en Bretagne, pour ne citer que deux des cas examinés [45], des sources, exceptionnelles il est vrai, suggèrent que des estimations similaires engendrent des plaintes ou des procès, et non plus, au moins dans un premier temps, des soulèvements. Il existe donc un certain degré de liberté entre le jugement porté sur une situation (elle est intolérable et il convient d'y remédier) et l'action tentée pour y mettre fin ou au moins la modifier. Il faut d'ailleurs ici entendre par "degré de liberté" non pas un indéterminisme absolu et un hasard total, mais uniquement l'absence d'une liaison automatique que seules des contingences pourraient interdire de se réaliser. C'est-à-dire qu'au moins pour l'instant, il est nécessaire de le définir négativement, par ce qu'il n'est pas.

Toutefois, les révoltes se trouvent ainsi également mises dans une nouvelle perspective ; elles n'apparaissent désormais plus uniquement comme la conséquence directe d'une représentation ; elles se manifestent aussi comme le résultat d'un choix, certes provoqué par elle, mais subordonné à un but à atteindre (faire cesser une situation ressentie comme intenable). Elles possèdent donc une fonction qui est une fonction tactique, à l'intérieur d'une stratégie plus ou moins élaborée, plus ou moins spontanée. Cette instrumentalisation ne signifie d'ailleurs pas que la décision d'y faire appel, plutôt qu'à un autre moyen, soit raisonnée et longuement mûrie ; il se peut, bien entendu, qu'il en soit ainsi ; et l'on verra qu'il en fut effectivement ainsi plus souvent qu'on ne serait tenté de le penser. Mais, dans cette optique, l'explosion de colère, la considérerait-on comme désordonnée et irrationnelle, a aussi une finalité, même si celle-ci n'est pas proclamée, voire consciente. Car il s'agit alors bel et bien de se sortir d'une situation qui est si mal supportée que toutes les autres, y compris la prison, les galères ou la mort, lui semblent préférables. La désespérance est aussi un choix. Donc, dans un sens très large, le soulèvement armé, qu'il soit associé ou non à d'autres actions, qu'il leur succède ou les prépare, ou qu'il soit seul retenu et seul utilisé, demeure le fruit d'une option des paysans.

Il en résulte que la révolte ne découle pas immédiatement et uniquement d'un jugement normatif porté sur une situation (celle-ci est intolérable et partant contraire à la Justice), mais qu'entre les deux s'intercale un jugement appréciatif des possibilités qui s'offrent d'agir sur elle (la prise d'armes, associée ou non à d'autres procédés, lui est adaptée pour obtenir satisfaction). Pour émettre ce jugement, les paysans ne doivent donc pas se contenter d'élaborer une image de cette situation en fonction de ses effets sur leur condition et leur statut sociaux ; il leur faut y joindre une seconde qui évalue les rapports de forces dans lesquels ils évoluent et l'efficacité des moyens dont ils disposent. Et, si la première est indispensable pour que se déclenche la prise d'armes, c'est la seconde qui intervient pour la rejeter ou la choisir ou la combiner à d'autres pratiques. La façon dont elle se constitue est, de ce fait, cruciale pour comprendre pourquoi se produit un soulèvement, parce qu'elle s'exprime dans le jugement appréciatif sur lequel s'appuie l'action effectivement entreprise. En conséquence, il devient nécessaire maintenant de l'étudier, puisque c'est d'elle que dépend le choix de la révolte comme remède à une situation condamnée.

CHAPITRE 5

Contraintes et habitudes dans le choix tactique

> *Trotzdem werden es in der Summe oder in Durchschnitt immer die gleichen Möglichkeiten bleiben, die sich wiederholen,...*

Au fil des étapes successives de cette enquête, on a admis que la prise d'armes ne surgit *immédiatement* ni des facteurs qui créent la situation où elle prend naissance, ni de cette situation elle-même, ni d'une vision spécifique de celle-ci, mais d'un choix tactique *ultérieur* inscrit dans une stratégie raisonnée, ou au contraire déclenché par une réaction spontanée, voire désespérée. Ce choix découlerait, si l'on accepte cette conclusion, d'un jugement appréciatif, conscient ou inconscient, rationnel ou émotif, émis à partir d'une représentation non plus normative mais utilitaire de la situation ; cette dernière ne serait plus alors considérée dans ses rapports avec la condition paysanne, mais comme l'expression d'un champ de forces existant *hic et nunc* entre les groupes sociaux (paysans, seigneurs, princes, etc.). Toutefois, avant de passer d'une telle représentation, qu'elle soit sommaire ou sophistiquée, à une action quelle qu'elle soit, les paysans doivent confronter leur évaluation du champ de forces à celle des divers moyens imaginables capables de le modifier en leur faveur. Il en résulte que leur action, et la prise d'armes s'ils optent pour elle, ne dépend pas uniquement de la représentation d'une situation comme champ de forces, mais aussi de celle de l'aptitude des différents moyens imaginables, à corriger cette situation. Et cela est vrai même si les paysans ou renoncent à toute action ou se lancent dans une insurrection sans espoir, car alors ils ont au préalable estimé que le rapport de forces jouait contre eux *et* que leurs moyens manquaient d'efficacité pour le modifier ; et c'est ainsi qu'ils en arrivent à penser qu'il n'y aurait plus qu'à se résigner ou à tenter le tout pour le tout. Inversement, en juillet 1476, les pèlerins de Niklashausen [1] possèdent la certitude que Dieu est avec eux, en raison des révélations accordées à Hans Behem, puis, après l'arrestation de celui-ci, à l'un des leurs ; ils croient donc qu'en dépit des apparences terrestres (la masse des hommes d'armes que commande l'évêque de Wurtzbourg), c'est eux qui l'emporteront finalement grâce à une manifestation de la puissance divine (représentation du champ de forces) ; c'est pourquoi ils considèrent comme préférable aux autres une action permettant justement à cette puissance divine de se manifester (représentation des capacités relatives des moyens imaginables) ; ils se rallient ainsi sans difficultés à celle que la Sainte Trinité leur aurait recommandée et partent en procession de Niklashausen au Marienberg (choix tactique découlant de la mise en relation des deux représentations appréciatives). Dans cette perspective, le choix tactique proviendrait donc d'un jugement appréciatif se situant au confluent de deux représentations, l'une portant sur le champ de forces, l'autre sur les capacités relatives des moyens imaginables.

Contraintes et habitudes dans le choix de l'action communautaire

Cependant, tous les moyens imaginables ne sont pas réalisables en un lieu et à un moment donnés ; en conséquence, celui qui emporte la décision doit d'abord figurer parmi ceux qui le sont. Le champ du choix tactique, loin de se révéler illimité, se trouve ainsi borné par des contraintes. En d'autres termes, toutes les actions concevables ne sont pas des actions possibles *hic et nunc* ; ce qui restreint le degré de liberté des paysans. Toutefois, il y a plus ; l'élimination des options imaginables sous l'influence des contraintes peut être telle qu'elle revienne, dans la pratique, à en imposer une et une seule ; cette fois-ci la liberté des paysans serait singulièrement réduite, à l'occasion même anéantie. Curieusement, par ce détour, on donne l'impression de réintroduire le déterminisme strict que l'on avait cru évacuer ; mais il n'y a là qu'une fausse apparence, car ce déterminisme ne porterait que sur des cas extrêmes, ceux où la force des contraintes serait telle qu'elle interdirait toute alternative ; ces cas ne préjugent nullement des autres, et comme justement ils sont extrêmes, ils laisseraient plutôt entendre qu'en dehors d'eux il n'en va nullement ainsi. Quoi qu'il en soit, le précédent raisonnement demeure théorique ; il montre néanmoins que le chercheur, pour avancer dans sa compréhension des choix tactiques, a l'obligation de préciser le rôle exact des contraintes qui influencent les choix et plus encore de déterminer si ce rôle est constant ou au contraire variable.

Pour prendre corps, ce projet exige le repérage d'une piste capable de dénoncer l'existence *éventuelle* de pareilles contraintes ; resterait ensuite à la parcourir, pour découvrir ce qu'effectivement elle nous apprend à leur égard. Or il s'en présente immédiatement une à un observateur des actions paysannes contestataires : la récurrence de choix similaires. Elle a néanmoins un grave inconvénient : comme elle attire l'attention sur les répétitions en elles-mêmes et non sur le processus spécifique qui conduit à chaque action répétée, elle tend à accréditer, si l'on n'y prend pas garde, que, s'il y a répétition, c'est qu'il n'existe pas d'autres solutions disponibles ; elle pousse de cette façon le chercheur inattentif à raisonner sur tous les cas comme sur des cas extrêmes et à ne plus distinguer ce qu'introduit un passage à la limite ; autrement dit, faute de prendre en compte la relation immédiate antérieure à chaque action, il existe de nouveau un risque de retour involontaire (et maintenant injustifiable) à une vision strictement déterministe. En un mot, en ouvrant le dossier, il faut être conscient du péril que serait susceptible d'induire une manière non contrôlée de l'ouvrir. De fil en aiguille, cette option implique donc, par l'objet même de la question posée, que l'on ne veut pas s'en tenir à une constatation au niveau de la macro-observation, mais qu'il est nécessaire d'ouvrir la "boîte noire" pour examiner ce qui se passe à l'intérieur, et surtout "comment cela se passe" et si cela se passe toujours de façon similaire. Cette attitude sous-entend que l'on recherche au niveau des microphénomènes la compréhension des macrophénomènes qui les incluent.

Les récurrences affectent plus, à première vue, la mise en œuvre du mode d'action (mise en œuvre par une famille, un clan, une communauté, etc.) que ce mode lui-même (rédaction de doléances, ouverture d'un procès, refus de paiement, prise d'armes, etc.). C'est qu'en effet, nombre de contestations, et pas seulement militaires loin de là, s'inscrivent dans le cadre d'une communauté villageoise ou d'une association de communautés villageoises, qui prennent en charge les griefs, décident et organisent les actions à entreprendre, quelque forme revêtent ces dernières[2]. La prégnance de cette conjonction est telle qu'en Castille, et grâce à Lope de Vega, c'est une commune rurale, Fuente Ovejuna, qui devint, jusque dans les milieux lettrés et au prix d'une déformation à finalité morale et par-delà politique, le symbole même de la résistance et de la "fureur" paysannes[3]. Au XIXe siècle encore, les nationaux-libéraux allemands virent dans les Unions chrétiennes de villages une caractéristique fondamentale de la guerre des Paysans, en l'interprétant comme une tentative de rénovation institutionnelle du Saint Empire. Surtout toutes les études de nos contemporains, qu'elles consistent en analyses fines et érudites ou en synthèses systématiques ethnohistoriques, ont confirmé cette concordance, particulièrement dès que la violence entre en jeu ; c'est vrai des Pitauts aux Bonnets Rouges en France, des multiples agitations locales aux grandes révoltes dans les pays germaniques, de Morgarten en 1315 au soulèvement de 1653 en Suisse, des nivellements de clôtures aux mouvements provinciaux de 1536-1537 ou de 1549 en Angleterre, des troubles de la Remensa à la révolte de 1640 en Catalogne[4] ; il en est résulté que pour nombre d'historiens, à l'heure actuelle, l'action contestataire paysanne s'exprimait essentiellement, et singulièrement lorsqu'elle emploie la force, dans et par la communauté ou les associations de communautés villageoises. Le problème, toutefois, n'est pas de constater leur omniprésence, mais de savoir dans quelle mesure ce recours est réellement le fruit d'une contrainte, en d'autres termes de se demander quand et jusqu'à quel point il n'était pas possible de faire autrement, c'est-à-dire quand et jusqu'à quel point il y a obligation, ou au contraire que persiste l'éventualité d'un choix, fût-il minime. Au fond, ici, la prégnance des récurrences ne témoigne que d'une possibilité d'existence de contraintes, mais pas plus.

Pour qu'apparaisse une action contestataire de grande envergure, il est nécessaire qu'elle soit mise en œuvre par un groupe social assez nombreux et assez fort pour l'assumer, et plus elle revêt d'ampleur, plus le groupe doit être important et en être capable. C'est sur cette base que repose le plus fort argument en faveur d'un recours obligé aux communautés villageoises ; celles-ci seraient seules aptes à cette époque à soutenir un procès, et davantage encore à entreprendre et à organiser une agitation. Mieux, une seule communauté ne pouvant matériellement soutenir une campagne militaire de longue durée pour résister à des troupes seigneuriales ou princières aguerries, cette campagne exigerait une coopération étroite et réglée de plusieurs d'entre elles. Or c'est bien que ce que l'on constate maintes fois. Les *Haufen* et les Unions chrétiennes de la guerre des Paysans de 1525 constituent des corps d'armée qui fédèrent des communautés villageoises, plus qu'ils ne les fusionnent, autour de cahiers de doléances qui eux, cette fois, synthétisent leurs propres plaintes, plus qu'ils ne les amalgament [5]. Deux cents ans auparavant, lors des « dramatiques événements » de 1323-1328, les paysans (et les artisans) flamands formèrent des « coalitions qui nettement transcendèrent chaque commune rurale pour embrasser des districts ruraux dans leur totalité, et plusieurs districts ruraux furent même capables de s'unir, comme à Cassel dans l'armée paysanne unifiée sous le commandement de Nikolaas Zanekin [6] ». Les troubles qui affectèrent le Sud-Ouest français en 1635-1637 regroupèrent successivement ou simultanément les "communes" d'Angoumois, de Saintonge, de Quercy et du Périgord [7], tandis que presqu'un quart de siècle plus tard, la seconde guerre des Paysans suisses de 1653 rassemblait des habitants de vallées des cantons de Berne, Lucerne et Soleure [8]. Il est d'ailleurs remarquable que les paysans ne parviennent à mettre en échec leurs adversaires pour un temps plus ou moins long que par des alliances intercommunautaires, que l'on considère le Tyrol des articles de Meran et des Etats d'Innsbrück en 1525-1526, ou les Dithmarschen de leur première victoire de 1313 jusqu'à leur écrasement en 1559, pour ne rien dire des trois cantons de Schwitz, Uri et Unterwalden (les Waldstetten) du pacte de 1291 (qui n'est d'ailleurs vraisemblablement que le renouvellement d'un pacte antérieur) et de la cinglante défaite de Morgarten qu'ils infligèrent en 1315 à l'armée levée par Léopold de Habsbourg [9].

Pourtant, toutes ces nombreuses récurrences (et on n'en a cité que quelques exemples) signifient d'abord que le recours aux communautés, pour mettre en œuvre une action et singulièrement une prise d'armes de quelque importance, est un recours largement et massivement employé (constatation de fait qui n'a pas valeur d'explication) ; certes, elles signifient aussi que probablement il n'est pas trop mal, ou ne paraît pas trop mal adapté, aux circonstances, sinon on l'eût sans doute rapidement abandonné ; mais elles ne signifient nullement l'absence d'alternative, et partant la possibilité d'un choix. En d'autres termes, ces "preuves" témoignent d'une aptitude des communautés et des associations de communautés à entreprendre et à organiser des actions d'envergure comme les procès et *a fortiori* les soulèvements, mais elles ne disent pas qu'il s'agissait d'une obligation à laquelle il était impossible d'échapper ; elles ne préjugent pas de l'existence d'autres organisations sociales capables d'assumer le fardeau d'un procès ou d'une prise d'armes ; car, pour qu'il y ait eu contrainte, il faudrait qu'il n'y en eût aucune autre de disponible ; en bref, les récurrences, observées au niveau global et dans leur ensemble, ne donnent aucune indication sur le fait qu'elles découlent d'une nécessité ou qu'au contraire elles sont le fruit de rejets répétés, sinon systématiques, d'autres éventualités, qu'ils soient délibérés ou instinctifs.

S'il est aisé de constater la prégnance de l'organisation communautaire villageoise, il est cependant facile d'apercevoir aussi qu'elle n'est pas la seule qui serve éventuellement de matrice aux actions, y compris les prises d'armes, même si de telles occurrences sont plutôt rares. Parmi celles-ci, figure le recours à la conjuration. Qu'au XVIe siècle, cette dernière ait été considérée comme envisageable, des écrits lettrés le suggèrent sans pour autant le prouver par eux-mêmes. Lorsque, en 1569-1570, l'érudit Gilles Tschudi essaie de mettre de l'ordre dans les récits fondant (et justifiant) les alliances entre cantons suisses (l'indépendance n'en sera reconnue officiellement, ne l'oublions pas, qu'en 1648), il en situe le point de départ dans le serment de trois chefs d'une conjuration, représentant chacun un des trois Waldstetten (Uri, Schwitz et Unterwald) : celui prêté par les Trois Suisses, Werner Stauffacher, Walter Fürst et Arnold de Melchtal, sur une prairie de défrichement forestier (le Grutli, en allemand, *Rütli*). Et comme circule un deuxième récit concurrent du premier, celui des exploits de Guillaume Tell, il en fait un des conjurés, peu discipliné d'ailleurs, puisque, en assassinant le bailli Gessler pour des motifs personnels, il risque d'en compromettre le succès. Et comme il existe encore un troisième récit (celui de l'attaque des châteaux), il fait de cette attaque le but de la conjuration, dont les membres soulèvent au jour voulu l'ensemble des communautés ; celles-ci en deviennent alors, chacune dans leur propre espace, les agents d'exécution[10]. Gilles Tschudi présente donc un mouvement qui s'appuierait sur une organisation transcommunautaire de conspirateurs mobilisant des communautés de vallées qui, elles, seraient chargées d'agir à l'intérieur de leur sphère personnelle. On pourrait objecter que, d'une part, les documents contemporains des événements ne signalent, à la différence des récits postérieurs, qu'un pacte entre les Waldstetten (le pacte de 1291), sans faire allusion à une conjuration, et que d'autre part, l'atmosphère humaniste de l'époque porte les écrivains, fussent-ils des compilateurs, à s'inspirer des faits et gestes grandioses de l'Antiquité en général, et des complots héroïques en particulier. A la première objection, il est facile de répondre que l'ouvrage de Gilles Tschudi témoigne pour le XVIᵉ siècle et que c'est ce témoignage qui importe pour l'analyse en cours ; à la seconde, qu'il n'aurait pas pu introduire une conjuration dans une narration qui ne porte nullement sur la glorieuse Antiquité, mais sur des faits bien plus récents touchant directement ses concitoyens, si ceux-ci ne l'avaient pas considérée comme de l'ordre du possible, au moins à l'époque où il rédigeait. Il n'est donc pas invraisemblable que, vers 1570, l'élite intellectuelle suisse n'estimait pas absurde que la mise en œuvre d'une prise d'armes paysanne s'appuyât simultanément sur un noyau transcommunautaire initiateur (la conjuration) et sur des communautés qui, en reprenant à leur compte ses objectifs, en seraient les exécutants.

Cela leur semblait d'autant moins absurde qu'ils conservaient peut-être le souvenir des *Bundschuhe* rhénans du tournant des XVᵉ et XVIᵉ siècles. Or ceux-ci, celui de 1493 dans la région de Sélestat, celui de 1502 dans l'évêché de Spire, celui de 1513 dans le Brisgau, celui de 1517 en Alsace, sont tous au départ des conjurations ; le premier fut inspiré par Jacob Hanser, le "maire" (*Schultheiss*) d'un village d'Empire, Blienschweiler, les trois derniers par Joss Fritz, paysan habitant Untergrombach près de Bruchsal, avant de devenir un conspirateur clandestin, patenté et pourchassé. Les promoteurs réunissent d'abord un groupe plus ou moins important de fidèles venus de plusieurs villages avec l'appui de quelques urbains, voire de quelques fantassins mercenaires (*Landsknechte*) [11] en général au chômage : trente-quatre hommes provenant de neuf lieux différents en 1493, une quarantaine en 1513 ; ils se rassemblent pour mettre au point un programme et un plan d'action, dans un lieu isolé des collines prévosgiennes en 1493 (Ungersberg), dans le village de Joss Fritz (Untergrombach) dès l'hiver 1501, en pays de Bade ensuite, dans un endroit tenu secret près de Lehen en 1513, dans une auberge des environs de Bretten en 1517 ; ils partent ensuite recruter des hommes et solliciter des soutiens étrangers (en particulier auprès des Suisses) ; ils prévoient la saisie d'un point d'appui, ville (Sélestat, Bruchsal, Rosheim, voire Fribourg) ou château (Obergrombach), d'où ils pro- voqueraient le soulèvement de la campagne ; le nombre de partici- pants grimpe, sans doute trop puisque par trois fois une des recrues au moins dénonce la conspiration aux autorités ; sauf en 1502 où la troupe parvint à s'emparer de la place forte à peine défendue d'Ober- grombach, la répression s'abat avant que toute action ait pu être entreprise, entraînant arrestations, jugements, condamnations, fuite et débandade. Même l'opération de 1517, minutieusement préparée par un Joss Fritz clandestin, tenant tous les fils du complot grâce à un réseau bien organisé s'étendant de part et d'autre du Rhin, et ayant prévu de déclencher l'insurrection pendant la fête de la Dédi- cace à Saverne, en s'emparant de la ville impériale de Rosheim et en étendant ensuite l'agitation de proche en proche, ne vit pas même un début d'exécution ; la rumeur en avait averti les pouvoirs locaux et permit l'arrestation d'un des dirigeants qui, volontairement et sans subir la torture, livra le plan dans tous ses détails [12]. Il y donc bien là l'esquisse d'une action qui, à l'origine, s'élabore en dehors du réseau des communautés villageoises ; ce n'est pas en tant que maire que Jacob Hanser dirige le *Bundschuh* de 1493. Mais ce que l'on ne sait pas, c'est si, le coup d'envoi donné, les conjurés envisageaient que leur mouvement reprît ce réseau au profit de leur complot, et qu'il servît de base à une nouvelle organisation "révolutionnaire" de la société. Peut-être en eût-il été ainsi, au moins en 1502, puisque les insurgés, après leur coup de main réussi sur la place d'Obergrombach, paraissent avoir tenté de rallier les villages un à un à leur cause, d'ailleurs en vain. Ces indices sont néanmoins trop fragiles pour que l'on puisse assurer que le déroulement des *Bundschuhe*, s'ils étaient parvenus à prendre l'essor qu'avaient souhaité pour eux leurs inspirateurs, ait à tout coup suivi le modèle que Gilles Tschudi croira plus tard avoir, à tort, reconstitué pour la naissance de la fédération des trois Waldstetten d'Uri, Schwitz et Unterwald : une conjuration, mobilisant les communautés.

La restitution logique que Gilles Tschudi fait des événements, pour lui fondateurs de la "confédération jurée" (*Eidgenossenschaft*), n'est pourtant pas sans répondants dans le siècle qui la précède. En effet, non seulement les *Bundschuhe*, s'ils ne la confirment pas, ne l'excluent pas non plus, mais les documents conservent également le souvenir de conjurations cherchant à soulever une communauté dans son ensemble. A partir de 1443, la petite ville rurale de Spilimbergo, dans l'ouest du Frioul, essaie visiblement de s'affranchir de la tutelle de ses seigneurs collectifs [13] ; par une agitation tantôt sporadique, tantôt réfléchie, elle cherche tout à la fois à assurer l'indépendance de son conseil et des juges locaux, à brider les initiatives de ses maîtres pour étendre aux dépens de ses membres les profits et les revenus de la terre, et, aussi parfois, à faire reconnaître quelques empiétements dont elle s'est rendue coupable (plantations de vergers dans les douves de la motte féodale). Ses efforts, facilités d'ailleurs par les rivalités entre leurs trop nombreux seigneurs, n'aboutissent qu'à des compromis temporaires sous l'égide des représentants de Venise ; aussi n'est-il pas surprenant qu'en 1482 éclatent des troubles sérieux avec mort d'homme et prise d'armes, que la puissance tutélaire ne parvient que difficilement à calmer. C'est alors, et alors seulement, lorsque l'action communautaire a déjà une tradition d'une bonne trentaine d'années, qu'apparaît la conjuration. Celle-ci, il faut le noter, est dirigée par des hommes qui, une fois prisonniers, revendiqueront non pas des activités paysannes, mais artisanales. Leur plan, élaboré dans une maison isolée (comme dans au moins deux des *Bundschuhe* mentionnés), prévoit que les conspirateurs se saisiraient de l'entrée du château pendant que les seigneurs se trouveraient dans l'église paroissiale pour entendre la messe à l'occasion de la fête paroissiale de la Saint-Michel. Leur ayant coupé la retraite, et les ayant encerclés dans le lieu saint, ils les feraient tous passer de vie à trépas. C'est alors qu'ils sonneraient le tocsin, appelant l'ensemble de la population aux armes pour s'emparer définitivement de la place forte, y mettre à mort toute la population noble mâle (y compris les bébés) en n'épargnant que les vieillards et les femmes, et la piller systématiquement avant de la détruire en y mettant le feu. Cette solution radicale ne fut pas exécutée, des participants rechignant à ces mesures extrêmes, d'autres dénonçant le complot, les seigneurs convoquant un à un les plus compromis à Udine sous divers prétextes, pour les y faire arrêter et enfermer sous bonne garde. Elle indique néanmoins nettement que les conjurés envisageaient une participation de l'ensemble de la communauté (paysans inclus qui souffraient des initiatives agraires des seigneurs) ; certes, ils cherchaient, par là, à compromettre avec eux tous les habitants ; toutefois, ils estimaient ainsi également qu'ils ne pouvaient parvenir à leurs fins qu'avec la participation de l'ensemble de leurs concitoyens, et surtout que, sollicités, ceux-ci ne manqueraient pas de répondre à leur appel, ce qui supposait au moins une connivence et peut-être plus[14].

Le récit de Gilles Tschudi ne repose donc sur une affabulation que dans la mesure où les événements précédents la bataille de Morgarten se sont sans doute déroulés d'une manière sensiblement différente de celle qu'il décrit, et que l'existence préalable d'une conjuration avec serment sur le Grutli n'est nullement prouvée. Cependant, sans que l'on en ait la certitude (à cause du mutisme d'au moins trois des *Bundschuhe*), il se pourrait néanmoins qu'il correspondît à des tentatives, certes avortées, mais dont l'exécution a bel et bien été amorcée durant le siècle précédant sa rédaction ; aussi son essai d'explication de la sécession des cantons suisses apparaît-il, jusqu'à preuve du contraire, comme la modélisation et l'idéalisation d'une pratique envisageable et envisagée, même si elle échouait. Autrement dit, entre 1480 et 1550 au moins, et peut-être dans une plage de temps plus large, la mise en branle d'une prise d'armes communautaire par une organisation transcommunautaire (la conspiration assermentée), telle que l'évoque Gilles Tschudi, ne constitue que la rationalisation et la systématisation d'un des choix tactiques auquel les paysans en mal d'insurrection contestataire avaient alors recours (que ce soit à bon ou à mauvais escient, avec ou sans effet notable, importe peu à ce stade de l'enquête). Cela suppose que la mise en œuvre de la prise d'armes uniquement et entièrement par la voie communautaire n'était pas considérée comme contraignante et, pour reprendre le jargon de nos contemporains, comme incontournable, et que, même si cette voie demeurait *apparemment* indispensable à la réussite et à l'extension de l'entreprise, elle pouvait néanmoins aux yeux des paysans des

XVᵉ et XVIᵉ siècles se combiner à d'autres comme le complot, ne serait-ce que pour la provoquer.

L'association de l'action communautaire à une autre forme d'organisation que la conjuration révèle des relations encore plus subtiles, lorsque l'on peut les observer avec assez de finesse pour en déduire des hypothèses plus raffinées ; c'est le terrain qu'offre au chercheur le Frioul pendant le siècle et demi (de 1420 à 1568) qui suit son rattachement massif quoique partiel au *dominium* vénitien (des régions restent "indépendantes", sous le contrôle direct ou sous l'emprise indirecte des Habsbourg). Perpétuellement menacée et dévastée par les guerres civiles et les descentes autrichiennes, auxquelles se mêlent les raids turcs à partir de 1470, cette province subit des difficultés économiques croissantes en particulier agricoles, qui atteignent peut-être leur paroxysme au début du XVIᵉ siècle. Or elle est avant tout dominée par une aristocratie nobiliaire, où s'affrontent des lignages ; ceux-ci se regroupent tant bien que mal en deux clans rivaux, les Zambarlani (à structure pyramidale centralisée autour des Savorgnan) et les Strumieri (associant deux ou trois grosses familles et leur clientèle, les Della Torre, les Colloredi et dans une moindre mesure les Cergneu). Pour pallier les destructions et surtout satisfaire des besoins grandissants, les nobles sont portés à accroître leurs ressources ; ils essaient de s'approprier les communaux pour les mettre en valeur à leur profit ; ils effectuent des travaux d'irrigation pour alimenter en eau leurs propres terres, mais en privent en même temps leurs manants. Surtout, ils essaient d'améliorer le rendement de la rente foncière qui leur est versée ; pour y parvenir, ils limitent le nombre des tenures de longue durée (*livello*), transmissibles sinon en droit, du moins en pratique ; ils multiplient en revanche celles de courte durée (*affitanza*), beaucoup plus précaires ; ils s'évertuent, lors des reprises, à ne pas rembourser les améliorations que leurs locataires y ont apportées, comme le leur enjoignaient les coutumes ; d'une façon plus générale, ils surévaluent la productivité des parcelles amodiées afin d'en exiger une redevance plus élevée ; en conséquence, ce niveau trop haut placé s'ajoutant aux aléas latents de la production et à un accès très limité au marché, les paysans s'endettent, empruntent à leurs seigneurs, et les arrérages s'accumulent. Pour couronner le tout, les seigneurs essaient de s'assujettir complètement les autorités locales et de contrôler les tribunaux villageois. La situation devient intenable pour nombre de tenanciers. Le cas de Spilimbergo déjà évoqué n'est donc pas isolé.

Dans ces conditions, qu'ici et là éclatent des échauffourées, dont la plus grave à Sterpo en 1509 se termine par l'incendie de la place forte, n'a rien de bien surprenant. Toutefois, la représentation qui, à la charnière des deux siècles, sous-tend cette agitation plus ou moins exacerbée, ne consiste pas uniquement en une interprétation des effets de la pression seigneuriale sur les ressources des exploitants et sur la gestion communautaire ; elle prend aussi en compte d'autres peurs et d'autres craintes. En effet, les coups de main autrichiens (et non seulement turcs) se multiplient, en particulier à la faveur des coalitions antivénitiennes du début du XVIe siècle et singulièrement entre 1508 et 1511 ; qu'ils soient terriblement destructeurs, ne fait aucun doute ; que les ruraux des territoires voisins y participent, est également certain ; il est vrai que l'imbrication des obédiences les facilite, car les bases ne sont jamais très éloignées. Mais ce qui est remarquable, c'est que l'interprétation qui en est donnée rejoint celle des agissements seigneuriaux locaux ; les paysans y voient le fruit d'une passivité de la plupart des grands lignages, voire de leur connivence avec les Habsbourg ; dans les domaines de ces derniers, les serfs ne sont-ils pas encore nombreux ? N'auraient-ils donc pas tout intérêt à ce que la domination habsbourgeoise succédât à celle de la Sérénissime, parce qu'elle autoriserait l'introduction du servage dans un Frioul qui l'ignore ? La représentation que les paysans se font de la situation qu'ils vivent en ce début de XVIe siècle constitue ainsi un système de relations entre des faits réels (les méfaits de la pression seigneuriale et ceux de la guerre) et une inquiétude (l'implantation du servage), au moyen d'un élément fédérateur (la "méchanceté" des seigneurs locaux).

Pour déjouer les noirs desseins qu'ils prêtent non sans quelque raison à l'aristocratie nobiliaire, les paysans et les villageois frioulans usent de deux choix tactiques, tantôt successivement, tantôt simultanément. Le premier est la classique insurrection communautaire, initiée ou non par une conjuration (comme à Spilimbergo ou à Sterpo, par exemple). Le second consiste à s'intégrer à un des deux clans rivaux, en l'occurrence celui des Zambarlani, pour agir et parvenir à leurs fins. En effet, à la différence de la structure horizontale et ouverte du clan Strumieri où s'agrègent horizontalement plusieurs familles elles-mêmes verticalement structurées et où, de ce fait, peuvent s'ajouter sans difficultés de nouveaux éléments, la structure pyramidale et centrée sur les Savorgnan, du clan Zambarlano, lui impose une clientèle limitée à un unique réseau très hiérarchisé et rend plus difficile, par cette exigence même, son extension à l'intérieur du milieu nobiliaire. Pour compenser cette infériorité et étoffer ses rangs, ce clan a donc l'obligation de recruter largement au-delà de ce milieu et de ses suppôts bourgeois. En conséquence, par diverses mesures dont certaines n'étaient pas sans démagogie, les Zambarlani s'efforcèrent d'attirer dans leur mouvance les paysans frioulans, y compris, et surtout, les manants de leurs adversaires. Sur leurs domaines, ils levèrent des redevances modérées et épongèrent souvent des arrérages devenus trop lourds ; à tous, même à ceux qui ne relevaient pas d'eux, ils prêtèrent du numéraire, laissèrent ensuite courir les dettes et, au lieu d'en faire un instrument de pression, ils acceptèrent même assez souvent de les effacer ; de plus, ils se posèrent en défenseurs des populations contre les raids turcs et autrichiens, en proposant non seulement de s'y opposer par la force, mais également d'en lancer sur leur territoire ; ainsi, ils se créèrent, en général, et les Savorgnan en particulier, une réputation de "bons seigneurs", assumant pleinement leur fonction de protecteurs. Les paysans choisirent en grand nombre d'entrer dans leur obédience ; ils y trouvèrent des avocats dans les conseils et auprès de l'autorité tutélaire vénitienne, d'autant plus empressés que leurs interventions sapaient les pouvoirs des Strumieri en en détachant les sujets ; ils trouvèrent aussi dans la participation aux vendettas l'occasion d'exercer des pressions sur leurs seigneurs, en pillant ou en menaçant de piller, en incendiant ou en menaçant d'incendier, bien plus rarement d'ailleurs en massacrant, le tout sans craindre de représailles ou au moins de représailles trop violentes ; davantage encore, Venise ayant confié aux Savorgnan l'organisation de la milice, ils trouvèrent enfin le moyen d'être armés, d'apprendre sommairement l'art militaire de l'assaut et de la manœuvre, et le prétexte pour combattre ceux qu'ils estimaient être des tyrans et des traîtres au service des Habsbourg. Il en résulta que leur propre action s'insérait aussi bien dans des actions claniques que dans des communautaires.

Cette coexistence de deux choix tactiques apparaît avec une particulière netteté en 1511, lors du sanglant jeudi gras d'Udine (ou carnaval d'Udine). Dans les jours qui précèdent, les deux factions, face à face à l'intérieur de la capitale, s'accusent mutuellement de vouloir et de préparer l'extermination de l'autre ; après un semblant d'accord le mercredi soir, les Zambarlani croient ou prétendent, le lendemain matin, avoir été trompés par leurs adversaires. Aussitôt, ils font rentrer dans la ville la milice rurale (sortie auparavant à la fois par mesure d'apaisement et par crainte d'une attaque autrichienne) ; cette milice, sous la direction d'hommes à tout faire et avec l'appui des artisans, pille puis incendie les principales demeures des Strumieri (vingt-deux palais), en pourchasse les habitants jusque dans les rues et en massacre un grand nombre (entre vingt-cinq et cinquante), en épargnant toutefois les femmes. Les Savorgnan eux-mêmes ont eu du mal à freiner une ardeur qui, tout en les débarrassant des dirigeants du clan rival, tournait à l'extermination pure et simple de tous ses éléments masculins. La prise d'armes paysanne s'incorpore donc en ville à une action de clan, même si elle déborde les intentions de ses chefs. Dès que se répand la nouvelle des événements à travers le plat-pays, des troubles éclatent un peu partout et un peu au hasard, sans véritable coordination et selon des modalités sensiblement différentes de ce qui s'est déroulé en ville ; ici on chasse les châtelains, là on met à sac un château, plus loin on essaie d'obtenir une réduction des redevances ou des arrérages accumulés, sinon de récupérer des terrains de parcours mis en culture par des seigneurs ; et si on contraint souvent à la fuite, on assassine peu. C'est que cette fois les initiatives demeurent locales et que l'action est communautaire et rarement intercommunautaire ; elle n'est plus en tout cas clanique, et l'on voit des Zambarlani proposer leur médiation et se vanter ensuite d'avoir apaisé les insurgés[15]. Comme le note Edward Muir, à la campagne, « les forces militaires indigènes des foules paysannes, regroupées autour de ceux qui dirigeaient les conseils de village et la milice (...) firent voler en éclats la hiérarchie verticale du clan Zambarlano et la fragmentèrent en communautés paysannes locales[16] ».

Le cas frioulan, en raison de la masse d'événements qu'il fournit et de la finesse des analyses qu'il autorise, conduit à deux conclusions apparemment quelque peu contradictoires. D'un côté, on ne voit aucune contrainte absolue imposant une structure plutôt qu'une autre pour mettre en œuvre la prise d'armes ; le clan et la communauté semblent fort bien convenir aux paysans qui utilisent l'un et l'autre, parfois simultanément comme en 1511. On peut seulement se demander si la contrainte n'est pas reportée sur les structures existantes qui, tout en laissant effectivement un choix, limiteraient également à elles-mêmes le nombre d'options possibles. Cependant la conjuration, elle, à la différence du clan et de la communauté, ne constitue pas une structure préalablement existante, puisqu'elle s'élabore en fonction d'une action précise, même si ensuite elle essaie d'en mobiliser une plus ancienne pour l'appuyer. La contrainte n'est donc pas uniquement dans ce qui est, mais dans ce que l'on peut créer, et d'abord, puisqu'avant de tenter de créer, il faut imaginer, dans ce que l'on peut imaginer. Donc, bien qu'il ne soit pas extensible à volonté, puisqu'il est limité par ce que l'on peut imaginer et ensuite par ce que l'on peut créer, le choix déborderait largement ce qui existe *hic et nunc* d'utilisable pour la prise d'armes. Mais, d'un autre côté, le Frioul de 1511, comme le récit de Gilles Tschudi ou le *Bundschuh* de 1502, laisse non moins entendre une prégnance de la communauté, qu'elle soit sollicitée par des conjurés ou que, hors d'Udine, elle dissolve l'organisation clanique et finalement s'y substitue. Tout semble donc aussi se passer comme si elle était pratiquement indispensable. Dès lors, le problème à résoudre est très clair ; il s'agit de sortir de la contradiction qui s'élève entre ce qui témoigne de l'existence d'un choix assez considérable d'options (et même de la création d'options), et ce qui indique un fort pouvoir de récupération et parfois de désintégration par la communauté des interventions nées en dehors d'elle. Ce problème, toutefois, s'il se perçoit et s'énonce aisément, ne se résout pas avec autant de facilité, et encore moins avec certitude.

L'analyse du carnaval d'Udine suggère une piste. Dans la capitale, c'est uniquement comme membres de la milice que des paysans sont introduits en ville et c'est au sein de cette milice qu'ils entreprennent la destruction du pouvoir des "méchants traîtres" Strumieri, en pillant, en incendiant, en massacrant. Or, même si en principe elle est une création vénitienne, la Sérénissime en a confié la levée, l'organisation et le commandement aux Savorgnan ; ceux-ci l'ont aisément transformée en organe militaire du clan Zambarlano. Lorsqu'ils accusent les Strumieri de préparer l'extermination de ce clan, les ruraux y trouvent l'obligation (s'ils croient à la réalité du danger) ou l'occasion (s'ils en doutent) de passer, grâce à elle, immédiatement à l'action ; et de plus, efficacement, puisqu'ils bénéficient du savoir des suppôts (pour leur désigner les lieux et les hommes) et du concours des artisans (pour leur assurer la supériorité sur leurs ennemis). On aperçoit de nouveau ici les deux jugements (appréciation du rapport de forces et du moyen disponible estimé le plus adapté à ce champ) qui engendrent la forme de l'action. Mais si la milice est "le moyen disponible estimé le plus adapté à la situation", c'est qu'en brassant des populations de communautés différentes et en les réencadrant et peut-être en les redistribuant dans un appareil militaire, elle rendait, sinon impossible, du moins délicate et difficile toute recomposition de la structure sur *un mode communautaire* ; elle faisait en tout cas apparaître cette dernière comme bien *moins apte à répondre en urgence* à une menace ou à une opportunité.

Il en allait tout différemment à la campagne. Là, il n'y avait pas déracinement de ruraux de diverses origines, transplantés dans un milieu urbain étranger au sein d'un corps militaire spécifiquement institué. Communauté et milice y coexistaient et offraient l'une comme l'autre une organisation immédiatement saisissable et apparemment également efficace ; or la première y a supplanté la seconde. La question est de chercher à comprendre pourquoi. On pourrait objecter qu'il s'agit là d'un faux problème. En effet, la milice n'y a pas pour but de lancer des attaques sur le territoire ennemi ou de parer celles que les Habsbourg tenteraient sur Udine ; elle vise seulement à défendre les villages individuellement menacés ; il lui suffit de se mouler à son échelon inférieur sur la communauté pour lui procurer ses cellules de base ; tout simplement, elle se confondrait donc localement avec elle. Ce recouvrement parfait est pourtant douteux. C'est que le clan Zambarlano est de constitution pyramidale : or c'est cette articulation pyramidale, partant le système relationnel qui le fonde, qui vole en éclats, puisque ses éléments nobiliaires directeurs du clan doivent déjà intervenir en médiateurs entre les rustres et leurs seigneurs Strumieri ; ce dont est si fier un Niccolo Monticolo qu'il n'aura rien de plus pressé, l'agitation apaisée, que de le proclamer à qui voudra bien l'entendre. Mieux, lorsque Antonio Savorgnan, c'est-à-dire le chef suprême du clan, « s'efforça lui-même de mettre un terme à la violence, il s'appuya largement sur les dirigeants indigènes des villages pour y parvenir. Il demanda à deux personnages, Jacomo del Fara et Rosso di Bagnarolla dépeints comme étant parmi les paysans les plus considérables d'au-delà du Tagliamento, de retourner chez eux, de disperser leurs hommes et d'arrêter les pillages. Le caractère populaire accusé de la révolte rurale souligne la diversité des intérêts que fixait la faction zambarlaniste, seule voix efficace contre des Etats dominés par les châtelains et seule défense contre la maraude impériale. Etant donné la faiblesse des renseignements dont disposaient les paysans et la nature des bruits qui circulaient, tel celui qui affirmait que les châtelains Strumieri cherchaient l'appui de l'ennemi, les insurgés ruraux n'avaient nullement besoin d'ordres venus d'en haut ; ils saisirent simplement une opportunité et justifièrent leurs violences en qualifiant leurs victimes de traîtres [17] ». Il semble donc qu'il y ait eu réellement un choix, peut-être instinctif et inconscient, qui élimine le recours au clan, bien que celui-ci ait pu fournir immédiatement tout ce qu'il fallait pour passer à l'action, au même titre que la communauté. Est-ce parce que les paysans « n'avaient nullement besoin d'ordres venus d'en haut » ?

Sans doute ; mais, en première lecture, la remarque d'Edward Muir semble uniquement expliquer pourquoi, disposant de la communauté, les paysans de la campagne pouvaient négliger le recours au clan ; néanmoins, entre les lignes, elle indique également pour quelle raison vraisemblable ils ont effectivement opéré un tel choix. En effet, elle insinue que, faute d'avoir reçu ce type de directives, ils étaient livrés à eux-mêmes ; ce serait alors parce que justement ils auraient "été livrés à eux-mêmes" qu'ils songèrent *spontanément d'abord* à la communauté villageoise pour encadrer leurs actions, avant même d'envisager de s'adresser au clan, pourtant lui aussi bien présent en la personne des commandants et des membres locaux de la milice. Il y aurait donc dans leur choix, non pas une obligation, mais, si l'on veut, une sorte d'inclination qui les aurait portés vers l'une plutôt que vers l'autre ; la communauté villageoise leur serait apparue comme un instrument plus "naturel", partant plus efficace pour obtenir satisfaction. Or, dans ce qui a été précédemment observé, rien ne contredit cette interprétation que l'on vient de déduire de la réflexion incidente de l'historien américain. Mieux, ce qui a été remarqué à propos de la conjuration pousse dans ce sens : Gilles Tschudi ne parvient pas à imaginer que les conspirateurs du Grutli aient pu triompher sans l'appui final des Waldstetten ; à Spilimbergo, les comploteurs croyaient qu'après un travail de préparation il leur serait utile d'en appeler à l'ensemble des habitants ; et en 1502, une fois saisie la forteresse d'Obergrombach, le *Bundschuh* s'efforça d'entraîner dans son sillage Untergrombach, puis les villages du voisinage. Autrement dit, à eux aussi, il paraît "naturel" que tout mouvement contestataire s'inscrive dans la communauté villageoise. Si cette hypothèse est bonne, penser qu'il en allait ainsi dans les cas ordinaires, du Sud-Ouest des Croquants à la Suisse de 1653, ne rencontre plus d'obstacles. Toutefois, cette conclusion n'est plausible que parce que, dans le Frioul de 1511, il est sûr cette fois que les paysans se trouvaient face à plusieurs options possibles. Tout cela suggère, non pas "un passage obligé" par la communauté (dans le sens où il n'y aurait pas d'autres solutions), mais une préférence, qui sans être innée n'en est pas moins solidement installée, en bref, ce que l'on pourrait nommer une "*habitude*", l'habitude de l'utiliser pour organiser la contestation et plus encore pour prendre les armes.

S'il en est bien ainsi, l'habitude doit être considérée comme une *propension spontanée* à recourir à un mode particulier et à une modalité particulière d'action, à chaque fois qu'une situation est estimée similaire à une précédente, où le paysan avait eu recours à ce mode et à cette modalité ; elle est, dans cette perspective et en première approximation, une tendance à la reproduction d'une relation déjà existante entre une représentation donnée et une action donnée. Une telle notion relationnelle d'habitude pourrait ainsi concilier la possibilité d'un choix entre plusieurs options à chaque décision prise avec la récurrence préférentielle d'une de ces options. En effet, admettre qu'une tendance oriente vers une option plutôt que vers une autre implique qu'il en existe plusieurs potentiellement réalisables, mais qui ne le deviennent réellement que lorsque, de la volonté ou non des acteurs, cette tendance est contrariée. La notion relationnelle d'habitude pourrait ainsi offrir une solution au problème que l'on se posait. Toutefois, elle n'autorise une conciliation rationnelle entre une pluralité d'options et la récurrence préférentielle de l'une d'entre elles (et donc la solution au problème posé) qu'en établissant une relation entre une observation à un niveau élevé d'agrégation (la totalité des actions paysannes dans un cadre spatio-temporel donné) et une observation au niveau individuel (chaque action paysanne de ce cadre spatio-temporel) ; c'est que, pour comprendre la récurrence d'une mise en œuvre communautaire de l'action (récurrence découverte par une observation à un niveau élevé d'agrégation), elle fait appel à une propension des acteurs à opter pour une telle mise en œuvre (propension découverte par une observation au niveau individuel, comme par exemple le comportement des ruraux frioulans en février 1511). En d'autres termes, la micro-observation permet, au moins en partie, de comprendre ce que livre une macro-observation.

De plus, la notion d'habitude, entendue comme la tendance à la reproduction d'une relation entre, d'une part, une représentation donnée d'une situation et, d'autre part, un mode et une modalité d'action donnés, repose cependant sur un postulat. En effet, elle suppose chez les acteurs la croyance latente, consciente ou inconsciente, qu'à une situation spécifique conviennent un mode et une modalité d'action non moins spécifiques ; les paysans se réfugient dans l'action communautaire, parce qu'ils l'estiment, à tort ou à raison, après mûre réflexion ou par simple réflexe, comme la plus appropriée pour atteindre les fins souhaitées en fonction de l'image (plus ou moins déformée) qu'ils se font de la conjoncture qu'ils vivent. Qu'ils lui attribuent une vertu dont elle serait dotée, ou qu'ils ne considèrent que sa seule adéquation éventuelle à la situation n'a au fond, de ce point de vue, qu'une importance négligeable. Ce qui compte, c'est une conviction assez intériorisée pour entraîner, dès qu'est supputée une similarité entre la situation présente et une précédente, un comportement analogue à celui qui, alors, avait été adopté (ou que l'on pensait avoir été adopté). L'habitude serait ainsi assimilable à une "structure incorporée" ; plus précisément peut-être ici, elle serait une "relation incorporée". Cette notion relationnelle d'habitude, avec tout ce qu'elle implique et que l'on vient d'essayer d'exposer, s'apparente (et le lecteur s'en est sans doute déjà aperçu) à celle d'*habitus* développée par Pierre Bourdieu ; et effectivement elle lui doit beaucoup ; malgré cela, on n'a pas voulu ici en reprendre le terme, parce que transposée du champ sociologique au champ historique, son contenu risque de ne pas demeurer parfaitement identique ; c'est pourquoi il a paru que, en se réappropriant le mot, il y aurait eu un détournement de sens et un abus de confiance, et surtout que l'on aurait ainsi pu alimenter des approximations trompeuses et de dangereuses confusions, en en élargissant indûment le champ d'application[18].

Cet assemblage hypothétique d'interprétations, bâti sur l'examen de l'appel à la communauté villageoise, débouche sur une appréciation moins grossière (au moins l'espère-t-on) de l'espace ouvert aux actions paysannes. D'abord, la notion de contrainte en sort précisée ; elle exclut plus qu'elle n'impose ; dans la mesure où elle intervient, elle ne prétend plus déterminer un mode et une modalité d'action, mais un champ de possibles, en traçant une frontière entre ce qui est imaginable et ne l'est pas, entre ce qui est concrètement réalisable et ne l'est pas. Cependant, à l'intérieur de ce champ qui, en général, demeure assez vaste, les possibles ne sont pas égaux ; en d'autres termes, les acteurs ne se trouvent nullement dans la situation de l'âne de Buridan sur qui le seau d'eau et la botte de foin exerçaient autant d'attrait ; la raison en est que se créent des habitudes qui favorisent l'une des options envisageables et praticables, et la rendent ainsi plus probable. Pourtant, ces habitudes ne sont pas assimilables à des contraintes telles qu'on l'entend ici ; en effet, elles n'excluent pas les autres options, puisque, à tout moment, si elles sont contrariées, elles jouent de moins en moins efficacement et "redonnent leurs chances" aux possibles qu'auparavant elles étouffaient. Le problème historique apparaît maintenant dans toute sa netteté et toute sa spécificité à l'intérieur des sciences humaines ; il s'agit pour le chercheur de comprendre pourquoi une relation entre une représentation donnée et une action donnée se reproduit, pourquoi, après s'être reproduite, elle le cesse, et, enfin, pourquoi et comment une autre relation est alors choisie. Toutefois, pour que pareille problématique[19] soit retenue, il faut d'abord vérifier la plausibilité de cette articulation d'hypothèses construites, il faut absolument le reconnaître, sur des bases jusqu'ici bien fragiles, malgré l'apport de travaux et de réflexions d'ethnologues, de sociologues, de géographes et d'historiens qui, ici, ont grandement facilité cette démarche et sans lesquels elle n'aurait sans doute jamais pu être formulée.

Habitudes et prise d'armes

Jusqu'à présent l'attention ne s'est pas portée sur le mode d'action qui est au centre de cette enquête (la prise d'armes), mais sur une des modalités de cette action (la modalité communautaire) ; en effet,

elle permettait une approche moins malaisée du problème auquel on
était parvenu, celui des choix tactiques effectués par les paysans, à
partir de la représentation qu'ils se font d'une conjoncture donnée,
que celle-ci soit réelle ou simplement redoutée. Il est temps maintenant, semble-t-il, de revenir au cœur de la question, en concentrant
l'observation sur le recours à une agitation violente et armée, comme
mode d'action. Toutefois, pour déceler ici une habitude, on se heurte
à des difficultés que l'on ne rencontrait qu'à un moindre degré dans
la mise en œuvre communautaire. D'abord, ce recours, comme on
l'a déjà maintes fois noté, n'est pas, lui, prépondérant et encore moins
omniprésent ; il partage les faveurs paysannes avec les plaintes et les
procès, les refus de paiement et d'obédience, la passivité et la négligence calculées ; il fait même souvent assez bon ménage avec eux pour
leur être parfois associé. Cette moindre récurrence peut suggérer un
choix plus ouvert (donc une plus faible contrainte), mais également
laisser entendre que la propension à la lutte armée manque de vigueur,
si tant est qu'elle se fasse encore sentir. Or, à notre connaissance, on
ne possède pas jusqu'à présent à ce sujet d'analyse aussi fine que celle
du carnaval d'Udine qui, en révélant des options différentes *contemporaines*, a permis de bâtir définitivement notre hypothèse. En effet,
ces options portent sur la modalité d'action et non pas sur son mode,
puisque celui-ci prit en l'occurrence, à la ville comme à la campagne,
la forme unique d'un usage de la force. Dans ces conditions, il devient
indispensable d'en appeler à des indices plus indirects et, par là même,
moins probants. On leur demandera donc, dans un premier temps
tout au moins, simplement de confirmer la plausibilité de ce qui a
été avancé.

Puisque, dans l'état actuel, il est impossible de procéder à des
comparaisons d'événements voisins et simultanés, comme ceux qui
se déroulent en 1511 dans le Frioul, il faut se rabattre, *volens nolens*,
sur des confrontations à travers le temps, voire l'espace. D'abord, il
convient de déterminer si l'on peut repérer des connexions préférentielles entre certaines interprétations et la prise d'armes. Or il existe,
remontant haut dans le Moyen Age, un faisceau de représentations
similaires, estimant que la situation vécue ou redoutée est injuste
parce que contraire à la volonté de Dieu ; ces représentations sont,
en général, suivies d'une contestation plus ou moins poussée de l'ordre
social, et surtout de l'emploi de la force pour y remédier. Elles

s'appuient sur une prédication, celle d'un clerc ou celle d'un laïc inspiré, alimentée ici ou là par une espérance millénariste, et justifiée soit par une révélation (confirmée éventuellement par des miracles ou l'accomplissement d'une prophétie), soit, plus rarement et surtout plus tardivement, par le contenu de l'Ecriture sainte ou l'invocation d'un droit naturel ou d'essence divine. Ces justifications, et plus particulièrement la première, laissent entendre que les paysans recevront l'appui de Dieu, s'ils lancent une action, dans les conditions et au moment qu'Il leur indiquera par des signes dans le ciel ou sur la terre, ou qu'ils détecteront eux-mêmes en interprétant des prophéties et les textes sacrés. Cependant, la croyance en une supériorité accordée par Dieu, partant d'un champ de forces qui leur est favorable, n'induit pas automatiquement la méthode à laquelle ils doivent avoir recours ; celle-ci n'est pas forcément le soulèvement armé ; elle peut être une pieuse procession au terme de laquelle Dieu manifestera sa puissance par des miracles et des conversions ; le pèlerinage de Niklashausen, déjà analysé, le montre sans ambiguïté. De même, lorsque, au lendemain de la Réforme luthérienne, les anabaptistes s'efforcent d'implanter sur terre des sociétés de saints, en attente parfois du Millénaire à venir, ils envisagent tantôt le recours au coup de main et à la dictature (il est vrai surtout en ville, à Amsterdam ou à Munster), tantôt la fondation pacifique, sur des terres vierges de Moravie, des communautés rurales huttérites[20]. Il n'en reste pas moins que dans la plupart des cas, entre le XIIe et le XVIe siècle, c'est bien d'une prise d'armes qu'il s'agit ; le mouvement taborite en représente incontestablement l'avatar le plus significatif, étant donné que la conjoncture créée par la révolte hussite lui a permis de s'affirmer et de durer assez longtemps pour qu'il donne beaucoup de ses fruits et révèle nombre de ses potentialités[21]. Mais son extraordinaire longévité et son non moindre succès auprès de la postérité ne doivent pas cacher ceux qui, dans l'Angleterre des Lollards par exemple, conduisent, en particulier au XIVe siècle, à une multitude de petites agitations plus ou moins locales ou à de vastes quoique brèves flambées, comme celle qui éclate sous les pas de Fra Dolcino sur les rivages de la Méditerranée. Si donc, bien qu'ils ne soient pas en général synchrones, les mouvements provoqués par la croyance en un soutien divin débouchent préférentiellement, mais pas obligatoirement, sur une prise d'armes volontiers sanglante (à la ville d'ailleurs comme à la campagne), cette relation privilégiée peut fort bien se comprendre comme une habitude plus ou moins bien ancrée à la fin du Moyen Age, même si elle paraît s'estomper progressivement à partir, en gros, du milieu du XVIᵉ siècle.

Il existe donc bien, au moins pendant une période assez longue, des connexions préférentielles entre une interprétation spécifique (la situation est injuste parce qu'elle est contraire à la volonté de Dieu) et un mode d'action (la prise d'armes). Mais, comme ces connexions peuvent également être exceptionnellement rompues, comme à Niklashausen ou dans les communes huttérites, elle s'explique probablement par une tendance à choisir ce mode d'action plutôt qu'un autre ; sinon, sauf à courir le risque de retomber dans un déterminisme absolu exprimé dans une loi infaillible, entravée ici ou là par des contingences, et dont la critique a été faite dans le chapitre précédent, on voit mal comment concilier cette récurrence obstinée avec les dérogations que l'on y remarque et qui, autant qu'on les puisse scruter, ne semblent pas pouvoir présenter les caractéristiques d'"exceptions qui confirment la règle". De plus, ce premier indice reçoit le renfort d'un deuxième pour plaider en faveur de cette solution. Il fait cette fois intervenir le déroulement même des soulèvements.

Sous l'influence bénéfique de l'ethnologie et de la sociologie, l'attention s'est portée ces dernières années sur les gestes accomplis et les paroles prononcées dans les insurrections populaires, puis sur les enchaînements de ces gestes et de ces paroles. A vrai dire, le foisonnement d'études qui en est résulté et qui ne cesse de s'accroître, sinon de se diversifier, ne s'attarde pas uniquement, à quelques exceptions près (parfois notables comme quelques ouvrages d'Yves-Marie Bercé), sur ces insurrections populaires, mais les intègre à des champs d'observation plus vastes comportant au moins la "violence" d'une façon générale, à la ville comme au village. En fait, ces enquêtes cherchent d'abord, dans la droite ligne des problématiques sociologique et ethnologique, la signification de gestes et de paroles répétés, en y voyant des moyens de communication entre les individus ou les groupes sociaux, en bref, un langage. Pourquoi, par exemple, les villageois français révoltés du XVIIᵉ siècle procédaient-ils à un jugement lorsqu'un "gabeleur" leur tombait dans les mains et le condamnaient-ils sous un chef d'accusation précis, avant de proprement l'exécuter, alors qu'il eût été aussi simple et plus rapide de le massacrer "sans autre forme de procès" ? C'était à la fois dire au roi qu'il était trompé et que la Justice ne régnait plus dans son royaume, et aux juges qu'ils ne rendaient plus une justice conforme à cette Justice. Le travail accompli dans ce domaine est déjà considérable ; il aide puissamment à comprendre les représentations et les actions des paysans insurgés ; les pages précédentes y ont eu plusieurs fois recours.

Toutefois, sur cette première préoccupation s'en est bientôt greffée une autre, sans qu'elle s'en soit toujours bien distinguée, ce qui peut créer (et a effectivement créé) des confusions. Elle en est en partie une extension, dans la mesure où décoder les gestes et les paroles conduisait à se demander si, en fin de compte, il n'y avait pas des comportements non seulement significatifs, mais également stéréoty-pés ; elle provient ensuite d'un emprunt à l'histoire religieuse, sensible à une liturgie dont chaque élément et chaque succession d'éléments signifient une réalité supérieure du fait d'une analogie, et parfois possèdent aussi une efficacité réelle qui les transcende (les paroles de la consécration emportent la présence réelle dans le pain, le "oui" des futurs et la consommation du mariage, l'union indissoluble des époux et la dispensation des grâces qui lui sont affectées). C'est en raison de cette confluence d'un passage de la valeur significative d'un geste, d'une parole, d'enchaînement de gestes ou de paroles à une conduite formelle, et de la ressemblance possible de cette conduite avec des rites ou des rituels religieux, en particulier chrétiens, que l'on s'est mis à parler, en raison de leur répétition, de rites ou de rituels à propos de démarches profanes, et singulièrement à propos, entre autres choses, de la violence. Pour reprendre l'exemple du paragraphe précédent, il existerait un rite, voire un rituel du jugement et de l'exécution des "gabeleurs" malencontreusement tombés entre les mains des rustres soulevés dans le royaume de France du XVIIe siècle. Mais il convient immédiatement de remarquer qu'à la différence de ce qui se passe dans le domaine religieux, il ne s'agit pas à proprement parler d'un rite ou d'un rituel, car, dans cette occurrence, ces "pré-tendus" rites et rituels ne sont pas en relation avec une réalité trans-cendante ou avec des conditions mises à l'accomplissement d'une réalité transcendante (la réception d'une grâce ou la présence réelle du Christ dans l'hostie consacrée) ; il ne s'agit pas non plus d'un rite et d'un rituel civiques, car ils n'expriment pas par leur agencement une cohérence et une hiérarchie communautaires sans lesquelles ils perdraient toute signification ; il s'agit, en effet, tout simplement et tout bonnement de la récurrence d'enchaînements de gestes et de paroles, en un mot de pratiques qui n'ont de sens qu'au premier degré, sans qu'ils soient pour autant considérés comme la manifestation ou l'incarnation de quoi que ce soit qui les dépasserait.

A cette première approximation, s'en ajoute une autre, beaucoup plus dangereuse pour le propos de cet essai. Car, si l'on ôte toute signification transcendante aux expressions rites et rituels, on court le risque de les assimiler à de purs stéréotypes utilisés mécaniquement et *obligatoirement*, quoique souvent inconsciemment ; on ôte à l'acteur le choix d'un ordonnancement des gestes et des paroles à des fins significatives, mais aussi tactiques. L'illusion provient d'abord de la réutilisation, sans précautions suffisantes, des termes eux-mêmes ; ceux-ci, dans le domaine religieux, sous-entendent une fixité des formes indispensable à la manifestation ou à l'incarnation de réalités transcendantes ; le réemploi introduit implicitement cette fixité dans des suites d'actes qui ne l'ont peut-être pas, ou tout au moins ne l'ont pas au même degré. On objectera qu'elle apparaît dès que l'on confronte les textes ; toutefois, on oublie alors que la plainte ou les lettres de rémission, voire les déclarations de témoins, visent à présenter les faits sous un jour qui orientera le jugement de celui qui les lit ; à propos des lettres de rémission, Natalie Zemon Davis écrit : « Les histoires rapportées en vue d'obtenir une lettre de rémission devaient être convaincantes et établir une version des faits que toutes les narrations qui pourraient lui être opposées ne réussiraient pas à démolir[22] » ; le récit des textes n'est donc pas à prendre pour argent comptant et, comme il obéit à une logique justificatrice, il peut fort bien reprendre des modèles qui la satisfont. Il serait donc dangereux, sur la foi des documents que l'on possède, de croire que les soulèvements se déroulent selon des stéréotypes transcendants, imperturbablement répétés. Là encore, il est difficile d'accepter un déterminisme absolu, revêtirait-il l'aspect de conduites figées plus ou moins intériorisées.

Cependant, réintroduire une initiative des acteurs ne signifie pas pour autant admettre une totale anarchie de leurs comportements, car il subsiste que leurs gestes et leurs paroles, étant doués de signification, ne peuvent pas être accomplis au hasard et surtout sans

216 LES RÉVOLTES PAYSANNES EN EUROPE

référence à des précédents ; en effet, si les récits vraisemblablement les sélectionnent et donnent ainsi l'impression fausse d'un agencement inévitable, il n'en demeure pas moins qu'ils ne peuvent par trop s'éloigner de ce qui s'est réellement passé, sous peine d'être efficacement contredits, ce que, comme le rappelle Natalie Zemon Davis, ils doivent absolument éviter ; en conséquence, ils semblent bien plus omettre, ou à la rigueur déformer, que créer et inventer ce qui ne serait jamais arrivé. S'il n'existe pas de rites et de rituels, même uniquement entendus comme d'immuables recommencements d'agencements identiques, il existe une tendance à utiliser des gestes et des paroles similaires et à répéter leurs enchaînements ; ainsi se créent, pour un temps, ces logiques de la foule qu'Arlette Farge ou Jacques Revel[23] ont décrites pour d'autres lieux. Quand les paysans français du XVIIᵉ siècle s'emparent d'un "gabeleur", ils ont une plus forte propension à le juger, le condamner puis l'exécuter, qu'à le passer immédiatement par les armes ou à le pendre haut et court à l'arbre le plus proche. Il n'y a pas d'impératifs dictés par une transcendance des conduites (dont on ne voit d'ailleurs pas pourquoi elles auraient acquis une telle transcendance autrement que dans l'esprit des historiens, pour permettre à ceux-ci de trouver facilement une explication finale qui ressemble à un *Deus ex machina*, et ensuite de se reposer et d'arrêter leurs investigations) ; mais il peut très bien y avoir des habitudes plus ou moins intériorisées et plus ou moins conscientes qui poussent à agir d'une certaine façon de préférence à une autre, quitte à ce qu'elles tolèrent des variations d'un cas à un autre, voire qu'elles s'effacent de temps à autre pour laisser la place à des substituts. S'il en est bien ainsi, c'est-à-dire si, au fort de l'action, les choix *hic et nunc* sont influencés par ces habitudes, pourquoi ne le seraient-ils pas aussi au départ, au commencement de cette action, lorsqu'il s'agit d'opter pour le recours à la prise d'armes ?

Mais peut-on isoler cette décision de prendre les armes, et le peut-on même, comme jusqu'ici on a feint de le croire, pour l'appel à la communauté ? En d'autres termes, le choix s'applique-t-il à un mode singulier et à une modalité singulière successivement retenus, ou à un assemblage de modes et de modalités, à un réseau relationnel de modes et de modalités plus ou moins complexe ? Ce qui revient à se demander également si les habitudes portent individuellement sur des modes et des modalités ou sur l'articulation d'un ensemble de modes et de modalités. Or la reconstruction par Gilles Tschudi de la rébellion des trois Waldstetten, les projets de *putsch* à Spilimbergo en 1482, le début d'exécution du *Bundschuh* de 1502 poussent en fait à retenir la seconde hypothèse. Car ce qui, à chaque fois, est prévu ou donné pour crédible, ce n'est pas uniquement une suite, au sens courant et vague du terme, d'une conjuration et d'un soulèvement dans un cadre communautaire (donc d'actions entreprises les unes derrière les autres), mais également une suite au sens mathématique cette fois, pour laquelle les rapports entre les éléments a autant et même plus d'importance que ce que sont ces éléments (donc le *déclenchement* par une conjuration d'une prise d'armes *utilisant* le cadre communautaire). Autrement dit, il n' y a pas, dans ces cas, une addition d'habitudes, une habitude à fomenter une conjuration, plus une habitude à agir communautairement, plus une habitude à recourir à la force, mais une seule et unique habitude, celle de provoquer par une conjuration une rébellion de la communauté en armes. Ce qui implique que le choix tactique, lui aussi, est le choix global d'un agencement de modes et de modalités d'action, plus ou moins sophistiqué.

Cette manière d'envisager les habitudes comme une propension à reproduire, à partir d'une représentation spécifique, non pas un mode et une modalité d'action, mais une articulation spécifique de mode(s) et de modalité(s) d'action trouve confirmation dans des analyses que l'on a déjà opérées, en particulier lors de la recherche d'une acception possible de ce que l'on pourrait entendre par révolte, et qui avait provoqué le repli sur une position d'attente (existence d'une prise d'armes, quelle qu'en soit la forme et l'ampleur)[24]. Car une des difficultés à laquelle on s'était alors heurté provenait de l'impossibilité, bien souvent, d'isoler cette prise d'armes des autres manières d'agir. La procédure d'escalade qui, selon Peter Bierbrauer, caractérise nombre d'insurrections paysannes germaniques à la fin du Moyen Age culmine avec le soulèvement organisé, uniquement lorsque toutes les étapes antérieures (plaintes, arbitrages, procès, chantages) sont demeurées sans effet ; ce soulèvement est donc inséparable de ces dernières et se définit moins en lui-même que par rapport à elles. Parallèlement, dans le royaume de France au XVIIᵉ siècle, des Croquants aux Bonnets

Rouges, les insurgés proclament qu'ils ont recours aux armes parce que les autres voies, et plus spécialement la voie judiciaire, ne leur donnent pas satisfaction et qu'en conséquence ils n'ont plus d'autres moyens pour attirer l'attention du souverain sur les injustices dont ils seraient victimes. Là encore, le soulèvement est inséparable des autres modes d'action et se comprend moins par lui-même que par rapport à eux. On en avait conclu qu'au moins dans ces deux cas la prise d'armes ne peut être appréciée qu'en relation avec les autres modes et modalités, plus précisément qu'en déterminant la position qu'elle occupe dans un système relationnel qui l'intègre. Pareillement la présentation d'un catalogue de doléances, la citation devant les tribunaux, les refus d'hommage ou de paiement des redevances, enfin les assemblées générales illégalement tenues ne se conçoivent également, eux aussi, qu'à l'intérieur d'un tel système. Même si certains des éléments (la levée en armes, par exemple) ne sont pas ensuite réalisés lors de la mise à exécution, le choix tactique est donc bien vraisemblablement le choix d'une articulation de modes et de modalités à réaliser et potentiellement réalisables (ce qui, encore une fois, ne veut dire ni toujours, ni intégralement réalisés dans les faits) ; dans cette perspective, l'habitude serait une tendance à la répétition de choix similaires à partir de situations similairement interprétées (mais pas obligatoirement identiques, voire voisines). Il en résulterait que, là où d'emblée les acteurs optent pour une action militaire dans un cadre communautaire, cette occurrence ne représenterait qu'un cas particulier simplifié de procédures par ailleurs et sans doute souvent plus complexes, ce qu'est, si l'on veut une comparaison, un carré pour le rectangle et le rectangle pour un quadrilatère.

Si l'on adopte cette dernière optique, l'habitude de recourir à une série d'articulations similaires de mode(s) et de modalité(s) d'action, liée à une représentation spécifique, ou plus exactement à une série de représentations à fort degré de ressemblance, éclaire un certain nombre de répétitions et d'oppositions facilement décelables. Ainsi, pour nombre de soulèvements de l'Ouest germanique, au XVe et au début du XVIe siècle, l'interprétation d'une situation comme contraire à la coutume locale (*Altes Herkommen*, *Weistum*) favorise l'adoption de la tactique d'escalade modélisée par Peter Bierbrauer, sous l'égide d'une communauté villageoise ou d'une association de communautés, dans un cadre restreint à une circonscription politique (seigneurie, principauté), celle où justement a cours la coutume invoquée. Mais, si une situation comparable y est cette fois estimée incompatible avec le droit naturel ou le *Göttliches Recht*, sauf si l'un ou l'autre est assimilé à la coutume locale, il arrive que l'action prenne la forme d'une conspiration intercommunautaire visant à déclencher une insurrection dépassant les circonscriptions politiques, même si elle envisage de regrouper les troupes sur une base communautaire ; c'est ce qui survient avec les *Bundschuhe*. On objectera que, dans ce dernier cas, la justification universelle de l'action obligeait à passer par cette conspiration intercommunautaire, puisqu'elle ne reposait plus sur des coutumes avant tout locales. C'est vrai que l'interprétation de la situation semble imposer un mode d'action à l'origine non communautaire ; mais, quelques années plus tard, les paysans de haute Souabe se référèrent au moins en partie à l'Ecriture sainte (qui transcende *de facto* les coutumes particulières) ; ils recoururent aussi à la violence ; cependant, dès le départ, la modalité d'action fut communautaire, et c'est sur les communautés que furent fondées les trois Unions chrétiennes qui se retrouvèrent autour des célèbres Douze Articles. Mieux, il est vraisemblable que ces derniers furent rédigés à partir des plaintes spécifiques de chacune de ces communautés, même si les rédacteurs utilisèrent le filtre d'un modèle venu du sud de la Forêt-Noire[25]. On assiste donc là à une rupture, ce qui permet de supposer que l'interprétation que donnaient de la situation les révoltés des *Bundschuhe* les portait à recourir à la conspiration, parce qu'ils y étaient portés par une habitude qui se rompit en 1525.

Si on retient cette notion d'habitude et qu'on lui donne comme point d'application non pas la seule prise d'armes, mais un choix tactique complexe, on comprend mieux pourquoi des similitudes troublantes dans les interprétations des situations, voire dans les situations elles-mêmes, débouchent sur des expressions contestataires profondément différentes. Des historiens allemands marxistes furent surpris (nous l'avons déjà noté) de constater que là où apparemment la pression seigneuriale sur les paysans était la plus forte (dans les domaines de la *Gutsherrschaft*, en Brandebourg ou en Mecklembourg, par exemple) et au moment même où elle l'était (du XVIe au XVIIIe siècle), les mouvements insurrectionnels n'avaient effectivement joué qu'un rôle secondaire. C'était, à leurs yeux, d'autant plus curieux que la Pologne et à un moindre degré la Bohème, voire le Danemark de la première moitié du XVIᵉ siècle, furent le théâtre de sanglants conflits ou d'une agitation latente, alors que la seigneurie n'y était pas sensiblement différente, et en tout cas faisait preuve d'autant d'agressivité. Toutefois, la comparaison avec le reste du monde germanique leur parut encore plus aberrante, car celui-ci, dans le sud et dans l'ouest en particulier (au Palatinat, en Souabe, en Bavière ou en Autriche), se distingua par sa turbulence et la virulence des actions paysannes, bien que cette fois, la seigneurie (la *Grundherrschaft*) n'y exerçât tout de même pas d'aussi vives contraintes qu'à l'est. Pour reprendre en substance le langage de ces historiens, la plus haute manifestation de l'antagonisme de classe (c'est-à-dire la révolte) ne se produisait pas obligatoirement, ni même peut-être préférentiellement, là où l'exploitation de la classe dominée par la classe dominante était apparemment la plus développée. Le raisonnement qui sous-tend cet étonnement repose sur le postulat que la révolte est "la plus haute manifestation des antagonismes de classe", ce qui paraît au moins discutable ; surtout, de notre point de vue, il ne prend pas en compte les interprétations qui s'interposent entre la situation et l'action. Malheureusement, cette lacune ne fournit pas la clé de la solution ; car on s'aperçoit très vite, à lire les textes des plaintes, que, de part et d'autre de l'Elbe, ces interprétations sont similaires, bien que les seigneuries soient notablement dissemblables. Partout revient la même accusation sur l'oppression et le déni de Justice que constitueraient l'augmentation des charges, redevances ou corvées, et les empiétements sur l'autonomie communale, estimés tous les uns et les autres comme contraires aux coutumes anciennes, aux privilèges reconnus, voire à l'*Hausnotdurft*.

Est-on pour autant dans une impasse ? Les historiens invoquèrent alors la structure de l'Etat ; elle interférait effectivement entre le junker et ses manants, en particulier en Brandebourg où très tôt, grâce à la *Kammergericht*, le prince essaya d'arbitrer leurs désaccords en accueillant les appels de l'une ou l'autre partie devant sa cour, ou en donnant des instructions à ses représentants locaux (qui, d'ailleurs, les sollicitaient) [26]. Mais, à l'ouest, dans nombre de régions (en Bavière ou dans les possessions des Habsbourg, par exemple), il n'en allait pas autrement, dès que le prince était électeur ou assez puissant pour entretenir une juridiction d'appel ; pourtant, les mécontentements, en dépit d'une tendance marquée à la "juridification" (*Verrechtli-*

chung[27]) des différends, s'y exprimèrent encore longtemps, parfois jusque fort avant dans le XVIIIᵉ siècle, par des prises d'armes, volontiers violentes[28]. C'est que la clé de la solution nous semble ailleurs. Comme on l'a déjà signalé[29], les travaux d'historiens comme Liselotte Enders ou Jan Peters, après ceux de Hartmut Harnisch et de Heide Wunder[30], ont en effet révélé, non pas une absence de vigueur de la contestation et de la lutte en Brandebourg ou en Mecklembourg, mais une contestation et une lutte s'exprimant par une résistance au jour le jour, pleine de mauvaise volonté, d'argumentations faussement naïves et de suppliques perpétuellement renouvelées adressées à l'électeur. Dans ces conditions, l'opposition repérée entre les deux ensembles ne s'expliquerait-elle pas, d'un côté, par un choix tactique qui ordinairement exclurait initialement la prise d'armes et, d'un autre, par deux autres choix tactiques qui auraient comme point commun, inversement, de l'envisager volontiers dès le départ comme moyen de pression ? En bref, cette opposition viendrait d'habitudes qui, au-delà d'une convergence dans le recours à une modalité d'action communautaire, intégreraient ou n'intégreraient pas normalement l'appel aux armes. Mieux, deux habitudes successives plus que simultanées, et non une, s'implantent à l'ouest à partir d'interprétations foncièrement similaires : la première considère potentiellement la prise d'armes comme l'étape ultime d'une escalade (modèle Peter Bierbrauer) ; la seconde l'utilise immédiatement et concrètement pour appuyer un appel devant un tribunal ou une cour d'arbitrage (modèle dégagé par Andreas Suter d'après les Franches Montagnes et déjà reconnu par Günther Franz[31]).

La découverte des habitudes, ou plus exactement l'interprétation des faits à partir de ce concept, a l'avantage de concilier la possibilité de ruptures et de changements dans les choix tactiques avec la reproduction de relations un temps privilégiées entre des représentations de situation similaires et des modes et des modalités d'action similaires. Elle intègre ainsi doublement les prises d'armes à des ensembles dont elles sont indissociables ; d'abord parce qu'elle les aligne sur d'autres modes d'action possibles et souvent employés (mauvais vouloir, doléances, citations en justice, demandes d'arbitrage) ; ensuite et plus profondément, parce qu'elle ne considère plus les choix tactiques comme la juxtaposition de deux choix (celui d'un mode d'action et celui d'une modalité d'action), mais comme une option pour un complexe de modes et de modalités d'action ; car c'est même seulement si on opère cette dernière intégration que la notion d'habitude trouve toute sa force interprétative et semble ainsi procurer une image vraiment plausible d'une réalité. Pratiquement, il en résulte qu'il serait vain d'isoler la prise d'armes ; ce serait en effet la rendre incompréhensible ; il en résulte également qu'il est impossible d'inférer d'un mode d'action particulier, une représentation particulière qui, à tout coup, lui serait liée. La conjuration déclenchant une prise d'armes organisée par les communautés (modèle Gilles Tschudi) découle, non seulement, de situations sensiblement différentes, mais aussi d'appréciations qui sont assez éloignées les unes des autres ; le Frioul n'est pas la Rhénanie moyenne, même si la même tactique est employée, en gros, pendant la même période (la fin du XVᵉ et le début du XVIᵉ siècle).

Au-delà de cette mise en garde, et pour en revenir à l'essentiel, si l'on veut se lancer dans l'étude des habitudes, ce n'est donc pas sur chacun des éléments qu'elles relient qu'il convient de concentrer l'observation, mais sur un ensemble qui, certes, les inclut, mais dont la relation qui les unit est partie intégrante, mieux, en constitue le cœur et le moteur ; c'est, en conséquence, sur cet ensemble que doit porter l'observation et spécialement sur cette relation qui en est la donnée déterminante, pour comprendre les actions des hommes, les prises d'armes et les révoltes paysannes. Or, maintenant que ce concept d'habitude est retenu, il faut prendre garde à ne pas le transcender à son tour, à le constituer en nouveau *Deus ex machina*, sur lequel il ne resterait plus qu'à se reposer, sinon à s'endormir. Il est, de ce fait, désormais indispensable d'en revenir à la problématique esquissée plus haut, si l'on ne veut pas tomber dans ce piège. Il s'agit bel et bien, dans la suite de cette enquête, de déterminer, autant que faire se peut, comment se forment et comment se brisent ces habitudes, car si l'on peut invoquer à la rigueur la force d'inertie pour expliquer les répétitions (et encore n'est-ce peut-être qu'une explication partielle), il n'en est plus de même, bien au contraire, lorsqu'elles s'implantent, s'incrustent ou se dégradent et disparaissent au profit de nouvelles. Et comme on retrouve ici le changement, on y retrouve aussi la tâche propre de l'historien. Mais pour y parvenir, en raison des conclusions qui viennent d'être présentées, c'est sur des ensembles relationnels, ceux que forment ces habitudes dans leur globalité, qu'il va falloir une fois de plus enquêter et raisonner.

CHAPITRE 6

Ruptures et changements d'habitudes

> *... so lange bis ein Mensch kommt, dem eine wir-*
> *kliche Sache nicht mehr bedeutet als eine gedachte.*
> *Er ist es, der den neuen Möglichkeiten erst ihren*
> *Sinn und ihre Bestimmung gibt, und er erweckt sie.*
>
> R. Musil,
> *Der Mann ohne Eigenschaften*, I, 4.

Comprendre pourquoi naissent, durent et disparaissent des habi-tudes d'action en général, et des habitudes d'action incluant des prises d'armes en particulier, ne ressort pas directement de l'ensemble rela-tionnel étudié jusqu'ici, c'est-à-dire de celui qui d'une situation conduit à une action à travers une représentation. Au mieux, pour-rait-on prétendre que les habitudes possèdent une nature commune qui s'exprimerait dans une propension à se reproduire, donc permet-tant d'en identifier la présence ou l'absence ; les changements seraient alors des changements dans la forme de l'habitude (la tactique spé-cifique qui manifesterait la propension *hic et nunc*) et non dans son essence (la propension à une reproduction). Outre qu'il pourrait s'agir là d'une tautologie, on en reviendrait subrepticement à une façon de raisonner que l'insuffisance relative de ses capacités interprétatives avait conduit à abandonner ; en s'inspirant des travaux d'Ernst Cas-sirer et de ses disciples, on s'était en effet efforcé de substituer, aux concepts de nature et de substance, ceux de fonction et de relation. En conséquence, si l'on veut garder cette dernière conceptualisation, il faut sortir de l'ensemble relationnel situation / interprétation / action, qui n'offre d'échappatoire que d'envisager une procédure logique dérivée de l'aristotélisme, pour déterminer pourquoi les paysans ont tendance à reconduire tel ou tel complexe tactique, ou au contraire à le rejeter pour en introduire un nouveau.

Or, dès qu'elle débute, l'action opère un retour à la situation concrète, après un détour par l'interprétation de celle-ci ; elle vise, en effet, à la modifier (c'est sa fonction). Si l'on conçoit la situation comme un réseau relationnel, elle en perturbe les rapports, provoque ainsi des réactions et finalement une évolution, non seulement de la situation elle-même, mais aussi du déroulement de l'action entreprise. Il en résulte, à chaque instant, une plus ou moins bonne adéquation entre les projets initiaux conscients ou inconscients et leur réalisation *de facto hic et nunc*, autrement dit un degré d'efficacité plus ou moins élevé de la tactique retenue. Cette plus ou moins bonne adéquation, à son tour, peut donner lieu à interprétation, donc à un jugement sur le choix précédemment effectué ; là pourrait se trouver l'origine, ou au moins une des origines, des décisions ultérieures, donc des habitudes et des ruptures et changements d'habitudes. En effet, le choix instinctif ou raisonné d'une tactique à un moment et en lieu donnés peut fort bien faire appel aux expériences antérieures ; il suffit que celles-ci soient mémorisées, même imparfaitement, même sous forme mythique, pour que l'on puisse en "tirer des leçons". Et cette mémorisation inclut automatiquement un jugement sur l'efficacité des moyens alors employés, comme sur ce qui paraît avoir entravé ou favorisé leur action ; que ce jugement soit ou ne soit pas rationnel n'a aucune importance. Cette interprétation présente du passé, à condition qu'elle existe, confrontée à la situation à laquelle on se trouve affronté, pourrait, et c'est là le postulat de départ de cette phase de cet essai, conduire tantôt à des séries ou à des reprises d'options similaires, tantôt, au contraire, à des ruptures et à des substitutions. C'est pourquoi il paraît désirable d'orienter maintenant l'enquête dans cette direction.

Mais, avant de se lancer dans l'entreprise, il est nécessaire de prendre quelques précautions sur la méthode à employer, de peur que l'explication à laquelle on parviendrait ne soit que trop partiellement éclairante. En effet, il faut bien prendre garde, après ce qui vient d'être exposé, que l'on ne peut pas uniquement considérer le jugement mémorisé sur l'efficacité des actions précédentes, qu'au moment précis du nouveau choix tactique. Ce serait oublier que ce jugement est lui-même le fruit d'une dynamique d'interprétation d'expériences passées et qu'il ne se comprend que par rapport à cette dynamique, dont il n'est qu'un moment dépendant de ceux dont il procède. Ce qu'il convient donc de prendre en compte pour saisir pourquoi on reprend, on modifie ou on change de tactique, ce n'est pas seulement, ni même avant tout, son contenu à l'instant où la décision en est prise, mais l'élaboration progressive dont dépend en définitive ce contenu *hic et nunc*. Il convient de l'aborder non pas comme un donné, mais comme un maillon dans une chaîne, comme élément contribuant à la formation et donc au devenir de cette chaîne ; ce qui importe, c'est la chaîne, ou plus exactement sa création progressive ; il s'agit tout simplement de réinsérer la séquence situation (réelle ou redoutée et partant potentielle) / représentation / choix tactique dans une série beaucoup plus vaste, peut-être dans une évolution historique qui conduit de soulèvements anciens à des soulèvements nouveaux, de l'antérieur au postérieur. Ce cadre permet, du moins espérons-le, de comprendre pourquoi naissent, se transforment et disparaissent les habitudes d'action contestataire en général, et de prises d'armes en particulier.

Un exemple pour mieux faire comprendre l'enjeu qui se cache sous une telle attitude dans l'interprétation des événements. Lorsque les paysans du Palatinat concluent avec l'électeur l'accord de Forst les 10-11 mai 1525, ils obtiennent que leurs griefs soient examinés par les états convoqués pour le 8 juin ; leurs représentants sont même invités à banqueter à la table de leur prince. Comme le remarque Günther Franz, « la paix paraissait assurée par une vieille manifestation paternaliste » ; d'ailleurs, selon le même auteur, un chroniqueur remarqua que l'électeur Louis « avait, au moins le semblait-il, un cœur pour eux et eux pour lui [1] ». Cependant il demanda un avis sur les Douze Articles à Philippe Melanchton et à Johannes Brenz ; ils les condamnèrent, classiquement d'ailleurs, en affirmant que le chrétien devait souffrir l'injustice avec patience et ne pas se révolter pour la faire cesser ; seule différence : Brenz conseilla au Palatin de satisfaire une partie des revendications des paysans et de les traiter avec douceur, tandis que Melanchton déclara qu'« un tel peuple sauvage et indocile, comme sont les Allemands, devrait avoir encore moins de liberté qu'il n'en avait », et qu'« au cheval allait le fouet, à l'âne la bride et au dos d'un fou la trique ». Comme les troupes de la Ligue souabe approchaient et que les princes voisins (dont l'électeur de Trèves) envoyaient des renforts, l'électeur suivit les recommandations de Melanchton, fit appel à cette présence militaire providentielle et reprit la situation en main, surtout après la défaite des milices paysannes à Pfeddersheim le 24 juin. Il récusa ses concessions et imposa un nouvel hommage et le renoncement aux privilèges. Cet épisode montre que le mouvement aurait pu réussir, au moins partiellement ; il suffisait que le prince tînt ses engagements et qu'il suivît les suggestions de Johannes Brenz, et non celles de Melanchton[2]. On ne peut pas admettre *a priori* que les paysans du Palatinat ne tinrent compte ni du succès momentané ni même des possibilités qui s'étaient offertes, lorsqu'ils portèrent un jugement sur les événements et sur l'efficacité potentielle de leur révolte ; pourquoi n'auraient-ils pas pu penser que c'était la félonie ou le reniement de leur prince, et non le fait qu'ils s'étaient insurgés qui était cause de l'échec final de leur méthode, puisque celle-ci avait peut-être failli réussir ? Ils auraient alors enchaîné une interprétation (celle d'après Pfeddersheim) sur une interprétation antérieure (celle d'après Forst), qui l'aurait influencée, et sans laquelle elle n'aurait pas été ce qu'elle fut. Ce n'est pas une certitude, bien entendu ; cependant faut-il, sans autre forme de procès, en exclure la probabilité ?

Cependant, dans un tel programme, l'objectif à atteindre est plus facile à fixer qu'à réaliser. Dès l'abord, le chercheur se heurte à la fragmentation et à la faiblesse de l'information, ce qui provoque des choix qui ne peuvent être que périlleux. En effet, les études sont rares, qui contiennent, facilement exploitables, les renseignements dont on aurait besoin. A cette pauvreté, aucun mystère, car les raisons en sont simples. Les travaux dans leur très grande majorité, pour ne pas dire dans leur totalité, s'inscrivent dans des problématiques diverses, mais presque toujours différentes de celle que l'on se pose ici ; ils s'interrogent par exemple sur la structure sociale qui alimente les conflits, les réponses collectives qu'engendre la pression seigneuriale ou royale ou les protestations que déclenche l'application du principe *cujus regio, ejus religio*. Certes, chemin faisant, ils livrent des indications, et à l'occasion des indications fort utiles, même si l'éclairage sous lequel elles apparaissent en fait mal ressortir les aspects qui, pour ce propos, seraient les plus pertinents. En particulier, la plupart des auteurs s'attardent sur les succès et les échecs des soulèvements paysans, sur le degré de satisfaction donnée aux demandes des insurgés ; ils s'efforcent ainsi de déterminer s'ils ont pu conserver leurs pratiques religieuses, obtenir une réduction de leurs charges ou échapper à un renouveau du servage. Toutefois, ils ne cherchent que très exceptionnellement et très épisodiquement à savoir comment les protagonistes s'expliquent les effets de leurs actions et comment évoluent ces explications, au fur et à mesure que leur expérience s'enrichit de succès ou de déboires. Quand ces succès ou ces déboires surviennent, *estiment*-ils que c'est parce qu'ils ont prié et que Dieu leur a accordé ou refusé Son aide en raison de leurs mérites ou de leurs péchés, que c'est parce qu'ils ont intenté un procès et que les tribunaux ont reconnu ou dénié le bien-fondé de leurs récriminations en raison de leur intégrité ou de leur corruption, que c'est parce qu'ils ont pris les armes et qu'ils sont parvenus ou non à attirer l'attention du prince sur l'injustice dont ils étaient victimes, en raison de la loyauté ou de la perversité de son entourage, ou encore que c'est parce qu'ils ont fait peser une menace et que leur chantage à l'escalade a produit ses effets ou a été considéré comme un bluff ? Car il ne s'agit pas de savoir ici, à la différence des travaux dans lesquels on puise la plupart des renseignements, si la prière, le procès, la prise d'armes, le chantage sont *effectivement* à l'origine des concessions et des avantages réellement obtenus, mais quels degrés et quelles conditions d'efficacité leur ont été *progressivement et successivement attribués* dans la mémoire des acteurs et de leurs descendants, en un mot comment se constitue et continue à se constituer une interprétation au fur et à mesure que le temps s'écoule.

Cependant, si les auteurs s'efforçaient de répondre actuellement à cette question, il faut bien convenir qu'ils se heurteraient à de nombreux obstacles. D'abord, les sources disponibles paraissent, au moins à première vue, plutôt rares ; de plus, même si elles sont vraisemblablement moins exceptionnelles qu'on ne serait immédiatement porté à le croire, le manque d'intérêt que jusqu'ici ont soulevé de tels problèmes fait qu'elles ne sont pas en général repérées et *a fortiori* sytématiquement répertoriées ; elles demeurent ainsi, pour une bonne part, encore à inventer. Enfin, conséquence fâcheuse de tout ce qui précède, faute de les connaître toutes et de bien connaître celles déjà découvertes, leur examen critique et les techniques de leur exploitation en sont toujours aux premiers balbutiements. Il serait vain de croire que, dans l'état présent des choses, on puisse rapidement remédier à ces carences. Force sera donc ici d'utiliser ce que l'on a sous la main ; certains éléments, dans la mesure où l'optique dans laquelle ils ont été dégagés n'est pas trop éloignée de la nôtre, peuvent être repris pratiquement tels quels, à condition de les intégrer à un autre système relationnel ; la plupart du temps néanmoins, il sera indispensable de les inférer en confrontant ceux qui sont livrés par l'érudition, afin de "lire entre les lignes", c'est-à-dire de démasquer l'implicite vraisemblable au-delà de l'explicite reconnaissable et reconnu. Cette tentative, en outre, ne pourra s'appuyer que sur une quantité de cas relativement limitée, et qui n'offriront pas obligatoirement tous les renseignements désirables, se bornerait-on aux principaux. Ces conditions défavorables, dans un essai synthétique qui ne peut qu'exceptionnellement s'appuyer sur des recherches personnelles dans les fonds d'archives, posaient la question de savoir s'il fallait s'y lancer. Ces insuffisances imposent-elles cependant de jeter le gant ? Ne vaut-il pas mieux une réponse précaire, et sans doute ultérieurement perfectible par d'autres, à un renoncement et à un refus d'émettre quelque hypothèse que ce soit ; valait-il mieux réellement battre en retraite, sinon déserter devant un ennemi que l'on estime, peut-être à tort, trop bien armé et trop puissant ? On ne l'a pas pensé.

Le rôle du succès et de l'échec

Mieux étudié que le reste, le degré de succès ou d'échec des prises d'armes offre, de ce fait, la base de renseignements la plus solide et la plus complète ; partant, il est tentant de commencer par là l'investigation, en allant, règle vénérable, du plus connu au moins connu. A cette première raison, s'en ajoute une autre, moins tournée vers des considérations pratiques, mais, à vrai dire, plus fondamentale. En effet, de ce degré de succès ou d'échec, dépend en partie le jugement avancé sur la tactique, par le biais de la responsabilité qui lui est attribuée, dans le plus ou moins parfait accomplissement des objectifs visés. Dans ces conditions, il semblerait que la base de départ choisie (le degré de succès ou d'échec du mouvement) répond à une démarche qui cumulerait une nécessité logique et un avantage pratique ; car elle imposerait de résoudre successivement deux problèmes qui s'enchaîneraient l'un à l'autre : d'abord, viendrait celui de l'adéquation entre ce qui était voulu et ce qui a été obtenu ; puis, seulement une fois en possession de ce premier résultat et parce qu'il serait indispensable de le connaître au préalable, on pourrait alors affronter celui de la part imputée à la tactique dans la plus ou moins grande satisfaction des aspirations. Ce beau schéma théorique se heurte cependant à quelques difficultés, dès lors que l'on s'efforce de distinguer ce qui doit l'être, c'est-à-dire, en termes crus, d'éviter les confusions et les approximations. Et ces difficultés apparaissent dès la première phase de sa mise en œuvre.

Lorsque les auteurs essaient d'estimer le degré de succès ou d'échec des actions paysannes en général, et de celles qui incluent des prises d'armes en particulier[3], ils se réfèrent toujours aux revendications ponctuelles ; certes, ils cherchent à savoir si les écrits qu'ils retrouvent ou les gestes et les cris qu'ils décodent reflètent bien les intentions des insurgés, si et dans quelle mesure ceux qui les ont transcrites en rédigeant les doléances ou en établissant la chronique de l'agitation respectent leur expression originelle et les ont éventuellement déformées. En conséquence, ce n'est pas au niveau de la critique documentaire, et même d'une critique documentaire au sens large qui intègre les techniques sociologiques et ethnologiques de décryptage des comportements, que se situe une quelconque difficulté ; elle se rencontre dans le recours préférentiel et souvent unique aux demandes concrètes et singulières (l'abolition de tels prélèvements fiscaux ou seigneuriaux, de telles modalités d'usage des communaux, des rivières, des forêts, de telle pratique dans la nomination et le contrôle des pasteurs, de telles obligations liées au servage, parfois du servage lui-même, etc.). Pour les révoltes paysannes françaises du XVIIe siècle, on parle d'échec si on considère que la taille n'a pas cessé d'augmenter jusqu'à Colbert, malgré les récriminations des ruraux, et de succès si l'on remarque que la grande gabelle n'a pas pu être étendue à l'ensemble des régions, ou qu'avec Colbert, la ponction fiscale supplémentaire intervient avant tout par le biais de l'extension des "impôts indirects" ; toutefois, on parlera à nouveau d'échec pour les Bonnets Rouges de

1675, puisqu'ils n'obtiendront ni exemption des droits sur l'étain, le tabac et les actes notariés, ni allègement des prélèvements seigneuriaux[4]. C'est donc bien la satisfaction ou la non-satisfaction de dispositions concrètes qui servent alors de critères pour savoir s'il y a bien eu succès ou échec ; et c'est là cette fois que l'on risque les ambiguïtés et les simplifications en confondant les buts ultimes poursuivis par les contestataires et les buts auxiliaires qui leur paraissent propres à les obtenir ; on préjuge au départ favorablement de l'efficacité des mesures réclamées par les révoltés eux-mêmes pour atteindre les objectifs visés ; on accorde, même sans y penser, une confiance aveugle à leur jugement. Autrement dit, les auteurs, dès qu'ils établissent un bilan, et bien que souvent ils aient conscience qu'il conviendrait d'aller au-delà, se contentent néanmoins de réduire *de facto* les aspirations aux demandes formulées, parce que, appliquées, elles ne pourraient faire autrement que satisfaire celles qui se cachent derrière celles-ci.

Or, si l'on revient aux révoltes paysannes françaises du XVIIe siècle, dans la synthèse qu'il en a présentée dans l'*Histoire de la France rurale*, Jean Jacquart, non seulement ne les sépare pas des autres formes de résistance et de contestation, mais également jauge l'efficacité des unes et des autres, nullement en fonction de telle ou telle mesure rapportée ou concédée parce qu'elle était demandée dans les plaintes, mais de leurs effets sur la condition paysanne saisie dans son ensemble, bien que principalement évoquée sous l'aspect des revenus que procuraient les exploitations familiales. Il pose le problème dans ces termes : « Le lent processus de paupérisation qui toucha progressivement, du milieu du XVIe siècle aux premières décennies du XVIIIe, tous les groupes sociaux de la société rurale a été ressenti comme tel par les masses campagnardes. Malgré le poids des conformismes sociaux et la soumisssion naturelle à l'ordre établi, cette prise de conscience s'est exprimée à travers les doléances villageoises. Malgré l'appareil répressif de la seigneurie et de l'Etat monarchique, la paysannerie a tenté de lutter contre l'inévitable. C'est un important problème historique que d'analyser les formes de cette résistance paysanne et d'en apprécier les résultats[5]. » A cet exergue placé en tête de chapitre, /répond le paragraphe qui le conclut, où l'auteur note entre autres choses qu'« ainsi toutes les formes de la résistance paysanne, de la passivité à la protestation, de la procédure à la révolte ouverte, débouchent sur un échec », qu'« au terme d'une évolution plus que séculaire, la dégradation de la condition paysanne est patente », qu'« elle touche aussi bien, vers 1710, les pauvres manouvriers sans terres que les tenanciers parcellaires ou les gros exploitants des grandes fermes seigneuriales ou cléricales », que « la révolte elle-même est vaine[6] ». On ne peut mieux dire que ce qui est en jeu pour le paysan, c'est non telle ou telle mesure mais sa condition sociale. Et l'on voit ici poindre le danger de toute analyse se cantonnant à répertorier les succès et les déboires ponctuels des insurgés sur tel ou tel point concret, précis et particulier de leur cahier de revendications ; il permet d'affirmer que les Saintongeais ou les Périgourdins de 1548 d'un côté, les bas Normands de 1639 de l'autre, ayant échappé par leur révolte à la grande gabelle, ont remporté une victoire ; certes *une* victoire, mais pas *la* victoire, car ce qu'il y avait derrière ce refus du renforcement de l'impôt sur le sel, c'était la volonté d'enrayer des difficultés croissantes, et, comme le fait aussi remarquer Jean Jacquart, la dégradation d'une image sociale. Car « de plus en plus, le paysan est méprisé pour sa rudesse, son ignorance, sa crédulité, sa fourberie, sa brutalité[7] ». Pour juger du degré de succès ou d'échec d'une action, ce qu'il faut considérer, c'est donc bien le but recherché (ici non seulement freiner une détérioration mais rétablir une condition sociale menacée), et non pas telle mesure ponctuelle (ici, le paiement de la gabelle au taux le plus élevé, celui des voisins, une augmentation de la taille et de ses accessoires, ou des fournitures aux armées, ou du logement des gens de guerre, une imposition nouvelle, qu'elle frappe les actes notariés, le métal de réserve qu'est l'étain ou le tabac que l'on chique sans cesse davantage jusque dans les milieux populaires au moins bretons, et l'on pourrait allonger la liste).

Il convient pourtant de savoir non pas si la condition paysanne devint de plus en plus humble et humiliée (ce qui, dans le cas français, ne fait guère de doute), mais si, pour les intéressés eux-mêmes, le but fixé, au-delà des demandes de dégrèvement, de maintien des privilèges provinciaux ou de clémence des officiers royaux, consistait effectivement, inconsciemment ou non, à préserver un statut social, peut-être à l'occasion même à l'améliorer, à tout le moins à empêcher qu'il ne se dégrade outrageusement. S'il en est bien ainsi, alors, même lorsqu'ils obtiennent satisfaction sur un point particulier (par exemple, quand en 1639 la grande gabelle n'est pas étendue aux pays de quart bouillon), les révoltés auront cependant plus ou moins obscurément conscience que, s'ils ont échappé au pire, leur indépendance et leur dignité demeurent précaires, voire ont été, les années précédentes, considérablement amoindries, donc, en définitive, qu'ils ont échoué sur l'essentiel. Or cette hypothèse est fort vraisemblable ; le montrent les citations de nombreux auteurs, condensées par Jean Jacquart en quelques exemples caractéristiques au début de son chapitre [8] ; le montrent également les textes rassemblés par Yves-Marie Bercé et dont on a plus haut cité quelques extraits ; singulièrement évocatrice à ce propos est l'accusation portée sur cette surcharge des prélèvements qui réduirait, du moins l'affirme-t-on, nombre d'exploitants à mendier leur pain le long des routes de Saintonge ou du Périgord. Si telle était bien la finalité poursuivie et l'origine du mécontentement paysan en France au XVIIe siècle, la contestation ne pouvait que renaître de ses cendres, éclater çà ou là à la faveur de maladresses, d'une crise agricole plus violente ou d'exigences plus pressantes, parce que les victoires gagnées (ne pas être soumis à la grande gabelle, un adoucissement des prélèvements) demeuraient ponctuelles et leurs effets n'étaient que passagers ; tout était bientôt à recommencer car l'autosuffisance de nombre de ménages était toujours à la limite du possible, et le mépris des rustres continuait à se répandre et à se renforcer dans les groupes dirigeants. En bref, le succès pouvait exister sur court terme et sur des objectifs déclarés, mais comme ces objectifs n'étaient pensés par les insurgés que comme des moyens visant la réalisation d'un autre objectif, plus lointain et aussi plus fondamental (la préservation d'une position sociale), tant que celui-ci ne paraissait pas atteint, l'action était ressenti comme un échec. En se cantonnant aux seules demandes concrètes formulées par les paysans, on risque ainsi de passer à côté du plus important ; or c'est presque uniquement sur le degré de leur accomplissement que les auteurs ont, pour l'instant, effectué un bilan (quand ils se sont posé le problème).

Qu'il soit difficile de s'en tenir aux réclamations explicites et ponctuelles pour déterminer ce que chercheraient fondamentalement à obtenir les paysans, parce que la satisfaction de ces réclamations ne constituerait que des moyens pour atteindre un but situé au-delà d'elles, un autre exemple en fournit également la preuve, peut-être encore plus explicitement que le précédent. Comme le cas français, il déborde, et cette fois plus largement encore, les bornes des tactiques incluant potentiellement ou réellement le recours aux armes. La Bavière a acquis aux yeux de l'historiographie traditionnelle, y compris allemande, une image de placidité (les mauvaises langues disent de lourdeur) qui, ne poussant que médiocrement les paysans vers la violence, expliquerait qu'elle fût un îlot de tranquillité dans la grande tourmente de 1525 et qu'ensuite elle ne se soulevât qu'à la suite d'occupations étrangères (en 1633-1634 et en 1705-1706). (Remarquons au passage, la perspective qualitative, très aristotélicienne, de cette explication.) Pourtant les doléances furent si fréquentes qu'elles encombrent des mètres et des mètres de rayonnage dans les dépôts d'archives et que, dès l'époque, elles procurèrent une matière abondante aux juristes des XVIIᵉ et XVIIIᵉ siècles qui essayèrent de mettre de l'ordre dans le droit bavarois et de le rationaliser. Ils citèrent fréquemment, à titre d'exemples, les conclusions de tel ou tel procès. Si l'on s'en tient au contenu des plaintes les plus concrètes, elles semblent, au-delà d'un appel au respect des coutumes, s'éparpiller en une multitude de demandes juxtaposées, dont on voit mal à première vue le fil conducteur ; en bref, on a la fâcheuse impression qu'elles sont formulées au coup par coup et en grande partie indépendantes les unes des autres. Ici, on s'efforce de réglementer les corvées, en fixant les conditions requises pour les charrois ou le nombre de jours de labours à accomplir sur les champs du seigneur (*Scharwerk*) ; là, c'est le service des enfants au château qui est visé, à moins que ce ne soit l'usage des communaux, coupes de bois autorisées et pacages accordés.

Or, dans leur tentative pour rendre cohérent ce qui apparemment est un fatras, les juristes invoquèrent un principe, l'*Hausnotdurft*, la nécessaire satisfaction des besoins de chaque foyer, de chaque "maison", et bien entendu de chaque "maison rustique" (il est, de ce fait, applicable à tous les états, et non seulement à celui de paysan ; il est *überständisch*). Ratiocination d'hommes de loi en peine de principe, faute de pouvoir en extraire un du droit romain ? Vraisemblablement pas, car Renate Blickle, qui a attiré l'attention sur son importance, le retrouve dans les doléances et dans les actes de la pratique judiciaire. Certes, on ne peut totalement écarter une interprétation des scribes, mais celle-ci, encore une fois, ne peut pas se plaquer sur les intentions des rustres, comme du stuc sur un mur de briques ; il faut que les plaignants puissent reconnaître leurs idées dans les discours qui les défendent ; cet *Hausnotdurft* a en conséquence de fortes chances d'être un souci premier des paysans bavarois des XVIe et XVIIe siècles ; d'ailleurs, moins explicitement formulé parce qu'il n'a pas été repris aussi systématiquement par des juristes, il se retrouve au moins du Tyrol à l'électorat de Trèves[9]. Dès lors, peut-on conclure au succès ou à l'échec des actions paysannes bavaroises, en se cantonnant au succès ou à l'échec de chacune des mesures réclamées, sans se poser la question de leur efficacité sur la satisfaction des besoins des foyers ? Car, l'admettre ce serait avouer que l'on considère que, partout et toujours, ces mesures singulières, une fois qu'elles étaient concédées, remédiaient automatiquement, presque magiquement, à la situation *hic et nunc* considérée comme intolérable par les intéressés, parce que celle-ci menacerait (ou que l'on croirait qu'elle menace) l'*Hausnotdurft* de chacun des foyers ruraux. Or cet *Hausnotdurft* ne dépend pas uniquement de la décision prise par les autorités et de son respect par les intéressés, mais aussi et non moins des effets de cette décision et de son application sur l'équilibre des exploitations ; qu'on le veuille ou non, ces dernières s'inscrivent dans une conjoncture, par définition variable, qu'elle soit climatique, démographique, économique ou autre, qui en est largement indépendante et qui surtout peut en modifier l'impact du tout au tout. De nouveau, s'en tenir, comme la plupart des auteurs, au degré de réalisation des plaintes concrètes et ponctuelles ne répond que très imparfaitement à la volonté de savoir si les contestataires obtenaient ou n'obtenaient pas ce que, au fond d'eux-mêmes, ils poursuivaient plus ou moins consciemment.

La déficience que révèlent les remarques précédentes est, en fait, double. D'abord, elle se situe au niveau de l'information. A notre connaissance, jusqu'à présent, il n'est guère possible d'estimer au fond le degré de succès ou d'échec des tactiques paysannes avec prises d'armes que dans quelques cas : des régions françaises au XVIIe siècle, la Bavière et vraisemblablement le sud de l'Allemagne à peu près au même moment, et éventuellement dans quelques autres parties de l'Europe, comme l'Angleterre qui exalte l'*husbandman*, le producteur agricole autonome, à une période sensiblement synchrone ; il manque la plupart du temps, même lorsque l'on possède des renseignements précis sur les mesures réclamées et sur leur satisfaction effective, la connaissance du but plus lointain réellement poursuivi par les initiateurs de l'action, lorsqu'ils demandent la suppression, la modération ou au contraire la création ou l'application de ces mesures. Qu'il soit nécessaire d'étendre notre savoir dans ce domaine est incontestable ; que l'on y parvienne à tout coup est plus douteux. Toutefois, cette déficience en révèle une autre beaucoup plus sérieuse ; en effet le degré de succès ou d'échec des entreprises paysannes est également fonction de ce que l'on considère, les plaintes concrètes ou les aspirations qui seraient censées être satisfaites. On ne peut donc pas parler de succès ou d'échec dans l'absolu, mais seulement en rapport avec un objectif plus ou moins large et plus ou moins changeant, et surtout plus ou moins fondamental. Il n'y a pas de succès ou d'échec, mais un succès ou un échec de telle ou telle plainte ou de telle ou telle aspiration.

Ces remarques débouchent sur une seconde difficulté que l'on rencontre dès que l'on veut estimer ce degré de succès ou d'échec. En effet, son appréciation ne dépend pas uniquement, comme on vient de le voir, de l'objet retenu (demandes ponctuelles ou aspirations profondes), mais aussi du moment que l'on choisit pour tenter cette appréciation. Si l'on reprend le cas des paysans du Palatinat en 1525, il est évident qu'elle variera considérablement selon que l'on se place au milieu mai (juste après l'accord de Forst) ou à la fin juin (après la défaite de Pfeddersheim). On peut en dire autant des Bonnets Rouges de 1675 ; au début, leurs seigneurs, par crainte de voir flamber leurs demeures et leurs granges, leur consentent des réductions de redevances dans un acte notarié plus ou moins extorqué ; *a priori* la tactique aboutit alors à une victoire ; mais, pas pour longtemps, car, dès que les soldats du duc de Chaulnes occupent militairement la région, les concessions sont aussitôt révoquées pour vice de forme ; cette même tactique, en utilisant le chantage et la violence, et en provoquant l'intervention des forces royales, n'est-elle pas responsable cette fois de l'effondrement des espérances ? A quel événement convient-il de se reporter pour prononcer un jugement, au premier ou au second ?

Il semblerait, toutefois, que cette dernière difficulté et la précédente puissent se contourner facilement ; il suffirait, d'une part, de retenir un point de vue précis, préalablement sélectionné (par exemple, l'abolition du servage, l'allègement ou la suppression d'une redevance, voire l'autosubsistance assurée pour les foyers) et, d'autre part, d'attendre la fin de la prise d'armes pour se livrer à une observation, puis à une comparaison avec la situation initiale ; on déclarerait, non sans bonnes raisons d'ailleurs, qu'un bilan ne peut être vraiment tiré qu'après l'acceptation définitive, totale ou partielle des revendications ponctuelles, voire la satisfaction plus ou moins complète des aspirations profondes qui accompagnaient le mouvement, éventuellement la série de mouvements ; et c'est d'ailleurs ainsi que l'on procède généralement, même au prix d'un peu d'arbitraire dans la délimitation de la coupure terminale (faut-il se placer à la fin de l'ensemble de la guerre des Paysans ou dès les lendemains de Pfeddersheim ? ou embrasser toutes les révoltes antifiscales de la décennie 1630 à la décennie 1670 ou les considérer séparément, les unes indépendamment des autres ?). Néanmoins, une telle démarche, si nécessaire soit-elle dans le cadre des problématiques courantes et dominantes, n'est cependant ni sans inconvénients, ni très bien adaptée, dans l'optique que l'on a retenue dans cet essai ; en effet, ne le perdons pas de vue, il ne s'agit pas ici uniquement d'établir le degré de succès ou d'échec d'une action employant une tactique particulière, mais d'atteindre, dans toute la mesure du possible, la responsabilité que les acteurs, leurs successeurs et leurs descendants attribuent à cette tactique dans le cours pris par les événements. Or il n'est nullement à écarter que l'appréciation des intéressés porte non pas sur le résultat final, mais sur le résultat auquel les insurgés étaient parvenus à un moment du conflit, voire sur l'effet qu'il a eu sur l'ensemble de son déroulement ; en d'autres termes, pour jauger de leur choix tactique initial, les paysans palatins de 1525 se réfèrent-ils à l'accord de Forst, à l'après-Pfeddersheim ou même à ce qui est survenu depuis leur prise d'armes jusqu'à leur défaite finale ? Les bas Bretons, au lendemain de l'insurrection des Bonnets Rouges, jugent-ils les méthodes de leurs compatriotes en fonction des avantages primitivement arrachés, ou de leur révocation finale ? Car les uns comme les autres peuvent très bien croire ou que leur tactique était bonne au départ et que ce sont des circonstances fortuites qui les ont fait échouer, ou que le recours aux armes devait infailliblement conduire à l'intervention des "forces de répression" et au report sinon de la totalité, au moins d'une grande partie de ce qu'ils avaient d'abord obtenu.

Dans ces conditions, le beau schéma théorique que l'on avait dès l'abord envisagé, à la fois pour une raison pratique (partir du plus connu, la satisfaction des exigences ponctuelles des contestataires) et pour une raison théorique (la nécessité de connaître le degré de cette satisfaction pour estimer son rôle dans l'appréciation de la tactique employée), ne paraît malheureusement que médiocrement adapté au but que l'on s'était fixé (comprendre pourquoi des choix tactiques se répètent et pourquoi ils sont modifiés, abandonnés ou même repris). En effet, la notion de succès et d'échec est déjà une notion ambiguë, parce qu'au-delà des réclamations concrètes formulées peuvent se cacher de plus larges aspirations et que la réalisation des premières ne favorise pas automatiquement ou favorise mal l'accomplissement des secondes ; plus encore, le jugement porté sur la tactique par les acteurs et leurs descendants, parce que celle-ci relève de l'action, ne s'appuie pas que sur les résultats, mais également sur le déroulement même de cette action, c'est-à-dire sur les enchaînements qui finissent par en constituer l'histoire et dont les résultats ne sont, tout compte fait, que l'ultime maillon et d'une certaine façon le produit à un instant donné. Cela demeure vrai, même si, comme il est vraisemblable et sans doute aussi le plus fréquent, il s'agit non pas d'une simple prise de conscience "objective", mais d'une interprétation "subjective" de ce qui est survenu. Le chercheur ne peut donc pas, mieux ne doit pas faire l'économie d'une tentative de compréhension des relations qui se nouent ou se dénouent au cours des soulèvements paysans, parce que l'appréciation qui en survivra dans les mémoires des protagonistes pour être transmise aux descendants sera elle-même globale, embrassant toute la trame événementielle.

Le rôle du déroulement de l'action

Cette constatation semble déboucher sur un programme irréalisable : la reconstitution, même approximative, même limitée aux cas où elle est grossièrement possible, du déroulement des mouvements paysans comportant à un moment ou à un autre une prise d'armes ; il y faudrait un savoir encyclopédique inassimilable par un seul chercheur et un travail de comparaison qui dépasserait largement la longueur de sa vie. Toutefois, on peut, sans entreprendre ce programme gigantesque et monstrueux, aborder la question ; car, ce qu'il est nécessaire de voir avant tout, ce ne sont pas les trames relationnelles elles-mêmes telles qu'elles fondent l'individualité de chaque mouvement, mais de quoi sont constituées ces trames relationnelles, c'est-à-dire les agencements qui tendent à se reproduire, même s'ils ne se reproduisent pas à tous les coups, même s'ils ne se reproduisent pas à l'identique, même s'ils disparaissent ou apparaissent ou réapparaissent ; ce sont eux, en effet, qui sont susceptibles de fournir les clés permettant une analyse et une compréhension ne serait-ce qu'approximative des cas particuliers ; ce qui importe ici est de savoir comment "cela fonctionne".

Pour parvenir à ces fins, il faut néanmoins choisir préalablement un instrument conceptuel d'analyse, avec tous les risques que comporte cette option initiale, puisqu'elle orientera automatiquement les conclusions sur un aspect plutôt que sur un autre ; on ne pourra donc juger de son bien-fondé qu'*a posteriori*, lorsque l'on sera en mesure d'estimer son degré d'efficacité, ou plus précisément de déterminer si sa force interprétative est ou paraît être plus pénétrante que celles qui dérivent des méthodes actuellement les plus couramment employées. Or, pour les raisons exposées au début de cet essai, on a sciemment répudié les démarches issues de la logique aristotélicienne, en raison des postulats conceptuels qu'elle impliquait *ipso facto* ; pour pallier ce rejet, on a tenté de lui substituer les notions cassiriennes de relation et de fonction, et, à partir d'elles, d'élaborer tant bien que mal une approche renouvelée des révoltes paysannes. Si l'on conçoit une situation comme l'état d'un champ relationnel à un moment et en un lieu donnés, toute action induirait une transformation de cet état ; cependant celui-ci n'est peut-être à son tour qu'une fiction commode et utile, qui gommerait ce que pourrait réellement être le champ relationnel, un système en perpétuelle évolution ; que celle-ci soit lente ou rapide, profonde ou superficielle lorsque interfère la mise en œuvre de la tactique paysanne ne change rien au fait que ce champ ne serait pas inerte, mais vivant. Si l'on s'efforce de penser ainsi, il convient d'examiner *comment* cette mise en œuvre infléchit ou pourrait infléchir à la fois directement et en déclenchant des réponses l'évolution des rapports existants dans le champ.

Dans la mesure où les entreprises paysannes que l'on étudie ici sont toutes et toujours contestataires, il semble qu'elles doivent entraîner une réponse des hommes et des pouvoirs qu'elles visent directement. C'est, en première approche, leur modalité d'action vraisemblablement la plus immédiate (dans les deux sens du terme) sur le champ relationnel. Pour vérifier cette affirmation et éventuellement l'approfondir, il est commode de se tourner vers un cas désormais familier, celui de la révolte des Bonnets Rouges de 1675 ; ici, certes, l'entrée en scène des paysans de la Cornouaille, puis du centre de la basse Bretagne, ne contribue pas à remettre en cause l'organisation sociale (même si quelques meurtres sont commis, en fort petit nombre d'ailleurs) ; toutefois par le biais des modérations de droits extorquées aux seigneurs et le refus de se soumettre aux nouvelles taxes sur le tabac, l'étain et le papier timbré, elle tend à modifier sensiblement, quoique d'une manière qui n'est pas décisive, les rapports de forces en faveur des villageois et aux dépens des seigneurs, des agents de l'Etat et, au-delà de ces derniers, du pouvoir royal lui-même. Néanmoins, cette modification ne découle pas uniquement du déferlement des bandes soulevées, mais également d'un abandon du terrain par les autorités concernées. Les officiers se terrent dans les villes, pour ne pas être écharpés, les gentilshommes accordent des diminutions de rentes pour ne pas voir piller et brûler leurs manoirs et leurs granges, et quelquefois leurs intendants occis. Sous la menace et le chantage, ils ont préféré céder à la pression, même si ce recul n'avait vraisemblablement pour but que d'attendre des jours meilleurs ; pour un temps, si court qu'il ait été, l'insurrection, bien entendu, mais aussi l'apathie des adversaires avaient remodelé le tissu relationnel, sans pour autant le bouleverser fondamentalement. Mme de Sévigné ne s'y était pas trompée, qui interrompit le voyage entrepris pour se rendre aux Rochers et attendit patiemment que l'ensemble de la Bretagne fût pacifié, bien que la région de Vitré ne semble pas avoir bougé. Dès lors cette situation, qui ne devait demeurer qu'intermédiaire, ne se comprend pas uniquement par l'action des paysans, mais également par la réaction des autorités locales, que celles-ci pussent ou non agir différemment, c'est-à-dire indépendamment du fait même qu'il y eût ou non déterminisme absolu de leur comportement.

La suite des événements fournit en quelque sorte une contre-épreuve à cette analyse. Le pouvoir royal régional, en particulier en la personne du gouverneur, le duc de Chaulnes, et surtout central, et singulièrement les bureaux que dirigeait plus ou moins officiellement Colbert, a différé sa réponse ; c'est que, remarquons-le déjà au passage, il ne pouvait guère en être autrement ; il fallait un délai "incompressible" pour qu'il fût informé et qu'il décidât à son tour des décisions qu'il prendrait. Or, cette fois, l'on est assuré, en raison même du nombre d'insurrections qui ont éclaté depuis la décennie 1630 et qu'il dut affronter, que ce pouvoir possède un jugement appréciatif sur les tactiques qui lui semblent devoir s'imposer. Ce qui est caractéristique ici, c'est qu'il ne s'attarda pas à satisfaire partiellement ou temporairement une partie des plaintes formulées ; pourtant le gouverneur, le duc de Chaulnes, en eut connaissance, et il en transmit au moins une des rédactions à Colbert ; en d'autres termes, le pouvoir royal ne reprit pas exactement la tactique dont il avait usé dans le Sud-Ouest au début de la décennie 1630 ; alors, il avait essayé la temporisation et les concessions (remises partielles, délais de paiement) ; ce n'était qu'ensuite, parce que l'agitation perdurait, qu'il s'était tourné vers une "solution militaire" ; au contraire, en 1675, il choisit d'emblée le recours à la force ; il décida presque immédiatement l'envoi de troupes et finalement se livra à une répression que la tradition a déclarée féroce (en évoquant les grappes de pendus aux arbres des chemins). Cette réponse, attendue par ceux qui avaient, sinon capitulé, du moins battu en retraite (ou comme Mme de Sévigné s'étaient abstenus de paraître), reprenait en fait, mais en la radicalisant, celle de 1639, année des Nu-Pieds et de la chevauchée du chancelier Séguier, et des années postérieures. Cet épisode montre d'ailleurs que ce ne sont pas seulement les paysans qui s'inspirent éventuellement d'un souvenir, donc chez qui apparaissent des habitudes ; on rencontre aussi celles-ci, à coup sûr, chez ceux qui leur font (ou ne leur font pas) face. Quoi qu'il en soit, cette réponse royale, cet emploi de la "manière forte", remodifie à nouveau les rapports, maintenant aux dépens, certes des Bonnets Rouges, mais plus largement et plus profondément des paysans bas bretons. En bref, le degré de succès et d'échec des insurgés de 1675 ne se comprend qu'en fonction des actions et des réactions du couple révoltés / autorités (ce dernier mot étant entendu au sens large pour y inclure les gentilshommes).

La révolte du *Prayer Book* dans le sud-ouest de l'Angleterre (Cornouailles et Devon), restée célèbre dans la littérature par le long siège que les insurgés firent subir à la ville d'Exeter, fournit d'appréciables compléments d'information[10]. Elle se déroula en 1549, en même temps qu'une série de soulèvements qui balayèrent la campagne anglaise, dont l'un fort connu en East Anglia, la *Kett's Rebellion*[11]. Elle éclata autour de la fête de la Pentecôte qui tombait cette année-là le 9 juin, à partir de deux foyers de propagation, le 6 juin à Bodmin en Cornouailles (d'où était également partie l'insurrection de 1497) et le 10 à Sampford Courtenay en Devon. C'est en effet en cette fête de la Pentecôte que le Protecteur Somerset, agissant au nom d'Edouard VI, avait décidé qu'entrerait en vigueur le nouveau Livre de prières (c'est-à-dire le rituel) d'inspiration calviniste ; celui-ci modifiait sensiblement les rites en interdisant, outre l'usage du latin pour les offices, nombre de dévotions demeurées populaires comme, entre autres, l'exposition et l'adoration du saint sacrement, la récitation du rosaire ou la distribution du pain et de l'eau bénits. Dès les premières manifestations, les habitants empêchèrent que les mesures fussent appliquées, contraignant les pasteurs à s'en tenir à l'ancien rituel, mieux à maintenir toutes les pratiques traditionnelles *"as it was before"*. Ainsi, à Sampford Courtenay, les villageois conduits par un tailleur et un manouvrier envahirent la sacristie et contraignirent le prêtre à officier en latin selon la liturgie traditionnelle. Les troupes du Devon et des Cornouailles s'allièrent, bousculèrent les quelques soldats qui leur furent opposés, et décidèrent de marcher sur la capitale ; elles s'immobilisèrent cependant devant Exeter (début juillet-début août) qui leur barrait la route et dont elles ne purent s'emparer. Les révoltés néanmoins imposèrent localement le rappel des règlements religieux et voulurent en arracher confirmation par la violence au pouvoir central ; c'était donc bel et bien une tentative pour modifier et influencer les choix royaux, puisque, en s'instituant chef suprême de l'Eglise d'Angleterre, le monarque prétendait y exercer une autorité absolue.

La réponse du pouvoir royal à cet essai de limitation de fait d'une extension toute récente (une quinzaine d'années) de sa prérogative fut extrêmement lente face à l'ampleur de l'atteinte qui y était portée. Les hésitations du Protecteur et surtout les embarras dans lesquels il se trouva rapidement plongé par la multiplication des insurrections qui éclatèrent et des succès qu'elles rencontraient (en particulier la prise de Norwich par les hommes de Kett) expliquent en grande partie qu'il fut contraint de temporiser, sans d'ailleurs pour autant négocier, et moins encore faire des concessions. Mais en n'intervenant pas avant longtemps, en se contentant d'une politique de "*containment*" avant la lettre, en interposant des troupes sur le chemin de Londres, il laissa pour plusieurs semaines pratiquement le champ libre aux contestataires dans les deux comtés. Leur succès temporaire ne se comprend donc pas uniquement par la force de leur cohésion et l'unanimité de leurs convictions ; il provient tout autant d'une éclipse prolongée du pouvoir royal. Toutefois, celle-ci s'explique aussi par la neutralisation d'une *Gentry* à laquelle les Tudors, et en particulier Henri VIII, avaient confié le soin d'assurer l'ordre dans le plat-pays. Car une grande partie de celle-ci était acquise aux idées nouvelles et le rappel qu'elle en fit parut, au moment même où, par la domesticité qui l'entourait, elle affichait sa supériorité, une mise en tutelle insupportable ou qui, au moins de ce fait, fut soudain éprouvée comme telle. Au Devon quelques mémorables maladresses contribuèrent à dresser les hommes du commun contre elle. Deux exemples suffisent ici. A Sampford Courtenay, deux ou trois jours après le début de la rébellion, un petit gentilhomme, William Hellyons, vint spécialement de la campagne pour faire entendre raison à la foule et la faire rentrer dans la bonne voie, ce qui fut ressenti par les habitants comme une véritable provocation. Enfermé dans une chambre du premier étage d'une maison, il se livra encore à une joute verbale avec ses gardiens, jusqu'à ce que, la discussion tournant à l'aigre, il fut précipité dans les escaliers et assassiné. A Clyst-Sainte-Marie, quelque temps plus tard, un *esquire* local Walter Ralegh rencontra une vieille femme qui tenait un rosaire à la main et récitait des prières (pratique condamnée par le nouveau *Prayer Book*). Mû par un zèle réformé, il commença à lui expliquer qu'il convenait d'abandonner les pratiques superstitieuses, de ne pas prier en latin mais en anglais, d'agir en bonne chrétienne, d'être un sujet obéissant du roi qui avait "uniformisé" les rites dans le royaume et pour cela imposait le nouveau *Prayer Book* ; et comme la pauvre femme semblait ne pas comprendre, il ajouta qu'elle risquait d'encourir les rigueurs de la loi. Aussitôt, elle s'enfuit vers l'église, troubla le service divin, criant qu'elle avait croisé un curieux gentilhomme qui avait menacé de détruire son rosaire et ordonné de renoncer au pain et à l'eau bénits ; elle déclara enfin que lui et ses amis allaient revenir pour piller et brûler le village ; à peine eut-elle prononcé ces mots que l'on mit le village en défense et que l'on partit à la recherche de Walter Ralegh ; ce dernier ne dut son salut qu'à un marin qui l'embarqua et fila en haute mer.

Plus intéressant, parce que plus significatif, est ce qui se passa en Cornouailles. Dès les premières heures, les rebelles s'adressèrent aux membres de la *Gentry*, leur proposèrent de prendre leur tête et de se diriger vers Londres. Or c'est exactement ce qui s'était passé en 1497. Henri VII avait alors réclamé à l'ensemble des comtés une taxe pour financer une guerre avec l'Ecosse ; les habitants des Cornouailles avaient d'abord riposté que, depuis des temps immémoriaux, de telles charges incombaient à la seule population voisine du royaume d'Ecosse ; d'ailleurs, on savait depuis des temps non moins immémoriaux qu'ils étaient pauvres et donc qu'on leur avait toujours accordé un rabais sur leur quote-part ; si le roi persistait dans ses demandes, il ne respecterait pas les privilèges tacites dont jouissait le duché de Cornouailles ; comme le souverain ne revenait pas sur sa décision, ils accueillirent Perkin Warbeck (qui se prétendit curieusement tour à tour bâtard de Richard III, puis fils d'Edouard IV) ; ils le proclamèrent roi d'Angleterre à Bodmin sous le nom de Richard IV ; ils entreprirent, sous la conduite de leurs gentilshommes, deux campagnes en direction de Londres pour le faire couronner et chasser l'usurpateur Tudor. Autrement dit, au départ en 1549, les roturiers de Cornouailles essaient de reprendre la tactique de 1497, à cette différence près qu'il ne s'agit plus de détrôner Edouard VI, mais de renverser son oncle Seymour pour rétablir un bon gouvernement. La *Gentry* refuse, à l'exception de deux de ses membres (Humphrey Arundel et John Winslade). Les autres se réfugient à Saint-Michel de Penzance et au château de Trematon ; ils en seront délogés par les insurgés et enfermés sous surveillance dans des camps comme de vulgaires prisonniers. Cette fois-ci, la réponse de la *Gentry* est encore moins conforme aux souhaits des roturiers qu'elle ne l'était dans le Devon ; elle leur impose une modification de leur tactique au moment même où ils commençaient à l'appliquer selon un modèle ancré depuis cinquante ans dans leurs mémoires ; il est aussi intéressant de noter que l'échec de 1497 n'a pas débouché sur une condamnation du schéma militaire alors utilisé et n'a donc pas entamé, un demi-siècle plus tard, une croyance en son efficacité.

Ces deux analyses apparaîtront aux yeux de certains comme des lapalissades ; lorsque l'on attaque quelqu'un, il fuit ou il riposte, que sa réponse soit immédiate ou différée. Toutefois, il faut remarquer que, par glissement, on ne se contente plus seulement de considérer comme une évidence le fait de répondre, mais également la manière dont on répond, au point que l'on admet volontiers plus ou moins consciemment que cette manière ne pouvait guère être autre qu'elle n'a été. Là encore, parce qu'il connaît la suite des événements, l'historien est tenté par le déterminisme, et c'est pour cela que les développements précédents peuvent en toute bonne foi lui paraître enfoncer des portes ouvertes. Néanmoins, dans l'attitude adoptée dans les paragraphes qui viennent d'être présentés, il y a plus. En effet, la distinction entre le fait et la manière est un habillement circonstanciel des notions très aristotélo-thomistes de matière et de forme. Elles permettent donc, elles aussi, de faire la distinction ; si bien même que spontanément ce sont à elles que l'on s'est référé et qui sont venues sous la plume. Pourtant, si l'on pense en termes de réponse à une action perturbant un champ relationnel, ce n'est pas ce que l'on nommerait le fait de répondre qui importe, mais bien ce que l'on nommerait la manière dont on répond. C'est que la conceptualisation elle-même ne considère plus la réponse comme quelque chose qui s'incarnerait de telle ou telle manière (une négociation, une répression, etc.), mais uniquement comme un instrument d'analyse de l'évolution historique, conçu pour la rendre compréhensible ou plus exactement pour la rendre le mieux compréhensible possible à un stade de la recherche et de la réflexion. Aussi n'y a-t-il plus de "manière" à proprement parler, mais des actes (une négociation *hic et nunc*, une répression *hic et nunc*, etc.) qui peuvent être représentés, à un moment précis de l'évolution historique et en raison de la conceptualisation adoptée, comme des réponses à une action définie (l'application d'une tactique par les paysans) perturbatrice d'un champ relationnel. Dans ces conditions, c'est le système de représentation donc de conceptualisation adopté qui impose que l'on cherche une réponse dans les actions ; en revanche, il n'impose nullement que cette réponse soit trouvée dans telle ou telle action plutôt que dans telle autre ; il ne présuppose aucun déterminisme absolu, parce qu'au départ, il ne se pose même pas la question ; en revanche, il peut constater des contraintes, comme il a repéré des répétitions et des habitudes.

En effet, si le choix de la tactique est limité avant tout par ce que l'on est capable d'imaginer et surtout ce que l'on est capable d'imaginer comme possible, et non par ce qui l'est réellement[12], il n'en est absolument plus de même, ni pour l'action dès qu'elle est engagée, ni pour les réponses qu'elle suscite ; des bornes se révèlent alors absolument infranchissables, contrariant à l'occasion ce qui avait été primitivement retenu ; les deux cas qui viennent d'être examinés en donnent des preuves quasi irréfutables. Face aux agitations que déclenchent dans les Cornouailles et en Devon l'introduction du *Prayer Book* à la Pentecôte 1549 ou, dans l'évêché armoricain de Cornouaille, la perception de nouveaux droits en juin 1675[13], ce sont des contraintes qui diffèrent les ripostes du pouvoir royal, qu'il soit anglais ou français ; contraintes communes de temps d'information et de réaction, contrainte particulière des embarras dans lesquels se trouve plongé le Protecteur Seymour-Somerset en 1549. Encore plus nette est la déconvenue des roturiers du duché de Cornouailles qui ne parviennent pas à mobiliser la *Gentry* locale, donc à reprendre la tactique ancienne de la levée tous états confondus pour défendre par une expédition militaire les coutumes du duché ; ils doivent au contraire d'abord l'aménager en se contentant des deux seuls gentilshommes qui ont offert leurs services, puis en neutralisant ceux qui, par leur attitude religieuse, s'opposent à leurs entreprises pour rétablir l'ancien rituel et les anciennes pratiques ; en d'autres termes, ils se trouvent dans l'obligation de changer bien des points d'une habitude qui prenait forme, sous la contrainte du comportement imprévu de la *Gentry*. Que ce comportement fût peut-être prévisible pour un analyste, observateur contemporain ou historien du XXᵉ siècle, n'a en l'espèce aucune importance ; il suffisait que les insurgés ne l'aient pas anticipé et qu'ils aient cru que l'unanimité de 1497 ne pouvait pas ne pas se reproduire, face à une intrusion de l'autorité royale dans ce qui paraissait relever des affaires propres au duché et surtout nuire au salut de leurs âmes. Ces contraintes agissent donc non seulement en interdisant, mais également en obligeant à modifier ce qui avait été auparavant imaginé.

Toutefois, il serait absurde de séparer trop contraintes et actions ou réactions, car ces dernières engendrent les premières ou plus exactement contribuent à leur apparition, et surtout définissent leur plage et leur degré d'influence. En effet, que l'autorité royale n'ait pas, à l'été 1675, répondu immédiatement tient certes d'abord à l'espace qui sépare l'extrémité de la péninsule des lieux où elle s'exerçait, et qui imposait ainsi un délai pour qu'elle soit informée et un délai pour qu'elle réagisse ; cependant, cette "donnée naturelle", cet espace physiquement incompressible, ne trouvait sa vraie grandeur qu'en raison d'une organisation du pouvoir relativement centralisé, d'un "Etat moderne" en voie d'accomplissement, qui limitait juridiquement et psychologiquement les initiatives locales, voire régionales ; il ne la trouvait également qu'en raison de la vitesse de déplacement des informateurs et des troupes, c'est-à-dire de l'état des chemins, des moyens de transport disponibles et utilisés, et du site où campaient les soldats. La plus ou moins grande vigueur de la contrainte était donc au moins fonction d'un rapport entre, d'un côté, un espace que l'on ne pouvait nullement changer et, de l'autre, une organisation humaine des pouvoirs et un degré de maîtrise des communications qui eux pouvaient évoluer et se transformer. Ce fait est bien connu, en particulier des géographes ; encore convenait-il de le rappeler, afin de ne pas prendre cette contrainte spatiale et les temps de réponse qu'elle suscite pour une contrainte immuable et non circonstancielle.

Surtout, cette évocation est nécessaire pour une autre raison qui importe ici au premier chef : cette organisation du pouvoir politique (celle des débuts du règne personnel de Louis XIV) et ce degré de maîtrise des communications (celles reliant Paris à Rennes et Rennes à la Cornouaille dans la seconde moitié du XVIIᵉ siècle) sont eux aussi les résultats d'une action des hommes, en l'occurrence d'une action antérieure aux événements que l'on essaie d'analyser ; ce sont eux qui s'orientaient vers un Etat centralisé et qui s'efforçaient de dominer les obstacles à leurs voyages ; sous cet aspect, la Bretagne de 1675 représente uniquement le stade atteint *hic et nunc* par cette orientation et ces efforts. Vraisemblablement en va-t-il de même pour une remarque faite depuis longtemps sur les révoltes paysannes ; celles-ci, si elles éclatent fréquemment au printemps et au début de l'été, s'arrêtent souvent, parfois brutalement, dès que cette dernière saison tire sur sa fin. L'explication en général donnée est la nécessité des travaux des champs, moisson d'abord, engrangement ensuite et bientôt labours et hersages. Sans doute n'est-elle pas fausse ; cependant elle est incomplète, car elle devrait prendre également en compte le choix d'une nourriture centrée sur certaines céréales et des procédés pour les produire ; sans ce choix fondamental, la contrainte que l'on évoque à juste titre n'aurait pas lieu d'être. Aussi est-il légitime de se demander si, dans d'autres régions où par exemple l'élevage a plus d'importance, elle ne s'affaiblirait, voire ne disparaîtrait pas.

En ce qui concerne le duché de Cornouailles en 1549, la situation est à la fois semblable et différente, car cette fois-ci, si la contrainte naît bien d'une action (le refus de la *Gentry* de s'associer à un mouvement répudiant le *Prayer Book*), elle ne naît pas d'actions amorcées antérieurement et qui se poursuivront au-delà (la volonté de maîtriser les communications, l'édification en cours de ce que l'on nommera *a posteriori* l'Etat moderne) ; elle est provoquée par une réponse immédiate au choix initial des contestataires, celui d'une levée militaire de tous les habitants, quel que fût leur état, pour obliger Londres et Canterbury à renoncer à leurs innovations religieuses ; elle apparaît donc après que l'agitation a débuté, et parce qu'elle a débuté ; elle est le fruit du trouble qu'engendre cette agitation dans le réseau relationnel ; elle ne correspond plus à une relation préexistante, comme celle reliant *hic et nunc* l'épaisseur d'un espace physiquement incompressible à sa maîtrise par les hommes ou à un appareil gouvernemental partiellement centralisé. Cette distinction n'est pas sans importance pour ce qui reste primordial derrière cette recherche du fonctionnement des révoltes, car les révoltés n'interpréteront vraisemblablement pas à l'identique un refus qui les oblige à modifier leur tactique en leur mettant le couteau sous la gorge (et dont ils ne peuvent pas ne pas prendre conscience) et des contraintes plus diffuses et surtout plus intégrées à la situation (qu'ils peuvent assimiler à des constantes et avoir intériorisées, bien qu'elles ne le soient pas, et qu'elles évoluent elles aussi, bien que plus lentement).

Cette analyse comparée de deux séries de contraintes, l'une où elles sont imposées par des relations en général à évolution relativement lente antérieures au mouvement et l'autre où elles naissent de réactions aux premières initiatives du mouvement lui-même, donc d'un essai d'application spontané ou réfléchi d'une tactique, fournit en outre deux précieuses indications pour l'interprétation et la compréhension des prises d'armes paysannes. D'abord, elle attire l'attention sur le fait que ce qui est contrainte à un moment donné est toujours le fruit d'actions des hommes sur eux-mêmes et sur le monde auquel ils appartiennent et dont ils procèdent, au point que l'on peut penser que cette action est indispensable à leur existence en ce monde ; il en résulte, plus prosaïquement et plus immédiatement pour le sujet qui absorbe ici notre attention, que ce qui paraît donné ne l'est que pour un temps et un lieu qu'il conviendrait de définir, mais que l'on a cependant du mal à définir, puisqu'il est en perpétuel processus de transformation ; disons donc provisoirement qu'il n'est définissable que par rapport aux résistances similaires qu'oppose, aux tactiques incluant une prise d'armes, une séquence de stades successifs d'actions humaines à évolution lente, ayant principalement d'autres finalités (la constitution d'un Etat policé, l'amélioration de la fiabilité et de la vitesse des transports, etc.) ; cette séquence n'épuise pas l'évolution ; elle n'est, si l'on veut, qu'un fragment de la courbe qui la représenterait en fonction du temps ; on reprendrait ainsi, en l'adaptant, le concept cassirien de fonction (*Fonktionsbegriff*).

En second lieu, l'analyse comparative des contraintes à laquelle on vient de se livrer révèle que certaines de celles auxquelles se trouvent confrontés les insurgés ont leur origine dans leurs propres actions, partant dans les tactiques qu'ils adoptent au départ, voire dans les adaptations qu'ils leur apportent ultérieurement, en raison même des réponses qu'ils suscitent ainsi à l'intérieur du réseau relationnel sur lequel ils agissent. En ce domaine, l'analyse ébauchée sur le cas restreint que nous avons examiné (celui de la réponse de la *Gentry* des Cornouailles et du Devon à l'agitation née de la mise en service du *Prayer Book* à la Pentecôte) s'étend sans grandes difficultés à d'autres réponses aux entreprises des paysans, et en particulier, pour demeurer encore un moment dans les exemples précédents, celles du pouvoir royal, qu'il soit anglais ou français, que ce soit au XVIᵉ ou au XVIIᵉ siècle. L'arrivée des troupes mobilisées par le duc de Chaulnes en 1675, la résistance d'Exeter, l'interposition de l'armée de Russell sur la route de Londres, puis sa contre-offensive au début d'août 1549 créent au moins négativement des contraintes (ce que, dans le langage du journaliste, on baptiserait une "situation nouvelle") ; en effet, elles mettent fin à toute possibilité de compromis, sinon d'arbitrage, et ne laissent la voie ouverte qu'à la soumission ou à l'affrontement militaire. Il en résulte que des contraintes s'édifient à partir du déroulement de l'action et lui sont en quelque sorte subordonnées, une nouvelle réponse pouvant modifier la donne ; elles ne se comprennent que par un enchaînement et par leur position au sein de cet enchaînement. Dès lors, comme elles ne constituent qu'un élément possible de ces chaînes, elles n'appartiennent qu'à un nombre circonscrit de relations, et non à toutes ; en conséquence, elles risquent de ne pas épuiser les réactions du réseau relationnel à l'attitude des révoltés ; en effet, elles découlent de réponses spécifiques, et d'elles seulement ; on ne doit en rien préjuger que d'autres réponses et surtout des relations autres que des réponses n'engendrent pas d'autres effets qui ne sauraient en aucune façon leur être assimilés. Il faut donc maintenant abandonner la seule observation des contraintes et des ripostes des adversaires, pour embrasser un champ plus vaste d'investigation.

A côté des réponses et des contraintes, l'action incluant une prise d'armes peut provoquer elle-même, semble-t-il, la révélation et le développement de contradictions qui jusque-là demeuraient voilées et latentes, ou étaient couramment surmontées en des périodes moins conflictuelles. La mise en œuvre de la tactique par la communauté pourrait, si cet aspect de la vie communautaire était mieux étudié, fournir éventuellement des données intéressantes à ce sujet ; si pauvre soit le bagage dont nous disposons dans ce domaine particulier, il n'interdit cependant ni de poser ni de formuler le problème, d'abord généralement et théoriquement, ensuite plus finement avec l'appui des renseignements plus ou moins épars que l'on possède déjà, quoique malheureusement ils intéressent trop souvent une époque plus tardive (le XVIII\ce{} et le début du XIX\ce{} siècle). On a constaté à plusieurs reprises[14] que l'action contestataire paysanne, même lorsqu'elle n'aboutit pas à une prise d'armes, même lorsqu'elle ne l'envisage même pas, se déroulait la plupart du temps dans le cadre privilégié de la communauté. C'est elle qui, en Allemagne à l'est aussi bien qu'à l'ouest de l'Elbe, opte consciemment pour telle tactique plutôt que pour telle autre, lors d'assemblées de village ; c'est elle qui canalise une réaction spontanée, une explosion de colère comme celle de la

Jacquerie ; c'est elle qui reprend et rend efficace (ou, lorsqu'elle s'abs-
tient, condamne à la déroute) les initiatives de certains de ses membres
(des conjurés, par exemple) ; c'est elle encore qui fournit, aussi bien
lors des guerres de paysans qu'elles soient allemandes, hongroises ou
suisses, que lors des rébellions françaises du XVIIᵉ siècle, l'unité de
base autour de laquelle se structurent les bandes armées. Tout cela
implique, bien sûr, une forte cohérence communautaire ; celle-ci, en
raison de sa persistance, dépasse sans doute la seule organisation tacite
ou institutionnalisée, si solide et si contraignante soit-elle ; elle suppose en outre des intérêts communs et une volonté de les faire collectivement aboutir ; ce qui ne signifie pas que ces intérêts soient
constants à travers les siècles, mais qu'il en existe toujours un fonds
commun majoritairement, sinon unanimement, reconnu ; faute de
quoi, lorsque l'impulsion proviendrait, non pas de la totalité, ni même
de la plupart des futurs participants, mais seulement d'une fraction
plus ou moins large des habitants, elle ne suffirait pas à déclencher
un mouvement d'envergure, voire ne parviendrait même pas à le
mettre en branle, comme le montrent les mésaventures de quelques-
uns des *Bundschuhe*.

Néanmoins, les membres des communautés n'ont vraisemblablement pas toujours que des intérêts communs à défendre et à pro-
mouvoir, et sans doute partagent-ils encore moins une vision unique
de ces intérêts. En effet, des divergences ne sont pas à exclure *a priori*,
à l'intérieur de l'éventail des conditions, et plus celui-ci est étendu,
plus les risques sont grands qu'elles éclatent au grand jour ; par
exemple, les gros fermiers, les modestes laboureurs et les simples
manouvriers n'attendent pas les mêmes profits de l'usage des communaux, des bois et des forêts ; ils ne voient peut-être pas d'un même
œil le glanage, la vaine pâture ou le ramassage du bois mort ; ils
aspirent à les réglementer, mais ils les réglementeraient différemment,
si bien que, loin de s'accorder, ils s'opposeraient sur ces sujets et sur
d'autres similaires. De plus, comme ils ne se préoccupent pas uniquement de la survie en ce bas monde, mais également du salut de
leurs âmes dans l'Au-delà, il n'est pas interdit de penser qu'ils puissent
parfois s'affronter sur la suppression ou le maintien de pratiques
religieuses plus ou moins anciennes, sur la révérence que l'on doit au
saint sacrement, sur le culte marial et celui des saints, sur ce qu'ils
sont en droit d'exiger de leurs pasteurs et sur bien d'autres choses

encore. En bref les points ponctuels de divergences au moins potentielles ne manquent pas. Mais il est peut-être une fracture plus décisive
et plus conflictuelle encore, parce que, plus fondamentale, elle touche
à la conception même que l'on se fait de l'appartenance à une communauté : il y a ceux qui, sans être issus du village, s'y sont installés
à demeure et participent pleinement à ses activités, et ceux qui,
implantés ailleurs, en proviennent, y possèdent encore des biens et
surtout des parents, et y assurent des tutelles à l'occasion des parrai-
nages ou cautionnent leurs proches ou leurs amis. A côté d'un noyau
de familles incontestées, il se forme donc *de facto* une auréole de
ménages qui désireraient y pénétrer ou y demeurer et qui sont un
peu de la communauté sans totalement en être. Or les critères "objectifs" d'assimilation restent si variables d'un lieu à l'autre, si ambigus
(est-ce le lignage et l'intégration à un lignage ou la résidence ou encore
la propriété qui doivent être pris en considération[15] ?) et partant si
malléables que c'est en fait la reconnaissance des membres incontestés
qui finit par être déterminante. Toutefois, celle-ci peut être accordée
par les uns et niée par les autres ; des lignes de faille profondes, qui
quoique fréquemment en sommeil peuvent à chaque instant rejouer
sous l'impact d'un ébranlement, divisent la population d'un village,
entre ceux qui voudraient faire partie de la communauté et ceux qui
le leur refusent, comme entre ces derniers et ceux qui acceptent les
premiers. Dès lors qu'en puissance il existe de telles divergences, la
question est de savoir si une action contestataire, surtout si elle
s'accompagne ou menace de s'accompagner d'un recours aux armes,
ne réveille pas, par la tension qu'elle crée, ces antinomies et n'active
pas ainsi les antagonismes jusqu'à influer, point capital ici, sur le
déroulement de l'action elle-même.

Répondre à cette question est moins facile qu'il n'y paraît à première vue, malgré les nombreuses analyses tentées, en particulier en
France et en Angleterre, sur la "structure sociale" et les sources de
conflits intracommunautaires. Certes, elles ont déjà suggéré les remarques que l'on vient tout juste de présenter, et sans elles, l'idée n'en
serait sans doute jamais venue. Cependant, lorsque l'on cherche à les
utiliser dans l'optique de cet essai, on découvre également qu'elles y
sont mal adaptées. En effet, elles se concentrent sur les effets intracommunautaires des divisions intracommunautaires, comme si celles-ci se manifestaient uniquement à l'intérieur d'une communauté,

que l'on tendrait, dans ce domaine, à considérer comme un cosmos fermé, se suffisant à lui-même. En négligeant ainsi leur impact sur les affrontements avec les autorités extérieures, ces analyses présupposent une unanimité communautaire, dès que les rapports étudiés concernent non plus ce cosmos, mais ses relations avec tout ce qui l'englobe et risque cette fois d'exercer sur lui une influence. Or, les révoltes intéressant ces dernières et seules relations, les chercheurs se préoccupèrent peu d'une éventuelle interférence des antagonismes internes sur leur déroulement. Bien que née vraisemblablement d'une problématique qui ne portait pas à aborder de tels problèmes, cette attitude est loin néanmoins d'être sans fondements et mérite donc que l'on examine jusqu'à quel point elle est justifiée et recevable.

Les problématiques longtemps dominantes dans l'étude des révoltes ne se souciaient guère en effet de la question ; elles s'intéressaient à la manifestation d'un sentiment provincial ou national transcendant par définition les querelles entre habitants d'un village ; chacun aurait fait taire ses misérables chamailleries avec son voisin, dès qu'il apercevait "flotter le petit drapeau" et que les intérêts supérieurs de la petite ou de la grande Patrie entraient en jeu. La polémique sur la nature de la société (d'ordres ou de classes) ne modifia pas ce comportement et relégua elle aussi les discordes locales à la resserre aux outils inappropriés ; elle conduisait les parties à considérer uniformément comme secondaires les fractures intracommunautaires face aux antagonismes fondateurs et partant majeurs, c'est-à-dire, selon les obédiences, les antagonismes entre princes et sujets ou entre féodaux, bourgeois et paysans-artisans ancêtres des prolétaires ; ils auraient été les seuls capables d'engendrer la "forme la plus parfaite" de contestation sociale : la révolte. Ceux plus sensibles à l'aspect religieux des mouvements et hostiles à sa réduction à l'aspect social se contentaient de substituer le premier au second, sans attribuer un meilleur rôle aux différends locaux, toujours estimés subalternes. Les choses ne changèrent, cette fois notablement et malgré des apparences contraires, qu'avec l'introduction du concept de communalisme (*Kommunalismus*) lancé puis approfondi par P. Blickle et ceux qui le suivirent ensuite dans cette voie. Car, au cœur de ce concept, se trouvait entre autres une idée que les travaux les plus récents tendent à confirmer, celle que les communautés en général et les communautés rurales en particulier s'efforçaient à l'autonomie ; plus spécialement, pour éviter en partie l'intrusion des pouvoirs extérieurs, elles essayaient elles-mêmes de régler, au moins en premier ressort, les conflits internes entre leurs membres, voire entre l'ensemble des résidents. Dans les campagnes, c'était relativement facile en Allemagne ou en Scandinavie du fait de l'existence de tribunaux villageois officiellement reconnus ; ce l'était sans doute moins en France ou en Angleterre où les cours locales étaient monopolisées par le seigneur ; pourtant, les recherches actuelles indiquent que vraisemblablement il s'y rencontrait, si difficile soit-elle à cerner, une infra-justice communautaire réelle bien que non institutionnalisée, partant absolument illégale quoique tacitement tolérée. Il existe donc, et justement pour les siècles qui nous intéressent ici, une tendance efficace et sans doute non négligeable à régler de l'intérieur les affrontements intracommunautaires et, lorsque ceux-ci ne le peuvent être de cette manière, à les renvoyer aux justices locales institutionnalisées, qu'elles soient seigneuriales ou princières, de sorte qu'elles n'interfèrent nullement avec les conflits qui dressent plus ou moins violemment les communautés aux autres autorités, que ces conflits adoptent ou non une tactique qui implique de fait ou potentiellement une prise d'armes. Il s'instaurait ainsi, en raison même de la politique villageoise, une certaine indépendance de fait entre les voies d'apaisement des tensions internes et externes.

Comme les études abondent dans ce sens et fondent ainsi solidement et la volonté des communautés de régler elles-mêmes leurs conflits intérieurs, et leur succès au moins relatif dans ce domaine, le lecteur est en droit de se demander si toute cette spéculation n'était pas, tout compte fait, totalement inutile. Néanmoins, si les travaux permettent effectivement de montrer que les mouvements paysans n'étaient pas automatiquement influencés par les divisions intracommunautaires, ils n'indiquent nullement qu'ils n'en subissaient jamais les conséquences. Or, pour le XVIIIe siècle, quelques cas inclinent à penser qu'au moins alors il pouvait quelquefois en être ainsi, et que l'orientation de l'action (donc le choix tactique) finissait par les révéler ou les exacerber, après un temps plus ou moins long d'incubation. Dans les Franches Montagnes, A. Suter a insisté sur le fait que ce n'était pas l'ensemble des villageois qui se soulevait volontairement contre l'évêque de Bâle autour de 1740, et qu'il n'y avait pas que les fermiers de ce dernier qui renâclaient devant les initiatives contestataires ; les nouveaux installés, sollicités de fournir leur contribution et de prendre les armes, ne s'y soumirent qu'à contrecœur et même, parfois, sous la contrainte ; c'est qu'ils n'avaient aucun intérêt particulier à défendre une pâture sur les communaux dont on écartait leurs troupeaux, parce qu'ils ne descendaient pas des vieilles familles ; d'ailleurs bien souvent, ils ne prenaient part à aucune décision, puisqu'ils n'avaient aucune voix aux assemblées villageoises ; ils étaient donc peu enclins à se soumettre à des mandats élaborés sans leur participation, dès que ceux-ci leur semblaient uniquement destinés à préserver des privilèges dont on leur refusait le bénéfice. Ces tensions ne manquèrent sans doute pas d'affaiblir les insurgés dans leur lutte contre leur prince-évêque ; ils en étaient d'ailleurs conscients puisqu'ils s'efforcèrent de les réduire, sinon par des concessions, du moins par des mesures plus ou moins directement coercitives. Qu'une minorité d'importance variable se soit de temps à autre opposée à la majorité, détruisant par là même le mythe de l'unanimité, ne fait aucun doute [16]. D'ailleurs, un peu partout en Allemagne, ceux qui alors ne se plient pas aux résolutions des assemblées engageant une plainte en justice ou une prise d'armes courent le danger, non négligeable, d'être mis au ban de la communauté ; un beau matin, à leur réveil, ils s'aperçoivent que leurs portes et leurs fenêtres sont barrées de planches clouées ou que leurs maisons, geste symbolique s'il en est, sont désormais entourées d'un profond fossé [17].

Au fond, ce que révèlent ces incidents, ce n'est pas un désaccord sur la fonction de la communauté (donc leur découverte ne remet nullement en cause la notion de communalisme, mais au contraire la présuppose) ; c'est plutôt un flottement sur la conception que les habitants se font de la composition de leur communauté, chacun y incluant les familles qu'il veut ou croit devoir y inclure, et évidemment s'y inclut lui-même d'office. A la fin d'une étude récente sur les querelles entre des villageois des hautes Lusaces et leurs seigneurs, T. Rudert finit par conclure que « l'impression transmise par les sources que la notion de "communauté" était utilisée diversement selon le contexte et selon les groupes de sujets villageois, conduit à se demander si les *Bauern*, les *Gärtner* et les *Häusler* [18], ensemble ou individuellement, ainsi que les autorités, donnaient le même sens au terme "communauté", lorsqu'ils l'employaient [19] ». L'hypothèse qui vient immédiatement à l'esprit (mais ce n'est qu'une hypothèse) est que le déroulement même de l'action rend sensibles des ambiguïtés

qui ne l'étaient pas auparavant. Les nouveaux arrivants dans les villages des Franches Montagnes admettaient au départ que les vieilles
familles anciennement implantées jouissent de privilèges dans l'utilisation des communaux et dans les délibérations des assemblées ; au
moins ne possède-t-on pas alors de traces de leurs protestations ; ils
estimaient vraisemblablement que, dans l'exercice du pouvoir, elles
savaient transcender leurs intérêts particuliers, pour devenir les porte-
parole de toute la collectivité ; dans ces conditions, ils pouvaient croire
qu'elles les intégraient à la communauté, même si elles les plaçaient
à un rang inférieur au leur. Cependant l'épreuve de force se polarisant
sur au moins un des terrains où les avantages de ces vieilles familles
étaient les plus éclatants (l'usage des communaux refusé par l'évêque),
et sa défense se faisant au nom de la communauté, ils en déduisirent
que les dirigeants ne les comptaient plus parmi ses véritables membres,
mieux qu'ils les ravalaient au niveau des auxiliaires, puisqu'ils leur
demandaient, comme à de vulgaires sujets, de verser leur contribution
et d'exposer leur vie pour une cause qui n'était plus la leur. Si cette
reconstitution est exacte, le conflit avec le prince-évêque de Bâle fit
éclater au grand jour la contradiction latente entre les intérêts et entre
les notions des uns et des autres, sans que les voies normales, en
raison même de la conjoncture, puissent être utilisées pour rétablir
un consensus. En fait, ce cas renvoie à un phénomène beaucoup plus
général. Ailleurs et bien loin des Franches Montagnes, beaucoup de
villageois reconnaissaient la supériorité d'une *sanior pars*, mais à
condition que celle-ci œuvrât pour un *bonum commune* ; mais comme
le tout était de savoir de quel *bonum commune* il s'agissait, c'est-à-dire
quels ménages faisaient partie du "commun", tout manquement à
cette règle, quand survenait un conflit, pouvait paraître aux yeux des
intéressés comme leur rejet de la communauté, donc comme une
trahison de l'idéal communautaire, révélant ainsi une fracture latente
et ordinairement occultée.

En bref, des signes épars glanés dans des études sur le XVIIIᵉ siècle
permettent de supposer qu'un des effets de la mise en œuvre des
tactiques, et en particulier de celles incluant des prises d'armes, parce
que celles-ci finissent par solliciter l'argent et le sang des participants,
relèveraient, à l'occasion des tensions latentes, que les moyens cou-
rants d'autogestion communautaire contribueraient en temps normal
à calmer, à désamorcer ou simplement à occulter. Toutefois, de pareils

témoignages font encore plus défaut pour les siècles antérieurs. Est-ce parce que les notions et les intérêts étaient alors moins divergents (on ne peut en effet écarter l'hypothèse d'un élargissement tendanciel de l'éventail social du XIVᵉ au XVIIIᵉ siècle) ? Où est-ce tout bonnement parce que *de facto* on ne dispose pas en nombre suffisant d'études se posant la question ? Devant cette dernière carence, il faut avouer que répondre avec un minimum de vraisemblance est pratiquement impossible. On note seulement un phénomène curieux qui suggérerait plutôt que les révoltes, au moins de temps à autre, avivent des oppositions normalement masquées. Lorsque l'agitation paysanne débouche sur la formation de bandes armées et se termine par des combats militaires, les troupes princières ou seigneuriales l'emportent à peu près toujours. L'explication traditionnelle est que les paysans ne possédaient ni les armes suffisantes ni les connaissances stratégiques et tactiques indispensables pour tenir tête à leurs adversaires. Certes, cette inexpérience et cette inadéquation des armes ont souvent joué un rôle dans leurs défaites, encore qu'un bon gourdin ou une faux réemmanchée, sans valoir les lames d'obsidienne des Indiens d'Amérique, ne manquent tout de même pas d'efficacité ; encore que des paysans puissent avoir été d'anciens soldats et qu'ils louent souvent les services d'un gentilhomme ou d'un condottiere pour diriger leurs opérations ; néanmoins, on peut admettre le postulat d'une infériorité latente qui, sans être aussi forte qu'on ne le croit bien souvent, n'en était pas moins fréquente. Cela posé, cette explication est-elle suffisante ? Car, dans certaines occasions, les insurgés gagnent des batailles et obligent à traiter avec eux ; ainsi au Tyrol en 1525 ; ainsi surtout à plusieurs reprises en Suisse, à Morgarten singulièrement lorsque les insurgés ne purent bénéficier de l'appui des villes ; et s'ils furent finalement battus, les habitants des Dithmarschen infligèrent quelques sanglantes défaites et sauvegardèrent longtemps leur indépendance. De plus, un certain nombre d'échecs ne se marquent pas par une défense acharnée, mais au contraire par des débandades retentissantes ; malgré toute l'ardeur de Florian Geyer ou celle de Thomas Müntzer, les paysans s'éparpillèrent à Königshofen le 2 juin 1525 comme vraisemblablement les troupes avaient eu tendance à fondre à Frankenhausen le 15 mai précédent. En définitive, si l'on tient compte que l'armement et le savoir militaire des rustres les désavantageaient moins qu'il n'y paraît à première vue, qu'ils furent capables de remporter des victoires et qu'un certain nombre de leurs déroutes eurent pour origine un abandon pur et simple du terrain sans grand combat, il paraît légitime de se demander si le "moral" des hommes (leur "motivation") n'interfère pas aussi pour rendre compréhensible l'issue de bien des rencontres.

Or, au moins dans les grands engagements, la *senior pars* des communautés villageoises ne pouvait à elle seule fournir l'essentiel des recrues. Il lui fallait faire appel à d'autres membres. Mais là encore, lorsque l'on compare la composition des bandes aux revendications, on s'aperçoit que les plaintes présentées recoupaient avant tout des intérêts particuliers de cette *senior pars*. La guerre des Paysans allemands de 1525, dont, en raison des nombreux articles rédigés, les doléances sont bien connues, et de plus ont été depuis longtemps systématiquement analysées, en offre un témoignage fort intéressant. Nombre de revendications visaient, en effet, des prélèvements effectués sur les "héritages", comme les droits de succession (*Todfall*), ou sur les exploitations, que ce soit sur leur produit (les rentes et singulièrement les dîmes) ou sur leur force de travail (corvées) ; on ne peut même pas exclure que la grande réclamation de l'abolition du servage ne se rattache pas, au moins en partie, à cette orientation des demandes, car cette abolition se traduisait toujours par une moindre précarité de la tenure, et assez fréquemment par une diminution des droits d'ensaisinement et une accession des collatéraux à la succession faute d'héritiers en ligne directe. De plus, dans la mesure où la *senior pars* parvenait à contrôler l'assemblée, si le choix et la surveillance du pasteur étaient confiés à la communauté, c'était encore elle qui en assurait la charge. En revanche, peu de rubriques procuraient des satisfactions notables à ceux qui détenaient ou mettaient en valeur peu ou pas de terres. Certes, les cahiers insistaient sur la libre utilisation des communaux ; toutefois, ils ne précisaient jamais qui, en définitive, aurait droit d'y faire pâturer ses troupeaux, si ce serait tous les résidents ou seulement les censitaires, voire ceux qui, par leurs pairs, étaient reconnus comme membres à part entière de la communauté. Dès lors, il est légitime de se demander si les défaillances du gros des troupes ici ou là sur le champ de bataille ne provenaient pas de la découverte par nombre d'entre eux qu'ils se battaient dans une large mesure pour les autres ; le simple fait d'avoir à énoncer des revendications non plus générales mais concrètes, et surtout d'avoir

à les proclamer publiquement, dévoilait peut-être aux yeux des intéressés la part prépondérante qu'y occupaient les intérêts spécifiques
de la couche supérieure des ruraux. Il est peut-être symptomatique
que là où les troupes remportèrent des victoires, ce fut justement au
Tyrol où, d'après les historiens eux-mêmes, la structure sociale était
plus homogène et l'éventail des conditions plus resserré. Sans arriver
à une certitude quelconque, on ne peut donc pas rejeter *a priori*
l'hypothèse qu'avant le XVIIIᵉ siècle il arrivait parfois que le déroulement même de l'action, parce qu'elle obligeait à préciser dans le détail
ce que l'on demandait, débridait des plaies cachées ou simplement
détruisait des illusions et explicitait des ambiguïtés. Certes, la plupart
des affrontements intracommunautaires étaient résolus intracommu-
nautairement ; il n'est cependant pas impossible que, parfois, ils aient
émergé au milieu des contestations et aient perturbé le cours des
procès ou surtout des prises d'armes.

D'autre part, une autre inadéquation pouvait éventuellement sortir
d'un action revendicative paysanne ; en effet, les protestataires exprimaient la plupart du temps, par écrit ou autrement, des revendications
ponctuelles et concrètes (par exemple, le respect d'une disposition
coutumière spécifique) ; dans leur esprit, celles-ci n'avaient pas de fin
en soi, mais devaient remédier à une situation ressentie comme insupportable (par exemple l'impossibilité de nourrir sa famille sur son
exploitation) ; elles n'étaient donc considérées que comme des instruments pour atteindre un but plus lointain, plus profond, consciemment ou inconsciemment poursuivi (par exemple l'*Hausnotdurft*) [20].
Si la tactique mise en œuvre était assez habile ou assez heureuse pour
satisfaire quelques plaintes et obtenir quelques résultats tangibles, il
n'est pas certain que ces résultats fussent alors capables d'assurer ce
qui était souhaité en dernier ressort. En effet, les mesures qui les
incarnaient intervenaient dans un réseau relationnel à un moment
donné de son évolution, autrement dit dans une conjoncture *hic et
nunc* ; il est déjà rien moins que certain que, étant donné cette
conjoncture, elles aient eu les effets désirés. Mais ce n'est pas tout ;
si l'on estime que le réseau n'est pas inerte et est capable de susciter
des réponses (c'est-à-dire qu'il est plus qu'une conjoncture que l'on
maîtriserait grâce à des recettes, du fait que les réactions en seraient

programmables parce que purement mécaniques), ces réponses pouvaient très bien être des actions telles qu'elles contrecarraient les effets recherchés au point même que ceux qui se produisaient réellement en fussent parfois contraires. Il y avait donc un risque d'inadéquation pouvant aller jusqu'à la contradiction, entre les résultats obtenus et l'amélioration souhaitée au fond de soi, même si celle-ci n'était pas formellement explicitée. Prenons d'abord un exemple théorique : si la population s'accroît et si la coutume exige un partage strictement égalitaire des biens, demander et obtenir l'application sans réserves de ce point de droit local, bien loin de permettre l'*Hausnotdurft*, contribue au contraire à réduire le nombre de ceux qui y prétendent, même si d'autres décisions (départ pour la ville, célibat de fait ou amélioration des rendements) peuvent en endiguer les conséquences.

Comme les buts qui se cachaient derrière les exigences concrètes des plaintes ne sont pas aisément repérables, force est de se cantonner à ce qui est le moins mal connu pour en tirer le plus vraisemblable. Il est incontestable que, dans une sorte de parallélisme avec les ambitions communautaires, les foyers paysans essayaient de se suffire à eux-mêmes, si possible en tirant le maximum de nourriture de leur exploitation agricole ; cette sorte d'idéal est sous-jacent à l'*Hausnotdurft* comme à la notion d'*husbandman* ; on la retrouve dans les récriminations des Croquants qui reprochent au roi de les jeter sur les routes pour gagner leur pain, en leur interdisant par l'augmentation indue des impositions de survivre dans leurs fermes. Et si l'on a quelques signes de cet idéal durant toute la période, il semble bien qu'ils soient bien plus abondants à la fin du XVIᵉ siècle et dans la première moitié du XVIIᵉ. Sauf en cas d'une attention plus vigilante à ces témoignages des historiens de cette période et d'une négligence de ceux des époques immédiatement antérieures, une telle insistance a sans doute une signification ; peut-être est-ce que justement nombre d'exploitations autosuffisantes à la marge de manœuvre faible se trouveraient alors menacées. Si on l'interprète ainsi et si l'on reconnaît une parenté à la réclamation de l'*Hausnotdurft*, à l'exaltation de l'*husbandman* et à la colère des Croquants, le malaise est au moins largement répandu en Europe ; il se pourrait qu'il soit lié à une situation économique qui, par une combinaison de facteurs (augmentation globale de la population et urbanisation accrue en faveur des capitales et des places de commerce, conditions météorologiques défavorables aux moissons prolifiques, pression à la livraison de surplus et à la spécialisation sous le coup de la demande des fortes agglomérations), jouerait contre les entreprises "familiales" et faciliterait leur endettement progressif. En d'autres termes, on s'attacherait alors d'autant plus à une forme d'exploitation qu'elle serait en danger et, pour les plus faibles, condamnée.

Si maintenant on se concentre sur le cas des Croquants des années 1630, on constate d'abord que les exigences fiscales royales tombent à contretemps, puisque cette décennie, surtout à son début, connaît des difficultés économiques, peut-être un renversement de conjoncture. Elles accentuent ainsi ces difficultés et suffisent, en détruisant définitivement une marge de manœuvre réduite, à déstabiliser nombre d'exploitations visant à nourrir un ménage. Obtenir une stabilisation des charges royales à un niveau antérieur contribuerait certes à soulager les foyers les plus menacés, mais seulement pour un temps ; en effet, ne parvenant pas à supporter une série de mauvaises récoltes, ils seraient de toute façon forcés de s'endetter, avec les conséquences désastreuses que cet endettement pourrait avoir pour leur avenir et leur autonomie. Il s'ensuit que même si la taille et ses accessoires n'avaient pas été augmentés et les livraisons aux armées diminuées, même si le volume des prélèvements était revenu à celui des années mythiques des bons souverains, la crise des petites exploitations autosuffisantes n'en aurait été qu'atténuée et retardée, elle n'aurait pas cessé ; ça n'aurait même sans doute pas empêché qu'elle ne s'aggravât. Tôt ou tard, la condition aurait à nouveau paru insupportable. Dans la décennie 1630, il y avait par conséquent une médiocre adéquation entre les mesures exigées et la situation désirée, parce que, dans la conjoncture économique (donc dans le réseau relationnel où elles s'inscrivaient), les premières ne pouvaient au mieux que procurer un répit, freiner une détérioration tendancielle tant que régnait la même conjoncture ou qu'une réponse plus adéquate ne lui était pas donnée. Malgré les destructions de la guerre de Trente Ans et les ravages des armées suédoises, la Bavière, où le prince s'efforça de faire appliquer une législation instituant un héritier privilégié, sut justement pallier, ou au moins mieux pallier (car les plaintes ne cessèrent pas pour autant), l'impact de l'évolution économique sur les exploitations familiales ; toutefois, il convient de remarquer que cette réponse, moins en contradiction avec le maintien de l'*Hausnotdurft* pour les héritiers, aux dépens d'ailleurs des autres enfants, fut certainement plus efficace que les tactiques paysannes incluant cahiers de doléances, procès et plus rarement agitation[21].

Face à l'action paysanne qui s'efforce de le modifier, le réseau relationnel agit donc, en gros, à la fois comme dispensateur de réponses et de contraintes et comme révélateur d'inadéquations et de contradictions. Il en résulte que le bilan de cette action à un moment donné dépend de l'état des réponses et du degré de révélation des adéquations et des contradictions ; mais il ne dépend pas que de cela ; car, pas plus que le réseau relationnel est par lui-même immobile, l'action paysanne ne peut être considérée comme telle ; elle réagit à son tour, et *de facto* se transforme. Néanmoins, comme elle s'y inscrit désormais et qu'elle en devient partie intégrante, elle participe maintenant, au moins jusqu'à ce qu'elle s'éteigne, à ce réseau relationnel en perpétuelle évolution. On peut ainsi se représenter le "cours de l'histoire". Toutefois, en choisissant une action et en la considérant comme un "sujet d'étude", on a tranché en admettant au départ une séparation, qui existe peut-être moins qu'il n'y paraît à la suite de ce choix, entre une action et une situation, état à un moment donné d'un réseau relationnel, ou plus exactement moment dans son évolution. C'est pourquoi il faut à la fois être conscient du découpage auquel on a de cette façon procédé, et attentif à ce que le biais qu'entraîne ce découpage ne sera vraiment résolu que par un nécessaire découpage ultérieur, mais différent, c'est-à-dire par une autre problématique, absolument indispensable si l'on veut accroître la compréhension de la trame événementielle.

Interprétation du déroulement des actions et choix tactique

Les paysans, pour apprécier l'efficacité d'une tactique antérieure, ne se referaient pas qu'aux résultats obtenus, d'ailleurs difficiles à estimer ; ils s'appuyaient aussi sur les réactions qu'elle avait provoquées, les contraintes auxquelles elle s'était heurtée, les faiblesses qu'elle avait révélées ; c'est, comme on l'a vu[22], qu'au moment de décider de la reprendre, de la modifier ou de la rejeter pour une nouvelle aventure, ils devaient, pour en juger, avoir en mémoire une image des péripéties des actions précédentes dont dépendait le degré de succès ou d'échec qui en était l'aboutissement ; il était nécessaire qu'ils se figurent *pourquoi* autrefois il en avait été ainsi et non pas autrement, avant et afin de se déterminer eux-mêmes. Que cette image fût spontanée ou réfléchie, sommaire ou sophistiquée, consciente ou inconsciente, elle n'en demeurait pas moins indispensable, parce que, sans elle, aucun choix, donc aucune entreprise, n'était concevable. Toutefois, elle ne consistait pas pour autant en une transcription exacte et, pour parler le langage de nos jours, "objective" de ce qui s'était réellement passé ; elle ne constituait pas un simple décalque de ce qui s'était produit ; elle en formait une interprétation qui créait un espace entre le *"wirklich"* et le *"gedacht"*[23], soit entre, d'un côté, ce qui était effectivement arrivé et comment, et de l'autre, ce que l'on pensait être arrivé et comment. En effet, pour rendre compréhensible le déroulement des événements antérieurs, il fallait relier certains d'entre eux à d'autres événements extérieurs, réels ou supposés ; par exemple, on établissait une relation entre, d'un côté, la défaite militaire (événement propre au mouvement) et, de l'autre, l'obstination des insurgés dans le péché (événement extérieur), en affirmant que Dieu ne pouvait pas donner la victoire à ceux qui ne respectaient pas ses commandements (relation interprétative). Cette procédure débouchait sur une sélection des rapports imaginables et, par eux, des événements survenus, quelques-uns tombant même dans l'oubli, voire étant remplacés par d'autres qui correspondaient mieux à la vision que l'on s'était forgée ; la raison en était que les paysans ôtaient toute valeur explicative à de tels rapports et à de tels événements ; par exemple dans le cas théorique précédent, on n'attribuait plus à un médiocre armement ou à une méchante stratégie une débâcle cuisante (rapport gommé) et, partant, on n'accordait plus d'importance à ce médiocre armement ou à cette méchante stratégie (événements devenus sans signification pour le déroulement et le degré de succès et d'échec de l'action) ; mieux, en supposant au contraire un bon armement ou une brillante stratégie, on n'en rendait que plus manifeste le lien entre la défaite militaire et l'obstination dans le péché (substitution pour offrir une représentation encore plus cohérente). Si ces considérations sont exactes, il devient maintenant capital, pour comprendre pourquoi dans les choix tactiques se construisent et se détruisent des habitudes, de saisir, non pas quelle mémoire répond à chaque mouvement pris individuellement, mais comment, à la fin du Moyen Age et dans les deux premiers siècles de l'époque moderne, se créait l'espace entre le "*wirklich*" et le "*gedacht*". De plus, on pourra ainsi tester si les considérations que l'on vient de développer constituent un instrument d'analyse acceptable pour interpréter à notre tour les enchaînements historiques que l'on voudrait ici éclairer.

Pourtant, l'exercice est délicat, car l'on possède très peu de renseignements directs sur la mémoire que les paysans avaient des contestations passées ; sans même parler des témoignages des intéressés, à peu près inexistants, les chroniqueurs et les observateurs contemporains détaillent, au mieux, des récriminations pour s'en inquiéter ; ils s'effarouchent des attaques, portent un jugement moral, voire donnent des conseils variés pour éviter que ne se reproduisent semblables événements, pareille chienlit. Certes, des allusions à une action passée parsèment parfois, jusqu'à une distance éloignée de leur lieu d'origine, les doléances qui s'inscrivent dans les prises d'armes ; mais quelle signification accorder à la reprise par des Allemands de la célèbre formule de John Ball ou par des Anglais de revendications caractéristiques de la guerre des Paysans ? Est-ce une incise d'érudit et, si ce n'en est pas une, faut-il y voir pour autant l'intention de copier les méthodes et l'organisation des Travailleurs de 1381 ou celles des *Haufen* de 1525 ? Seule peut-être, l'invocation de patronages plus locaux a-t-elle quelque rapport avec la tactique employée ; il n'est peut-être pas indifférent qu'en 1653 les paysans suisses des Préalpes bernoises et lucernoises s'insurgent contre leurs chefs-lieux de canton, aux cris de « Tell, je t'en supplie, réveille-toi[24] » ; l'identification au héros s'affranchissant des Habsbourg, surtout l'exhortation qui est adressée à ses mânes, laisserait entendre une volonté de retourner, contre Lucerne et Berne, les procédés supposés avoir réussi quelque part à la fin du XIIIᵉ ou au début du XIVᵉ, avant le triomphe final de Morgarten. Il n'en reste pas moins que les mentions directes demeurent rares, et que l'on est contraint, pour émettre des hypothèses, d'élaborer des indices signifiants à partir de confrontations de données apparemment étrangères au but recherché. A ce sujet, une mise en garde : une extrapolation à partir de mouvements contemporains à déroulements similiaires n'est absolument d'aucun secours. En effet, ce qui importe ici, ce n'est pas qu'il s'agisse d'une escalade culminant par une prise d'armes, ou d'un recours immédiat à la force, ou d'un procès accompagné d'un chantage à la violence, mais uniquement la reprise ou le rejet de cette escalade, de ce recours immédiat ou de ce chantage tels qu'ils avaient été utilisés lors d'épisodes antérieurs. En 1515, en Autriche intérieure (*Innerösterreich*)[25], en 1525, en Souabe, les soulèvements commencèrent d'emblée par la formation de bandes armées ; toutefois, dans le premier cas, les insurgés imitèrent un mouvement précédent, celui de 1478-1479, tandis que les Souabes de la guerre des Paysans abandonnèrent en cette occasion la progressive montée des enchères qu'ils exerçaient jusque-là ponctuellement sur leurs seigneurs ou leurs princes. Pour notre propos, il n'est donc pas question de tirer parti d'une comparaison entre les événements de 1515 et de 1525, puisqu'il s'agit dans un cas d'une reprise et dans l'autre d'un rejet par substitution.

Dans les limites qu'impose la documentation à la connaissance, il semble bien cependant que l'espace entre le "*wirklich*" et le "*gedacht*" découle d'abord d'une tendance à surestimer le poids des réponses et à sous-estimer celui des contraintes et des contradictions ; les réponses retiennent toujours largement l'attention, les contraintes et les contradictions, beaucoup moins. Caractéristique à ce propos est la sous-estimation des obstacles économiques par les paysans contestataires ; elle provient d'une vision très fragmentaire de leur ampleur et de leur variété. Seule la mauvaise récolte est couramment invoquée, ce qui est peut-être hautement significatif ; en effet, bien que sa récurrence soit perçue, elle est considérée (ce qui est loin d'être faux) comme un accident ponctuel, exigeant un remède temporaire, c'est-à-dire une mansuétude des rentiers et du fisc, pour éviter ses conséquences immédiates les plus désastreuses (insuffisance alimentaire ou endettement sur court terme à des conditions draconiennes) ; à l'extrême, on demande un partage de pertes momentanées par un rabais ou une remise, et, évidemment, par le report d'éventuelles augmentations de redevances. C'est qu'on estime la crise frumentaire anormale par référence à une normalité que l'on ne peut que retrouver, lorsqu'elle est terminée. Car, si depuis Joseph, et sans doute avant lui déjà, on sait que les vaches maigres succèdent aux vaches grasses, on pense

également que celles-ci reviendront après celles-là. Et peut-être suf-
fit-il de meilleures années pour croire au retour des bonnes. Par son
acuité même, par l'importance facilement explicable (le risque de la
ruine, et surtout les suites d'une sous-alimentation) qu'on leur reconnaît, ces mauvaises moissons cachaient les autres évolutions, beaucoup
plus lentes, beaucoup moins réversibles, mais qui constituaient des
obstacles économiques beaucoup plus pernicieux à la réalisation des
buts les plus fréquemment poursuivis par les protestataires ; elles
menaçaient par exemple plus irrémédiablement l'*Hausnotdurft*
d'humbles ménages et le maintien de petits *husbandmen* que le retour,
fût-il périodique, des mauvais épis. Or elles ne sont jamais mises en
accusation, et encore moins prises en compte, tout simplement parce
que, mal appréhendées, elles ne sont pas intégrées à une vision interprétative du déroulement des actions, donc qu'elles ne sont pas comprises comme des entraves possibles à l'efficacité d'une tactique autrefois choisie ; elles n'interviennent pas dans le jugement qui est porté
sur cette dernière.

On objectera, à ce propos, qu'un phénomène comme la pression
d'une demande urbaine tendanciellement en plein essor provoque
cependant des réactions des paysans, et que l'on ne peut pas prétendre
par conséquent qu'ils y sont totalement insensibles, ne serait-ce
qu'indirectement. Dans l'Angleterre des XVIᵉ-XVIIᵉ siècles, la réponse
aux exigences accrues et diversifiées de Londres en produits alimentaires de qualité, et en viande en particulier, s'effectue par une conversion des plus grands exploitants à la mise en herbe, au rejet des
contraintes collectives et, matérialisant et symbolisant cette transformation, à la clôture des champs (*enclosure*), là où elle n'existait pas.
Privés de terrains de parcours permanents ou temporaires, des paysans
réclament la disparition des haies nouvellement édifiées et ne se privent pas à l'occasion de les briser et de les renverser. En Rhénanie,
vers 1500-1520, les vignerons qui consacrent de plus en plus de place
à la vigne et de moins en moins aux autres productions, sous l'inci-
tation des villes du nord approvisionnées par le fleuve, subissent de
plein fouet un engorgement progressif du marché ; leur offre augmente plus rapidement que les besoins citadins. Il s'ensuit un endettement auprès des prêteurs, qu'ils soient juifs ou ecclésiastiques, d'où
des récriminations à leur égard et de temps à autre des voies de fait
à leur encontre ; lors des conjurations et des soulèvements, ils devien-

nent vite des cibles privilégiées des actions. Cependant ici comme en Angleterre, dans l'interprétation qui est donnée du malaise, la demande urbaine n'est pas évoquée, et vraisemblablement pas perçue. L'interprétation la plus fréquente le fait endosser à la cupidité ou des usuriers ou des gentilshommes, en particulier de ceux qui sont entrés depuis peu dans les rangs de la *Gentry* et ont acquis récemment des manoirs. En conséquence, l'efficacité des tactiques utilisées, des expéditions contre les clôtures au molestage des individus, n'est pas mesurée à l'aune de leur influence sur cette demande urbaine, mais uniquement à celle de leur pouvoir à contraindre les gentilshommes ou les prêteurs à cesser des pratiques qui sont des réponses aux sollicitations du marché (cas anglais) ou à leurs effets différés (cas rhénan). Au moment d'interpréter ces tactiques, la contrainte engendrée par l'évolution économique n'est donc pas prise en compte ; ce qui sert à juger leur efficacité, c'est leur capacité, en Angleterre, à obliger les gentilshommes à jeter bas les clôtures et à en interdire la reconstruction, ou, en Rhénanie, à forcer les détenteurs de capitaux à atténuer leurs exigences, voire à rendre gorge. Là encore l'apparition d'un espace entre le *"wirklich"* et le *"gedacht"* s'effectue par une réallocation des rôles des réponses et des contraintes au profit des premières et aux dépens des dernières ; aussi, même si ces analyses portent sur des indices indirects et demeurent partielles, elles semblent donc néanmoins suggérer qu'un tel espace proviendrait déjà d'une surestimation du rôle des actions et des réactions de ceux à qui l'on s'oppose et d'une sous-estimation des obstacles d'ailleurs beaucoup plus difficiles à saisir, sur lesquels achoppait la tactique.

Si le passage du *"wirklich"* au *"gedacht"* se marque par une réallocation des rôles aux dépens des contraintes, et au profit des actions et de leurs motifs présumés (la cupidité, dans les deux cas évoqués), il s'ensuit qu'il s'effectue également par l'introduction d'une explication donnée aux réactions humaines que provoquent les initiatives paysannes dans les mouvements antérieurs. Toute reprise de tactique signifie donc que son agencement reflète une interprétation des actions passées, en même temps que son transfert au présent. La répétition, en des termes assez voisins pour que Peter Bierbrauer en ait pu tirer un modèle, de la technique de l'escalade pratiquée dans le Saint Empire méridional et occidental au XVᵉ siècle présuppose en effet une appréciation du comportement des seigneurs et des princes tirée des expériences précédentes et estimée toujours valable. Cette tactique sous-entend d'abord chez eux la possibilité d'une compréhension des difficultés réelles ou redoutées (ou imaginées) dont se plaignent les protestataires, et un minimum de respect pour les dispositions coutumières ancestrales, puisque la mise en application de la procédure commence par la présentation plus ou moins justifiée et assortie d'un appel à cette coutume, d'un catalogue détaillé de doléances spécifiques. Toutefois, elle suggère en même temps un doute sur cette réceptivité, puisque dès le départ elle envisage une montée des enchères et, à travers une éventuelle légitimation, inscrit en filigrane une argumentation à développer en cas de refus. Elle trahit enfin la certitude que, n'importe comment, ces seigneurs et ces princes savent qu'il est de leur intérêt de faire cesser, par des concessions suffisantes ou par une soumission à des décisions de justice, une escalade où ils auraient plus à perdre qu'à gagner en s'y engageant. D'un autre côté, en ne regroupant que des communautés relevant d'un même seigneur ou d'un même prince et en ne prévoyant pas une extension hors des unités politiques (une "transterritorialité"), la mise en œuvre de la procédure révèle une conception, au moins locale et peut-être personnelle, des rapports entre les rustres et leurs maîtres ; ne s'appuie-t-elle pas sur le particulier en n'envisageant pas un débordement des frontières et un affrontement d'un ensemble de paysans contre un ensemble de seigneurs et de princes (ou, si l'on préfère le vocabulaire marxiste, "classe contre classe").

Sautons une centaine d'années, et l'on pourra lire dans le miroir d'une autre tactique répétée au-delà de variantes une autre appréciation des comportements et des motifs des comportements que déclenchent les initiatives des paysans contestataires. Au-delà de la mi-XVIᵉ siècle, et jusqu'au XVIIIᵉ siècle, dans ces mêmes pays germaniques, se développe en dehors des grandes révoltes, et parallèlement à la "juridification" (*Verrechtlichung*) des conflits, une autre procédure qu'en gros l'on peut ainsi décrire et modéliser[26]. Le développement du recours aux instances judiciaires et d'arbitrage s'accompagne d'une subordination des autres actions (y compris celles incluant la violence) au déroulement des procès. Certes, au départ, on retrouve comme précédemment une réunion clandestine d'au moins les principaux chefs de famille pour présenter un cahier de doléances ; cependant, en cas de refus, le différend est aussitôt porté devant les tribunaux. Toutefois, et c'est là que le changement par rapport au modèle Bierbrauer est le plus flagrant, cette plainte en justice est appuyée par des "mesures d'accompagnement" dont certaines constituaient autrefois les stades ultérieurs d'une escalade et qui maintenant sont simultanément employées. Ces mesures, de ce fait autrement reliées au dépôt de la citation, deviennent alors de simples moyens de pression. Si l'on habite près des frontières, on déguerpit collectivement comme à Böhmenkirch en 1580 ; souvent on prononce un retrait d'hommage, on brocarde et on moleste les officiers des seigneurs, on empêche par la force l'exécution de leurs décisions et on libère de même les prisonniers s'il leur prend fantaisie de procéder à des arrestations. Néanmoins la prise d'armes n'intervient que lorsque les plaignants sont déboutés. La méfiance envers les adversaires s'est considérablement renforcée ; certes les protestataires leur présentent toujours au début un catalogue de leurs revendications, mais en raison de la promptitude de la citation en justice, on peut se demander si on ne s'attend pas en fait à un refus, qui permet de s'en remettre à l'autorité de l'empereur ou des électeurs. Si cette attitude implique une meilleure confiance dans l'impartialité princière, les "mesures d'accompagnement" trahissent qu'elle n'est pas dénuée de réserve tant s'en faut, puisque ainsi les contestataires éprouvent le besoin de faire étalage de leur détermination. Enfin, la nécessité de jurer de rester uni à la vie et à la mort (*Leib und Leben*) jette un doute sur la solidité de la solidarité. Tout se passe comme si les protagonistes pensaient que, pour parvenir au succès, il fallait déjouer les réponses d'adversaires retors et colmater les brèches que l'action elle-même risquait de faire apparaître dans la communauté.

Une tactique, du fait même qu'elle est reprise, véhicule ainsi une vue des insurgés sur leurs adversaires, par le biais d'une appréciation de leurs comportements lors du déroulement des mouvements antérieurs ; et cette vue contribue fortement à créer l'espace entre le "*wirklich*" et le "*gedacht*" ; dans le premier cas évoqué, elle dessine des individus qui, pris entre, d'un côté, le respect d'un droit coutumier et une certaine bénévolence de protecteur à protégés et, de l'autre, une volonté de faire triompher leur puissance et leurs revenus, demeurent pleinement capables de reconnaître que leur véritable intérêt réside dans un compromis ; dans le second cas, elle esquisse des individus plus âpres et plus retors, partant plus distants, qui ne cèdent que face à une autorité supérieure à la leur, et obligent, en raison de leur dangereuse opiniâtreté, que l'on maintienne constamment une pression sur eux. C'est à travers ces filtres que sont perçus, interprétés et gardés en mémoire les mouvements antérieurs. Néanmoins, ni dans une occurrence ni dans l'autre, cette vue n'équivaut à la totalité du regard porté sur les seigneurs et les princes ; elle n'affecte que ce qui autorise une compréhension du déroulement des entreprises antérieures, et fonde ainsi un nouveau recours à une tactique "éprouvée" (ou considérée comme telle). Il se peut donc qu'échappe à l'observateur une transformation lente et masquée, qui ne transparaît pas immédiatement dans la procédure de contestation, mais qui, à terme, peut néanmoins l'influencer ; en effet, si l'on admet que tous les éléments d'une représentation forment un système relationnel en perpétuelle évolution, la modification d'un rapport entre deux éléments peut conduire de proche en proche à celle d'un rapport qui toucherait cette fois au choix de la tactique. Il faudra s'en souvenir lorsque l'on tentera de comprendre les ruptures et les changements. Cependant la leçon principale n'est pas là ; elle réside dans le fait que, pour passer du "*wirklich*" au "*gedacht*", il est bien nécessaire de faire appel à des éléments extérieurs au déroulement de l'action (une vision ou plutôt un fragment d'une vision des adversaires qui ne dépend ni uniquement, ni même sans doute principalement d'elle). De cette façon, la reconduction d'une tactique (donc l'habitude) ou au contraire son rejet (la rupture d'habitude) se trouvent englobés dans un ensemble complexe de systèmes relationnels interdépendants (ceux internes à la vision et ceux qui lui sont externes et avec laquelle elle est en rapport, puisque ces derniers l'influencent et contribuent à sa transformation) ; sans cet ensemble, reconduction et rejet restent partiellement incompréhensibles ; en d'autres termes, ils ne sont pas isolables de l'évolution historique générale à laquelle ils collaborent, mais qui les marque tout autant.

Interprétation de l'action et changements de choix tactiques

A la lueur des conclusions précédentes, l'étape suivante de cette enquête impose de démêler les rapports entre la rupture dans le choix tactique et la vision que l'on a des adversaires nécessaire pour prévoir leurs réactions et y ajuster ce choix. En fait, ce problème a été déjà effleuré, lorsque l'on s'est posé la question de la représentation des situations estimées insupportables par les paysans [27], car la vue que ceux-ci portent sur leurs seigneurs ou sur leurs princes est un des constituants de leur appréciation de ces situations. Ici, cependant, l'optique d'attaque est sensiblement différente, puisqu'on vise à établir une relation, non plus entre une représentation *singulière* et une action *singulière* temporellement circonscrites, mais entre un *changement* de cette représentation et un *changement* dans les processus d'action. Ce qui revient à introduire le champ historique non seulement en datant les événements (c'est-à-dire en leur donnant simplement une place définie dans l'écoulement du temps qui permet de les repérer), mais en considérant une trame événementielle dont ils ne sont que des éléments (c'est-à-dire en les intégrant dans les transformations d'une fonction temporelle dont ils ne sont qu'un moment et qui se définit par leur enchaînement et par les inflexions que subissent ces enchaînements en des points précis). Il ne s'agit plus seulement de mettre en relation l'explosion de la Jacquerie et la conviction d'une "dénobilisation" des seigneurs, mais de savoir si ce couple succède à un autre et comment, de repérer la concomitance de la prise d'armes immédiate de la guerre des Paysans et l'accusation contre la noblesse allemande de ne pas se conformer à l'Evangile, mais de déterminer si cette association en remplace une autre et comment ; encore plus et surtout, dans un cas comme dans l'autre, chercher à déterminer pourquoi.

Les tactiques elles-mêmes, comme on vient tout juste de le constater, supposent déjà, dans leur agencement, une vision des adversaires, mais on vient également de constater qu'elles n'en livraient qu'une partie. Ainsi, la technique de l'escalade selon le modèle de Peter Bierbrauer ne suggère pas ce qu'en revanche le contenu des plaintes rend en général explicite, à savoir que les seigneurs et les princes incriminés sont considérés plus ou moins comme des tyrans, effectifs ou en puissance, parce qu'on les soupçonne de ne pas respecter les coutumes locales traditionnelles ; il en résulte que cette technique d'escalade pourrait fort bien s'adapter à d'autres images, comme celle du mécréant défiant la loi divine, les prescriptions contenues dans les saintes Ecritures et en définitive la Parole de Dieu. Pourtant lorsque apparaît cette accusation, la pratique de l'escalade a été abandonnée au profit de la prise d'armes organisée et immédiate. Aussi, pour apprécier le lien entre la substitution d'une représentation des adversaires à une autre et celle d'un choix tactique à un autre, est-il nécessaire de ne pas s'en tenir à ce que démasquent l'une et l'autre de ces tactiques ; il convient de rassembler le maximum d'informations, en particulier en analysant les doléances, les cris et les injures, les gestes et les violences. Si, dans ces conditions, on essaie cependant de rassembler le plus d'indices possible pour dessiner au mieux la silhouette que les paysans se font de leurs adversaires, les données déjà engrangées dans les développements antérieurs suffisent pour affirmer qu'effectivement c'est en général un couple image-tactique qui change, et non seulement l'un ou l'autre des deux termes ; même dans le cas de la Jacquerie, qui, de ce point de vue, n'a pas jusqu'ici retenu l'attention. En effet, les formes de contestation antérieures à la grande explosion dont tremble encore Froissart en rédigeant ses *Chroniques* semblent, dans la mesure où elles sont parvenues jusqu'à nous à travers des documents lacunaires et épars, avant tout pacifiques et judiciaires, et jalonnées de compromis plus ou moins arbitrés par le roi ou ses représentants depuis au moins le règne de Saint Louis[28]. Elles écartent d'elles-mêmes toute idée de domination illégitime ; elles admettent uniquement des exactions condamnables certes, mais qui ne disqualifient nullement le gentilhomme, parce qu'elles ne sont nullement des manquements à son devoir de protecteur. Là encore, au moins dans le cadre des conclusions qu'autorise une documentation fragmentaire, changement d'image et changement de tactique vont de pair.

L'intérêt porté depuis longtemps à la guerre des Paysans allemands favorise une observation, non pas très pointue, mais plus pointue de ces mutations. Il est à peu près certain que les paysans du sud-ouest du Saint Empire rompirent alors avec une tradition majoritairement (mais non pas totalement) respectée d'escalade ; ceux de Souabe, de Forêt-Noire, aussi de Rhénanie, en avaient une longue expérience ; il n'empêche que les deux premières régions tout au moins furent un des foyers où éclata, apparemment sans aucuns préliminaires, une révolte associée fréquemment à l'image de seigneurs et de princes irrespectueux des commandements divins exprimés dans la Révélation. A juste titre, on y a vu depuis longtemps l'influence des idées réformées, d'ailleurs autant, sinon plus, zwingliennes que luthériennes[29] ; le principe de conformité à la Parole divine contenue dans la Bible et dans elle seule, sur lequel certains voulaient modeler l'Eglise et la société ecclésiale, des prédicateurs proclamèrent qu'il devait aussi régir la société civile, en fonder l'organisation et présider à la répartition de l'autorité. Plus que d'un transfert, il s'agissait d'un élargissement du champ d'application. Cette réception et cet élargissement contribuèrent incontestablement à changer, aux yeux des rustres, les violateurs des coutumes traditionnelles en violateurs de la loi divine, donc à modifier profondément la vision qu'ils avaient de leurs adversaires. Ainsi peut-on rendre compte que le mouvement devint "transterritorial", la loi divine, à la différence des coutumes locales, étant par définition de portée universelle. Mais le passage de l'escalade à la rébellion armée d'entrée de jeu ne s'explique ainsi, en fait, que médiocrement. Certes, il est bien reconnu que l'on a le droit de combattre les impies, donc les ennemis de Dieu, par la force, que les tribunaux, s'ils ne se réfèrent pas aux prescriptions divines, n'ont plus de légitimité (Ulrich Schmid refuse la compétence d'une *Kammergericht* aux envoyés de la Ligue souabe qui le lui proposent[30]) ; pourtant, si pointent de cette façon une méfiance vis-à-vis des cours de justice existantes, étape obligée de l'escalade, et une justification d'un appel immédiat à la violence, il n'y a là aucun élément qui rendrait la tactique ancienne entièrement incompatible avec la nouvelle représentation, ni qui imposerait son remplacement par la nouvelle. Au mieux, la substitution en est favorisée. En conséquence, si le changement ne se comprend pas sans l'intervention d'une transformation extérieure au départ à la contestation paysanne et qui établit ensuite d'étroites relations avec elle, au moins dans les pays qui ici nous concernent (les divers mouvements réformateurs luthériens, zwingliens, peut-être aussi d'un côté rhénans et de l'autre radicaux), ces nouvelles relations n'en fournissent cependant pas une compréhension complète ; ainsi se trouve suggérée la formation ou la modification d'autres relations qui aboutissent à ce changement.

En effet, la guerre des Paysans s'inspire aussi de mouvements antérieurs qui ne pratiquaient pas l'escalade, et en particulier des *Bundschuhe*. C'est qu'au XVᵉ siècle et dans les deux premières décennies du XVIᵉ, toutes les tactiques ne se réduisaient pas au modèle de Peter

Bierbrauer. La prise d'armes d'emblée était connue des paysans d'un certain nombre de régions qui allaient être situées au cœur du grand tremblement social de 1525. Les *Bundschuhe* associaient déjà, au recours immédiat à la violence, une vision d'hommes qui ne respectaient pas le droit voulu par Dieu, le *Göttliches Recht* ; si ces hommes n'étaient pas encore considérés comme des impies, ils étaient déjà regardés comme des pécheurs ; et il suffisait que se greffassent là-dessus les idées réformées, et en particulier celle de la Parole de Dieu révélée dans la seule Ecriture sainte, pour que le *Göttliches Recht* reçût un contenu en apparence plus précis, en lui offrant un point de référence et de contrôle tangible et de surcroît sacré : la Bible. A en croire le chroniqueur de Saint-Gall, Kessler, c'est encore sous cette expression qu'en 1525 Ulrich Schmid désigna explicitement, aux envoyés de la Ligue souabe qui l'interrogeaient, le droit qu'il désirait voir appliquer (*Und daruf bald gefragt : welches recht er begere ? Antwurt Huldrich : das gottlich recht*[31]). N'empêche que maintenant nos pécheurs étaient, en cette occasion, déjà devenus des impies s'ils ne l'acceptaient pas, puisque, désormais soupçonnés de l'enfreindre, ils étaient, en vertu du contenu mieux déterminé qu'on lui donnait, directement et sciemment accusés d'aller à l'encontre des intentions et des instructions divines.

Toutefois, la rébellion wurtembourgeoise de 1514 (la révolte du Pauvre Conrad) et celle contemporaine de la région de Bühl qui la copiait[32] n'avaient pas non plus, comme on l'a déjà vu pour la première[33], procédé par escalade, mais bien, dès le début, par une attaque contre les autorités ; or, à première vue, elles se référaient à une représentation des seigneurs et des princes bien plus proche de celle qu'accompagnait la procédure modélisée par Peter Bierbrauer que de celle des *Bundschuhe* ; en se préoccupant uniquement des usages locaux, elles semblent seulement les présenter comme des violateurs habituels de coutumes ancestrales certes, mais toujours plus ou moins circonscrites à un lieu donné. Au Wurtemberg, on exigeait le maintien des anciens poids et mesures ; de leur côté, les quatre articles de Bühl réclamaient le retour à la vieille pratique successorale qu'anéantissait l'introduction du droit romain, la suppression d'une procédure de dénonciation, le rétablissement d'un droit de pêche dans les rivières et les viviers pour les maris des femmes enceintes et le rappel d'une augmentation des redevances supportées par la com-

mercialisation et la consommation des vins ; le tout avait été déclenché par un joyeux drille un peu éméché qui avait refusé la corvée et
imité le Wurtembourgeois, dont d'ailleurs il avait repris le sobriquet
de pauvre Conrad. En fin de compte, à en croire les tactiques, une
représentation des adversaires toute différente de celle sous-jacente
aux *Bundschuhe*. Cependant, si l'on fait intervenir certains éléments,
une ressemblance n'en apparaît pas moins, surtout en Wurtemberg.
Là, en précipitant les poids et mesures au fond de la Rems, en 1514,
Gaispeter, le pauvre Conrad, invoque en fait, comme on l'a suggéré
plus haut, le jugement de Dieu, et c'est notre esprit contemporain
qui interprète son invocation uniquement ou principalement comme
un geste de dérision, comme une joyeuse et frondeuse plaisanterie [34] ;
il est en effet curieux et peut-être symptomatique que l'on retrouve
alors dans le mouvement lui-même des slogans des *Bundschuhe*, tels
que : « Nous voulons faire régner la Justice (*Wir wollen der Gerechtigkeit einen Beistand tun*) [35]. » Il se pourrait donc qu'en certaines
occasions, les insurgés, leurs porte-parole ou une partie d'entre eux
aient tendu à assimiler les coutumes locales à un *Göttliches Recht*,
lui-même plus ou moins identifié à un droit naturel [36]. Dans ces
conditions, ce serait à l'association à un ordre voulu par Dieu (un
ordre naturel ne peut que l'être) que serait jointe la tactique du
soulèvement d'entrée de jeu, et l'abandon de l'escalade.

En 1525, ce qui surviendrait en définitive, ce n'est pas à proprement parler l'apparition d'un nouveau couple représentation-tactique,
mais plutôt une inversion d'importance de deux couples précédemment existants, quoique au prix d'une précision plus grande de la
représentation contenue dans l'un d'entre eux, par impact sur celle-ci
des idées réformées. Tout se passe donc comme si ces idées avaient
ainsi sinon permis, du moins favorisé, l'audience de l'un des couples
au point qu'il se substitua à l'autre dans des régions où pourtant ce
dernier était depuis longtemps bien et apparemment solidement
implanté. Cela reconnu, qui est pratiquement hors de doute, ne
signifie pas pour autant que le renversement de position, constaté par
exemple en Souabe, en Forêt-Noire ou en Rhénanie, ne provienne
que de la prédication zwinglienne, luthérienne, radicale ou autre ;
certes, celle-ci paraît vraisemblablement avoir été indispensable pour
que se produise le retournement d'audience constaté ; elle obligeait,
en effet, à considérer les adversaires, non plus seulement comme des

pécheurs, mais comme des impies, voire des mécréants qui, s'ils ne se convertissaient pas, devenaient des ennemis de Dieu ; et ces ennemis, il fallait les combattre par la force pour imposer la loi divine sur cette terre ; d'ailleurs ne pouvait-on pas lire dans le ciel des signes annonciateurs d'un changement, peut-être l'avènement du Millénaire ? Cependant, s'en tenir là dans l'analyse serait oublier, ce que l'on a, semble-t-il, suffisamment indiqué plus haut en analysant l'ambiguïté de la notion de Justice[37], à savoir que ces proclamations générales à des fins justificatives s'enracinent dans la volonté de modifier des situations bien concrètes et très spécifiques, que les actions contestataires s'effectuent en fonction d'une conjoncture singulière à laquelle on prétend et on veut remédier, beaucoup plus que pour réaliser une conformité à la loi ou à l'ordre idéal que l'on invoque en cette occasion. Pour cette raison, il convient donc de ne pas évacuer, si difficile cela soit-il à cerner et à estimer, les résultats pratiques de ces actions paysannes pour comprendre comment se produisent les rejets, les modifications, les inversions et les substitutions de tactique.

Pour poursuivre avec le cas précédent, la question est de savoir si, là où la levée en armes immédiate a, en 1525, remplacé la vieille tactique de l'escalade, se dessine une insatisfaction que l'on aurait attribuée à une impuissance de cette dernière à obtenir ce que l'on désirait expressément ou confusément. Là encore, les témoignages directs sont inexistants, et il faut plus inférer de quelques constatations objectives à une mise en accusation dont on ne possède pratiquement pas de preuves ; comme bien souvent, l'historien est contraint de jeter des ponts entre les connaissances qu'il peut rassembler, sans être sûr qu'ils reproduisent ceux qui existaient avant que leurs traces aient disparu[38]. En ce qui concerne le sujet abordé, les divers travaux sembleraient d'abord indiquer que la procédure classique donne de moins en moins de bons résultats ponctuels sur ce qui est explicitement demandé, au fur et à mesure que s'écoule le temps ; il semble que les autorités cèdent moins à la pression, argumentent mieux, quitte comme certains monastères à présenter de fausses chartes. A cette première frustration, s'en ajoute plus vraisemblablement une autre, liée à une aspiration fondamentale au salut matériel sur cette

terre et éternel dans l'autre, sur ce qu'exprima, à en croire le chroniqueur de Saint-Gall, assez nettement Ulrich Schmid devant les
envoyés de la Ligue souabe, lorsqu'il déclara que les insurgés demandaient à ne pas être opprimés dans leur chair (*liblich*) et dans leur
âme (*gaistlich*)[39]. Dans ce dernier registre, les efforts pour obtenir
l'érection de chaque communauté en paroisse de plein exercice et
surtout un pasteur de valeur morale et intellectuelle comparable à
ceux des villes furent nombreux, semble-t-il, à travers au moins tout
le sud-ouest du Saint Empire ; mais il semble également qu'ils n'aient
pas porté beaucoup de fruits[40] ; la déception pourrait là avoir été
d'autant plus amère que l'angoisse du salut était plus vive. Dans l'autre
registre, la spécialisation en Souabe comme dans la plaine moyenne
du Rhin se heurta à la saturation des marchés, à l'endettement crois-
sant des plus faibles, en bref à une perte ou à une menace de perte
d'autonomie des foyers (*Haus*)[41]. La conjonction d'une évolution
économique et d'une difficulté à combler les exigences spirituelles se
conjuguerait donc à une défense plus ferme et plus astucieuse des
seigneurs et des princes pour restreindre l'efficacité de la technique
de l'escalade. Cet affaiblissement de celle-ci aurait pu être ressenti par
les paysans et les inciter à se tourner vers une autre. Si cette hypothèse
était corroborée, le renversement d'importance des deux couples
représentation-tactique existant depuis longtemps s'expliquerait donc
par un doute grandissant sur le pouvoir réel d'une de ces tactiques à
satisfaire les paysans, auxquels la présence d'une autre tactique et
d'une autre représentation offrirait une solution de rechange que la
Réforme rendrait plus fascinante et partant plus attractive. Ainsi se
serait mise en place une potentialité dont la réalisation, tout en
comportant un haut degré de probabilité, n'en fut cependant réalisée
que par le choix des hommes dans la marge de liberté (c'est-à-dire
de choix) dont ils disposaient. Autrement dit, il y aurait eu une
tendance à la coalescence sans que cette tendance fût inévitable, si
forte fût sa force d'entraînemement.

Cette hypothèse interprétative a besoin d'être au moins étayée par
d'autres réflexions. La suite des événements qui émaillent la contestation paysanne allemande après la grande secouse tellurique de 1525
abonde dans ce sens tout en la précisant et en la nuançant. La levée
d'armes immédiate redevient exceptionnelle et elle tourne rarement
à l'insurrection prolongée ; si l'on écarte la seconde guerre des Paysans

suisses de 1653 où les révoltés s'assimilent aux glorieux ancêtres des trois Waldstetten et les villes de Berne et de Lucerne aux Habsbourg, pour exiger la création d'un canton paysan dans les Préalpes environnantes, la plupart du temps, ces révoltes de quelque ampleur relèvent de la pression religieuse et fiscale liée à une occupation militaire ou à une mise en gages par le prince légitime. Tout se passe donc comme si la cuisante défaite des *Haufen* de 1525 avait été considérée uniquement comme un échec (ce qu'elle n'est peut-être pas totalement, car il n'est pas impossible que les rustres aient ainsi écarté une plus grande sujétion). D'où un renoncement et la recherche d'une autre voie, s'appuyant cette fois sur le renforcement d'un pouvoir princier modérateur et se disant arbitre impartial des conflits entre les différentes catégories de ses sujets ; dans cette perspective, les détenteurs d'une autorité locale, d'impies qu'ils avaient été et qu'il fallait chasser d'un pouvoir qu'ils exerçaient illégitimement, redevenaient seulement des puissants, dangereux dans la mesure où ils abusaient de leurs prérogatives et des commandements qui leur étaient confiés ou reconnus. La nouvelle tactique tourne, en conséquence, autour de procès qui en constituent l'élément essentiel, auxquels s'agrège plus ou moins la mise en œuvre de moyens de pression. Dans cette perspective, les défaites de 1525 et l'échec apparent qui semble en résulter auraient conduit à la recherche d'une nouvelle technique de contestation ; mais celle-ci n'a pu voir le jour que parce que, là encore, un élément extérieur se mettait en place (le pouvoir princier ou, si l'on veut reprendre l'expression à la mode, l'"Etat moderne"), et qu'il était envisagé comme relativement neutre et juste. On peut donc également interpréter cette transformation comme induite par le sentiment d'une déconfiture en 1525, qui orientait vers l'invention d'une solution inédite ou la reprise d'une ancienne ; elle devenait possible, par le biais d'un recours aux tribunaux légaux, en raison de l'affermissement des "principautés territoriales" et de l'existence d'instances d'Empire ; elle fut réalisée par l'utilisation de cette potentialité d'action qui s'offrait ainsi aux habitants du premier *Reich*. Douée de cette manière d'une certaine probabilité dès que se mettent en place les conditions nécessaires à sa mise en œuvre, elle n'était cependant pas au départ une certitude, parce qu'elle ne constituait à l'origine qu'une possibilité ; son caractère plus ou moins contraignant, donc plus ou moins prévisible, découlait *et* du nombre de possibilités en présence *et* des penchants instinctifs des intéressés en faveur de l'une d'entre elles *et* de la puissance constructive et innovatrice des individus et des collectivités face à ces penchants. Une fois adoptée la nouvelle tactique, ses succès réels ou supposés firent le reste ; ils facilitèrent sa reconduction et débouchèrent peu à peu sur la naissance d'une habitude.

CONCLUSION

Peut-on parler de révoltes paysannes ?

> *We have in common the label of our name, and a continuity of consciousness ; there has been no break in the sequence of daily statements that I am I. But what I am has refashioned itself throughout the days and years, until now almost all that remains constant is the mere awareness of being conscious*
>
> C. Isherwood, *Down there on a visit.*

Les hypothèses de travail engendrées tout au long du parcours accompli dans cet essai autorisent maintenant la mise en place d'une vision interprétative d'ensemble de ce qui était le but premier de cette recherche : comment fonctionnent les prises d'armes paysannes du XIVᵉ au milieu du XVIIᵉ siècle, sinon dans la totalité du continent européen, au moins dans une partie de ce domaine – cette restriction spatiale s'imposait à la fois en raison des études disponibles et de la nécessité où l'on se trouvait de procéder à quelques examens minutieux ; il en est d'ailleurs résulté une concentration *de facto* de l'observation sur la France et le Saint Empire, en débordant sur l'Angleterre, les Bas-Pays et le nord de l'Italie. Sous ces réserves, dans cette recherche de représentation du dynamisme des "révoltes paysannes", quelles propositions peut-on présenter au lecteur ?

La première et principale conclusion est que la prise d'armes n'a pas de signification en elle-même, mais dans un système de relations qui l'inclut ; ce système de relations dessine une action où parfois tout s'organise autour d'elle (en général les grands soulèvements) et où, peut-être encore plus souvent, elle ne constitue qu'un maillon parmi d'autres d'un enchaînement (une *ultima ratio* ou un moyen de pression). Dans ce contexte, l'on serait porté à la considérer comme une des variables d'une fonction qui définirait l'action contestataire, idéalement bien sûr puisque toute expression par des nombres d'une position d'un groupe de variables est, dans l'état actuel des choses et sans doute indépendamment de cet état, rigoureusement impossible dans ce cas. Il s'agit en effet plus d'un transfert d'une conceptualisation élaborée à d'autres fins que d'une conceptualisation issue directement des sciences humaines. En la reprenant pourtant, au moins provisoirement dans cette perspective interprétative, on pourrait dire cependant que, là où la prise d'armes absorbe tout (dans la Jacquerie par exemple), on se situerait à une position limite de cette fonction.

Néanmoins, si la représentation du système de relations que constitue l'action contestataire et dont la prise d'armes serait une des variables, sur le *modèle* d'une fonction mathématique (car c'est bien de cela qu'il s'agit), autorise une première approche, elle ne saurait suffire, et non seulement parce que, comme on vient de le dire, il est impossible de mesurer les variables et de représenter la liaison par une expression mathématique. En effet, même si on pouvait formuler le système de relations constitutif des actions contestataires par un $f(x)$, elle n'offrirait d'autre intérêt que de situer les tactiques possibles les unes par rapport aux autres dans une continuité rationnelle affranchie de toute continuité temporelle. Le malheur est que c'est la succession temporelle qui intéresse l'historien. Or, pour la comprendre, il lui est indispensable de ne plus considérer chaque action contestataire uniquement comme une position dans une série organisée de combinaisons possibles de variables, mais de relier cette position individuelle à des variables extérieures à la série constituée. En d'autres termes, lorsqu'il s'agit de se représenter comment la prise d'armes s'intègre ou ne s'intègre pas à une résistance passive, à une citation en justice, à la rédaction de doléances, etc., pour constituer une action contestataire, le modèle de la fonction est certes relativement bien opératoire ; mais, lorsque l'on s'attaque à l'insertion d'une action contestataire quelconque dans une trame événementielle, il perd toute son efficacité ; d'un côté, sous la réserve qu'il est aussi une image élaborée pour rendre compte d'une difficile délimitation de la révolte, il sert à mieux, ou à moins mal, définir qu'un concept classique de facture aristotélicienne ; de l'autre, il n'apporte cependant aucune aide pour concevoir l'intégration de ce système relationnel qu'est une action contestataire, dans le déroulement et l'agencement des faits.

Dans cette dernière perspective, une deuxième conclusion semble ressortir des analyses de cet essai : une action contestataire, entendue comme plus haut, c'est-à-dire comme l'individualisation *hic et nunc* d'une combinatoire, qui peut inclure ou ne pas inclure une prise d'armes, n'est jamais qu'une réaction, réaction à une situation réelle ou imaginée appréciée comme insupportable, réaction à une action antérieure d'un seigneur ou d'un prince, réaction à une résistance imprévue, à un obstacle sur lequel on bute. Il en résulte que cette action peut ne se réaliser qu'en partie, l'autre demeurant potentielle mais néanmoins agissante, parce qu'elle a influencé celle qui est entrée dans les faits et qu'elle aurait dû normalement l'achever, si elle n'en avait pas été empêchée ou détournée ; il en résulte également que cette action n'est pas un réseau relationnel figé et qu'elle est susceptible à tout stade de modifier son agencement initial, justement pour faire face à une réaction qu'à son tour elle provoquerait (par exemple, celle de la *Gentry* des Cornouailles en 1549) ou pour surmonter une contrainte qui n'avait pas été envisagée et, au départ, prise en compte. A vrai dire, dans cette optique, action et réaction ne se distinguent plus que par leur position temporelle et relationnelle l'une par rapport à l'autre, puisque l'une comme l'autre sont, au moins pour une part, des réponses à une action ou à une situation elles-mêmes antérieures.

Toutefois, si toute action contestataire est, de ce fait, en même temps une réaction, il ne faudrait pas en conclure qu'elle n'est déterminée que par une action ou une situation antérieures réelles ou imaginées ; elle ne l'est qu'en tant qu'elle en est une réponse que l'on juge consciemment ou inconsciemment nécessaire, voire désespérée ; elle ne l'est nullement en revanche dans sa constitution organique, c'est-à-dire en tant que combinaison spécifique d'éléments, donc en tant que constituant elle-même un réseau relationnel individualisé. La raison en est que s'interposent d'abord une interprétation et ensuite un choix tactique qui vraisemblablement ne sont pas prédéterminés, et accueillent des apports étrangers ; ainsi, non seulement se produit dans le processus d'élaboration une irruption de l'extérieur, mais se créent ou se recréent plusieurs possibilités de réactions à une situation ou à une action données ; toutefois, ces réactions ne peuvent être qu'en nombre restreint puisqu'elles sont dépendantes de cette irruption de l'extérieur, c'est-à-dire de l'assimilation d'emprunts qui lui sont faits et qui sont toujours en nombre fini, ou d'influences et de contraintes spécifiques auxquelles il est impossible d'échapper, mais qui elles aussi ne sont pas illimitées. Cependant le choix tactique, en s'intercalant, introduit encore, entre l'action ou la situation et la réaction contestataire, la survivance et la transmission d'une mémoire d'ailleurs elle-même malléable ; cette mémoire, si elle est celle d'expériences précédentes, n'en est pas une simple copie ; en effet, elle en estime le degré d'efficacité, dont elle cherche une explication en interprétant leur déroulement ; elle est donc ordonnée pour fournir des "leçons du passé", réfléchies ou non ; elle se présente ainsi comme un complexe de relations imaginaire, censé décalquer le complexe qui a eu réellement lieu ; en fait, elle repose sur une sélection des faits survenus et établit des rapports entre eux pour les rendre compréhensibles et, peut-être encore plus, utiles ; elle crée un espace entre le "*wirklich*" et le "*gedacht*", dans lequel s'engouffre de nouveau l'extérieur.

Dans cette optique interprétative, et pour résumer, l'action contestataire partirait de l'estimation d'une situation réelle ou redoutée envisagée comme insupportable ou devant le devenir, parce qu'elle ne satisferait pas ou risquerait de ne pas satisfaire et de mettre en danger des aspirations souhaitées et parfois vitales : assurer la survie du groupe familial, défendre ou élargir son autonomie, ne pas déchoir dans la société villageoise, gagner le ciel dans l'Au-delà, pour ne citer que celles qui semblent être, en l'occurrence, les principales, toutes choses d'ailleurs enveloppées dans le manteau bien ample et pratique de la Justice. L'estimation de la situation et l'ensemble de ces aspirations à un moment donné sont déjà, chacun pour sa part, le fruit d'une multitude de relations établies entre des éléments extrêmement variés, d'ailleurs susceptibles d'évoluer plus ou moins rapidement (la modification des conditions de servage ou une augmentation de la pression fiscale, aussi bien que la croyance en l'enfer ou une échelle de valeur des positions sociales). Cela posé, l'action contestataire est donc une réponse à cette estimation de la situation et, comme celle-ci se polarise volontiers sur les actions et minimise les contraintes, elle apparaît en première analyse avant tout comme une réponse à des initiatives réelles, fictives ou simplement craintes. Elle commence par un choix tactique qui est déjà un programme plus ou moins sophistiqué et plus ou moins réfléchi, et comme tel se présente comme un complexe relationnel imaginé d'actions spécifiques et concrètes supposées réalisables ; ce choix se réfère, lui, non seulement à la situation condamnée, mais également à une mémoire qui est elle-même une interprétation des entreprises passées, de ce qui a provoqué leur échec ou leur succès. Cette tactique se réalise en totalité ou en partie ; cependant, le plus souvent, elle est modifiée en cours de route sous l'effet des réactions qu'elle déchaîne, des contradictions qu'elle révèle et des contraintes sur lesquelles elle bute. Ainsi se forme une progression, que l'on qualifiera faute de mieux de dialectique, composée d'actions et de réactions (celles-ci pouvant d'ailleurs être engendrées par la résistance d'obstacles insurmontables) ; elle ne serait que l'expression des systèmes de relations en perpétuel et inégal mouvement qui interfèrent les uns avec les autres, s'influencent les uns les autres, et par là activent éventuellement les contradictions internes à chacun d'eux.

En d'autres termes, on parvient ainsi à une vision de systèmes de relations instables qui s'enchevêtrent au point que l'on finit par se demander si ce n'est pas la problématique adoptée qui découpe, dans l'immense champ des relations, ces systèmes pour répondre aux questions qu'à travers elle se pose le chercheur. Bien sûr ; mais cette problématique est-elle aussi arbitraire qu'il y paraît ? Ne s'appuie-t-elle pas sur des suggestions du présent que l'on essaie de comprendre, moins en tirant des leçons du passé, qu'en se penchant sur le « puits insondable de ce passé [1] », et surtout qu'en tentant de comprendre notre présent par comparaison avec lui, en délimitant ce qui a changé et comment les choses changent ? La question cruciale est ailleurs. Elle est dans le fait que n'envisager l'évolution historique que comme une suite d'actions et de réactions, c'est n'en apprécier qu'une partie, c'est la mutiler ; et la raison n'en est pas seulement dans l'existence de contraintes qui endiguent le flot dans un chenal, quitte à ce que, de temps à autre, ce chenal puisse se déplacer, lentement ou plus brutalement à la manière du fleuve Jaune. Cette raison se trouve au sein même des analyses qui précèdent ; celles-ci ont en effet dévoilé une autre existence, celle d'habitudes qui créent des régularités, temporaires évidemment, mais non moins réelles ; elles doivent, elles aussi, être intégrées à cette vue interprétative d'ensemble. Et pour cela, revenons à ce qui peut en être l'origine : les représentations des contestataires.

Si, à partir de réseaux relationnels réels, les contestataires créent des réseaux relationnels imaginés qu'ils estiment en toute bonne foi en être les copies, il n'est pas sûr pour autant qu'ils les perçoivent toujours eux-mêmes dans toute leur complexité structurelle, bien que ce soient les leurs. Il faudrait, en effet, pour qu'il en fût ainsi, qu'ils en possédassent aussi une conscience claire et précise, qu'ils puissent à tous les coups prendre assez de recul pour démonter les rouages des agrégats qu'ils forgent, en bref, qu'ils utilisassent la logique que l'on a tenté ici de mettre en œuvre. Or il est dangereux d'attribuer à nos ancêtres la méthode de penser que l'on applique à leurs représentations et à leurs actes, car la finalité en est profondément différente ; ces actes et ces représentations, devenus pour nous objets d'études, avaient pour eux comme but d'assurer, par exemple, leur indépendance matérielle et avec elle une position sociale honorable, ou leur salut dans l'Au-delà et avec lui la délivrance à tout jamais des souffrances. Par conséquent, ils n'étaient pas toujours et partout sensibles à des différences qui, dans l'optique qui est la nôtre, apparaissent comme capitales. Ce qui nous semble devoir être absolument distingué ne l'était peut-être pas pour eux et constituait des blocs monolithes où les relations qui pouvaient s'y rencontrer allaient de soi, étaient ainsi assimilées à des évidences, quand elles n'étaient pas tout bonnement occultées, parce que même pas entrevues. Si cette hypothèse était exacte, on comprendrait mieux pourquoi se sont créées des habitudes ; elles ne seraient alors que des reconductions d'associations inconscientes ou tenues pour évidentes. Dès lors, les substitutions ou les renversements d'importance là où plusieurs tactiques coexistaient viendraient de l'introduction d'un doute, d'une prise de conscience plus ou moins claire que ce qui semblait n'être qu'une seule et même chose, ou être une liaison évidente, ne serait pas telle et que là se trouverait la raison des échecs partiels ou complets des actions précédentes. L'irruption de l'extérieur et les contradictions internes surgissant au cours même de l'action et sous son impact en seraient l'occasion.

Fort de ces remarques et de ces hypothèses, on pourrait alors passer au niveau de la macro-observation ; ces habitudes se résoudraient, à ce niveau, en *tendance*s à la coalescence entre des éléments différents par répétition de relations imaginées dans l'action contestataire ; autrement dit, elles permettraient à des systèmes relationnels imaginés de se reproduire et de perdurer au moins dans leurs relations essentielles. Ces tendances ne jouiraient néanmoins que d'une stabilité relative et d'ailleurs variable ; elles auraient, si l'on peut dire, une propension à se dissoudre à un moment ou à un autre ; en effet, les réseaux relationnels qu'elles répètent peuvent, comme on l'a vu au chapitre précédent, comporter des contradictions, un temps masquées, puis révélées ; si elles deviennent perceptibles, la vision peut éclater et naître la recherche d'une autre ; d'un autre côté, sous l'action d'éléments extérieurs, de l'impact d'autres systèmes relationnels (comme celui de la maîtrise de l'espace ou de la production des biens), les liaisons qui n'étaient pas perçues ou paraissaient évidentes, ou sont dissociées ou deviennent discutables, voire contestables ; et à nouveau peut naître la recherche d'une autre interprétation. Ainsi, les habitudes s'affaibliraient, s'effaceraient, progressivement relayées par d'autres pour un temps plus ou moins long (qui peut n'être que celui d'un vaste soulèvement comme en 1525) ; elles s'évanouiraient pour disparaître à tout jamais ou pour renaître un jour. Peut-être a-t-on là une des clés, non seulement du fonctionnement, mais également de l'histoire des actions contestataires paysannes, pour la période et les lieux qui ont été retenus. Pourrait-on étendre à d'autres domaines les quelques propositions et tentatives de conceptualisation que comporte cet essai, en les adaptant (par exemple en tenant compte de mécanismes plus contraignants et moins malléables comme des enchaînements de faits économiques) ? Question qu'on ne peut s'empêcher ici de poser, qui cependant ne peut-être résolue dans le cadre d'un exposé consacré aux révoltes paysannes dans une partie de l'Europe entre le début du XIVe siècle et un milieu un peu dépassé du XVIIe siècle (la seconde guerre des Paysans suisses est de 1653 et les Bonnets Rouges de 1675).

Le lecteur attentif se souvient que la question initiale : que faut-il entendre par "révoltes paysannes" ?, avait été renvoyée à la fin de cette étude ; en parcourant ce qui précède, il a peut-être eu l'impression qu'elle avait été escamotée ; n'y parle-t-on pas d'action contestataire incluant ou n'incluant pas de prise d'armes, et sauf pour quelques grands soulèvements ou vagues de soulèvements, n'emploie-t-on plus l'expression de "révoltes" ; et encore souvent lorsque l'usage l'a consacrée recourt-on à celle de "guerre" ? C'est que les développements de toute cette enquête ont dilué effectivement la spécificité de la prise d'armes que par convention provisoire on avait encore retenue comme garde-fou ; celui-ci a été allègrement transgressé et définitivement franchi, une fois que l'on a constaté que les tactiques et les actions qui s'ensuivaient ne pouvaient être comprises que comme des ensembles structurés et que cette prise d'armes ne se définissait et ne se comprenait qu'en corrélation éventuelle avec d'autres éléments, donc par les relations qu'elle entretenait (ou n'entretenait pas) avec ceux-ci qui pouvaient être aussi bien une citation en justice qu'une résistance passive ou un refus d'obéissance ou de paiement des redevances prescrites. Aussi au terme de ces réflexions la question n'est-elle plus : "que faut-il entendre par révoltes paysannes ?", mais : "peut-on, et dans quelle mesure, encore parler de révoltes paysannes en Europe à la fin du Moyen Age et au début de l'époque moderne ?"

Tout ce qui vient d'être succinctement rappelé induirait à répondre par la négative et à prétendre que le terme de "révolte paysanne", si commode soit-il, n'a aucun fondement dans la réalité que l'on s'efforce, à travers lui, de saisir et de comprendre ; il ne correspondrait à aucun réseau relationnel fixe, puisque dans l'espace et le temps que l'on a retenus il se combinerait différemment suivant les périodes et les lieux, avec les autres modalités d'action qui lui seraient la plupart du temps (mais pas toujours) associées. Car, non seulement la prise d'armes n'a pas toujours les mêmes partenaires, mais, quand apparemment elle les a, elle n'entretient pas forcément les mêmes relations avec eux. Dans le sud et l'ouest des pays germaniques, elle se conjugue avec les plaintes et les procès aussi bien avant qu'après la guerre des Paysans, et cependant avant elle est l'*ultima ratio* d'une procédure raffinée d'escalade, et après un moyen de pression pour influencer et accélérer le cours de la justice. Aussi, en fin de parcours, semble-t-il apparemment devenu abusif et dangereux de parler de "révoltes paysannes", en raison des confusions et des assimilations périlleuses que risquerait d'engendrer involontairement une telle pratique.

Néanmoins, cette désagrégation de la notion de "révolte paysanne" n'est que le résultat de l'effort accompli pour substituer aux concepts de "substance", de "nature" ou de "qualité" ceux de "relation", voire de "fonction", et *in fine* de "tendance", pour tenter de rendre intelligible le fonctionnement de ce qu'auparavant l'on pensait concevoir sous cette expression. Elle est donc elle-même liée à une exigence et à une option théoriques ; elle découle d'une critique de l'ancienne attitude et d'une nouvelle prise de position. Certes, dans la mesure où cette dernière a paru relativement efficace, elle porte à estimer que ce qu'elle a apparemment dissous ne répond à aucune réalité, que ce ne serait qu'un leurre. Pourtant, raisonner ainsi revient à oublier les conditions dans lesquelles s'est effectué le remplacement conceptuel et à abandonner la conviction qui en est à la base, la relativité des méthodes de connaissances. Car, si l'on a essayé de rejeter les notions et la logique aristotéliciennes, ce n'est pas parce qu'on estimait qu'elle donnait une vision fausse, mais seulement une vision incomplète et insuffisante des processus historiques, et que l'on croyait que cette vision pouvait être perfectionnée par l'adoption d'autres abstractions induisant une autre logique. Ce qui veut dire que la notion de "révolte paysanne" approchait et représentait, certes imparfaitement, mais cependant effectivement une réalité : en conséquence, il faut, pour terminer, savoir ce qu'elle recouvre dans la procédure de penser à laquelle on a ici décidé d'accorder notre confiance.

Pour y parvenir, qu'il soit permis d'avancer une fois de plus une hypothèse. La logique aristotélicienne et d'ailleurs aussi dans une certaine mesure la logique platonicienne repèrent des caractéristiques similaires qui fonderaient l'appartenance de divers individus à une nature ou à une idée communes, sous des aspects changeants ou dans une incarnation plus ou moins parfaite. Elles trahissent explicitement au moins l'existence d'une parenté et, et c'est là que se situe l'hypothèse, également le sentiment d'une continuité dans le devenir, que les aristotéliciens et les platoniciens auraient tendance à sublimer dans une constance et à croire être telle. Si l'on rejette cette constance, peu compatible si tant est qu'elle le serait avec les prises de position conceptuelles de cet essai, reste le sentiment d'une continuité. Or celui-ci ne serait pas l'apanage des historiens ou des ethnologues et des sociologues qui se penchent sur les générations contemporaines ou celles d'autrefois ; il pourrait bien être aussi celui des acteurs eux-mêmes, de ceux que l'on a voulu observer. Dans ces conditions, la notion de "révolte paysanne" trouverait sa nouvelle acception dans celle d'un sentiment de continuité, et également souvent dans une continuité réelle, dans le recours aux armes par des hommes et des femmes qui s'estiment tous des descendants ou des parents des anciens paysans et qui pensent qu'il n'y a pas de rupture, de cassure décisive et irrémédiable, entre eux et leurs prédécesseurs ou leurs confrères. En bref, ce serait une conscience (justifiable ou non objectivement) de continuité dans le devenir de ce recours aux armes, qui permettrait de parler de révoltes paysannes à travers l'espace et le temps que nous avons parcourus et que, par convention et par habitude, on baptise l'Europe de la fin du Moyen Age et des débuts de l'époque moderne.

Une révolution silencieuse s'est (...) accomplie en quelques générations ; ses effets encore peu perceptibles, probablement éphémères, mériteraient un énoncé provoquant : le passé est devenu prétexte du texte historique.

Jean-Claude Perrot,
Une histoire intellectuelle de l'économie politique.

Chronologie
(vers 1300-1675)

Cette chronologie *n'*est *que* la liste des mouvements avec prise d'armes que l'on peut extraire du corpus bibliographique suivant (Bibliographie, 2). Il en résulte d'abord que certains de ceux qui sont ici énumérés ne figurent dans ce corpus que sous la forme d'une simple mention alors que d'autres, étudiés dans le détail, y ont donné lieu à des analyses, à des interprétations, voire à des controverses ; ceux qui y ont été traités globalement figurent sous une seule entrée. Il en résulte également que cette chronologie n'a aucune prétention à l'exhaustivité, d'une part parce que sans doute nombre de mouvements restent à découvrir, même dans des aires géographiques apparemment bien explorées, comme la France ou le Saint Empire, d'autre part et surtout parce qu'elle n'est que l'expression d'un corpus qui ne prétend pas lui-même à une exhaustivité qui n'était d'ailleurs pas le but de cet essai. Si on a essayé d'inscrire toutes les émeutes incluant des prises d'armes ainsi que les tentatives de prises d'armes, certains cas douteux ou n'entrant pas strictement dans ce cadre, ont été aussi néanmoins retenus en raison de leur importance (par exemple le pèlerinage de Niklashausen) ; par contre, le banditisme en Catalogne et en Italie centrale et méridionale ne pouvait, en raison de sa latence, apparaître que lorsqu'il prenait une extension et une durée exceptionnelles (comme celle des bandes de Marco Sciarra).

On trouvera en caractères gras les événements qui, au jugé, ont paru les plus marquants, tant par leur ampleur que par leur audience posthume et en caractères italiques, ceux qui ont donné lieu, dans le texte lui-même, à une analyse, serait-elle sommaire, dépassant la pure allusion.

Entre 1291 et 1315 : Soulèvement des trois Waldstetten (Uri, Schwitz, Unterwalden). Ce soulèvement les a rendus *de facto* autonomes ; c'est autour d'eux que s'est formée l'union jurée (*Eidgenossenschaft*) helvétique, dont l'indépendance n'a été officiellement et définitivement reconnue par les instances internationales qu'en 1648.

1313-1319 : Soulèvement des Dithmarschen contre le duc de Holstein, aboutissant à une indépendance de fait qui dure jusqu'en 1559.
1323-1328 : Soulèvement des campagnes flamandes.
1336-1339 : Soulèvement antijuif du « roi Armleder » (Franconie, Alsace).

1358 : Jacquerie.
1371 : Troubles dans le comté d'Hauensteiner contre l'abbaye de Saint-Blaise (Forêt-Noire).
1378-1384 : Tuchinat en bas Languedoc.
1380 : Révolte de la prévôté de Weggis (canton de Lucerne).
1380-1390 : Agitation paysanne sporadique en Catalogne.
1381 : Révolte des Travailleurs en Angleterre.

1403-1408 : Guerre d'Appenzell.
1404 : Zugerhandel (Suisse).
1409-1413 : Nouvelle agitation paysanne sporadique en Catalogne.
1411 : Soulèvement de la seigneurie de Grüningen contre Zurich.
1412 : Troubles dans le comté d'Hauensteiner contre l'abbaye de Saint-Blaise (Forêt-Noire).
1419-1424 : Apogée du mouvement taborite.
1431 : Troubles dans la région de Worms, souvent à caractère antijuif.
1434 : Troubles d'Entlebuch contre Lucerne.
1436 : Soulèvement d'Armund Sigurdson Bolt en Norvège.
1438 : Nouvelles émeutes en Norvège.
1443 : *Bundschuh* de Schliegen (Forêt-Noire).
1445 : Pillage de l'abbaye d'Interlaken (Oberland bernois).

1445-1446 : *Böser Bund* contre Berne.
1447 : Conjuration dans l'Oberland bernois.
1450 : *Jack Cade's Rebellion* (Angleterre, Kent en particulier).
1450 : *Bundschuh* de Langenau (Souabe, région d'Ulm).
1450-1451 : Troubles dans la région de Brienz (Oberland bernois).

1458 : Agitation dans l'archevêché de Salzbourg.
1462 : Agitation dans l'Elsgau (évêché de Bâle)
1462-1463 : Soulèvement dans l'archevêché de Salzbourg.
1462-1486 : Apogée du conflit agraire dit de la Remensa en Catalogne.
1468 : Révolte contre l'abbaye de Salem-am-Bodensee.
1469 : *Bundschuh* en Hegau (sud de la Forêt-Noire).
1469-1471 : Agitation dans le canton de Berne.
1470 : Agitation en haute Styrie.
1476 : Pèlerinage de Niklashausen.
1476 : Insurrection de Fuente Ovejuna contre le commandeur de l'ordre de Calatrava.
1478 : Guerre des Paysans de l'Autriche intérieure (Carniole, Carinthie, Styrie).
1478 : Agitation dans le canton de Lucerne.
1478 : Agitation dans l'archevêché de Salzbourg.
1482 : Emeute de Spilimbergo (Frioul).
1488-1489 : Agitation dans l'Allgäu.
1489 : *Waldmannhandel* dans le canton de Zurich.
1489 : Conflits avec l'abbaye de Saint-Gall.
1490 : Révoltes de Plouvé et du Porzay (basse Bretagne).
1491 : Agitation dans l'Allgäu.
1491 : Soulèvement sur le territoire de l'abbaye de Kempten.
1493 : Bundschuh de Sélestat.
1493-1510 : Troubles à Triberg (Forêt-Noire).
1495 : Agitation dans l'archevêché de Salzbourg.
1497 : Révolte des paysans de Romerike (Akershus Len, Norvège).
1497 : Révolte des Cornouailles.

1502 : Bundschuh d'Untergrombach (évêché de Spire).
1502 : Prise d'armes d'Ochsenhausen (haute Souabe).
1509 : Pillage de Sterpo (Frioul).

1509-1529 : Treize émeutes contre les *enclosures* évoquées devant la Chambre étoilée.

1509-1538 : Conflit entre les habitants de Finedon (Angleterre) et leurs landlords.

1511 : Carnaval d'Udine.

1513-1514 : **Première guerre des Paysans suisses (Berne, Lucerne, Soleure).**

1513 : Bunschuh *de Lehen (Brisgau).*

1514 : **Guerre des Paysans hongrois.**

1514 : Soulèvement du Pauvre Conrad en Wurtemberg.

1514 : Soulèvement de la région de Bühl en pays de Bade.

1515 : Guerre des Paysans windes d'Autriche intérieure (Carniole, Carinthie, Styrie).

1515 : Guerre de Lebkuchen (canton de Zurich)

1517-1519 : Troubles à Triberg (Forêt-Noire).

1517 : Bundschuh *en Bade et en Alsace.*

1519 : Agitation sur les terres de l'abbaye de Saint-Pierre (Forêt-Noire).

1522 : Troubles dans le comté d'Hauensteiner contre l'abbaye de Saint-Blaise (Forêt-Noire).

1523 : Troubles sur les terres de l'abbaye de Kempten (haute Souabe).

après 1523-décennie 1530 : **Troubles et révoltes de paysans danois contre leur nouveau statut.**

1524 : Troubles à Forscheim (Franconie).

1524 : Soulèvement de Stühlingen (Forêt-Noire).

1524 : Pillages à Ittingen (Suisse).

1525 : Guerre des Paysans allemands.

1525 : Emeutes dans la population des paysans drapiers du sud-est de l'Angleterre.

1526 : Reprise de la guerre des Paysans dans l'archevêché de Salzbourg.

1528 : Nouvelles émeutes dans la population des paysans drapiers du sud-est de l'Angleterre.

1527-1528 : Troubles en basse Lusace (région d'Hoyerswerda).

1530-1553 : Cinquante-six émeutes contre les *enclosures* évoquées devant la Chambre étoilée.

1536-1537 : Pèlerinages de Grâce (nord de l'Angleterre).

1539-1554 : Agitation en haute Autriche (Stift Spital).

1539-1541 : Troubles dans le Telemark et dans la Setesdal (Norvège).

décennie 1540 : Dacke Feud en Suède.

1548 : Révolte des Pitauts (Saintonge, Angoumois, Bordelais).

1548 : Révolte en basse Lusace (domaine de Luckau).

1548 : Emeutes contre la gabelle en Normandie.

1549 : Vague d'insurrections paysannes en Angleterre : révolte du Prayer Book *(Cornouailles, Devon),* Kett's Rebellion *et mouvements accompagnateurs (Norfolk, Suffolk, Essex), soulèvement de l'Oxfordshire, etc.*

1553-1603 : Au moins cent cinq émeutes contre les *enclosures* évoquées devant les tribunaux anglais.

1554 : Rébellion de Wyatt (Kent).

1557 : Agitation en Styrie (région de Pettau).

1561 : Agitation dans le canton d'Unterwalden.

1561-1564 : Conjuration de Bartholomäus Dosser dans la région de Brixen au Tyrol.

1564-1565 : Agitation à motifs religieux dans l'archevêché de Salzbourg.

1565 : Agitation d'inspiration anabaptiste autour de Görlitz.

1566 : Het Wonderjaar, révolte iconoclaste en Flandres.

1569 : Révolte du nord de l'Angleterre.

1567-1572 : Soulèvement contre la corvée à Reichenstein (haute Autriche).

décennie 1570 : Tentative de prise d'armes dans la Gauladal (région de Trondheim, Norvège).

1573 : Soulèvement des paysans windes d'Autriche intérieure (Carniole, Carinthie, Styrie).

1579 : Révolte des Gautiers en Normandie.

1579-1580 : Carnaval de Romans.

1579-1580 : Agitation à Friesack dans le Havelland (Brandebourg).

décennie 1580 : Agitations en Suède dans le Värmland.

1584-1593 : Bandes armées de Marco Sciarra en Italie centrale et méridionale.

1589-1598 : Jacqueries paysannes en Bretagne à la faveur de la Ligue.

décennie 1590 : Agitation contre John Alderford dans le comté de Warwick (Angleterre).

1591 : *Rappenkrieg* de l'évêché de Bâle.

1592 : Agitation paysanne en Bourgogne (Beaunois et Plaine).

1593 : Reprise de l'agitation autour de Görlitz.

1593-1595 : Soulèvement des Tard-Avisés (les premiers Croquants) en Limousin et en Périgord.

1594 : Bonnets Rouges bourguignons (val de Saône, Beaunois, Chalonnais)

1594 : Emeutes paysannes dans le Langrois.

1594-1596 : Soulèvement de la haute et de la basse Autriche.

1596 : *Enslow Hill Rebellion* (Oxfordshire).

1596 : Agitation en haute Souabe (Rotenfels et Staufen).

1596 : Troubles dans le comté de Haag (Bavière).

1598 : Guerre dite Klubbe en Finlande.

1598-1625 : Agitation en haute Autriche (Garstnertal).

1601-1602 : Agitation d'origine religieuse dans le Saltzkammergut.

1603-1609 : Au moins soixante-quinze émeutes contre les *enclosures* évoquées devant les tribunaux anglais.

1605-1608 : Rébellion dans la seigneurie de Rettenberg (évêché d'Augsbourg).

1607 : Révolte paysanne des Midlands.

1610-1619 : Au moins trente-deux émeutes contre les *enclosures* évoquées devant les tribunaux anglais.

1612 : *Rappenkrieg* de Rhénanie.

1614-1628 : Conflits dans le domaine de Rottenbuch (Bavière).

1620-1625 : Au moins douze émeutes contre les *enclosures* évoquées devant les tribunaux anglais.

1626 : Guerre des Paysans de haute Autriche.

1626-1631 : Troubles dans les West Ridings sur les usages en forêt.

1627 : Agitation dans la vallée de l'Enns (haute Autriche).

1627-1628 : Troubles dans le nord-est de la Bohème.

1628 : Agitation des contrées forestières du Wiltshire et du Gloucestershire.

décennie 1630 : Agitation latente dans les Fens.

décennie 1630 : Agitation dans plusieurs provinces suédoises.

1631 : Nouvelle agitation des contrées forestières du Wiltshire et du Gloucestershire.

1631 : Agitation en Carniole.

1632 : Troubles en haute Autriche (Hausruckviertel).

1633-1634 : Soulèvement de la haute Bavière.

1632-1636 : Révolte de Martin Leimbauer (Autriche, Machland).

1635 : Soulèvement en Carniole et basse Styrie.

1636 : Assemblées des communautés de Saintonge et d'Angoumois.

1637 : Révolte des Nouveaux Croquants (Périgord et Quercy).

1639 : Révolte des Nu-Pieds (basse Normandie).

1640 : **Révolte de la Catalogne** avec soulèvements des villages contre les Castillans.

1641 : *Thuner Handel*, révolte antifiscale dans l'Oberland bernois.

1642 : Troubles antifiscaux dans l'archevêché de Salzbourg.

1643 : Révolte des Croquants du Rouergue.

1644-1645 : Troubles antifiscaux dans le canton de Zurich.

1645-1646 : Troubles en Angleterre sous l'influence des Clubmen et des Niveleurs.

1645-1647 : Agitation dans l'archevêché de Salzbourg (Zillertal).

1647-1648 : Violents troubles agraires accompagnant la révolte napolitaine.

1648-1652 : Prises d'armes sporadiques contre les gens de guerre dans le sud-ouest de la France.

1650 : Agitation en basse Styrie.

1650-1681 : Conflits dans la seigneurie immédiate d'Empire de Schönburg (Saxe).

1653 : Deuxième guerre des Paysans suisses (Berne, Lucerne, Soleure).

1658 : Révolte des Sabotiers de Sologne.

1662 : Révolte dite de Lustucru en Boulonnais.

1662 : Widenecker Aufruhr (haute Autriche).

1664-1665 : Révolte d'Audijos en Béarn, Chalosse et Labourd.

1670 : Révolte d'Antoine Roure en Vivarais.

1674-1675 : Agitation dans la seigneurie de Sanneck (Carniole et basse Styrie).

1675 : Révolte des Bonnets Rouges en basse Bretagne.

Notes

Introduction

1. « *The understanding of revolution is an indispensable condition for the fuller knowledge and understanding of society* » (P. Zagorin, *Rebels and Rulers, 1500-1600*, t. I, *Society, States and Early Modern Revolution*, Cambridge, 1982, p. 3).

2. H. Buszello, « Deutungsmuster des Bauernkriegs in historischer Perspektive », in H. Buszello, P. Blicke et R. Endres, éd., *Der deutsche Bauernkrieg*, Paderborn, Munich, Vienne, Zurich, Schöningh, 1984, p. 11-12.

3. *Ibid.*, p. 13-20. La phrase de W. Zimmermann est la suivante : « *Der Brennstoff war da, lange angesammelt ; die Reformation trat nur hinzu, als der elektrische Schlag, der ihn überall zugleich entzündet.* »

4. G. Franz, *Der deutsche Bauernkrieg*, 1re édition 1933. Nous avons utilisé la 11e édition, Darmstadt, 1977.

5. F.L. Baumann, *Geschichte des Allgäus*, 1882-1895 ; J. Rottenkolber, « Geschichte des Hochstifts Kempten », *Allgäuer Geschichte Freund*, Neue Folge, XXXIV, 1932.

6. M. Nassiet aborde la question de cette transmission du récit des révoltes de Plouvé et du Porzay dans l'article qu'il consacre à leur étude : M. Nassiet, « Emeutes et révolte en Bretagne pendant la guerre d'Indépendance (1487-1490) », communication au Congrès des Sociétés savantes, Paris, 1986.

7. J. Macek, *Jean Hus et les traditions hussites (XV-XIXe siècles)*, Paris, 1973, p. 9-12, traduction française du livre paru à Prague en 1958.

8. Cité par H. Buszello, *op. cit.*, p. 14.

9. *Chronique de Guillaume de Nangis*, H. Geraud, éd., Paris, Société d'Histoire de France, 1843, t. II, p. 328-329.

10. F. Eudes de Mézeray, *Histoire de France*, Paris, 1643-1651.

11. H. Neveux, « Sur les données historiques », *Revue de Synthèse*, IVe série 1-2, 1986, p. 39-51.

12. E. Cassirer, *Substanzbegriff und Funktionsbegriff. Untersuchungen über die*

Grundfragen des Erkenntniskritik, Berlin, 1910. Il en existe une traduction française par P. Caussat, *Substance et fonction. Eléments pour une théorie du concept*, Paris, 1977.

13. *Ibid.*, p. 3-23.

14. Il faut entendre par « mousniéristes » les disciples de Roland Mousnier qui, en France, s'opposèrent vigoureusement aux marxistes sur la signification et l'interprétation des révoltes populaires de la fin des années cinquante au début des années soixante-dix.

15. Un certain nombre de ces tentatives, en particulier celles d'Yves-Marie Bercé et de Clifford S.L. Davies, seront abordées au chapitre 1.

1. Qu'entendre par révoltes paysannes ?

1. Y.-M. Bercé, *Histoire des Croquants. Etude des soulèvements populaires au XVIIe siècle dans le sud-ouest de la France*, Paris-Genève, 1974, p. 2.

2. *Ibid.*, p. 164.

3. M. Foisil, *La révolte des Nu-Pieds et les révoltes normandes de 1639*, Paris, 1970, première partie, chap. 7, p. 136-151.

4. Intervention de J. Nicolas dans un débat publié in J. Nicolas, éd., *Mouvements populaires et conscience sociale*, Paris, 1985, p.75.

5. W. Schulze, éd., *Aufstände, Revolten, Prozesse. Beiträge zu bäuerlichen Widerstandsbewegungen im frühneuzeitlichen Europa*, Stuttgart, 1983.

6. Intervention de R. Mousnier, in J. Nicolas, éd., *op. cit.*, p. 69.

7. L'étude de base de ces mouvements qui agitent l'ensemble du nord de l'Angleterre en 1536-1537 demeure M.H. Dodds, *The Pilgrimage of Grace, 1536-37 and the Exeter Conspiracy, 1538*, Cambridge, 1915, 2 tomes. Pour le Lincolnshire, voir aussi G. A. J. Hodgett, *History of the Lincolnshire*, t. VI, *Tudor Lincolnshire*, Lincoln, 1979, p. 22-38. Diverses interprétations de l'ensemble des mouvements qui composent cette insurrection se rencontrent dans des ouvrages plus généraux, en particulier dans A.G. Dickens, *The English Reformation*, Londres, 1964, et dans G.R. Elton, *England under the Tudors*, Londres, 1955, deuxième version remaniée, Londres, 1974. Toutefois, deux articles fondamentaux ont profondément contribué à un approfondissement de l'interprétation de ces mouvements, l'un portant sur le Pèlerinage de Grâce dans son intégralité : C.S.L. Davies, « The Pilgrimage of Grace reconsidered », *Past and Present*, t. 41, décembre 1968, p. 54-76, l'autre se penchant uniquement sur le mouvement initiateur, celui qui affecte le Lincolnshire : M.E. James, « Obedience and Dissent in henrician England : The Lincolnshire Rebellion 1536 », *Past and Present*, t. 48, août 1970, p. 3-78. Une tentative de synthèse de ces différents apports se trouve dans P. Zagorin, *op.cit.*, t. 2, p. 23-31.

8. M.E. James, *art. cit.*

9. Sans doute moins générale qu'on ne l'a longtemps cru, car si des patronymes locaux du XVe et du XVIe survivent encore au XVIIIe et au XIXe siècle dans les mêmes communes et les mêmes paroisses (ou dans des communes ou des paroisses voisines),

un nombre non négligeable d'entre eux, en région parisienne par exemple, disparaissent entre-temps corps et biens.

10. On donne ici au mot maison le sens qu'il a dans le célèbre ouvrage de Ch. Estienne, *La maison rustique*, et tel que l'a théorisé O. Brunner, en particulier dans O. Brunner, « Das "ganze Haus" und die alteuropäische "Ökonomik" », *Zeitschrift für Nationalökonomie*, t. 13, 1958 ; on a consulté la réédition de ce texte in O. Brunner, *Neue Wege der Verfassungs- und Sozialgeschichte*, Göttingen, 3ᵉ édition, 1980, p. 103-127.

11. C.S.L. Davies, « Die bäuerliche Gemeinde in England (1400-1800) », in W. Schulze, éd., *op.cit.*, p. 58-59.

12. La traduction allemande a été assurée par H. Gabel de l'université de Bochum.

13. Abbé Tollemer, « Journal manuscrit d'un sire de Gouberville et du Mesnil au Val, gentilhomme campagnard du Cotentin », *Journal de Valognes*, 1870-1872, pour la première édition. E. Le Roy Ladurie, « La verdeur du bocage », introduction à la réédition de l'ouvrage de l'abbé Tollemer, Paris-La Haye, 1972, réédité in E. Le Roy Ladurie, *Le territoire de l'historien*, Paris, 1973, et M. Foisil, *Le sire de Gouberville, un gentilhomme normand au XVIᵉ siècle*, Paris, 1981.

14. A. Furetière, *Dictionnaire universel contenant généralement tous les mots françois tant vieux que modernes et les termes de toutes les sciences et des arts*, La Haye et Rotterdam, 1690, t. III.

15. Molière, *George Dandin ou le mari confondu*, I, 1. Il est remarquable d'ailleurs qu'au moins dans cette pièce, Molière affiche un fort conservatisme social, puisque George Dandin, en ne parvenant pas à assimiler les usages nobiliaires, n'est pas reconnu comme tel par les Sotenville et les La Prudoterie.

16. Cette restriction s'explique par le fait que le phénomène du seigneur roturier exploitant agricole est à l'heure actuelle encore mal étudié, en partie parce que les sources qui permettraient de le traiter paraissent peu abondantes et difficiles à mobiliser.

17. J. Nicot, *Thrésor de la langue françoyse, tant ancienne que moderne*, Paris, 1ᵉ édition 1606, édition de 1621, p. 453.

18. A. Furetière, *op. cit.*, t. III.

19. A. Furetière définit ainsi le terme "bourg" : « Habitation de peuple qui tient le milieu entre la ville et le village » (A. Furetière, *op. cit.*, t. I).

20. Position du problème dans H. Neveux, « Les discours sur la ville », in G. Duby, éd., *Histoire de la France urbaine*, t. III, *La ville classique. De la Renaissance aux Révolutions*, volume dirigé par E. Le Roy Ladurie, 1. *La ville dominante et soumise*, par R. Chartier et H. Neveux, Paris, 1981, p. 16-21.

21. Sur la question, mise au point récente de P. Blickle, « Kommunalismus. Begriffsbildung in Heuristischer Absicht », in P. Blickle, éd., *Landgemeinde und Stadtgemeinde in Mitteleuropa. Ein struktureller Vergleich*, Munich, 1991, p.5-38. En langue française, deux séries de publications, *Recueils de la Société Jean Bodin pour l'histoire comparative des institutions*, t. XLIII, Paris, 1984 et t. XLIV, Paris, 1987, et *Publications de la Commission d'histoire de Flaran*, t. IV (Flaran IV), « Les communautés villageoises en Europe occidentale du Moyen Age aux temps modernes »,

Auch, 1984. Aussi, H. Neveux, « Communautés villageoises et seigneuries au XVI⁰ siè-cle », in G.A. Perouse et H. Neveux, éd., *Essais sur la campagne à la Renaissance. Mythes et réalités*, Actes du Colloque de la Société française des seiziémistes, Paris-Nanterre 1987, Paris, 1991, p. 43-56 ; H. Neveux et E. Österberg, « Norms and Values of the Peasantry in the Period of State Formation. A Comparative Interpretation », à paraître dans *Origins of the Modern State in Europe 1300-1800*, Section E : *Représentation, résistance et sentiment d'appartenance à une communauté*, et H. Neveux, « Commen-taire dans une perspective française », à paraître dans le même volume.

22. Voir, entre de nombreux exemples, les cas peu étudiés jusqu'ici de *landlords* anglais unis aux communautés pour abattre les haies édifiées par leurs voisins et parfois même les y incitant, in R. B. Manning, *Village Revolts. Social Protest and Popular Disturbances in England 1509-1640*, Oxford, 1988, p. 31-107, *passim*.

23. D. Underdown, *Revel, Riot, and Rebellion. Popular Politics and Culture in England, 1603-1660*, Oxford, 1985, p. 146-207.

24. Selon la terminologie d'E. Cassirer.

25. Il est peut-être symptomatique que ce soit parmi les historiens qui revendi-quent plus ou moins l'aristotélisme ou ses rejetons, et en particulier le thomisme, que se rencontrent la plupart des historiens conscients des postulats de leur démarche et de leurs implications ; en France, le cas de P. Chaunu est peut-être le plus éloquent.

26. E. Cassirer, *op. cit.*, p. 11 et 14 ; trad. française citée, p. 20 et 22.

27. G. Duby et G. Lardreau, *Dialogues*, Paris, 1980, p. 101.

28. P. Bierbrauer, « Bäuerliche Revolten im Alten Reich. Ein Forschungsbericht », in P. Blickle, P. Bierbrauer, R. Blickle et C. Ulbricht, éd., *Aufruhr und Empörung. Studien zum bäuerlichen Widerstand im Alten Reich*, Munich, 1980, p. 43-45.

29. Intervention de Claudia Ulbricht, in J. Nicolas, éd., *op. cit.*, p. 73.

2. Prises d'armes paysannes et vicissitudes économiques

1. E. Kuttner, *Het Hongerjaar 1566*, Amsterdam, 1949.

2. Ce problème est rarement abordé en lui-même, mais le plus souvent dans le cadre d'une possible adaptation des méthodes des sciences naturelles aux sciences humaines, dans les termes où la philosophie critique allemande a posé la question, en particulier depuis les travaux de W. Dilthey (W. Dilthey, *Einleitung in die Geisteswissenschaften*, Berlin, 1863). Depuis lors, les études se sont multipliées et R. Aron a beaucoup œuvré pour les faire connaître en France (R. Aron, *La philosophie critique de l'histoire*, Paris, 1934), tout en travaillant lui-même sur l'ensemble de ces problèmes. Comme il est impossible de citer ici tous les ouvrages, on se contentera de nommer un de ceux qui ont soulevé le plus de discussions, celui de K. Popper, *The Poverty of Historicism*, 9ᵉ édition revue et augmentée, Londres, 1976 ; trad. française, *La misère de l'historicisme*, Paris, 1988.

3. Y.-M. Bercé, *op. cit.*, p. 736.

4. Par exemple, pour la Normandie, voir l'exposé de M. Foisil, *op. cit.*, 1970, p. 62-92.

5. On suit ici le récit de G. Franz, *Der deutsche Bauernkrieg, op. cit.*, p. 19-28.

6. *Ibid.*, p. 28-30.

7. *Ibid.*, p. 100-103.

8. F. Irsigler, « Zu den wirtschaltlichen Ursachen des Bauernkrieges von 1525/26 », in K. Löchner, éd., *Martin Luther und die Reformation in Deutschland*, Schriften des Vereins für Reformationsgeschichte, t. 194, Schweinfurt, 1983, p. 95-120.

9. G. Franz, *Der deutsche Bauernkrieg, op. cit.*, p. 113-116.

10. Y.-M. Bercé, *op. cit.*, p. 753.

11. *Ibid.*, *passim*.

12. Y. Garlan et C. Nières, *Les révoltes bretonnes de 1675. Papier timbré et Bonnets Rouges*, Paris, 1975, p. 104.

13. Bonne initiation à la question, avec note bibliographique, dans R. Blickle, C. Ulbrich, P. Bierbrauer, « Les mouvements paysans dans l'empire allemand, 1648-1806 », in J. Nicolas, éd., *op. cit.*, p. 20-29.

3. *Représentations et justifications*

1. W. Schmale, *Bäuerlicher Widerstand, Gerichte und Rechtentwicklung in Frankreich. Untersuchungen zu Prozessen zwischen Bauern und Seigneurs vor dem Parlament von Paris (16.-18. Jahrhundert)*, Ius Commune, Sonderheft, nº 24, Francfort-sur-le-Main, 1986, en particulier p. 195-276.

2. M. Foisil, *op. cit.*, 1970, p. 190.

3. P. Blickle, *Die Revolution von 1525*, Munich, 3ᵉ édition, 1993, p. 90-104. P. Blickle, « Nochmals zur Entstehung der Zwölf Artikeln im Bauernkrieg », in P. Blickle, éd., *Bauer, Reich und Reformation, op. cit.*, p. 286-308.

4. J. Froissart, *Chroniques*, livre I, chap. LXV.

5. C'est-à-dire : « sans autres armes que des bâtons ferrés et des couteaux » ; autrement dit sans les armes du noble art militaire.

6. *Chronique de Guillaume de Nangis, op. cit.*, S. Luce, *Histoire de la Jacquerie*, Paris, 2ᵉ édition 1894.

7. S. Luce, *op. cit.*, pièce XXXII, p. 266-267.

8. *Ibid.*, pièce XXXIX, p. 280-281.

9. *Chronique de Guillaume de Nangis, op. cit.*, t. II, p. 263-264. Les textes latins correspondant aux trois citations sont les suivants : « *omnes viros nobiles quos invenire poterant, etiam dominos suos proprios, occidebant, trucidebant et sine misericordia perimebant* » ; « *et non solum sic contenti erant, sed et domos et fortalia nobilium ad terram prosternabant et quod lamentabilius est, dominas nobiles et liberos parvos eorum quos inveniebant, atrociter morti dabant* » ; « *dominas nobiles suas vili libidine opprimebant* ».

10. S. Luce, *op. cit.*, pièce XXIII, p. 252.

11. *Ibid.*, pièce LII, p. 301-302.

12. *Chronique de Guillaume de Nangis, op. cit.*, t. II, p. 328-329. Les textes latins correspondant aux deux citations sont les suivants : « *sub praetextu et colore patriam*

defendendi et inimicos offendendi » ; « *in tantum finaliter quod ipse cum lupo omnes oves domini sui fraudulentur et nequiter devoravit* ».

13. *Ibid.*, p. 294-295. Les textes latins correspondant aux deux citations sont les suivants : « *Omnis miseria undique invaluit et potissime contra populares et rurales campestres ; nam domini eorum quamplurimum aggravabant eos extorquentes ab eis totam substantiam et pauperem (pour pauperam ?) vitam suam* » ; « *pro bove decem solidos pro ove quatuor vel quinque, nec propter hoc inimicos repellebant, nec invadere conabantur nisi raro* ».

14. « *all nüwerungen und beschwerden, wie die uf uns unzhahr gewachsen und wider unser fryhait und alt herkomen sind, abzustellen* », cité in P. Blickle, « Bäuerliche Rebellionen im Fürststift St. Gallen », in P. Blickle, P. Bierbrauer, R. Blickle et C. Ulbrich, *Aufruhr und Empörung, op. cit.*, p. 228-229. Pour rester près du texte allemand, on a ici traduit « *unser fryhait* » par « notre liberté », mais on aurait tout aussi bien pu traduire par « nos libertés », car il s'agit de la liberté que donnent les libertés (privilèges contenus dans la coutume).

15. Actuellement dans le canton du Jura.

16. A. Suter, « *Troublen* » *im Fürstbistum Basel (1726-1740). Eine Fallstudie zum bäuerlichen Widerstand im 18. Jahrhundert*, Göttingen, 1985, p. 42-46.

17. G. Franz, *Der deutsche Bauernkrieg, op. cit.*, p. 1-79.

18. Y.-M. Bercé, *op. cit., passim*, en particulier p. 604-636.

19. *Ibid.*, p. 751.

20. Cf. chapitre 1.

21. Ce cas est étudié d'une manière détaillée au chapitre 4, auquel nous renvoyons. Archives du land de Brandebourg, Pr. Br. Rep. 37, Plattenburg-Wilsnack (PW), Nr 3689.

22. C. Ulbrich, « Bäuerlicher Widerstand in Triberg », in P. Blickle ; P. Bierbrauer, R. Blickle et C. Ulbrich, *Aufruhr und Empörung, op. cit.*, p. 198.

23. P. Bierbrauer, « Das Göttliche Recht und die naturrechtliche Tradition », in P. Blickle, éd., *Bauer, Reich und Reformation, op. cit.*, p. 210-234.

24. H. Buszello, « Legitimation, Verlaufsformen und Ziele », in H. Buszello, P. Blickle et R. Endres, éd., *op. cit.*, p. 281-321.

25. Quoique les habitants de Gross Lüben, évoqués quelques lignes plus haut, semblent bien faire la différence à l'été 1553.

26. « *der unmassen von üch iren herren beschwert sin* » (*Kesslers Bericht*, transcription in K. Kaczerowsky, éd., *Flugschriften des Bauernkrieges*, Hambourg, 1970, p. 221).

27. Y.-M. Bercé, *op. cit., passim*, en particulier p. 753.

28. « *prius (...) quodam zelo justitiae hoc inchoaverant quia domini sui eos non defendebant sed opprimebant* » (*Chronique de Guillaume de Nangis, op. cit.*, t. II, p. 267).

29. « *das sy Gottes wort mussend berobt sin, dardurch seelseligkait, die höchsten gefar erliden muss* » (*Kesslers Bericht, op. cit.*, p. 221).

30. Livre de prières à l'usage des laïcs ; orthographié *primer* dans la transcription utilisée (cf. note 31).

31. Transcription in S.K. Land, *Kett's Rebellion. The Norfolk Rising of 1549*, Ipswich, 1977, p. 63-66.
32. Cf. chapitre 2, note 9.
33. R. Blickle, C. Ulbrich et P. Bierbrauer, « Les mouvements paysans dans l'empire allemand (1648-1806) », in J. Nicolas, éd., *op. cit.*, p. 21-30.
34. G. Franz, *op. cit.*, p. 29-30.
35. *Ibid.*, p. 41 ; il écrit : « *Wenn die Kärtner und Württemberger Bauern sich 1514 und 1515 neben dem alten Recht auf das Göttliche Recht beriefen, dann trugen sie in sich noch das Bewusstsein, dass das alte Recht seinem Wesen nach zugleich göttlich, natürlich und billig war, dass Gott selbst es geschaffen hatte.* »
36. « *Der Kampf um das Göttliches Recht wandte sich ohne Rücksicht auf die Landesgrenzen an die gesamte Bauernschaft* » (*ibid.*, p.42).
37. Le travail fondamental et irremplaçable sur la question est désormais celui de K. Arnold, *Niklashausen 1476*, Saecula Spiritalia, t. III, Baden-Baden, 1980 ; complément dans K. Arnold, « Neues zu Niklashausen 1476 », in R. Postel et F. Kopitzsch, *Reformation und Revolution, Beiträge zum politischen Wandel und den sozialen Kräften am Beginn der Neuzeit. Festschrift für Rainer Wohlfeil*, Stuttgart, 1989, p. 69-89.
38. H. Neveux, « Le rôle du "religieux" dans les soulèvements paysans : l'exemple du pèlerinage de Niklashausen (1476) », in J. Nicolas, éd., *op. cit.*, p. 79-85.
39. Y. Garlan et C. Nières, *op. cit.*, p. 104.
40. Y.-M. Bercé, *op. cit.*, p. 736 et 743.
41. C. Guinzburg, *Il formaggio e i vermi*, Turin, 1976 ; trad. française, *Le fromage et les vers*, Paris, 1980.
42. R. Blickle, « Hausnotdurft. Ein fundamental Recht in der altständischen Ordnung Bayerns », in G. Birtsch, éd., *Grund- und Freiheitsrechte von der ständsischen zur spätbürgelichen Gesellschaft*, Göttingen, 1987, p. 42-64.
43. Y.-M. Bercé, *op. cit.*, p. 753.
44. On a utilisé ici le texte établi par A. Götze et publié par P. Blickle, in P. Blickle, *Die Revolution von 1525, op. cit.*, p. 326.
45. Voir, à titre d'exemple, pour le Mexique, S. Gruzinski, *La colonisation de l'imaginaire. Sociétés indigènes et occidentalisation dans le Mexique espagnol, XVIe-XVIIIe siècle*, Paris, 1988 ; pour l'empire inca, N. Wachtel, *Le retour des ancêtres. Les Indiens Urus de Bolivie, XXe-XVIe siècle. Etude d'histoire régressive*, Paris, 1990 ; pour le Piémont, G. Levi, *L'eredita immateriale. Carriera di un esorcista nel Piemonte del Seicento*, Turin, 1985 ; trad. française, *Le pouvoir au village. Histoire d'un exorciste dans le Piémont du XVIIe siècle*, Paris, 1989.

4. Représentations et prises d'armes

1. C'est, pour l'essentiel, la matière même du chapitre 2, auquel nous renvoyons.
2. E. Bruckmüller, « Europäische Bauernaufstände. Zur Phänomenologie der europäische Bauernaufstände des Spätmittelalters und der frühen Neuzeit », in

P. Feldbauer et H.J. Puhle, éd., *Bauern im Widerstand. Agrarrebellionen und Revolutionen in Ländern der Dritten Welt und die vorindustriellen Europe*, Vienne-Cologne,Weimar, 1992, p. 52-55.

3. Voir l'introduction.

4. Il est évidemment impossible de citer tous les ouvrages ; à titre d'exemples, on peut citer : R. Aron, *Introduction à la philosophie de l'histoire. Essai sur les limites de l'objectivité historique*, Paris, édition de 1981, p. 195-330 ; R.F. Atkinson, *Knowledge and Explanation in History. An Introduction to the Philosophy of History*, Londres, 1978, p. 95-187 ; K. Popper, *The Poverty of Historicism*, 1re édition, 1944 et 1945, 9e édition, Londres, 1976 ; trad. française, *Misère de l'historicisme*, 1re édition, Paris, 1956, 2e édition sur la 9e édition en anglais, 1958, *passim*.

5. L. Stone, *The Causes of the English Revolution (1529-1642)*, Londres, 1972 ; trad. française, *Les causes de la Révolution anglaise (1529-1642)*, Paris, 1974, coll. L'histoire vivante dirigée par D. Richet. Nous nous contentons de citer le texte français, car nous pensons que la bonne connaissance que l'auteur a du français et le fait que sa propre épouse d'origine française, J. C. Fawtier-Stone, en a revu la traduction, font, de cette version, une version autorisée.

6. R. Aron, *op. cit.*, p. 230.

7. L. Stone, *op. cit.*, p. 89.

8. Comme le faisait incidemment remarqué E. Panofsky : « Ne l'oublions pas, l'opposition [n'est] qu'une autre forme de la dépendance » (L. E. Panofsky, *Renaissance and Renascenses in Western Art*, Stockholm, 1960 ; trad. française. *La Renaissance et ses Avant-Courriers dans l'Art d'Occident*, Paris, 1976, p. 91).

9. Land de Brandebourg, Kr Westprignitz/Perleberg.

10. Archives du land de Brandebourg, Pr. Br. Rep. 37, Plattenburg-Wilsnack (PW), Nr 3689. Nous tenons à remercier le professeur Jan Peters, le docteur Lieselott Enders et les conservateurs des archives du land de Brandebourg, dont l'aide et les conseils amicaux nous ont permis de découvrir et d'utiliser nombre de documents particulièrement intéressants.

11. R. Blickle, « Hausnotdurft. Ein fundamental Recht in der altständischen Ordnung Bayerns », in G. Birtsch, éd., *op. cit.*, p. 42-64.

12. Wilsnack, aujourd'hui Bad-Wilsnack, land de Brandebourg, Kr Westprignitz /Perleberg.

13. K. Wernicker, *Untersuchungen zu den niederen Formen des bäuerlichen Klassenkampfes im Gebiet der Gutsherrschaft*, phil. diss., Berlin, 1962.

14. « *einer neugegründeten DDR auf Identitässuche schien das Heroisch-Revolutionäre angemessener als das Kleine und Alltägliche* », in J. Peters, « Eigensinn und Widerstand im Alltag. Abwehrverhalten ostelbischer Bauern unter Refeudalisierungsdruck », *Jahrbuch für Wirtschaftsgeschichte*, 1991-92, p. 85-103, citation p. 86. Cf. aussi B.F. Porschnev, « Formen und Wege des bäuerlichen Kampfes gegen die feudale Ausbeutung », *Sowjetwissenschaft Gesellschaftswissenschaftlichen Abteilung*, t. III, 1952, p. 440-459.

15. Voir chapitre 1.

16. J. Peters, *art. cit.*, *passim*.

17. L. Enders, « Bauern und Feudalherrschaft der Uckermark im absolutitischen

Staat », *Jahrbuch für Geschichte der Feudalismus*, t. XIII, 1989, p. 224-283 ; *Die Uckermark. Geschichte einer kurmärkischen Landschaft vom 12. bis zum 18. Jahrhundert*, Weimar, 1992.

18. H. Harnisch, « Klassenkämpfe in der Mark Brandenburg zwischen frühbürgelischer Revolution und Dreissigjährigem Krieg », *Jahrbuch für Regionalgeschichte*, t. V, 1975, p. 142-172 ; « Bauernbewegungen gegen die Gutsherrschaft. Die Mark Brandenburg im Jahrhundert vor dem Dreissigjährigen Krieg », in W. Schulze, éd., *Aufstände, Revolten, Prozesse. Beiträge zu bäuerlichen Widerstandsbewegungen im frühneuzeitlichen Europa*, Stuttgart, 1983, Geschichte und Gesellschaft, t. XXVII, p. 135-148.

19. Land de Brandebourg, Kr Westhavelland / Nauen.

20. K. Wernicker, *op. cit.*, également les travaux cités notes 14 et 17 et H. Harnisch, *art. cit.*

21. J. Peters, *art. cit, passim.*

22. *Ibid.*, p. 98.

23. *Ibid.*, p. 99.

24. Cf. chapitre 1.

25. P. Bierbrauer, « Bäuerliche Revolten im Alten Reich. Eine Forschungsbericht », in P. Blickle, éd., *Aufruhr und Empörung, op. cit.*, p. 44-45.

26. Il est vraisemblable que la levée de ces droits, qui touchent d'ailleurs inégalement les paysans bretons, se soit produite dans une période de hausse rapide des fouages, cf. M. Nassiet, *Noblesse et pauvreté. La petite noblesse en Bretagne (XV-XVIIIᵉ siècle)*, Rennes, Société d'Histoire et d'Archéologie de Bretagne, 1993.

27. Version publiée par Y. Garlan et C. Nières, in *op. cit.*, p. 104-107.

28. Cette reconstruction rend incomplète celle que l'on avait jadis proposée (H. Neveux, « Ideologische Dimension der französischen Bauernaufstände im 17. Jahrhundert », *Historische Zeitschrift*, t. CCXXXVIII, 1984, p. 265-285) ; elle avançait que les attaques contre les exigences des seigneurs provenaient d'une dérive ; la surcharge fiscale, en déstabilisant un certain nombre d'exploitations, aurait rendu plus sensible le paysan breton au poids des charges seigneuriales ; il les aurait alors considérées comme intolérables dans les conditions où elles étaient prélevées en 1675. Cette explication est désormais insuffisante, dans la mesure où l'on admet que des conflits s'exprimant sous forme de recours aux tribunaux ou de contestations au jour le jour existaient avant même le déclenchement de la révolte.

29. Cf. chapitre 3.

30. Voir l'argumentation de Y. Garlan et de C. Nières, in *op. cit.*, p. 103-104.

31. C. Ploudalmézeau, arr. Brest, dép. Finistère.

32. Cité par J. Tanguy, in « Les révoltes paysannes de 1675 et la conjoncture en basse Bretagne au XVIIᵉ siècle », *Annales de Bretagne et des Pays de l'Ouest*, t. 82, 1975, nº 4, p. 442.

33. Arr. de Vannes, dép. Morbihan.

34. J. Gallet, *La seigneurie bretonne (1450-1680). L'exemple du Vannetais*, Paris, 1983 ; le texte cité est extrait de A. Croix, *L'âge d'or de la Bretagne 1532-1675*, Rennes, 1993, p. 129.

35. A. Croix, *ibid.*, p. 529-533.

36. D'après les textes publiés par Y.-M. Bercé, in *op. cit.*, texte n° 26, p. 736 et n° 34, p. 752.

37. Cf. chapitre 2.

38. Tout simplement parce que depuis longtemps ce sont des comtés bocagers ; mais il faut cependant remarquer que le problème pouvait néanmoins se poser sur les landes. Mais il se pourrait également qu'il en soit de même dans le Suffolk, cf. D. Mac Culloch, « Kett's Rebellion in Context », *Past and Present*, n° 84, août 1979, p. 36-59.

39. Cité par R. B. Manning, in *Village Revolts. Social Protest and Popular Disturbances in England, 1509-1640*, Oxford, 1988, p. 75-76.

40. Comté de Northampton.

41. Cité par R. B. Manning, in *op. cit.*, p. 44-45.

42. *Ibid.*, p. 64.

43. Mais elle en aura, et une grande, dans les développements ultérieurs.

44. « *We pray your Grace to give licence and authority by your gracious commission under your great sceal to such commissioners as your poor commons have chosen, or to make as many of them as your Majesty and Council shall appoint and think meet for to redress and reform all such good laws, statutes, proclamations, and all other your proceedings, will have been hidden by your Justices of your Peace, sheriffs, escheators, and other your officers from your poor commons since the first year of your noble father.* » Nous suivons ici la version publiée par J. Cornwall, in *Revolt of the Peasantry 1549*, Londres, 1977, p. 146, parce qu'elle nous paraît plus claire et plus cohérente que celle publiée par S. K. Land, in *op. cit.* Cette dernière varie de la précédente sur les deux points suivants : elle transcrit *bidden* au lieu de *hidden*, ce qui fait perdre de la clarté au texte ; elle renvoie *in fine*, non pas à la première année du règne du père d'Edouard VI (Henri VIII), mais de son grand-père (Henri VII).

45. Il existe quelques autres cas explicites ; en particulier dans le sud de l'Allemagne, l'expression *wider alle billichkeit und natturliche Rechten*, retrouvée dans des plaintes du XVIIᵉ siècle contre les agissements de certains seigneurs.

5. *Contraintes et habitudes dans le choix tactique*

1. Voir chapitre 3.

2. D. Sabean, « The Communal Basis of Pre-1800 Peasant Uprisings in Western Europe », *Comparative Politics*, t. VIII, 1976, p. 355-364.

3. F. Lope de Vega, *Comedia famosa de « Fuente Ovejuna »*, in *Dozena parte de las Comedias de Lope de Vega Carpio*, Madrid, 1619. La pièce semble avoir été composée entre 1611 et 1618. Sur l'événement lui-même, voir la dernière mise au point, E. Cabrera et A. Moros, *Fuenteovejuna. La violencia antisenorial en el siglo XV*, Barcelone et Cordoue, 1991. Je remercie le professeur J. Valdeon ne m'avoir fait connaître ce livre.

4. Le nombre d'ouvrages sur lesquels s'appuie cette série d'affirmations est si grand que l'on ne peut que renvoyer le lecteur à la bibliographie générale.

5. Synthèses récentes de la question in P. Blickle, *Die Revolution von 1525*, *op. cit., passim* ; H. Buszello, « Legitimation, Verlaufsformen und Ziele », in H. Buszello, P. Blickle et R. Endres, éd., *op. cit.,* p. 303-321.

6. W.H. TeBrake, *A Plague of Insurrection, Popular Politics and Peasant Revolt in Flanders, 1323-1328,* Philadelphie, 1993, p. 135.

7. Y.-M. Bercé, *op. cit., passim.*

8. G. Franz, *Geschichte des deutschen Bauernstandes vom frühen Mittelalter bis zum 19. Jahrhundert,* in G. Franz, éd., *Deutsche Agrargeschichte,* t. IV, Stuttgart, 2ᵉ édition, 1976, p. 187-189 (avec bibliographie) ; nous remercions aussi A. Suter de nous avoir tenu au courant de ses travaux en cours.

9. Synthèses accompagnées de bibliographie, relativement commodes d'accès : sur le Tyrol en 1525-1526, soit G. Franz, *Der deutsche Bauernkrieg, op. cit.,* p. 153-163, soit P. Blickle, « Alpenländer », in H. Buszello, P. Blickle et R. Endres, éd., *Der deutsche Bauernkrieg, op. cit.,* p. 191-216 ; sur les Dithmarschen, G. Franz, *Geschichte des deutschen Bauernstandes... , op. cit.,* p. 92-95 ; sur les cantons suisses, J. F. Bergier, *Guillaume Tell,* Paris, 1988, *passim.*

10. J. F. Bergier, *op. cit.,* p. 15-37.

11. « *Landsknecht* : (...) *Seit dem 15. J(a)h(rhundert), Bez(eichnung) für d(eu)tschen Söldner, die zu Fuss kämpften* » (K. Fuchs et H. Raab, *Wörterbuch zur Geschichte,* 8ᵉ édition, 1992, p. 476-1).

12. A. Rosenkranz, *Der Bundschuh,* Heidelberg, 1927 ; G. Franz, *Der deutsche Bauernkrieg, op. cit.,* p. 56-79 ; ne pas oublier la courte synthèse en français de F. Rapp, « Humanisme, Renaissance et Réforme », in P. Dollinger, éd., *Histoire de l'Alsace,* 1970, p. 180-181.

13. Il s'agit d'une seigneurie indivise entre plusieurs parents, d'ailleurs en l'occurrence fort nombreux et prolifiques, ce qui expliquerait leur âpreté aux gains.

14. E. Muir, *Mad Blood Stirring. Vendetta and Factions in Friuli during the Renaissance,* Baltimore, 1993, p. 97-107.

15. *Ibid.,* p. 111-188.

16. « *The indigenous strengths of the peasant crowd, built around leaders from village councils and the militia (...) collapsed the vertical hierarchy of the Zambarlano faction into localized, fragmentary peasant communities* » (*ibid.,* p. 187).

17. « *When Antonio himself attempted to stop the violence, he relied heavily on the indigenous village leadership to do so. He asked two men, Jacomo del Fara and Rosso di Bagnarolla, described as among the "first peasants" in importance from across the Tagliamento, to go home, disperse their people, and stop the pillaging. The starkly popular character of the rural revolt underscores the diverse interests that had been attached to the Zambarlano faction, which have the only effective voice against the castellan-dominated parliament and the only defense against the imperial marauders. Given the limited amount of information available to the peasants and the nature of rumors, such as the one that the Strumiero castellans sought to aid the enemy, the rural rebels need not to have had any central directives ; they merely seized an opportunity and justified their rampages by labeling their vicims as traitors* » (*ibid.,* p. 187-188).

18. Cette notion traverse toute l'œuvre de P. Bourdieu (il utilise aussi le mot

"disposition"), bien qu'elle soit sans doute moins célèbre que celle de "reproduction", dont elle est pourtant inséparable. Cette omniprésence rend difficile toute référence précise, à moins de citer presque toute l'œuvre de P. Bourdieu. On peut se reporter cependant à P. Bourdieu, *Raisons pratiques. Sur la théorie de l'action*, Paris, 1994, en particulier p. 9-29.

19. La question est l'objet du chapitre 6.

20. Sur les anabaptistes, l'ouvrage de base est désormais H. J. Goertz, *Die Täufer. Geschichte und Deutung*, 1re édition, Munich, 1980, 2e édition revue et augmentée, Munich, 1988 ; la synthèse sur les mouvements hétérodoxes de G.H. Williams, *The Radical Reformation*, Philadelphie, 1962, est toujours très utile ; sur le mouvement hutterite, de très intéressantes informations dans C.P. Clasen, *Anabaptism. A Social History 1525-1618. Switzerland, Austria, Moravia, South and Central Germany*, Ithaca-Londres, 1972, p. 211-297.

21. Si l'on a beaucoup écrit sur les taborites, les appréciations à leur sujet sont souvent assez contradictoires ; il est cependant certain que, non seulement ils appartenaient au hussisme le plus radical, mais aussi qu'ils recrutèrent leurs membres essentiellement parmi les paysans et qu'ils voulurent édifier la cité de Dieu sur terre ; toutefois, Tabor fut (et est encore) une ville. Les études ponctuelles sont avant tout en langue tchèque, quelques classiques mis à part. Nous nous sommes servi surtout de J. Macek, *op. cit.* ; H. Kaminsky, *A History of the Hussite Revolution*, Berkeley-Los Angeles, 1967 et de F. Smahel, *La révolution hussite, une anomalie historique*, Paris, 1985.

22. N. Z. Davis, *Fiction in the Archives. Pardon Tales and their Tellers in Sixteenth-Century France*, Stanford, 1987 ; trad. française, *Pour sauver sa vie. Les récits de pardon au XVIe siècle*, Paris, 1988, p. 41.

23. A. Farge et J. Revel, *Logiques de la foule. L'affaire des enlèvements d'enfants, Paris, 1750*, Paris, 1988.

24. Cf. chapitre 1.

25. P. Blickle, *Die Revolution von 1525, op. cit.*, p. 32-39, 92-94, 328-333. P. Blickle, « Nochmals zur Entstehung... », *op. cit.*, p. 286-308.

26. Les plaintes et les appels des deux parties, les sollicitations d'instructions des officiers locaux, les décisions du tribunal et des agents de l'électeur forment l'essentiel des recueils factices du fond de la *Kammergericht* déposé aux archives du Brandebourg à Potsdam.

27. L'expression est, rappelons-le, d'un des grands historiens allemands de la contestation paysanne W. Schultze.

28. Pour une vue d'ensemble, voir la synthèse de G. Vogler, in S. Imsen et G. Vogler, « Communal Autonomy and Peasant Resistance in Northern and Central Europe », in P. Blickle, éd., *Representation, Resistance and Sense of Community*, à paraître à Oxford en 1997, dans la série des volumes The Origins of the Modern State ; traduction française prévue pour 1997.

29. Cf. chapitre précédent.

30. Cf. chapitre 4, notes 14 à 18. H. Wunder, *Die bäuerliche Gemeinde in Deutschland*, Göttingen, 1986 ; H. Wunder, « Der dumme und der schlaue Bauer »,

in C. Meckseper et E. Schraut, *Mentalität und Alltag im Spätmittelalter*, Göttingen, 1985, p. 34-51.

31. A. Suter, *op. cit.* G. Franz, *Geschichte des deutschen Bauernstandes...*, *op. cit.*, p. 183-202.

6. Ruptures et changements d'habitudes

1. « *Er hatte, so schien es, ein Herz zu ihnen und sie zu ihm* » (G. Franz, *Der deutsche Bauernkrieg, op. cit.*, p. 225).

2. « *ein solch wild, ungezogen Volk, als Teutsche sind, noch weniger Freiheit hätte, denn es hat (...) dem Pferd gehört eine Geissel, dem Esel ein Zaum, des Narren Rücken gehört eine Rute* » (*ibid.*, p. 226-227).

3. Beaucoup moins fréquemment qu'il n'y paraît à première vue ; il est peut-être symptomatique que les grandes études particulières sur les soulèvements paysans en France ne se posent guère la question et que celle-ci soit avant tout abordée dans les ouvrages de synthèse (par exemple, dans le cadre plus vaste de la résistance paysanne par J. Jacquart, « Immobilisme et catastrophes », in G. Duby et A. Wallon, *Histoire de la France rurale*, t. II, Paris, 1975, p. 329-353).

4. A l'exception notable de J. Jacquart qui, dans l'étude citée à la note précédente, ne prend pas comme référence telle ou telle mesure fiscale ou autre, mais la condition paysanne dans son ensemble ; comme celle-ci s'est dégradée entre 1620 et 1675, il en conclut à un échec.

5. *Ibid.*, p. 329.

6. *Ibid.*, p. 352-353.

7. *Ibid.*, p. 353.

8. *Ibid.*, p. 330.

9. R. Blickle, « Hausnotdurft... », *art. cit., passim*.

10. F. Rose-Troup, *The Western Rebellion of 1549*, Londres, 1913 ; A.L. Rowse, *Tudor Cornwall*, Londres, 1943, chap. 11 ; J. Cornwall, *Revolt of the Peasantry 1549*, Londres, 1977, en particulier les chapitres 2 à 6, 8, 10, 11 et 13.

11. La révolte du *Prayer Book* lui est cependant antérieure d'environ un mois, puisque la *Kett's Rebellion* ne commence qu'entre le 8 et le 10 juillet par des attaques de clôture et de gentilhommières.

12. Cf. chapitre 5, « Contraintes et habitudes dans le choix de l'action communautaire ».

13. La « chasse aux gabeleurs » (Y. Garland et C. Nières) commence à Briec, entre Châteaulin et Quimper le 9 juin 1675. Il serait vain d'y voir un quelconque symbole ou une correspondance secrète avec la Pentecôte 1549 qui tombait également un 9 juin, tout bonnement parce qu'en 1549, il s'agit du calendrier julien, et en 1675, du grégorien.

14. En particulier au chapitre 5.

15. A ce sujet, voir des remarques récentes dans B. Derouet, « Territoire et

parenté. Pour une mise en perspective de la communauté rurale et des formes de reproduction familiale », *Annales ESC*, 1995-3, p. 645-686.

16. A. Suter, *op. cit.,* p. 87-155, et surtout 340-372.

17. R. Blickle, C. Ulbrich, P. Bierbrauer, « Les mouvements paysans dans l'empire allemand, 1648-1806 », in J. Nicolas, éd., *op. cit.*

18. Il s'agit de termes intraduisibles correspondant aux différentes catégories sociales, de la plus à la moins aisée.

19. « *Der aus den Quellen vermittelte Eindruck, dass in unterschiedlichen Zusammenhängen und in bezug auf verschiedene Gruppen von dörflichen Untertanen der Begriff "Gemeinde" verschieden benutzt wurde, führt zu der Frage, ob Bauern, Gärtner und Häusler, ingesamt und auch gegeneinander abgesetzt, und Herrschaft das gleiche im Sinn hatten, wenn sie mit dem Terminus "Gemeinde" hantierten* » (T. Rudert, « Gutsherrschaft und ländliche Gemeinde. Beobachtungen zum Zusammenhang von gemeindlicher Autonomie und Agrarverfassung in der Oberlausitz im 18. Jahrhundert », in J. Peters, éd., *Gutsherrschaft als Soziales Modell*, Munich, 1995, p. 218).

20. Sur cette distinction entre les demandes concrètes et la finalité sous-jacente à ces demandes, voir au début de ce chapitre « Le rôle du succès et de l'échec ».

21. R. Blickle, « Hausnotdurft... », *art. cit.*

22. Cf. même chapitre, première partie.

23. *Wirklich* = réel, *gedacht* = pensé dans le sens de ce qui est pensé ; on reprend ici le parallélisme établi dans la phrase de R. Musil, citée en exergue. On conserve ici les deux termes allemands, parce que le second rend à la fois "ce que l'on pense être arrivé *et* comment cela est arrivé", alors que le terme français peut très bien ne signifier que l'un des deux *ou* les deux à la fois.

24. J. F. Bergier , *op. cit.,* p. 403.

25. C'est-à-dire la Carniole (cœur de la Slovénie actuelle), la Carinthie et la Styrie.

26. Ce travail a été effectué à partir de différentes études et en particulier des réflexions de G. Franz, in G. Franz, *Geschichte des deutschen Bauernstandes...*, *op. cit.,* p. 183-202.

27. Cf. chapitre 3.

28. G. Fourquin, *Les campagnes de la région parisienne à la fin du Moyen Age du milieu du XIIIᵉ au début du XVIᵉ siècle*, Paris, 1964, p. 160-190, et en particulier p. 171-173.

29. P. Blickle, « Die soziale Dialektik der reformatorischen Bewegung », in P. Blickle, A. Lindt et A. Schindler, éd., *Zwingli und Europa*, Zurich, 1985, p. 71-89.

30. *Kesslers Bericht*, transcription in K. Kaczerowsky, éd., *op. cit.,* p. 222.

31. *Ibid.*

32. Sur la révolte de la région de Bühl dans le margraviat de Bade, voir la synthèse de G. Franz, in G. Franz, *Der deutsche Bauernkrieg, op. cit.,* p. 29-30.

33. Cf. chapitre 2, « Critique des postulats logiques ».

34. Comme on l'a déjà mentionné au chapitre 2, il se serait écrié, en jetant dans la rivière les nouveaux poids et mesures imposés par le duc Ulrich : « Si les paysans ont raison, tombez au fond du lit ; mais si c'est notre seigneur qui a raison, remontez

et nagez (*Haben die Bauern recht, so fall zu Boden ; hat aber unser Herr recht, so schwimm empor*). »

35. G. Franz, *Der deutsche Bauernkrieg, op. cit.*, p. 27.

36. P. Bierbrauer, « Das Göttliche Recht... », *op. cit.*

37. Cf. chapitre 3, « L'ambiguïté de la notion de Justice ».

38. Sur cette nécessité à laquelle doit bien souvent faire face l'historien, voir en particulier les réflexions de G. Duby dans G. Duby et G. Lardreau, *op. cit.*

39. Cf. chapitre 3, « Insuffisances du schéma relationnel ».

40. R. Fuhrmann, « Die Kirche im Dorf. Der kommunale Initiativen zur organisation von Seelsorge vor der Reformation », in P. Blickle, éd., *Zugänge zur bäuerliche Reformation*, Zurich, 1987, p. 147-186.

41. F. Irsigler, *op. cit.*

Conclusion

1. « Profond est le puits du passé. Ne devrait-on pas dire qu'il est insondable ? » (Thomas Mann, *Joseph et ses frères*, I, *Les histoires de Jacob*, Prélude 1, trad. L. Vic, Paris, 1935, p. 7).

Bibliographie

Cette bibliographie comporte deux parties :

La première concerne les travaux qui sont à l'origine des méthodes d'analyse et de conceptualisation qui sous-tendent cet essai ; lorsque des œuvres d'historiens y sont citées, elles sont mentionnées, non pas parce qu'elles concernent le sujet traité, mais parce qu'elles ont contribué à en asseoir les prises de position théoriques.

La seconde rassemble les travaux qui, directement ou indirectement, ont fourni le matériel dans lequel on a puisé pour élaborer cet ouvrage ; elle ne prétend donc pas être, même approximativement, exhaustive ; on estime cependant qu'elle présente le double intérêt de désigner le corpus utilisé et de donner au lecteur une base de références utilisables pour des recherches ultérieures.

N.B. : Les travaux ayant servi l'une et l'autre de ces finalités se retrouvent dans les deux répertoires.

ARON R., *La philosophie critique de l'histoire*, Paris, 1934.

ARON R., *Introduction à la philosophie de l'histoire. Essai sur les limites de l'objectivité historique*, Paris, édition de 1981.

ATKINSON R.F., *Knowledge and Explanation in History. An Introduction to the Philosophy of History*, Londres, 1978.

ATLAN H., *Entre le cristal et la fumée. Essai sur l'organisation du vivant*, Paris, 1979.

BERNAND C. et GRUZINSKY S., *De l'idolâtrie. Une archéologie des sciences religieuses*, Paris, 1988.

BLICKLE P., « Kommunalismus. Begriffsbildung in Heuristischer Absicht », in P. Blickle, éd., *Landgemeinde und Stadtgemeinde in Mitteleuropa. Ein struktureller Vergleich*, Munich, 1991, p. 5-38.

BOLTANSKI L., *L'Amour et la Justice comme compétences*, Paris, 1990.

BOURDIEU P., *La noblesse d'Etat. Grandes écoles et esprit de corps*, Paris, 1989.

BOURDIEU P., *Raisons pratiques. Sur la théorie de l'action*, Paris, 1994.

CASSIRER E., *Substanzbegriff und Funktionsbegriff. Untersuchungen über die Grundfragen des Erkenntniskritik*, Berlin, 1910 ; trad. française par P. Caussat, *Substance et fonction. Eléments pour une théorie du concept*, Paris, 1977.
CHAUNU P., *Histoire et imagination. La transition*, Paris, 1980.

DESCIMON R., *Qui étaient les Seize ? Etude sociale de deux cent vingt-cinq cadres laïcs de la Ligue radicale parisienne (1585-1594)*, Paris, 1983.
DILTHEY W., *Einleitung in die Geisteswissenschaften*, Berlin, 1863.
DUBY G. et LARDREAU G., *Dialogues*, Paris, 1980.

FARGE A., *La vie fragile. Violence, pouvoirs et solidarités à Paris au XVIII* siècle, Paris, 1986.
FARGE A., *Dire et mal dire. L'opinion publique au XVIII* siècle, Paris, 1992.
FURET F., *L'atelier de l'histoire*, Paris, 1982.

GRUZINSKI S., *La colonisation de l'imaginaire. Sociétés indigènes et occidentalisation dans le Mexique espagnol, XVI*-XVIII* siècle, Paris, 1988.

LEPETIT B., éd., *Les formes de l'expérience. Une autre histoire sociale*, Paris, 1995.
LEVI G., *L'eredita immateriale. Carriera di un esorcista nel Piemonte del Seicento*, Turin, 1985 ; trad. française, *Le pouvoir au village. Histoire d'un exorciste dans le Piémont du XVII* siècle, Paris, 1989.

PANOFSKY L. E., *Renaissance and Renascenses in Western Art*, Stockholm, 1960 ; trad. française, *La Renaissance et ses Avant-Courriers dans l'Art d'Occident*, Paris, 1976.
PERROT J.-C., *Une histoire intellectuelle de l'économie politique (XVII*-XVIII* siècle)*, Paris, 1992.
POPPER K., *The Poverty of Historicism*, 9ᵉ édition revue et augmentée, Londres, 1976 ; trad. française, *La misère de l'historicisme*, Paris, 1988.

ROCHE D., « Sozial Geschichte und Kulturgeschichte : Aktuelle französischen Perspektiven », in H. E. Bödeker et E. Hinrichs, éd., *Alteuropa - Ancien Régime - Frühe Neuzeit. Probleme und Methoden der Forschung*, Stuttgart, 1991, p. 116-133.

STONE L., *The Causes of the English Revolution (1529-1642)*, Londres, 1972 ; trad. française, *Les causes de la Révolution anglaise (1529-1642)*, Paris, 1974.
STONE L., *The Past and the Present*, Londres, Boston, 1981.

VEYNE P., *Comment on écrit l'histoire. Essai d'épistémologie*, Paris, 1971.
VILAR P., *Une histoire en construction. Approche marxiste et problématiques conjoncturelles*, Paris, 1982.

WACHTEL N., *Le retour des ancêtres. Les Indiens Urus de Bolivie, XX*-XVI* siècle. Etude d'histoire régressive*, Paris, 1990.

2

ARNOLD K., *Niklashausen 1476*, Saecula Spiritalia, t. III, Baden-Baden, 1980.
ARNOLD K., « Neues zu Niklashausen 1476 », in R. Postel et F. Kopitzsch, *Reformation und Revolution, Beiträge zum politischen Wandel und den sozialen Kräften am Beginn der Neuzeit. Festschrift für Rainer Wohlfeil*, Stuttgart, 1989, p. 69-89.

BAUMANN F.L., *Geschichte des Allgäus*, 1882-1895.
BAUMGART P., « Formen der Volksfrömmigkeit. Krise der alten Kirche und reformatische Bewegung. Zur Ursachen problematik des "Bauernkrieges" », in P. Blickle, éd., *Revolte und Revolution in Europa*, Munich, 1975, p. 186-204.
BERCÉ Y.-M., *Histoire des Croquants. Etude des soulèvements populaires au XVIIᵉ siècle dans le sud-ouest de la France*, Paris-Genève, 1974.
BERCÉ Y.-M., *Croquants et Nu-Pieds. Les soulèvements paysans en France du XVIᵉ au XIXᵉ siècle*, Paris, 1974.
BERCÉ Y.-M., *Fête et Révolte. Des mentalités populaires du XVIᵉ au XVIIIᵉ siècle*, Paris, 1976.
BERCÉ Y.-M., « Offene Fragen der französischen Bauernrevolten vom 16. bis 17. Jahrhundert », in W. Schulze, éd., *Aufstände, Revolten, Prozesse, Beiträge zu bäuerlichen Widerstandsbewegungen im frühneuzeitlichen Europa*, Stuttgart, 1983, p. 60-75.
BERGIER J. F., *Guillaume Tell*, Paris, 1988.
BERNARD L., « French Society and Popular Uprisings under Louis XIV », *French Historical Studies*, 1964, p. 454-474.
BIERBRAUER P., « Bäuerliche Revolten im Alten Reich. Ein Forschungsbericht », in P. Blickle, P. Bierbrauer, R. Blickle et C. Ulbricht, éd., *Aufruhr und Empörung. Studien zum bäuerlichen Widerstand im Alten Reich*, Munich, 1980, p. 1-68.
BIERBRAUER P., « Das Göttliche Recht und die naturrechtliche Tradition », in P. Blickle, éd., *Bauer, Reich und Reformation. Festschrift für Günther Franz zum 80. Geburtstag*, Stuttgart, 1982, p. 210-234.
BLICKLE P., *Die Revolution von 1525*, Munich, 1ʳᵉ édition, 1975, 3ᵉ édition, 1993.
BLICKLE P., « Bäuerliche Rebellionen im Fürststift St. Gallen », in P. Blickle, P. Bierbrauer, R. Blickle et C. Ulbrich, *Aufruhr und Empörung. Studien zum bäuerlichen Widerstand im Alten Reich*, Munich, 1980, p. 215-295.
BLICKLE P., *Deutsche Untertanen. Ein Widerspruch*, Munich, 1981.
BLICKLE P., « Nochmals zur Entstehung der Zwölf Artikeln im Bauernkrieg », in P. Blickle, éd., *Bauer, Reich und Reformation. Festschrift für Günther Franz zum 80. Geburtstag*, Stuttgart, 1982, p. 286-308.
BLICKLE P., « Alpenländer », in H. Buszello, P. Blickle et R. Endres, éd., *Der deutsche Bauernkrieg*, Paderborn, Munich, Vienne, Zurich, Schöningh, 1984, p. 191-216.
BLICKLE P., « Die soziale Dialektik der reformatorischen Bewegung », in P. Blickle, A. Lindt et A. Schindler, éd., *Zwingli und Europa*, Zurich, 1985, p. 71-89.
BLICKLE P., *Gemeindereformation. Die Menschen des 16. Jahrhunderts auf dem Weg zum Heil*, Munich, 1987.
BLICKLE P., « Kommunalismus. Begriffsbildung in Heuristischer Absicht », in P. Blickle, éd., *Landgemeinde und Stadtgemeinde in Mitteleuropa. Ein struktureller Vergleich*, Munich, 1991, p. 5-38.

BLICKLE R., « "Spenn und Irrung" im "Eigen" Rottenbuch. Die Auseinandersetzungen zwischen Bauernschaft und Herrschaft des Augustiner-Chorherrenstifts », in P. Blickle, P. Bierbrauer, R. Blickle et C. Ulbricht, éd., *Aufruhr und Empörung. Studien zum bäuerlichen Widerstand im Alten Reich*, Munich, 1980, p. 69-145.

BLICKLE R., « Die Haager Bauernversammlung des Jahres 1596. Bäuerliches Protesthandeln in Bayern », in P. Blickle, éd., *Bauer, Reich und Reformation. Festschrift für Günther Franz zum 80. Geburtstag*, Stuttgart, 1982, p. 43-73.

BLICKLE R., « Agrarische Konflikte und Eigentumordnung in Altbayern. 1400-1800 », in W. Schulze, éd., *Aufstände, Revolten, Prozesse. Beiträge zu bäuerlichen Widerstandsbewegungen im frühneuzeitlichen Europa*, Stuttgart, 1983, p. 166-187.

BLICKLE R., « Hausnotdurft. Ein fundamental Recht in der altständischen Ordnung Bayerns », in G. Birtsch, éd., *Grund- und Freiheitsrechte von der ständischen zur spätbürgelichen Gesellschaft*, Göttingen, 1987, p. 42-64.

BLICKLE R., « Die Tradition des Widerstandes im Ammergau. Anmerkungen zum Verhälnis von Konflikt- und Revolutionbereitschaft », *Zeitschrift für Agrargeschichte und Agrarsoziologie*, t. 35, 1987-2, p. 138-159.

BLICKLE R., « Rebellion und natürliche Defension. Der Aufstand der Bauern in Bayern 1633/34 im Horizont von gemeinem Recht und christlichem Naturrecht », in R. Van Dülmen, éd., *Verbrechen, Strafen und soziale Kontrolle*, Francfort-sur-le-Main, 1990, p. 56-84.

BLICKLE R., ULBRICH C., BIERBRAUER P., « Les mouvements paysans dans l'empire allemand, 1648-1806 », in J. Nicolas, éd., *Mouvements populaires et conscience sociale*, Paris, 1985, p. 21-30.

BRUCKMÜLLER E., « Europäische Bauernaufstände. Zur Phänomenologie der europäischen Bauernaufstände des Spätmittelalters und der frühen Neuzeit », in P. Feldbauer et H.J. Puhle, éd., *Bauern im Widerstand. Agrarrebellionen und Revolutionen in Ländern der Dritten Welt und die vorindustriellen Europa*, Vienne-Cologne,Weimar, 1992, p. 45-75.

BRUNNER O., « Das "ganze Haus" und die alteuropäische "Ökonomik" », *Zeitschrift für Nationalökonomie*, t. 13, 1958 ; réédition in O. Brunner, *Neue Wege der Verfassungs- und Sozialgeschichte*, Göttingen, 3ᵉ édition, 1980, p. 103-127.

BUSZELLO H., « Deutungsmuster des Bauernkriegs in historischer Perspektive », in H. Buszello, P. Blickle et R. Endres, éd., *Der deutsche Bauernkrieg*, Paderborn, Munich, Vienne, Zurich, Schöningh, 1984, p. 11-22.

BUSZELLO H., « Legitimation, Verlaufsformen und Ziele », in H. Buszello, P. Blickle et R. Endres, éd., *Der deutsche Bauernkrieg*, Paderborn, Munich, Vienne, Zurich, Schöningh, 1984, p. 281-321.

CABRERA E. et MOROS A., *Fuenteovejuna. La violencia antisenorial en el siglo XV*, Barcelone et Cordoue, 1991.

CLARK P., « Popular Protest and Disturbance in Kent, 1558-1640 », *The Economic History Review*, Second Series, t. XXIX, 1976-3, p. 363-382.

CLASEN C.P., *Anabaptism. A Social History 1525-1618. Switzerland, Austria, Moravia, South and Central Germany*, Ithaca-Londres, 1972.

CORNWALL J., *Revolt of the Peasantry 1549*, Londres, 1977.

CROIX A., *L'âge d'or de la Bretagne 1532-1675*, Rennes, 1993.

DAVIES C.S.L., « The Pilgrimage of Grace reconsidered », *Past and Present*, t. 41, décembre 1968, p. 54-76.

DAVIES C.S.L., « Les révoltes populaires en Angleterre (1500-1700) », *Annales ESC*, 1969-1, p. 24-60.

DAVIES C.S.L., « Die bäuerliche Gemeinde in England (1400-1800) », in W. Schulze, éd., *Aufstände, Revolten, Prozesse, Beiträge zu bäuerlichen Widerstands-bewegungen im frühneuzeitlichen Europa*, Stuttgart, 1983, p. 41-59.

DAVIS N.Z., *Fiction in the Archives. Pardon Tales and their Tellersin Sixteenth-Century France*, Stanford, 1987 ; trad. française, *Pour sauver sa vie. Les récits de pardon au XVI*^{e} *siècle*, Paris, 1988.

DEGARNE M., « Etudes sur les soulèvements provinciaux en France avant la Fronde. La révolte du Rouergue en 1643 », *XVII*^{e} *siècle*, 1962, n° 56, p. 3-18.

DEROUET B., « Territoire et parenté. Pour une mise en perspective de la communauté rurale et des formes de reproduction familiale », *Annales ESC*, 1995-3, p. 645-686.

DEYON S. et LOTTIN A., *Les casseurs de l'été 1566. L'iconoclasme dans le Nord de la France*, Paris, 1981.

DICKENS A.G., *The English Reformation*, Londres, 1964.

DODDS M.H., *The Pilgrimage of Grace, 1536-37 and the Exeter Conspiracy, 1538*, Cambridge, 1915.

DROUOT H., *Mayenne et la Bourgogne. Etude sur la Ligue (1587-1596)*, Dijon, 1937.

ELEKES L., « Les luttes antiféodales de la paysannerie et le système gouvernemental des "Etats et Ordres" en Hongrie au cours des XVe et XVIe siècles », in *Paysannerie française, paysannerie hongroise, XVI*^{e}-*XX*^{e} *siècles*, Budapest, 1973, p. 13-31.

ELLIOTT J.H., *The Revolt of the Catalans. A Study in the Decline of Spain*, Cambridge, 1963.

ELLIOTT J.H., « Revolution and Continuity in Early Modern Europe », *Past and Present*, t. 42, 1969, p. 35-56.

ELTON G.R., *England under the Tudors*, Londres, 1955.

ENDERS L., « Bauern und Feudalherrschaft der Uckermark im absolutitischen Staat », *Jahrbuch für Geschichte der Feudalismus*, t. XIII, 1989, p. 224-283.

ENDERS L., *Die Uckermark. Geschichte einer kurmärkischen Landschaft vom 12. bis zum 18. Jahrhundert*, Weimar, 1992.

FARGE A. et REVEL J., *Logiques de la foule. L'affaire des enlèvements d'enfants, Paris, 1750*, Paris, 1988.

FOISIL M., *La révolte des Nu-Pieds et les révoltes normandes de 1639*, Paris, 1970.

FOISIL M., *Le sire de Gouberville, un gentilhomme normand au XVI*^{e} *siècle*, Paris, 1981.

FOURQUIN G., *Les campagnes de la région parisienne à la fin du Moyen Age du milieu du XIII*^{e} *au début du XVI*^{e} *siècle*, Paris, 1964.

FOURQUIN G., *Les soulèvements populaires au Moyen Age*, Paris, 1972.

FRANZ G., *Der deutsche Bauernkrieg*, 1re édition 1933, 11e édition, Darmstadt, 1977.

FRANZ G., *Geschichte des deutschen Bauernstandes vom frühen Mittelalter bis zum 19. Jahrhundert*, in G. Franz, éd., *Deutsche Agrargeschichte*, t. IV, Stuttgart, 1re édition 1970, 2e édition, 1976.

FUHRMANN R., « Die Kirche im Dorf. Der kommunale Initiativen zur Organisation von Seelsorge vor der Reformation », in P. Blickle, éd., *Zugänge zur bäuerliche Reformation*, Zurich, 1987, p. 147-186.

GALLET J., *La seigneurie bretonne (1450-1680). L'exemple du Vannetais*, Paris, 1983.

GARLAN Y. et NIÈRES C., *Les révoltes bretonnes de 1675. Papier timbré et Bonnets Rouges*, Paris, 1975.

GOERTZ H.J., *Die Täufer. Geschichte und Deutung*, 1ʳᵉ édition, 1980, 2ᵉ édition revue et augmentée, Munich, 1988.

GRAUS F., « Vom "schwarzen Tod" zur Reformation. Der krisenhafte Charakter des europänischen Spätmittelalters », in P. Blickle, éd., *Revolte und Revolution in Europa*, Munich, 1975, p. 10-30.

GRÜLL G., *Bauer, Herr und Landesfürst. Sozialrevolutionäre Bestrebungen der oberösterreichischen Bauern von 1650 bis 1848*, Linz, 1963.

GUINZBURG C., *Il formaggio e i vermi*, Turin, 1976 ; trad. française, *Le fromage et les vers*, Paris, 1980.

GUNST P., « Der ungarische Bauernaufstand von 1514 », in P. Blickle, éd., *Revolte und Revolution in Europa*, Munich, 1975, p. 62-83.

HARNISCH H., « Klassenkämpfe in der Mark Brandenburg zwischen frühbürgelischer Revolution und Dreissigjährigem Krieg », *Jahrbuch für Regionalgeschichte*, t. V, 1975, p. 142-172.

HARNISCH H., « Bauernbewegungen gegen die Gutsherrschaft. Die Mark Brandenburg im Jahrhundert vor dem Dreissigjährigen Krieg », in W. Schulze, éd., *Aufstände, Revolten, Prozesse, Beiträge zu bäuerlichen Widerstandsbewegungen im frühneuzeitlichen Europa*, Stuttgart, 1983, p. 135-148.

HEITZ G., « Agrarstruktur, bäuerlicher Widerstand, Klassenkampf im 17. und 18. Jahrhundert », in W. Schulze, éd., *Aufstände, Revolten, Prozesse, Beiträge zu bäuerlichen Widerstandsbewegungen im frühneuzeitlichen Europa*, Stuttgart, 1983, p. 149-165.

HELIOT P., « La guerre dite de Lustucru et les privilèges du Boulonnais », *Revue du Nord*, 1935, t. XXI, n° 84, p. 265-318.

HILTON R., *Bond Men Made Free. Medieval Peasant Movements and the English Rising of 1381*, Londres, 1973.

HILTON R., « Soziale Programme im englischen Aufstand von 1381 », in P. Blickle, éd., *Revolte und Revolution in Europa*, Munich, 1975, p. 31-46.

HODGETT G. A. J., *History of the Lincolnshire*, t. VI, *Tudor Lincolnshire*, Lincoln, 1979.

IMSEN S. et VOGLER G., « Communal Autonomy and Peasant Resistance in Northern and Central Europe », in P. Blickle, éd., *Representation, Resistance and Sense of Community*, à paraître à Oxford en 1997 ; trad. française à paraître en 1997.

IRSIGLER F., « Zu den wirtschaltlichen Ursachen des Bauernkrieges von 1525/26 », in K. Löchner, éd., *Martin Luther und die Reformation in Deutschland*, Schriften des Vereins für Reformationsgeschichte, t. 194, Schweinfurt, 1983, p. 95-120.

JACQUART J., « Immobilisme et catastrophes », in G. Duby et A. Wallon, *Histoire de la France rurale*, t. II, Paris, 1975, p. 329-353.

JAMES M.E., « Obedience and Dissent in henrician England : The Lincolnshire Rebellion 1536 », *Past and Present*, t. 48, août 1970, p. 3-78.

KAMEN H., « Bauernaufstände und dörfliche Gemeinde in Spanien und Europa im 16.und 17. Jahrhundert », in W. Schulze, éd., *Aufstände, Revolten, Prozesse. Beiträge zu bäuerlichen Widerstandsbewegungen im frühneuzeitlichen Europa*, Stuttgart, 1983, p. 13-22.

KAMINSKY H., *A History of the Hussite Revolution*, Berkeley-Los Angeles, 1967.

KUTTNER E., *HetHongerjaar 1566*, Amsterdam, 1949.

LAND S.K., *Kett's Rebellion. The Norfolk Rising of 1549*, Ipswich, 1977.

LAUBE A., « Die Volksbewegung in Deutschland von 1470 bis 1517. Ursachen und Charakter », in P. Blickle, éd., *Revolte und Revolution in Europa*, Munich, 1975, p. 84-98.

LE ROY LADURIE E., « La verdeur du bocage, introduction à la réédition de l'ouvrage de l'abbé Tollemer », Paris-La Haye, 1972, réédité in E. Le Roy Ladurie, *Le territoire de l'historien*, Paris, 1973, p. 187-221.

LE ROY LADURIE E., « Über die Bauernaufstände in Frankreich, 1548-1648 », *Feistschrift W. Abel*, t. I, Göttingen, 1974, p. 277-305.

LE ROY LADURIE E., « Révoltes et contestations rurales en France de 1675 à 1788 », *Annales ESC*, 1974-1, p. 6-22.

LE ROY LADURIE E., *Le carnaval de Romans. De la Chandeleur au mercredi des Cendres 1579-1580*, Paris, 1979.

LEVI G., *L'eredita immateriale. Carriera di un esorcista nel Piemonte del Seicento*, Turin, 1985 ; trad. française, *Le pouvoir au village. Histoire d'un exorciste dans le Piémont du XVII* siècle, Paris, 1989.

LUCE S., *Histoire de la Jacquerie*, Paris, 2ᵉ édition 1894.

MACEK J., *Jean Hus et les traditions hussites (XV-XIX* siècles), Paris, 1973, traduction française du livre paru à Prague en 1958.

MACK CREW P., *Calvinist Preaching and Iconoclasm in the Netherlands, 1544-1569*, Cambridge, 1978.

MAEDER K., « Bauernunruhen in der Eidgenossenschaft vom 15. bis 17. Jahrhundert », in W. Schulze, éd., *Aufstände, Revolten, Prozesse. Beiträge zu bäuerlichen Widerstandsbewegungen im frühneuzeitlichen Europa*, Stuttgart, 1983, p. 76-88.

MANDROU R., « Vingt ans après ou une direction de recherches fécondes : les révoltes populaires en France au XVIIᵉ siècle », *Revue historique*, t. CCXLII, 1969.

MANNING R. B., *Village Revolts. Social Protest and Popular Disturbances in England 1509-1640*, Oxford, 1988.

MEYER J., « Le paysan français pendant les guerres de la Ligue », in B. Köpeczi et E. Balazs, *Paysannerie française, paysannerie hongroise, XVI-XX* siècles, Budapest, 1973, p. 55-74.

MOLLAT M. et WOLFF P., *Ongles bleus, Jacques et Ciompi. Les révoltes populaires en Europe aux XIV* et XV* siècles, Paris, 1970.

MOUSNIER R., « Les soulèvements populaires avant la Fronde », *Revue d'Histoire moderne et contemporaine*, t. V, 1958, p. 81-113.

MOUSNIER R., *Fureurs paysannes. Les paysans dans les révoltes du XVII* siècle (France, Russie, Chine)*, Paris, 1967.

MOUSNIER R., *La plume, la faucille et le marteau. Institutions et société en France du Moyen Age à la Révolution*, Paris, 1970.

MUIR E., *Mad Blood Stirring. Vendetta and Factions in Friuli during the Renaissance*, Baltimore, 1993.

MUSI A., *La rivolta di Masaniello nella scena politica barocco*, Naples, 1989.

NASSIET M., *Noblesse et pauvreté. La petite noblesse en Bretagne (XV-XVIIIe siècle)*, Rennes, Société d'Histoire et d'Archéologie de Bretagne, 1993.

NEVEUX H., « Les discours sur la ville », in G. Duby, éd., *Histoire de la France urbaine*, t. III, *La ville classique. De la Renaissance aux Révolutions*, volume dirigé par E. Le Roy Ladurie, 1 - *La ville dominante et soumise*, par R. Chartier et H. Neveux, Paris, 1981, p. 16-21.

NEVEUX H., « Ideologische Dimension der französischen Bauernaufstände im 17. Jahrhundert », *Historische Zeitschrift*, t. CCXXXVIII, 1984, p. 265-285.

NEVEUX H., « Le rôle du "religieux" dans les soulèvements paysans : l'exemple du pèlerinage de Niklashausen (1476) », in J. Nicolas, éd., *Mouvements populaires et conscience sociale*, Paris, 1985, p. 79-85.

NEVEUX H., « Sur les données historiques », *Revue de Synthèse*, IVe série 1-2, 1986, p. 39-51.

NEVEUX H., « Communautés villageoises et seigneuries au XVIe siècle », in G.A. Perouse et H. Neveux, éd., *Essais sur la campagne à la Renaissance. Mythes et réalités*, Actes du Colloque de la Société française des seiziémistes, Paris-Nanterre 1987, Paris, 1991, p. 43-56.

NEVEUX H., « Commentaire dans une perspective française », à paraître dans *Origins of the Modern State in Europe 1300-1800*, Section E : *Représentation, résistance et sentiment d'appartenance à une communauté*.

NEVEUX H. et ÖSTERBERG E., « Norms and Values of the Peasantry in the Period of State Formation. A Comparative Interpretation », à paraître dans *Origins of the Modern State in Europe 1300-1800*, Section E : *Représentation, résistance et sentiment d'appartenance à une communauté*.

NICOLAS J., éd., *Mouvements populaires et conscience sociale (XVI-XIXe siècle)*, Paris, 1985.

PETERS J., « Eigensinn und Widerstand im Alltag. Abwehrverhalten ostelbischer Bauern unter Refeudalisierungsdruck », *Jahrbuch für Wirtschaftsgeschichte*, 1991-92, p. 85-103.

PILLORGET R., *Les mouvements insurrectionnels en Provence entre 1596 et 1715*, Paris, 1975.

PIRENNE H., éd., *Les soulèvements de la Flandre maritime, 1323-1328, documents inédits*, Bruxelles, 1900.

PORCHNEV B.F., « Formen und Wege des bäuerlichen Kampfes gegen die feudale Ausbeutung », *Sowjetwissenschaft Gesellschaftswissenschaftlichen Abteilung*, t. III, 1952, p. 440-459.

PORCHNEV B.F., *Die Volksaufstände in Frankreich vor der Fronde, 1623-1648*, Leipzig, 1954.

Publications de la Commission d'histoire de Flaran, t. IV (Flaran IV), « Les communautés villageoises en Europe occidentale du Moyen Age aux temps modernes », Auch, 1984.

RAPP F., « Humanisme, Renaissance et Réforme », in P. Dollinger, éd., *Histoire de l'Alsace*, 1970, p. 117-217.

Recueils de la Société Jean Bodin pour l'histoire comparative des institutions, t. XLIII, Paris, 1984, et t. XLIV, Paris, 1987.

ROSENKRANZ A., *Der Bundschuh*, Heidelberg, 1927.

ROSE-TROUP F., *The Western Rebellion of 1549*, Londres, 1913.

ROTTENKOLBER J., « Geschichte des Hochstifts Kempten », *Allgäuer Geschichte Freund*, Neue Folge, XXXIV, 1932.

ROWSE A.L., *Tudor Cornwall*, Londres, 1943.

RUDERT T., « Gutsherrschaft und ländliche Gemeinde. Beobachtungen zum Zusammenhang von gemeindlicher Autonomie und Agrarverfassung in der Oberlausitz im 18. Jahrhundert », in J. Peters, éd., *Gutsherrschaft als Soziales Modell*, Munich, 1995, p. 218.

SABEAN D., « Probleme der deutsche Agrarverfassung zu Beginn des 16. Jahrhunderts. Oberschwaben als Beispiel », in P. Blickle, éd., *Revolte und Revolution in Europa*, Munich, 1975, p. 132-150.

SABEAN D., « The Communal Basis of Pre-1800 Peasant Uprisings in Western Europe », *Comparative Politics*, t. VIII, 1976, p. 355-364.

SCHIFF O., « Die deutschen Bauernaufstände von 1525 bis 1789 », *Historische Zeitschrift*, t. CXXX, 1924, p. 189-209.

SCHLUMBOHM J., *Lebensläufe, Familien, Höfe. Die Bauern und Heuerleute des Osnabrückischen Kirchspiels Belm in proto-industrieller Zeit, 1650-1860*, Göttingen, 1994.

SCHLUMBOHM J., « Quelques problèmes de micro-histoire d'une société locale. Construction des liens sociaux dans la paroisse de Belm (XVIIᵉ-XIXᵉ siècle) », *Annales ESC*, 1995-4, p. 775-802.

SCHMALE W., *Bäuerlicher Widerstand, Gerichte und Rechtentwicklung in Frankreich. Untersuchungen zu Prozessen zwischen Bauern und Seigneurs vor dem Parlament von Paris (16.-18. Jahrhundert)*, Ius Commune, Sonderheft, n° 24, Francfort-sur-le-Main, 1986.

SCHULZE W., *Bäuerlicher Widerstand und feudale Herrschaft in der frühen Neuzeit*, Stuttgart, 1990.

SCHULZE W., « "Geben Aufruhr und Aufstand Anlass zu neuen heilsamen Gesetzen". Beobachtungen über die Wirkungen bäuerlichen Widerstands in der frühen Neuzeit », in W. Schulze, éd., *Aufstände, Revolten, Prozesse. Beiträge zu bäuerlichen Widerstandsbewegungen im frühneuzeitlichen Europa*, Stuttgart, 1983, p. 261-285.

SCRIBNER B. et BENECKE G., éd., *The German Peasant War. New Viewpoints*, Londres, 1979.

SMAHEL F., *La révolution hussite, une anomalie historique*, Paris, 1985.

SMIRIN M., *Die Volksreformation des Thomas Münzer und der grosse Bauernkrieg*, Berlin, 1956.

STONE L., *The Causes of the English Revolution (1529-1642)*, Londres, 1972 ; trad. française, *Les causes de la Révolution anglaise (1529-1642)*, Paris, 1974.

SUTER A., « Die Träger bäuerlicher Widerstandaktionen beim Bauernaufstand im Fürstbistum Basel 1726-1740. Dorfgemeinde - Dorffrauen - Knabenschaften », in W. Schulze, éd., *Aufstände, Revolten, Prozesse. Beiträge zu bäuerlichen Widerstandsbewegungen im frühneuzeitlichen Europa*, Stuttgart, 1983, p. 89-111.

SUTER A., « *Troublen* » *im Fürstbistum Basel (1726-1740). Eine Fallstudie zum bäuerlichen Widerstand im 18. Jahrhundert*, Göttingen, 1985.

TANGUY J., « Les révoltes paysannes de 1675 et la conjoncture en basse Bretagne au XVIIᵉ siècle », *Annales de Bretagne et des Pays de l'Ouest*, t. 82, 1975, n° 4, p. 427-442.

TEBRAKE W.H., *A Plague of Insurrection. Popular Politics and Peasant Revolt in Flanders, 1323-1328*, Philadelphie, 1993.

TOLLEMER abbé, « Journal manuscrit d'un sire de Gouberville et du Mesnil au Val, gentilhomme campagnard du Cotentin », *Journal de Valognes*, 1870-1872.

ULBRICH C., « Bäuerlicher Widerstand in Triberg », in P. Blickle, P. Bierbrauer, R. Blickle et C. Ulbrich, *Aufruhr und Empörung. Studien zum bäuerlichen Widerstand im Alten Reich*, Munich, 1980, p. 146-214.

ULBRICH C., « Der Charakter bäuerlichen Widerstands in vorderösterreichischen Herrschaften », in W. Schulze, éd., *Aufstände, Revolten, Prozesse. Beiträge zu bäuerlichen Widerstandsbewegungen im frühneuzeitlichen Europa*, Stuttgart, 1983, p. 202-216.

UNDERDOWN D., *Revel, Riot, and Rebellion. Popular Politics and Culture in England, 1603-1660*, Oxford, 1985.

VALENTINITSCH H., « Advokaten, Winkelschreiber und Bauernprokuratoren in Innerösterreich in der frühen Neuzeit », in W. Schulze, éd., *Aufstände, Revolten, Prozesse, Beiträge zu bäuerlichen Widerstandsbewegungen im frühneuzeitlichen Europa*, Stuttgart, 1983, p. 188-201.

VICENS VIVES J., *Historia de los Remensas en el siglo XV*, Barcelone, 1945.

VILAR P., *La Catalogne dans l'espace moderne. Recherches sur les fondements économiques des structures nationales*, Paris, 1962.

VILLARI R., *La rivolta antispagnola a Napoli. Le origini*, Rome-Bari, 1967.

VOGLER G., « Der revolutionäre Gehalt und die räumliche Verbreitung der oberschwäbischen Zwölf Artikel », in P. Blickle, éd., *Revolte und Revolution in Europa*, Munich, 1975, p. 206-231.

VOGLER G., « Bäuerlicher Klassenkampf als Konzept der Forschung », in W. Schulze, éd., *Aufstände, Revolten, Prozesse. Beiträge zu bäuerlichen Widerstandsbewegungen im frühneuzeitlichen Europa*, Stuttgart, 1983, p. 23-40.

WERNICKER K., *Untersuchungen zu den niederen Formen des bäuerlichen Klassenkampfes im Gebiet der Gutsherrschaft*, phil. diss., Berlin, 1962.

WILLIAMS G.H., *The Radical Reformation*, Philadelphie, 1962.

WUNDER H., « Bäuerlicher Widerstand und frühmoderner Staat am Beispiel von Ordensstaat um Herzogtum Preussen », in W. Schulze, éd., *Aufstände, Revolten, Prozesse, Beiträge zu bäuerlichen Widerstandsbewegungen im frühneuzeitlichen Europa*, Stuttgart, 1983, p. 135-148.

WUNDER H., « Der dumme und der schlaue Bauer », in C. Meckseper et E. Schraut, *Mentalität und Alltag im Spätmittelalter*, Göttingen, 1985, p. 34-51.

WUNDER H., *Die bäuerliche Gemeinde in Deutschland*, Göttingen, 1986.

ZAGORIN P., *Rebels and Rulers, 1500-1600*, Cambridge, 1982.

Index des mouvements cités

Les mouvements ont été classés par ordre alphabétique d'après leur appellation courante ou, à défaut, d'après le lieu où ils se sont déroulés ; lorsque existent plusieurs de ces appellations courantes, un système de renvoi a été établi au profit de l'une d'entre elles. Si un vaste ensemble était concerné (par exemple celui qui a servi à Peter Bierbrauer pour édifier son modèle de procédure d'escalade ou celui dont Winfried Schulze a tiré sa thèse sur la *Verrechtlichung*), il est introduit sous le titre « Contestations en... », sauf si, dans l'historiographie traditionnelle, il a reçu un nom particulier (par exemple l'ensemble des *Bundschuhe*). Enfin, cet index ne comporte pas que des mouvements ayant abouti à une prise d'armes ; il en intègre d'autres qui ont été utiles aux analyses contenues dans cet ouvrage.

Remerciements

Je tiens d'abord à remercier tous les collègues qui m'ont encouragé à écrire ce livre et m'en ont facilité la rédaction et la publication par leurs conseils et les discussions d'idées que j'ai eues avec eux ; je voudrais, à ce propos, distinguer plus particulièrement les professeurs Peter Blickle, Georges Duby (†), Serge Gruzinski, Bernard Lepetit (†), Jean-Claude Perrot, Gabriel Pérouse, Jan Peters et André Vauchez.

Je tiens également à remercier les nombreux étudiants qui, dans les séminaires de spécialisation et de recherches, ou lors de discussions privées après leurs études, ont contribué par leurs remarques et leurs réflexions ponctuelles ou générales à façonner cette étude et à lui donner l'ampleur qu'elle a finalement revêtue.

Table des matières

Collection « *L'Évolution de l'Humanité* »
fondée par Henri Berr
dirigée par Jean-Claude Perrot et Philippe Boutry

L'Évolution de l'Humanité a été fondée en 1920. Son initiateur, Henri Berr, entendait récapituler l'appréhension du passé et renouveler les méthodes de la recherche.

Aujourd'hui, la synthèse historique appelle bien, comme naguère, le choix des grandes échelles de temps ou d'espace, mais elle requiert aussi l'analyse intensive d'objet plus circonscrits. Ces nouveaux découpages suggèrent des principes explicatifs inédits et donnent à lire selon d'autres configurations l'évolution de l'humanité.

Parce qu'à chaque moment de l'histoire, les sujets intéressants se convertissent en sujets importants, la collection poursuit son rôle en aidant les lecteurs à les identifier, et à se situer eux-mêmes dans le passage du temps.

La composition de cet ouvrage
a été réalisée par I.G.S.-Charente Photogravure à l'Isle d'Espagnac,
l'impression et le brochage ont été effectués
sur presse Cameron dans les ateliers de
Bussière Camedan Imprimeries
à Saint-Amand-Montrond (Cher),
pour le compte des Éditions Albin Michel.

Achevé d'imprimer en mars 1997.
N° d'édition : 16314. N° d'impression : 4/268.
Dépôt légal : mars 1997.